U0591611

GRAVITARE

大明广孝　文武睿烈　神功圣德　至仁应道

宋太宗

张其凡 著

广东人民出版社

·广州·

图书在版编目（CIP）数据

宋太宗 / 张其凡著 . —广州：广东人民出版社 ,2022.3（2022.8 重印）

ISBN 978-7-218-15174-8

Ⅰ . ①宋… Ⅱ . ①张… Ⅲ . ①宋太宗（939—997）—传记 Ⅳ . ① K827=441

中国版本图书馆 CIP 数据核字 (2021) 第 156364 号

SONG TAI ZONG
宋太宗
张其凡 著

版权所有 翻印必究

出 版 人：肖风华

丛书策划：施 勇
项目统筹：陈 晔 皮亚军
责任编辑：钱 丰
责任校对：刘飞桐
出版发行：广东人民出版社
地 址：越秀区大沙头四马路 10 号（邮政编码：510102）
电 话：（020）85716809（总编室）
传 真：（020）83289585
网 址：http : //www.gdpph.com
印 刷：广州市岭美文化科技有限公司
开 本：787 毫米 ×1092 毫米 1/32
印 张：14.25 字 数：324 千
版 次：2022 年 3 月第 1 版
印 次：2022 年 8 月第 3 次印刷
定 价：88.00 元

如发现印装质量问题，影响阅读，请与出版社（020-85716849）联系调换。
售书热线：（020）87716172

张其凡教授是从五代宋初切入宋史研究的，人物研究又是其当行本色，故其《宋太宗》在史实梳理上堪称轻车熟路而举重若轻，在史事评骘上更如老吏断狱而切中肯綮。宋人向以祖宗并称，然太宗之政之于太祖之政，既有继承，也有发展，更有转折；太宗其人与宋初三大谜案的瓜葛水深莫测，在政治、生活、才艺、信仰上兼具多种面相。读者倘欲把握太宗之政与其人的功过是非，这部传记洵为总揽全局而独具识见的力作，迄今为止无出其右者。

——虞云国

（上海师范大学人文学院教授）

《宋太宗》一书的再版，让我们回忆起张其凡教授，他的这本著作，是我们理解五代宋初历史的基础，我们都应该对他的学术贡献表示感谢。

——[美]戴仁柱（Richard L.Davis）

（香港岭南大学前讲座教授、文学院院长）

张其凡教授是宋史研究大家，尤长于北宋初年的政治史。他的代表作《赵普评传》已成研究宋代开国史必读的经典。他研究宋初名臣吕端、曹彬、杨业、张咏、寇準、王曾的论文，也是研究宋初政治的杰作。这本《宋太宗》，是张教授精研宋初两朝政治史的成果，其评价在宋史学界有口皆碑。同类的著作，至今仍未有超越者。它与《赵普评传》可说是张教授所撰专书的双璧。

——何冠环

（香港树仁大学客座教授、中国宋史研究会前副会长）

"陈桥兵变""烛影斧声""金匮之盟"，都与宋太宗这个君主难脱干系。试图媲美唐太宗的宋太宗，完成基本统一大业，推崇文治。而扩大科举规模，更是奠基了士大夫政治，影响了此后中国的历史走向。朱熹把宋王朝的开启定在宋太宗太平兴国年间，良有以也。张其凡教授这部历久弥新的经典之作，堪称解读宋代历史的津逮。雅俗共赏，求知探秘，阅读之下，更可以深刻理解何以陈寅恪先生讲"华夏文化造极于赵宋之世"。

——王瑞来

（日本学习院大学东洋文化研究所研究员、四川大学讲座教授）

　　结束自唐末以来的兵戈纷乱，防止自己成为第六个短命王朝，这是赵宋立国后必须面对的头等大事。宋太宗赵光义既在内政与外交中继承其兄长的开国规模，确定了国运的基本走向，又给它打上了深刻的个人性格烙印。本书对赵光义作为活生生的个人与第二任开国君王这种双重角色之间的复杂关系，摘取典型史事，叙述繁简得当，为我们提供了一本深入浅出的优秀历史读物。

——包伟民

（中国人民大学教授）

　　本书文字通畅简洁，内容客观平实。最可贵者，本书绝无传记作品中常常无端拔高传主之通病。在作者笔下，宋太宗之多疑、好色、残忍之性格，其好大喜功、刚愎自用、治国无方之庸君形象，跃然纸上，观点鲜明。作者既肯定他继太祖之后完成了统一大业，但也坐实了太宗暗杀太祖的"烛影斧声"是历史事实，论证了他的昏庸是宋朝积贫积弱的重要渊源。此书不仅引人入胜，而且特别有助于我们全面深入地理解宋朝历史。

——仲伟民

（清华大学历史系教授）

张其凡先生是当代著名的宋史专家，其学问师承史学大家陈乐素先生，擅长历史文献、历史人物及政治史研究，在宋代文献、人物及政治史研究方面，著述宏富，蜚声学坛。《宋太宗》一书，堪称张其凡先生最有代表性的学术专著。在数十年的治学生涯中，张先生对于宋太宗及同时期的历史人物、宋初政治研究方面最有建树，曾发表多篇高水准的研究专论，其中主要见解都体现在《宋太宗》一书中。故《宋太宗》一书，看似一部宋代帝王的传记，而实际上是一部关于宋太宗及宋初政治史研究的高水平专著。该书内容以人物评传的体式呈现，一方面综合呈现出北宋第二代皇帝宋太宗的生平、事功、才艺、思想、家庭、子嗣等史实，另一方面则以考辨、分析的论述方式，对太宗一朝关键性的政治事件及政治问题，如烛影斧声、金匮之盟、皇位授受、君臣关系、宗教政策、内政外交等，作出深入辨析与宏观论断，揭示出宋初政治的整体特征及影响整个宋代政治及政治文化走向的关键性因素。全书篇章可谓论断精审，见解深刻，文笔生动，是了解和认识宋代历史文化源头及其复杂内容，尤其是宋初政治史的一部理想读本。

——曹家齐

（中山大学历史学系教授）

一部由五代禁军史、宋初政治史专家写就的宋太宗传，考据严谨，评述得当，不虚美，不隐恶，内容翔实，文字平易。

——赵冬梅

（北京大学历史学系教授）

张其凡先生与杜文玉、任爽两位先生合称五代史三大家，但并非由隋唐兼顾五代，而是从五代拓展到两宋。因此，《宋太宗》一书除了对宋太宗的人生经历进行全局性展示，更强调太宗一朝对于宋代国运带来的影响。在作者看来，宋太宗虽然完成了统一进程，但遗留给子孙的则是一个积贫积弱的危局。

——胡耀飞

（陕西师范大学唐史研究所）

目　录

宋太宗论[1]
（代前言）

　　宋人每喜言祖宗之法，奉为圭臬。一般以为，"祖"者，太祖也；"宗"者，乃太宗矣。研究宋初历史，论及宋太祖者为数颇多，论及宋太宗者甚少。然而，在宋初历史上，太宗朝实在是一个重要的转折时期。笔者在《从高梁河之败到雍熙北征》[2]一文中业已指出，宋代的积贫积弱局面，即开始形成于太宗时期。本文则拟全面考察太宗其人及其在位时期的政治状况。

第一节　即位前的太宗

　　太宗初名匡义，赵宋开国，改名光义；即位后，改名炅。他生于后晋天福四年（939）十月，死于至道三年（997）三月，终年 59 岁。撇开早夭者不计，太宗兄弟三人而居其中，哥哥即太祖匡胤，弟弟是廷美（原名匡美、光美），俱为杜太后所生。太祖生于后唐天成二年（927），廷美生于后汉天福十二年（947），太宗比太祖小 12 岁，而大廷美 8 岁。后来，在雍熙元年（984）正月廷美死后，太宗曾说廷美的母亲是自己的乳母陈国夫人耿氏。清代钱大昕指出："此云乳

1　原载《历史研究》1987 年第 2 期。

2　载《华南师范大学学报》1983 年第 3 期。

母耿氏所生者，盖廷美得罪之后，造为此言。"说出了事情的底蕴。[1]

建隆元年（960），光义22岁，参与陈桥兵变。赵宋皇朝建立后，被擢升为殿前都虞候，领睦州防御使。建隆元年五月，太祖亲征据泽潞反抗的李筠，光义被任为大内都点检，留守京城。八月，领泰宁军节度使。十月，太祖南征据扬州反抗的李重进，光义为大内都部署，仍留守京师。建隆二年（961）七月，光义为开封尹，同平章事。

太宗早年的事迹，《宋史》卷4《太宗一》仅记载他年青时多读书，工文业，多艺能，仕周官至供奉官都知。端拱元年（988）二月，太宗在给儿子元僖等人的手诏中曾说："朕周显德中，年十六，时江、淮未宾，从昭武皇帝（引者注：其父弘殷）南征，屯于扬、泰等州。朕少习弓马，屡与贼交锋，贼应弦而踣者甚众，太祖驻兵六合，闻其事，拊髀大喜。年十八，从周世宗、太祖，下瓦桥关、瀛、莫等州，亦在行阵。洎太祖即位，亲讨李筠、李重进，朕留守帝京，镇抚都下，上下如一，其年蒙委兵权，岁余授开封府尹。"[2]太宗这里所说的是他23岁以前的情况，太祖即位后的事准确无误，但太祖即位前的事则多有舛误。太宗年十六，是后周显德元年（954）；而周世宗征淮南，赵弘殷从行，在显德三年（956）。太宗年十八，是显德三年；而周世宗下瓦桥关，是显德六年（959），当时太宗21岁。这是太宗记忆偶误还是造为此言，难以遽定。但是，征淮南、下瓦桥两事，并未载入据《实录》、《国史》成书的《宋史·太宗本纪》，其真实性是大可怀疑的。太宗出身于武将之家，父兄均为大将，从小学习弓马，是有可能的，但太宗青少年时代并无多少可言之事迹，也是确实的。

1　李焘：《续资治通鉴长编》（下称《长编》）卷25；《廿二史考异》卷75《魏王廷美传》。
2　《长编》卷29；《宋朝事实》卷3。

否则，正史中应有详尽记载。

建隆二年（961）光义为开封尹后，直到开宝九年（976）即位，历时约 16 年之久。太宗自己说是："历十六七年，民间稼穑，君子小人真伪，无不更谙。"[1] 深居于开封府中的光义，能够了解多少民情，是令人怀疑的；若说是熟悉了政事，那还有可能。更重要的是，光义利用开封尹的地位，在开封府中广延豪俊，聚集一批幕僚，文武皆备，养成了自己的势力。《玉壶清话》卷 7 记载，光义"为京尹，多肆意，不戢吏仆，纵法以结豪俊"。宋初著名文臣陶穀撰《清异录》卷上记载："本朝以亲王尹开封，谓之判南衙，羽仪散从，灿如图画，京师人叹曰：好一条软绣天街！"台湾学者蒋复璁先生撰有《宋太宗晋邸幕府考》一文，[2] 考出给事光义幕府的幕僚、军校至少有 66 人。

光义在开封府时，还着意拉拢文武大臣，以扩大影响与势力。《宋史》卷 260《田重进传》和《长编》卷 12，开宝四年（971）七月记载，光义曾派人给禁军将领——控鹤指挥使田重进和御史中丞刘温叟送礼，被二人拒绝。由此可以推知，接收礼物的大臣必然更多，只不过不见于史籍罢了。除用送礼拉拢外，用排解纷难的办法交结大臣，也是光义的一种手段。《长编》卷 13 记载，开宝五年（972）七月时，仓储不足，太祖切责权判三司楚昭辅，昭辅求救于光义，光义让幕僚陈从信画策，禀告太祖，太祖从其计而行，为楚昭辅解了围。通过广置党羽，内外交通，光义在开封府时便势力大盛，"威望隆而羽翼成"，为他争夺帝位打下了坚实的基础。

那么，太祖与光义的关系如何呢？《宋史》卷 3《太祖三》载："太

1　《长编》卷 29；《宋朝事实》卷 3。
2　载《大陆杂志》第 30 卷第 3 期，1975 年。

宗尝病亟，帝（太祖）往视之，亲为灼艾，太宗觉痛，帝亦取艾自灸。每对近臣言：太宗龙行虎步，生时有异，他日必为太平天子，福德吾所不及云。"明人程敏政在《宋纪受终考》一书中即说："观太祖于太宗，如灼艾分痛与夫龙行虎步之语，始终无纤芥之隙。"果真如此吗？恐或不然。太祖友爱其弟，尚可置信；所谓龙行虎步之语，则当出于光义或其亲信所虚构；若说太祖与光义"始终无纤芥之隙"，则更属专图美化的无稽之谈。

近代著名史学家张荫麟在《宋太宗继统考实》[1]一文中已用事例考证，太祖与光义是有矛盾的。除张先生所引事例外，尚有其他事例可证。《默记》卷下载：

> 颍上安希武殿直言：……其祖乃安习也。太宗判南衙时，青州人携一小女十许岁，诣阙理产业事。太宗悦之，使买之，不可得。习请必置之，遂与银二笏往。习刀截银一二两少块子，不数日，窃至南衙。不久，太祖知之，捕安习甚严。南衙遂藏习夫妇于官中，后至登位才放出，故终为节度留后。其青州女子，终为贤妃者是也。

太祖知道安习为光义窃买女子事，即严捕安习，分明是警告光义，二人之间的感情也就可想而知了。开宝九年（976），太祖曾去西京。在此之前，太祖征李筠、李重进，征北汉，都留光义守东京，独在此次要光义随行，并且到西京洛阳后，打算迁都。太祖迁都的目的，除

了避开辽的锋芒外，脱离光义根深本固的东京开封府，恐怕也是一种因素。光义激烈反对此举，也透露了一点信息。太宗即位后，为显示太祖欲传位于己，当然要大肆宣扬太祖与己友爱，有传位之意。因此，指望太宗时及其后的史籍明确留下光义与太祖关系不和睦的记载，是不可能的。从史籍中透露的蛛丝马迹看，二人有隙，确是事实。

第二节　太宗与赵普

赵宋皇朝的开国奠基者，实在是太祖与赵普两人。南宋史臣洪迈说："赵韩王佐艺祖，监方镇之势，削支郡以损其强，置转运、通判使掌钱谷以夺其富，参命京官知州事以分其党，禄诸大功臣于环卫而不付以兵，收天下骁锐于殿岩而不使外重。建法立制，审官用人，一切施为，至于今是赖。"[1] 万历《顺天府志》卷5《功烈》说："当国事草创，制度周悉，无出其右。"太祖也曾对赵普说："朕与卿平祸乱以取天下，所创法度，子孙若能谨守，虽百世可也。"[2] 上述记载，足可反映出赵普在创建赵宋皇朝上的功绩与地位。

由于赵普在太祖朝的地位和权势，光义在太祖朝地位的升迁，乃至光义的即位，都与赵普不无关系；而太宗统治的稳固，也端赖于赵普的襄助。因此，有必要探究一下二人之间的关系。

太祖即位之初，光义与赵普的关系是比较密切的。《国老谈苑》

1　《容斋随笔》卷7《佐命元臣》。
2　《皇宋中兴两朝圣政》卷12，绍兴二年（1132）十二月吕颐浩言。又见《建炎以来系年要录》卷61。

卷上记载,建隆元年(960)五月,太祖亲征李筠,赵普通过光义请行,得到太祖同意。《长编》卷2,建隆二年(961)六月记载,杜太后"尤爱皇弟光义,然未尝假以颜色,光义每出,辄戒之曰:'必与赵书记(即普)偕行乃可。'仍刻景以待其归,光义不敢违"。杜太后要光义多与赵普亲近,一来可学习吏道,二来可巩固与提高地位。因此,在这一段时间内,两人关系较为密切,时相过从。

建隆二年六月,杜太后死去。七月,光义出任开封尹、同平章事。赵普时任枢密副使。五代时期,继位人一般都封王,任开封尹。光义虽未封王,但其任开封尹,已隐然有继位人的地位了。然而,光义与赵普的关系,却日渐疏远。乾德二年(964)赵普独相后"事无大小,尽决于普"。[1]光义与赵普,开始了明争暗斗。蒋复璁有《宋太祖时太宗与赵普之政争》[2]一文,详细考察了光义与赵普明争暗斗的情况。文中提及《长编》记载的冯瓒贿赂光义幕僚被流放事,光义幕僚宋琪与赵普交好被光义白太祖出知龙州事,光义幕僚姚恕坐法为赵普所诛杀事等,完全可以反映出光义与赵普的激烈争斗。

光义于建隆二年七月为开封尹、同平章事以后,乾德二年六月兼中书令,开宝四年(971)七月被赐门戟十四支。但是,直到开宝六年(973)八月赵普罢相时,光义一直未得封王,朝会排班也位在宰相之下。八月甲辰(廿三日)赵普罢相,九月己巳(十九日)光义即封晋王,壬申(廿二日)诏晋王位居宰相上。赵普罢相刚一月,光义即封王,位居宰相上,这不正好反映出,光义不得封王是与赵普有关系吗?赵普抑光义不得封王,实际上是反对光义继位。

---

1   《长编》卷5,乾德二年四月,注引《太宗实录》。
2   载《史学汇刊》第5期,1973年。

《曲洧旧闻》卷1载："世传太祖将禅位太宗，独赵韩王密有所启。"《丁晋公谈录》载："太宗嗣位，忽有言曰：'若赵普在中书，朕亦不得此位！'"《玉壶清话》卷3载，窜逐卢多逊于朱崖以后，太宗对赵普说："朕几欲诛卿。"这些传闻是否可靠，难以确定，但以之与正史的记载相对照，则可知也并非无稽之谈。

《长编》卷33载，淳化三年（992）七月，赵普死后，太宗曾对近臣说，赵普"向与朕尝有不足，众人所知"。所谓"不足"，史无明言。但能使太宗耿耿于怀，至死不忘，除了继位大事外，还能有什么呢！既曰"众人所知"，则流传朝野，录入小说、笔记，也就不足怪了。《宋史》卷244《廷美传》载："太宗尝以传国之意访之赵普，普曰：'太祖已误，陛下岂容再误邪？'"明末清初的思想家王夫之据此推断，赵普在太祖时曾进言，反对光义继位，言之成理。《宋论》卷2曰：

> 迨及暮年，太宗威望隆而羽翼成，太祖且患其逼，而知德昭之不保，普探志以献谋，其事甚秘，卢多逊窥见以摘发之，太祖不忍于弟，以遵母志，弗获已而出普于河阳。

所谓"母志"云云，乃指"金匮之盟"，后文将论述，此不赘。然《长编》卷14载，赵普罢相就镇时，曾上章说："外人谓臣轻议皇弟开封尹，皇弟忠孝全德，岂有间然。"实属欲盖弥彰。虽或此章真伪大有疑问，仍可反映出，赵普的罢相，主要原因固然是专权太过，直接因素则是参预定议大计，与太祖之成谋不合，且受人（卢多逊？）攻击。赵普罢相后，卢多逊升任参知政事，光义则封王、位在宰相上，基本确立了继位人的地位。

赵普"富有时才，精通治道，经事霸府，历岁滋深"。[1]他救殿前都指挥使韩重赟于将戮之时，罢符彦卿典兵成命于已颁之后，都是人所难为之事。因此，赵普在宋初不仅权倾中外，而且为佐命诸将所敬畏，其地位和影响是举足轻重的。太祖既不采纳他关于继位问题的意见，便不能再留他在朝为相，否则，光义仍无法继位。试看太宗去世后，宰相吕端在立真宗问题上的决定性作用，便可明了此点。[2]况且，吕端的权势、地位、影响和才干等均远不及赵普。

太宗即位后，对赵普仍有猜疑之心。他即位不到一个月，就罢去了赵普领支郡之权；赵普到京朝见，太宗又罢其使相，以太子少保留京。太平兴国四年（979），赵普从平太原，覃赏不及。"赵普奉朝请累年，卢多逊益毁之，郁郁不得志"，以致从者皆去，唯余王继英一人。[3]后来，赵普通过密奏的形式，提出了"金匮之盟"，为太宗继位找到了合法的根据，赵普与太宗的关系才得以缓解，遂再度出任宰相。此后，太宗虽则表面上对赵普宠信有加，实际上是猜忌防备的。赵普对太宗，也是处处提防。他小心谨慎，"家问中指抶审细，字画谨严"；雍熙年间，赵普在外为使相，遣夫人朝太宗，留子承宗侍卫京师，[4]都是要去太宗之疑。太宗朝，赵普虽也两度为相，但总共不过四年，没有多大作为。

总而言之，太宗与赵普的关系，初则密切，继而争斗，终至若即

1　《长编》卷 2，建隆二年（961）七月范质奏疏语。

2　参见拙文《吕端与宋初的黄老思想》，载《宋史研究论文集》，河南人民出版社 1984 年 7 月版。

3　《长编》卷 22，太平兴国六年（981）九月；《宋史》卷 268《王继英传》。

4　黄伯思：《东观余论》卷下。

若离地互相利用，到赵普死时仍有隔阂。太宗因在明争暗斗中战胜了赵普而确立了实际继位人的地位，又因赵普的帮助而稳固了统治，但二人始终是互相猜疑和戒备的。

第三节 太宗之继位

开宝九年（976）十月，太祖猝然死去，年仅 50 岁。作为皇弟的光义，时任晋王兼开封尹，继承了皇位。

关于太祖之死和太宗继位，有"烛影斧声"和"金匮之盟"两大疑案，引起后人的争执、猜测，其真相今天已经难以完全搞清楚了。[1]太宗继位的两大疑案，对于太宗和真宗时期的政治，乃至整个北宋及南宋初期的政治，都产生了深远的影响，所以在谈到太宗时，不能不剖析这两大疑案。

关于太祖之死，《宋史》卷3《太祖三》的记载十分简单，只有"帝崩于万岁殿，年五十"一句。《长编》卷 17 的记载比较详细，是综合了《湘山野录》、《涑水记闻》等书而录入的。现录于下：

> （十月壬子，十九日）夜召晋王，属以后事。左右皆不得闻，但遥见烛影下晋王时或离席，若有所逊避之状，既而上引柱斧戳地，大声谓晋王曰："好为之。"

---

[1] 近人论两案的文章有：吴天墀《烛影斧声传疑》，载《史学季刊》第 1 卷第 2 期，1940 年；谷霁光《宋代继承问题商榷》，载《清华学报》第 13 卷第 1 期，1940 年；邓广铭《宋太祖太宗授受辨》，载《真理杂志》第 1 卷第 2 期，1944 年；等等。

癸丑（二十日），上崩于万岁殿。时夜已四鼓，宋皇后使
王继恩出，召贵州防御使德芳。继恩以太祖传国晋王之志素定，
乃不诣德芳，径趋开封府召晋王，见左押衙程德玄先坐于府门。
德玄者，荣泽人，善为医。继恩诘之，德玄对曰："我宿于信陵
坊，乙夜有当关疾呼者曰：'晋王召。'出视则无人，如是者三。
吾恐晋王有疾，故来。"继恩异之，乃告以故。扣门与俱入见王，
且召之。王大惊，犹豫不行，曰："吾当与家人议之。"入久不
出，继恩促之曰："事久，将为它人有矣。"时大雪，遂与王于
雪中步至宫。继恩使王止于直庐，曰："王且待于此，继恩当先
入言之。"德玄曰："便应直前，何待之有！"乃与王俱进至寝
殿。后闻继恩至，问曰："德芳来耶？"继恩曰："晋王至矣。"
后见王，愕然，遽呼官家，曰："吾母子之命，皆托于官家。"
王泣曰："共保富贵，勿忧也。"

甲寅（廿一日），太宗即位，群臣谒见万岁殿之东楹。

正是《长编》记载的传世，使"烛影斧声，千古之谜"的说法广
为流传。从《长编》的记载，可以看出如下几个问题：

其一，太祖是猝死的。开宝九年（976）正月至十月，每个月都
有太祖出行的记载，甚至远到洛阳，可见他身体健康，精力充沛。在
现存史籍中，直到十月十九日，都没有太祖生病和大臣入视问疾的记
载，而二十日太祖却死去了，死得很突然。日本学者荒木敏夫，推断
太祖是由于饮酒过度，而在一夜之间猝死的。[1]太祖喜饮酒，这是事实，

---

1 《宋太祖酒癖考》，载日本《史林》38之5，参见日本《宋代研究文献提要》69条。

但早在建隆二年（961）闰三月，他就对近臣说："沉湎于酒，何以为人？朕或因宴会至醉，经宿未尝不悔也。"[1]说明他对饮酒已有所节制，从而不大可能死于饮酒过度。

其二，太祖死时，没有传位遗诏。马韶陈符瑞言晋王利见之辰事，晋王亲信梦神人语晋王已即位事，静南节度使宋渥言白龙出现事，都反映了晋王光义在为继位的合法化从神的方面寻找帮助。张荫麟说："此类事通常只见于两朝嬗递之际。使太宗之继统而有名正言顺之法令根据，则此类事岂非画蛇添足，而烦伪造也？"[2]宋后命王继恩召德芳，也反映出太祖因猝死而无遗诏。今见于《宋大诏全集》卷7和《宋会要辑稿》礼二九之一的所谓"太祖遗诏"，显属事后伪造。

其三，光义预知太祖之死。十九日晚太祖召光义饮酒，二十日清晨光义即派程德玄预先在府门前等候内侍召人，说明光义已知太祖必死于二十日晨。

其四，光义是抢得帝位的。王继恩说事久将为他人有，程德玄要光义直前勿等，宋后以母子之命相托，都说明光义是用强力夺得帝位的。继恩召时，光义入久不出，显然是在部署，以确保抢位成功。直到一天以后才即位，也反映出光义的即位遇到了阻碍。

上述几点足以说明，太祖之死与太宗有关，太宗是直接获益者。至于太祖猝死之因，从种种迹象分析，光义在酒中下毒是最为可能的。

《默记》卷上记载，太宗以牵机药赐死李煜；据《烬余录》甲编，孟昶和钱俶都是太宗在酒中下毒毒死的。看来，酒中下毒是太宗惯用手法。在《长编》的记载中，有一个医官程德玄，是引人注目的重要

1　《长编》卷2。
2　《宋太宗继统考实》，载《文史杂志》第1卷第8期，1941年。

人物。《涑水记闻》卷 1 载："德玄后为班行，性贪，故官不甚达，然太宗亦优容之。"《长编》卷 32，太平兴国六年（981）九月亦载："程德玄攀附至近列，上（太宗）颇信任之，众多趋其门。"一个医官受到如此宠遇，推究其因，可能是用医术帮助了光义登位。

另外可注意的是，太祖死后，两位宰相——薛居正、沈义伦不见有所动作。《宋大事记讲义》卷 2《宰相》说："居正、义伦，不过方重靖介，自守之相耳。"参知政事卢多逊则升为宰相，隐约反映出他为太宗继位出了力。赵普罢相出知河阳，实在是给了光义夺位以莫大便利。

在太宗及其后裔统治一百余年之后，尚能留下如许蛛丝马迹，则太宗继位之时，其篡位之迹，自是更彰，人心、士大夫之不服，乃势所必然。《长编》卷 38 载，至道元年（995）十二月，太宗曾对侍臣说，他即位之始，有"远近腾口，咸以为非，至于二三大臣，皆旧德耆年，亦不能无异"的情况出现。有鉴于此，太宗从安抚人心、培植亲信、树立和提高自己的威望等三个方面来安定局面，巩固其统治地位。

安抚人心。一是宣布一切依照太祖时的章程办理，以示自己是太祖事业的继承者。太宗即位伊始，便下令："先皇帝创业垂二十年，事为之防，曲为之制，纪律已定，物有其常，谨当遵承，不敢逾越。咨尔臣庶，宜体朕心。"太宗又对宰臣说："边防事大，万机至重，当悉依先帝旧规，无得改易。""今四方无虞，与卿等谨守祖宗经制，最为急务，此委相之大体也。"[1] 二是安抚皇室和宰执大臣等。太宗即位后，以弟廷美为开封尹，兼中书令，封齐王，以示与太祖时皇弟

1　《长编》卷 17、卷 114，景祐元年（1034）二月李淑奏。

封王、尹开封相同。以太祖子德昭为永兴军节度使，兼侍中，封武功郡王。诏廷美、德昭并位在宰相上。又封太祖子德芳为山南西道节度使，同平章事。太宗还下令，太祖与廷美的子女俱称皇子、皇女，进封太祖三女为郑国、许国、虢国公主。宰相薛居正、沈义伦、卢多逊均加官，其子也加官晋爵；枢密使曹彬加同平章事，副使楚昭辅升为枢密使。

　　太宗特别注意培植和提拔亲信，控制中央和地方的权力。开封府的幕僚，如程羽、贾琰、郭贽、商凤等人，或知开封府，或为枢密直学士，或为东上阁门使。开封府的军校，如杨守一、赵镕、周莹、王显等人，先后掌管枢密院。[1]太宗时的枢密院，后来几乎成了开封府幕府旧人的囊中物。

　　太平兴国二年（977）正月，即太宗即位后三个月，在科举考试中即一举录取进士及诸科五百人之多，其中进士达一百九人，"皆先赐绿袍靴笏，锡宴开宝寺"，太宗自为诗二章赐之。比起太祖时一次最多录取进士31人，人数大增，而且授官也比以前优厚，进士第一、二等俱通判诸州。史称："宠章殊异，历代所未有也。"宰相薛居正等人说取士太多，用人太骤，太宗不听。进士及诸科人员赴任辞行时，特召令升殿、谕之曰："到治所，事有不便于民者，疾置以闻。仍赐装钱，人二十万。"[2]其目的，一方面是拉拢士大夫以为己用，另一方面是急于用这些"天子门生"去掌握地方大权。

　　为收买人心以为己用，对太祖临终前要治罪的川、峡两路转运使申文玮、韩可玭，太宗释而不问。在太祖时"献宫词，托意求进用"

1　见《宋史》卷268。
2　以上见《长编》卷18。

的孔承恭，"太祖怒其引论非宜，免归故里"，太宗以赦复授故官。**¹**

太宗还派亲信侦探下情，以为防范。太宗即位不久，即令诸州大索明知天文术数者传送阙下，敢藏匿者弃市，募告者赏钱三十万。又诏诸道转运使察官吏能否，第为三等，岁终以闻。太宗"分命亲信于诸道廉官吏善恶，密以闻"。又派武德卒潜察远方事，"有至汀州者，知州王嗣宗执而杖之，缚送阙下"，太宗大怒，"遣使械嗣宗下吏，削秩"。端拱元年（988）十一月，契丹进攻河北，定州军中，有中黄门林延寿等五人执诏书督战。**²**《元丰类稿》卷49《侦探》载："淳化中，柴禹锡、赵镕掌机务，潜遣吏卒变服侦事。卒王遂与卖书人韩玉有不平，诬玉有恶言，禹锡等以状闻，上怒，诛玉，京人皆冤之。……至道中，又有赵赞，性险诐捷给，专伺中书、枢密及三司事，乘间言于上，上以为忠，无他肠，中外畏其口。"这里虽然讲的是太宗晚年的事，也可以由此推知整个太宗时期的情况，上至中书，下至平民，都在太宗亲信的侦探范围之内。

太宗十分热衷于树立和提高自己的威望，以慑服臣下和民众。《铁围山丛谈》卷1载：

> 太宗始嗣位，思有以帖服中外。一日，辇下诸肆有为丐者不得乞，因倚门大骂为无赖者。主人逊谢，久不得解。即有数十百众，方拥门聚观，中忽一人跃出，以刀刺丐者死，且遗其刀而去。会日已暮，追捕莫获。翌日奏闻，太宗大怒，谓是犹习五季乱，乃敢中都白昼杀人，即严索捕，期在必得。有司惧罪，

1　《长编》卷17、卷24。
2　《长编》卷17、卷22、卷29。

久之，迹其事，是乃主人不胜其忿而杀之耳。狱将具，太宗喜曰："卿能用心若是，虽然，第为朕更一覆，毋枉焉。且携其刀来。"不数日，尹再登对，以狱词并刀上。太宗问："审乎？"曰："审矣。"于是太宗顾旁小内侍，取吾鞘来。小内侍唯命。即奉刀内鞘中。因拂袖而起，入曰："如此，宁不妄杀人。"

　　由此可见太宗急于树立个人威望的心情。在这种欲望驱使之下，太宗先后逼漳泉陈洪进、吴越钱俶纳土，太平兴国四年（979）又亲自督军，平定了北汉，大致完成了太祖未竟的统一事业。灭北汉后，太宗继续北征，企图收复幽云，建立超过周世宗和宋太祖的不世之功。结果却适得其反，太宗因高梁河之败而威望大落。在北征中，发生了军队企图拥立德昭的事，使太宗深感自己统治地位的不稳，因而北征归来即逼死了29岁的德昭。太平兴国六年（981）三月，太祖的另一个儿子——23岁的德芳，也不明不白地死去了。太宗除去了两大心腹之患。于是，廷美的实际继位人的地位，就成了太宗的心病。

　　太平兴国六年九月，太宗心腹、如京使柴禹锡等告廷美骄恣，将有阴谋窃发，表明太宗已要对廷美下手了。此时，首相薛居正已死，次相沈伦因病休养，中书大权握在次相卢多逊手中。卢多逊不仅专权，而且与廷美交往密切，太宗难以倚赖他向廷美下手，于是又召见冷落已久的元老重臣赵普。赵普言"臣愿备枢轴以察奸变"，公开向太宗要官要权。太宗便以赵普为司徒兼侍中，再次出任宰相，位在沈伦前。

　　赵普复相，是太宗为安定当时人心浮动局面而采取的措施，也是为迫害廷美而投下的一着棋子。赵普久被冷落，受卢多逊压抑，妹夫侯仁宝被卢多逊迫死在广西，儿子承宗回京结婚又被迫要即刻返回任所，正思复出，恢复权势，所以也愿为太宗效力。这样，二人一拍即合，赵普出为首相，廷美被贬，所谓"昭宪顾命"的"金匮之盟"也就出现了。

赵普再相后，当即上书，献出"金匮之盟"。太平兴国七年（982）四月，廷美罢职贬房州，卢多逊罢相贬崖州，均至死未还。于是，太宗不仅为继位找到了合法的依据，而且除去了最后一块心病，保证了皇位的传袭。"金匮之盟"，大大地帮助了太宗统治的稳定，也成为宋初的第二大疑案。

关于"金匮之盟"，宋人记载甚多，但含混不清，颇多互相抵牾之处。《长编》的记载，参照了《太祖旧录》、《太祖新录》、《太宗实录》、《国史》、《涑水记闻》和《建隆遗事》等书的记载，并作了考订，因此较为翔实。《长编》关于太祖、太宗两朝的记载中，共有三处涉及"金匮之盟"。一是建隆二年（961）六月杜太后死时，二是开宝六年（973）八月赵普罢相时，三是太平兴国六年（981）九月赵普再相时。后两处是提及，建隆二年是详记，说杜太后临终命太祖传位其弟，由赵普写成誓书，藏之金匮，故称"昭宪（即杜太后）顾命"，通称"金匮之盟"。

历宋元明清几代，很少有人怀疑"金匮之盟"的真实性，反而常被用来称颂太祖无私心。其实，这是地道的伪造。近代史家张荫麟《宋太宗继统考实》[1]一文指出"金匮之盟"有五大破绽，断为伪造，可称定论。其伪造的时间，当在赵普再相前后，《长编》有关"金匮之盟"

<hr>

[1] 载《文史杂志》第 1 卷第 8 期，1941 年。

的三处记载，都涉及赵普，一次是讲赵普手书该盟约，另两次是赵普分别上书太祖、太宗，提到有该盟约。所以，"金匮之盟"的伪造，是与赵普分不开的，作伪之人，不出太宗与赵普两人。[1]

太平兴国八年（983）四月，太宗扬扬自得地对赵普说："朕顷在藩邸，颇闻朝臣有不修操检，以强词利舌，谤讟时事，陵替人物；或遣使远方，不存事体，但规财用，此甚辱国。今朝行宁复有此等耶！若人人自修，岂不尽善。"赵普吹捧道："陛下敦崇风尚，不严而治，轻薄之徒自然弭息矣。"[2]由此可以反映出，太宗虽则数起大狱，但政权却反而稳固了，所以他敢于自诩风尚比太祖时好。局势既已稳定，功高望重的元老赵普自不便再居于相位。十月，赵普罢相，太宗藩府幕僚宋琪与宿旧大臣李昉为相。

第四节　太宗之功业

太宗最大的功绩，应推基本实现统一和重视发展文化事业两项。这两项事业，对于当时的社会发展，带来了积极的有利的影响。

太宗取消了节度使领支郡的权力，全部州军都直隶中央，进一步加强了中央集权。太宗先后迫陈洪进献出漳、泉二州，迫钱俶献出吴越十三州、一军，又攻灭北汉，得十州、一军。到太平兴国四年（979）五月，结束了五代十国的分裂局面，基本实现了统一。其后，河东、河北虽常被兵，陕西、西川亦有兵灾，但赵宋皇朝的

1　近年来，笔者看法，有所改变，详见本书正文。此处不作改动，一仍旧貌。
2　《长编》卷24。

大部分疆土却处在统一、和平的状态下。太宗继续执行太祖时期的鼓励垦荒的政策，下令："所垦田即为永业，官不取其租。"至道元年（995）又下诏："州县旷土，并许民请佃为永业，仍蠲三年租，三岁外输二分之一。"与太祖时一样，"州县官吏劝民垦田之数，悉书于印纸，以俟旌赏"。太宗时期的垦田数比太祖时期又有所增加。太祖末年是二百九十五万二千三百二十顷六十亩，太宗末年是三百一十二万五千二百五十一顷二十五亩。[1]数字虽不一定可靠，但可以反映出垦田数增加的事实。

太宗重视发展文化事业，成就颇大。

五代时期，昭文馆、史馆、集贤院为三馆，在右长庆门东北，仅有小屋数十间，湫隘卑痹，仅蔽风雨，周庐徼道，出于其旁，卫士骑卒，朝夕喧杂，每受诏撰述，皆移他所。太祖时期，未尝改作。太平兴国二年（977），太宗幸三馆，顾左右曰："是岂足以蓄天下图书，待天下贤俊？"即日诏有司度左升龙门东北车府地为三馆。命中使督工徒，昼夜兼作。其栋宇之制，皆太宗亲所规划。自经始至毕功，太宗两次临幸。轮奂壮丽，甲于内庭。太平兴国三年（978）二月建成，太宗乃下诏曰："国家聿新崇构，大集群书，宜锡嘉名，以光策府，其三馆新修书院宜为崇文院。"院既成，书迁西馆之书，分贮两廊。以东廊为昭文书库，南廊为集贤书库，西廊分经、史、子、集四部，为史馆书库。凡六库书籍，正副本八万卷。[2]崇文院西序留有便门，以便太宗光临。太宗在崇文院建成后，常到院中观书，并常召大臣到院观书。端拱元年（988）五月，又在崇文院中堂建秘

1　《宋史》卷 173《食货上一》；《文献通考》卷 4《田赋四》。
2　《宋会要辑稿》职官一八之五〇；《长编》卷 19。

阁，分三馆书籍万余卷置其中。[1] 太宗还多次下诏求书，规定了具体的奖赏办法； 又派人到江南、两浙购募图书。献书及购募所得书，均藏于崇文院内。

太宗时期，命人编辑了三大类书：《太平御览》一千卷，《文苑英华》一千卷，《太平广记》五百卷；又集《神医普救方》一千卷。太宗还命国子监重行校刊九经，开雕四史及《说文解字》等书。

太宗继续实行太祖时的政策，重视择人用吏，诛杀贪赃不法者。太宗刚即位，即诏诸道转运使察官吏能否，第为三等，岁终以闻。太平兴国二年（977）三月，始立试衔官选限。太平兴国六年（981）三月，又诏令诸路转运使察官吏贤否以闻。太平兴国八年（983）四月，颁《外官戒谕辞》。雍熙四年（987）三月，诏申严考绩："天下知州、通判，先给御前印纸，令书课绩，自今并条其事迹：凡决大狱几何；凡政有不便，于时改而更张，人获其利者几何；及公事不治，曾经殿罚，皆具书其状，令同僚共署，无得隐漏。罢官日，上中书考校。"十一月，诏以实数给百官俸，以使官吏尽职，且可责廉。太宗在派使者按问各州刑狱之时，常令同时察官吏勤惰以闻。[2] 太宗尤重内外制之任，每命一词臣，必咨访宰相，求才实兼美者，先召与语，观其器识，然后授之。[3] 贪赃不法之吏，太宗即予诛杀。据《宋史·太宗本纪》的记载，太宗在位约 22 年，诛杀贪赃与不法官吏 17 人；太平兴国三年（978）六月，太宗下令，他即位后诸职官以赃致罪者，虽会赦不得叙，永为定制；太宗还下令禁用酷刑，常令诸州长吏虑囚。

---

1 《长编》卷 29。
2 《宋史·太宗本纪》。
3 《长编》卷 27，雍熙三年（986）十月。

太宗在统一和发展文化事业方面取得了很大成就，但在军事方面，却处置失措，从而使积贫积弱的局面开始形成。

太宗即位之初，采取了一项重要措施，就是禁止藩镇回图贩易。对于这项措施，历来认为是加强中央集权的有利措施，实则不然。

《长编》卷18，太平兴国二年（977）正月载此事：

> 五代藩镇多遣亲吏往诸道回图贩易，所过皆免其算。既多财则务为奢僭，养马至千余匹，童仆亦千余人。国初，大功臣数十人，犹袭旧风，太祖患之，未能止绝。于是诏中外臣僚，自今不得因乘传出入，赍轻货，邀厚利，并不得令人于诸处回图，与民争利，有不如诏者，州县长吏以名奏闻。

从表面上看，这项措施有利于国家统一，但是如果仔细分析，就会得出不同的结论。太祖时期，实行赵普提出的"削夺其权，制其钱谷，收其精兵"的三大纲领之后，节度使的权力大都被剥夺了，已不成患害。留使、留州的钱财被取消，有通判掌各州之财，财政盈余又全部送往京师，上交中央，一般节度使的财力已所剩无几。所谓太祖未能止绝的回图贩易者，主要是指边境诸将。太祖重视边防，专任边将，曾对近臣说过："安边御众，须是得人。若分边寄者能禀朕意，则必优恤其家属，厚其爵禄，多与公钱及属州课利，使之回图，特免税算，听其召募骁勇，以为爪牙。苟财用丰盈，必能集事。"庆历元年（1041）五月甲戌，太常丞、直集贤院、签书陕西经略安抚判官田况上兵策十四事，十一曰："太祖用姚内斌、董遵诲抗西戎，何继筠、李汉超当北敌，各得环、庆、齐、棣一州征租农赋，市牛酒犒军中，不问其出入，故得戎寇屏息，不敢窥边。"[1] 所以，太祖时期西北边境比较平安。

回图贩易，是太祖对边防将领实行的特殊政策，其资本是公钱与诸州课利。太宗禁止回图贩易，矛头所向是边防将领，是限制边防将领权力的措施，是对边防将领的一次打击。这是太宗时期边防政策的第一个重大改变。高梁河之败后，边防将领作战不力，与此不无关系。因为无财力自置斥候，远探消息，又无财力重赏士卒，使其尽力而战，边防军的战斗力不能不削弱。

在此以后，太宗又贸然发动太平兴国四年（979）和雍熙三年（986）两次大规模北征，八年之内，先后有高梁河、莫州、岐沟关、朔州、君子馆五大败仗，丧师不下三十万，使太祖时期养精蓄锐而造成的对辽作战的优势丧失，北宋积弱之势开始形成。[2]

太宗又纵容边将"生事致寇"，引起辽国报复入侵，改变了太祖时谨慎持重的边防政策。[3]

太宗又改变了太祖对边将的态度，摧辱边将权威。《乖崖集》附录韩琦撰《张咏神道碑铭》载，淳化四年（993），宿将张永德为并代帅，小校犯法，杖之而死，有诏按罪，枢密直学士、同知通进、银台司公事、兼领发敕司张咏封还诏书，曰："永德方被边寄，若责一小校，遂摧辱之，臣恐帅体轻而小人慢上矣。"太宗不纳，因不关银台而下书谯让。未几，果有营卒胁诉其大校者，咏复争前事，太宗优容谢之，面加慰劳。[4] 如此对待边将，边将权威何从而立！

1　《长编》卷3，建隆三年（962）十二月；《长编》卷132。
2　详见拙文《从高梁河之败到雍熙北征》。
3　《诸臣奏议》卷129，田锡《上太宗论边事》；《长编》卷30。
4　《乖崖集》附韩琦《张咏神道碑铭》；《长编》卷34；《宋史》卷293《张咏传》。

自此，河朔无宁岁，备受战乱之苦，直到真宗时订立澶渊之盟，才算结束这种局面。而其肇始，即是收回边将的回图贩易权。

要之，太宗时期，基本实现了统一，经济有所发展，文化事业大有发展，政治上大致沿袭了太祖时期的政策，使整个社会依然呈现出向前发展的势头。但是，太宗改变了太祖的边防政策，在军事方面处置失措，因继位问题而造成的统治危机，又使太宗急于建功立业，提高威望，汲汲于皇位的巩固和传授，因此接连贸然北征，屡遭大败，不仅丧失了军事优势，而且引发了财政危机，从而开始形成积弱积贫之局面。可以说，对于北宋社会的发展，太宗是功过参半的。

第五节　太宗之为人

如果说，在功业方面，太宗还可以说是功过参半的话，那么，在为人方面，太宗则应是颇受非议的。

经过十几年的处心积虑，太宗终于得遂登上皇位之愿。也许因其得来不易，太宗即位后，用主要精力防范内变，因而形成多疑的毛病。太宗有一段名言："国家若无外忧，必有内患。外忧不过边事，皆可预防。惟奸邪无状，若为内患，深可惧也。帝王用心，常须谨此。"[1]一般以为内患指民众起义，但实在是指朝廷内部的变乱从而危及皇权。[2]这段话充分反映出太宗对于内患的忡忡忧心，道出了他全心全意

---

1   《长编》卷 32，淳化二年（991）八月。
2   详见严文儒《太宗所称内患析》，载《华东师范大学学报》1985 年第 1 期。

防范内部、确保皇位的用心。在这种心理支配下，太宗的多疑就是必然的了。被称为宋代第一良将的曹彬，太宗疑其得军心而罢其枢密使之职。至道元年（995）八月，太宗立其子元侃为太子，京师之人见太子，喜跃曰："真社稷之主也。"太宗闻知，召定策立太子的寇準说："四海心属太子，欲置我何地？"寇準回答说："陛下择所以付神器者，顾得社稷之主，乃万世之福也。"太宗才释然。[1]这只是两个典型事例。连亲生儿子也要怀疑，更遑论他人了。因多疑，太宗施政有两大特点，一是事必躬亲，大权独揽，二是任人唯亲。据《宋史》卷210《宰辅一》，太宗一朝，相不久任，尤其是"金匮之盟"出现后，更换更加频繁，这不能不说是与太宗的猜疑心理有关。太宗信用幕府亲信，探事者横行，也不能说与多疑心理无关。所以日本学者认为，太宗是宋代君主独裁体制的创始者。[2]口头上高倡黄老之学，实际上却疑心重重，这就是太宗性格的内外两面。

太宗的多疑，是比较明显的，但说他好色，则或有疑义的。

《随手杂录》载，太宗朝，武程乞放官人三百人，太宗对执政说："宫中无此数。"执政请以狂妄罪之，太宗释而不问。《长编》卷34亦载此事，系之淳化四年（993）。由此事看，似乎太宗不留意女色，宫中简约。但是，至道三年（997）五月，太宗刚死，真宗即位不久，就对辅臣说："宫中嫔御颇多，幽闭可闵，朕已令择给事岁深者放出之。"[3]相隔不过四年，说法却大相径庭。既然嫔御都甚多，官人之多则更不在话下了。真宗的话，戳穿了太宗宫人少的鬼话。《默记》

1　《东都事略》卷33《弭德超传》；《长编》卷38。
2　详见〔日〕竺沙雅章：《宋朝的太祖和太宗》，日本清水书院1984年版，第134—191页。
3　《长篇》卷41。

卷下所载强买青州女子事,又载南唐后主的小周后每入宫则被太宗留数日之事,《烬余录》甲编载太宗灭北汉收其妃嫔事,太宗挑花蕊夫人事,均可证太宗好色为不假。关于小周后事,宋人画有《熙陵(即太宗)幸小周后图》,至清代尚存,明人沈德符《万历野获编》卷28、清人王士禛《带经堂集》卷92均有记载,足见太宗好色之事,宋代已有定评。

太宗多疑、好色,其豁达、俭约必不能如太祖,其刚愎自用则又必过于太祖,此乃势之必然,无足怪矣。其帝位既系抢夺而来,不敬兄嫂,迫死弟、侄,于孝道有亏,自在当然之中,于此不再多言。

第六节　结　语

自安史之乱后,方镇并起,割据风行,生民涂炭,战乱不息。历二百年而至宋初,太祖奋起,赵普辅之,削方镇之权,除禁兵之患,建法立制,统一大业有成,太平之基已奠。太宗继之而起,本可在此基础上更进一步,不仅完成统一大业,而且完善法制,攘却外敌,开赵宋兴旺之基业。但是,太宗处心积虑,夺得帝位,皇位继承之谜,造成统治的危机,一直像阴影笼罩于太宗时期。在此阴影之下,太宗心理压力甚重,急于建威树望,关注于防范内患,结果是军事行动屡败,威望终未能立;内患频作,德昭、廷美,必迫死而后安。至政治大计,竟未遑多顾,多仅能循太祖之政而行。是以太宗时期,虽则经济、文化均有发展,然积贫积弱之势已萌,终不能臻于治,而给有宋后世带来莫大危害。真宗继起,虽则于消除皇权危机基本成功,然又好大喜功，大演天书下降之闹剧，致北宋积贫积弱之势越演越烈。以此而言，太宗朝实乃转折时期。太宗其人，对于历史发展带来的不利影响，是无论如何也无法否认的。

第一章

扑朔迷离：青少年时代

出生与父兄

公元907年至960年，是中国历史上一个大分裂、大混战的时期，史称五代十国。中原先后有梁（907—923）、唐（923—936）、晋（936—947）、汉（947—950）、周（951—960）五个王朝，史称后梁、后唐、后晋、后汉、后周。

后晋是五代的第三个王朝，建立后晋的就是历史上有名的"儿皇帝"石敬瑭，史书上称他为晋高祖。后晋高祖石敬瑭建立后晋王朝的第四个年头，后晋天福四年己亥（939），十月七日甲辰，在后晋首都开封府浚仪县崇德坊护圣营的官舍，在一个姓赵的禁军将领家中，一个男孩呱呱坠地。这个男孩，当时取名为匡义。开宝九年（976），匡义当上皇帝后，这一天被定为乾明节，淳化三年（992），改为寿宁节。全国放假庆祝。

匡义的父亲赵弘殷，涿郡（即幽州，今北京）人，是个骁勇善骑射的武将，当时在禁军中任护圣指挥使，[1]所以匡义生于护圣营的官坊之中。

匡义的母亲杜氏，定州安喜（今河北定州）人。杜氏先后生下五个儿子、两个女儿，匡义是她的第三个儿子。她的大儿子早死，宋朝

1　此据《太平宝训政事纪年》卷1。《东都事略》卷1载，唐庄宗命弘殷"掌禁军，为飞捷指挥使，自同光至开运，逾二十年不迁"。按，唐庄宗时禁军军号紊乱，"飞捷"当为其一。其后明宗整顿禁军军号，马军为捧圣（奉圣）。弘殷为骑将，当隶此军。后唐末帝时，改马军捧圣为彰圣，后晋时又改为护圣。故《东都事略》所载与《太平宝训政事纪年》并无矛盾。五代军号之演变，详见拙著《五代禁军初探》。光义生于护圣营，又见《宋会要辑稿》帝系一之四，《宋朝事实》卷1。

建立后，赐名光济，追封邕王。她的第五个儿子幼亡，宋朝建立后，赐名光赞，追封夔王。她的大女儿未成年即死去，建隆三年（962）追封为陈国长公主。小女儿先嫁米德福，德福死。建隆元年（960），封为燕国长公主，再嫁给开国功臣、忠武军节度使高怀德，死于开宝六年（973）十月。[1]

杜氏的第二个儿子匡胤，生于后唐明宗天成二年丁亥（927）二月十六日。后唐的首都是洛阳，赵弘殷当时是禁军指挥使，故匡胤生于洛阳夹马营。匡胤就是后来的宋太祖。后晋迁都开封，杜氏的第三个儿匡义便在开封出生了。

据说，杜氏在军营生下这两个儿子时，都有些奇异现象。生匡胤时，"赤光绕室，异香经宿不散，体有金色，三日不变"；生匡义时，"赤光上腾如火，闾巷闻有异香"。[2]两相比较，可见匡义出生之祥瑞是不及匡胤的。匡胤与匡义兄弟俩，相差12岁，但均出生于亥年，都属猪。

杜氏的第四个儿子匡美，生于后汉高祖天福十二年（947），比匡义小8岁，比匡胤小20岁。匡美亦当生于开封。因他后来没有当上皇帝，所以出生时也就没有什么异象了。匡美出自杜氏，本无异义。《宋史》卷242《杜太后传》与托名王禹偁的《建隆遗事》，[3]还有《烬余录》甲编，均明确说杜氏生匡美；《宋史》卷244《廷美传》、《东都事略》卷15《廷美传》则记载："宣祖五子：长曹王光济、次太祖

1　《宋史》卷242《杜太后传》、卷248《秦国大长公主传》。
2　见《宋史》卷1《太祖一》、卷4《太宗一》。《东都事略》卷1记太祖出生："夕光照室中，胞衣如菡萏，体被金色，三日不变"；卷3记太宗出生："赤光满室"。太宗之祥瑞亦不及太祖。
3　该书已佚，今引自《长编》卷22。

皇帝、次太宗皇帝、次魏王廷美、次岐王光赞"，亦不说廷美非亲兄弟。但是，后来太宗要治死廷美时，却对大臣说，廷美是他乳母耿氏所生。[1]元人陈世隆曰："盖太宗一时为涂面之言，以遮饰谋杀廷美之故。"[2]清代著名史学家钱大昕也说："此云乳母耿氏所生者，盖廷美得罪之后，造为此言。"[3]

后汉乾祐元年（948），匡义10岁，匡美2岁，匡胤22岁。这一年，后汉发生了一件大事：赵思绾据长安（今陕西西安）、李守贞据河中（今山西永济西）、王景崇据凤翔（今陕西凤翔）联手反抗后汉朝廷，西北大乱。后汉朝廷派枢密使郭威（即后来的后周太祖）出讨三镇，匡胤应募居其帐下，弘殷则领兵参与讨伐王景崇。第二年，三叛平定，弘殷因功升为"护圣"之军都指挥使，[4]成为禁军的中级将领；匡胤则进入禁军服务。

后周广顺元年（951）正月，郭威即皇帝位，取后汉而代之，国号周，是为周太祖。匡胤得补为东西班行首，进入禁军殿前军。广顺三年（953），整顿殿前军，小底军改编为铁骑军，赵弘殷自侍卫亲军龙捷（护圣军改名）军调入，任铁骑第一军都指挥使。赵匡胤则被调出，派往滑州，任兴顺军副指挥使。匡胤尚未成行，郭威之子柴荣自澶州镇宁军节度使入为开封尹，封晋王，遂改任匡胤为开封府马直

1　见《长编》卷25，雍熙元年（984）正月；《宋史》卷244《廷美传》。
2　《北轩笔记》。
3　《廿二史考异》卷75《魏王廷美传》。
4　《宋史》卷1，《东都事略》卷1均作"护圣都指挥使"。按，其时护圣分左右厢，厢各数军，弘殷自"指挥使"遽升为"护圣都指挥使"（即护圣左右厢都指挥使），升迁未免过速。《宋史》卷1云，弘殷自此职"改铁骑第一军都指挥使"，正说明此职与"铁骑第一军都指挥使"相当。故应是"护圣"某军的都指挥使。弘殷在后周时升至"龙捷右厢都指挥使"，"龙捷"即"护圣"之改名，此职尚位于"护圣都指挥使"之下。

军使。郭威家属，在后汉乾祐三年（950）被刘铢诛杀殆尽，唯有养子柴荣一人因在郭威身边而幸存。郭威称帝后，开国功臣、枢密使王峻专权，忌柴荣，长期不让他入朝。后周广顺三年（953）二月，郭威贬黜王峻后，才召柴荣入京，任为开封尹并封王，确立了他准皇储的地位。陆游即说："后唐秦王从荣以长子为河南尹，又为天下兵马大元帅，故当时遂以尹京为储贰之位。……周广顺中，晋王荣皆尹开封，用秦王故事也。"[1] 匡胤在一个重要的关键时刻，隶属于准皇储柴荣麾下，奠定了发达的基础。这一年，匡胤 27 岁，匡义 15 岁，匡美 7 岁。而匡胤之子德昭，也已 3 岁。

后周显德元年（954）正月，郭威死去，终年 51 岁。晋王柴荣即位，是为周世宗。匡胤被命"掌卫兵"，又回到禁军殿前军中任将校。二月，北汉刘崇联结辽军一同进攻后周，包围潞州（今山西长治），后周的昭义节度使李筠战败，前线告急。三月，周世宗率军亲征，与北汉、辽国联军会战于高平（今山西高平）。大战开始未几，后周侍卫马军都指挥使樊爱能、侍卫步军都指挥使何徽指挥的右路军溃败，樊爱能、何徽引骑兵先遁，步兵千余人投向北汉军，周军形势危急。周世宗见状，自引亲兵，犯矢石督战。殿前都指挥使张永德，当时率殿前禁兵护卫周世宗，遂指挥和率领部属四千人奋勇进击，内殿直马仁瑀、殿前右番行首马全义、宿卫将赵匡胤身先士卒；义成节度使白重赞、侍卫马步军都虞候李重进也指挥左路军杀敌。北汉骁将张元徽马倒被杀，北汉兵大败，北汉主自举赤帜收兵而不能止，杨衮所率辽军不敢救援北汉兵，全军而退。河阳节度使刘词率周军后军赶到，连

1　《渭南文集》卷 22《记太子、亲王尹京故事》。

夜攻击北汉兵，北汉兵又大败，僵尸满山谷，委弃御物及辎重、器械、杂畜不可胜计。北汉主率残军连夜逃回晋阳（今山西太原）。

战后，周世宗为严肃军纪，诛杀樊爱能、何徽及所部军使以上七十余人，史称："自是骄将惰卒始知所惧，不行姑息之政矣。"赵匡胤在军情危急时，向张永德建议分两翼出击，且作战英勇，在论功行赏时受到张永德的特别关照，被越级提升为殿前散员都虞候，[1] 马仁瑀升为控鹤弓箭直指挥使，马全义为散员指挥使，其余作战有功的将校升迁者凡数十人。赵弘殷此次出征，亦在军中，但不知是在李重进麾下抑或是刘词麾下，总之作战有功，自铁骑第一军都指挥使升为龙捷右厢都指挥使，自殿前军转入侍卫马军任职，成为侍卫司高级将领。当其时，周世宗因殿前军在危机时力挽狂澜，而侍卫司将帅却率先逃遁，几至败事，所以在论功行赏时，大量起用殿前军将校以填补因诛杀而空缺的侍卫马、步军之职位，除赵弘殷外，其他自殿前军升任侍卫马、步军职位的将校还有：殿前都虞候韩令坤为龙捷左厢都指挥使，散员都指挥使慕容延钊为虎捷左厢都指挥使，控鹤第一军都指挥使赵晁为虎捷右厢都指挥使，并遥授团练使。赵弘殷为岳州团练使。当时，侍卫马军都指挥使和侍卫步军都指挥使暂未除授，而侍卫马军和侍卫步军的四位高级将领均出身于殿前军，此时的侍卫马步军都虞候李重进也是由殿前都指挥使升任的。

高平一战后，赵弘殷、赵匡胤父子均在禁军任高级将校，地位大为提高。可以说，赵匡胤就是由此踏上了走向皇位之路的。

后周显德元年（954）十月，周世宗整军，赵匡胤具体负责拣选

1　《资治通鉴》卷 292，后周显德元年三月庚子，载赵匡胤升为"殿前都虞候"，实不可能。详细考辨见拙著《五代禁军初探》第 137 页。

精兵工作，由此再得越级提升，出任殿前都虞候、永州防御使。赵弘殷仍任龙捷右厢都指挥使，领岳州防御使。父子二人，分典侍卫马军与殿前军，一时称荣。这一年，匡义 16 岁。

第二节　扑朔迷离的早年

　　宋朝建立，是在建隆元年（960），匡义时年 22 岁。自后周显德元年（954）至建隆元年的六七年间，是匡义的早年时期。在这六七年间，赵弘殷去世，赵匡胤则步步高升，直至登上九五之尊；匡义也逐步成长为一个青年。

　　后周显德元年十月，周世宗整军后，士卒精强，遂开始南征北伐，以实现其削平天下之志。显德二年（955）五月，后周出兵，西攻后蜀。至九月，夺取了秦（今甘肃秦安西北）、凤（今陕西凤县东北）、成（今甘肃成县）、阶（今甘肃武都东）四州之地。十一月，周世宗又挥兵南下，进攻占有淮南（大致相当于今安徽和江苏的长江以北地区）和江南（大致相当于今江西和安徽、江苏的长江以南地区）的南唐。

　　后周显德二年十一月，周世宗以李谷为淮南道前军行营都部署兼知庐、寿等行府事，以忠武节度使王彦超副之，督侍卫马军都指挥使韩令坤等十二将以伐唐。赵弘殷在十二将之内，以龙捷右厢都指挥使为前军马军副都指挥使。韩令坤率军奔袭扬州，赵弘殷领兵先入城，"禁止侵暴，民情大悦"。

　　后周显德三年（956）正月，周世宗下诏，亲征淮南，赵匡胤以殿前都虞候随世宗出征。二月，赵匡胤受命，率军突袭清流关（今安徽滁州西南），击败南唐援军，夺取了淮南重镇滁州。这时，赵弘殷因病，自扬州领兵来到滁州，与匡胤相会。匡胤见过父亲后，即领兵返回寿州城下追随周世宗去了。赵弘殷却因病重，留在了滁州，受赵匡胤赏识的滁州军事判官赵普承担起服侍赵弘殷的责任，"躬亲药饵，朝夕无倦"，赵弘殷"愧其情，由是待以宗分"。七月，赵弘殷在返回首都开封的途中病逝。匡胤回家奔丧。十月，赵匡胤起复，因功升为匡国军（治同州，今陕西大荔）节度使兼殿前都指挥使。赵匡胤马上上表赵普为匡国军节度推官，将其收入幕府之中。赵匡胤升为节度使，地位与声望均大为提高，以他为首的集团开始形成。这一年，赵匡胤 30 岁，匡义 18 岁。那位后来与匡胤兄弟结下不解之缘的赵普，则是 35 岁。

后周显德四年（957）二月，赵匡胤再次追随周世宗出征淮南，攻克南唐在淮南的据点寿州，改任义成军（治滑州，今河南滑县东）节度使，仍为殿前都指挥使。当年冬天，赵匡胤随周世宗第三次出征淮南。

后周显德五年（958）三月，南唐降服，淮南十四州全部归入后周版图。五月，赵匡胤因功改忠武军（治许州，今河南许昌）节度使，仍任殿前都指挥使。此时，殿前司统帅——都点检张永德领兵备御北部边境，不在京城，赵匡胤实际上掌管着殿前司。

后周显德六年（959）三月，周世宗准备挥兵北上，夺回被儿皇帝石敬瑭割让的幽云十六州（大致包括今北京、天津、河北北部、山西北部地区）之地。恰在此时，周世宗的臂膀、"智略过人"而为将校畏服的枢密使王朴不幸死去，周世宗"恸哭数四，不能自止"。但周世宗仍坚持北征，以赵匡胤和侍卫马步军都虞候韩通分任水、陆路都部署，侍卫马步军都指挥使李重进督率后军。五月，周军击败辽军，夺取瀛（今河北河间）、莫（今河北任丘北）、易（今河北易县）三州和益津（今河北霸州）、瓦桥（今河北雄县西南）、淤口（今河北霸州信安镇）三关之地。此时，周世宗不幸生病，遂班师回朝。

周世宗回到京城开封后，病情加剧，自知不起，便在六月开始安排身后之事。此时，周世宗之子柴宗训年方7岁，必须慎择辅臣。周世宗以宰相范质、王溥参知枢密院事，宰相魏仁浦兼枢密，三人位兼中枢，可掌军国大权。殿前司，罢免都点检张永德，赵匡胤升为都点检，殿前副都指挥使为慕容延钊，殿前都虞候为石守信。侍卫司，李重进仍任侍卫马步军副都指挥使，但领兵赴河东备御北汉与辽国；韩通升为侍卫马步军副都指挥使，加同平章事，留在开封；侍卫马军都指挥使韩令坤，领兵驻守北边，抵御辽国，袁彦任侍卫步军都指挥使。周世宗的用心很明白，文靠三相，武靠赵匡胤、韩通，文武协力，维持幼子宗训之帝位，思虑是很周密的。因有人上书，说赵匡胤不宜典禁军，所以周世宗又下令，军政主要由韩通裁决。

至此，赵匡胤升为殿前军统帅，文有赵普等谋臣，武有"义社十兄弟"，形成一个集团，具备了夺取政权的实力。但兵权不在手，由韩通掌握，是这个集团行动的最大障碍。

未几，周世宗去世，年方39岁。7岁幼子柴宗训继位，是为恭帝。主少国疑，赵匡胤集团夺取政权的大好时机，终于来临了。他们不失时机地开始行动了。

赵匡胤在六七年间升至殿前军统帅，具备了夺权的实力。在此期间，其弟匡义的情况如何呢？《隆平集》、《太平宝训政事纪年》、《宋会要辑稿·帝系》、《宋朝事实》等书，均未载匡义在此六七年间的任何事迹。只有《宋史》与《东都事略》略有记载。

《宋史》卷4《太宗一》载：

> 性嗜学，宣祖总兵淮南，破州县，财物悉不取，第求古书
> 遗帝，恒饬厉之，帝由是工文业，多艺能。仕周至供奉官都知。

《东都事略》卷3载：

> 幼颖悟，好读书。宣祖征淮上，克州县，诸将皆争子女玉帛，
> 宣祖为访其书籍，归以遗太宗，谓之曰："文武立身之本，汝其
> 勉之。"及长，隆准龙颜，望之俨然。周显德初，补右班殿直，
> 迁供奉官。五年，改殿前祗候、供奉官都知。

由是，我们了解到，匡义在后周显德元年（954）匡胤初露头角时，
才"补右班殿直"；"迁供奉官"，当在显德三年（956）匡胤立功、
弘殷去世之时；"五年，改殿前祗候、供奉官都知"，成为下级军校。

两书记载的主要事迹，是赵弘殷（宣祖）搜访书籍让匡义读。仔
细考究，却是不大可信的。按，两书均记载，赵弘殷搜访书籍是在攻
打淮南时，返回后交予匡义，并督促匡义读书学习。然而，弘殷仅出
征淮南数月，只攻下扬州一座城池，返回开封途中即已去世，如何能
有上述事迹呢？据《长编》卷7记载，不是赵弘殷，而是赵匡胤，在
出征淮南时曾搜罗了几大箱东西运回开封，遭人检举，周世宗派人检
查，发现是几千卷书，匡胤又称"所以聚书，欲广闻见，增智虑也"。
世宗方才释疑。因此，如果有人搜访书籍以供匡义读书，也应是匡胤

而非其父弘殷。《宋史》和《东都事略》的记载，当系出自实录，是匡义为帝后的自吹之语，以表明他早年受到父亲的特别关照。

如果说上述记载并未明确标明出自匡义之口，则下述记载是明确注明为匡义本人之语，谈及其早年之事。

《宋朝事实》卷3《诏书》载：

> 太宗尝为手诏，戒陈王元僖等，曰："朕周显德中，年十六，时江淮未宾，从昭武皇帝（即宣祖弘殷）南征战，军于扬、泰等州，数与交战，朕虽年少，擐甲胄，习弓马，屡与贼军交锋，应弦而踣者甚众，行伍皆见。太祖驻兵六合，得知其事，拊髀大喜。十八，从周世宗及太祖下瓦桥关、瀛、莫等州，亦在行阵……

《长编》卷29亦载此事，系于端拱元年（988）二月庚子（十三日）。

匡义的这道手诏，是想说明，在宋朝建立前他也立有战功，而且武艺高强，但是漏洞百出，经不起推敲，明显是编造的话。

有关年龄，是这段话最大破绽。匡义"年十六"，是后周显德元年（954）；周世宗征淮南，是显德三年（956），匡义年十八，赵弘殷为前军出征，亦在显德二年（955），匡义年十七。匡义"十八"，乃显德三年，周世宗"下瓦桥关"，则在显德六年（959），其时匡义21岁。凡此种种，年龄上的不合，只能反映出匡义并未亲历其事，一时造为其言，为表明其少年高才，信口道来，遂致如此。

再则，前引《宋史》《东都事略》的记载，既然说是宣祖搜访书籍，

"归以遗"匡义，则显然匡义并未从征在军中。其三，匡义在周世宗征淮南时，为"右班殿直"，属殿前诸班，即便出征，也当随殿前都虞候匡胤，而非跟随任前军马军副都指挥使而职衔为侍卫马军龙捷右厢都指挥使的赵弘殷。

《宋史》、《东都事略》所记匡义早年事时有舛误，以匡胤事归之其父；而《宋朝事实》、《长编》所载，则基本是一派谎言。如此，匡义的早年，就没有什么事情好讲了。其真实情况，扑朔迷离，在千余年后的今日，已经无法弄清楚了。但是，有一点是很明白的，那就是，匡义的早年，并无任何值得夸耀之事，尤其是武艺和战功方面，他只不过是一个普通的禁军将校的儿子或弟弟罢了。

第三节　"陈桥兵变"前后

周世宗去世，7 岁幼子继位，"主少国疑"，人心浮动，正是阴谋家夺权的大好时机。蓄谋已久的赵匡胤集团自然是不会放过这个机会了。然而，周世宗临终有令，军政主要由韩通处理，兵权在其手中，赵匡胤虽贵为殿前都点检，实际上手中无兵。况且，首都开封府中，后周皇室所在，一般情况下，大臣大多是拥戴皇室的，军队亦不例外。因此，赵匡胤集团一时还无从着手。

后周显德七年（960）元旦，百官正在早朝，突然，收到镇（今河北正定）、定（今河北定州）通过驿站传来的警报："北汉引契丹入寇"，[1]

1　《太平宝训政事纪年》卷 1。

举朝震惊。周世宗刚即位，北汉即引契丹来攻，此次会不会又是那样呢？仓皇之中，执掌朝政的宰相范质、王溥等人马上决定出兵抵御。韩通掌军政，受顾命，为"在京巡检"，不宜领兵出征；侍卫马步军都指挥使李重进，此时领兵驻防扬州；因此，领兵出征的责任，自然落到了殿前都点检赵匡胤的身上。于是，后周朝廷便派赵匡胤率领大军，北上御敌。

事实证明，所谓"北汉引契丹入侵"，完全是谎报军情。赵匡胤由此重获兵权，并可以机动调兵遣将，集聚自己的力量，分散或削弱拥戴后周的势力，伺机夺权。当年，后周太祖郭威不就是如此干的吗？其时，赵匡胤曾目睹了全过程，印象格外深刻，此时，如法炮制，是驾轻就熟的事了。

殿前副都点检慕容延钊，年长于赵匡胤，资历也比匡胤深，匡胤虽则"兄事之"，终非心腹，于是，先派他在正月初二率领前军出发。前军开拔后，京城开封城内已谣言四起，人们纷纷传言，将在出军之日，"策点检为天子"。消息传开，害怕遭受抢劫的士民纷纷逃难，乱作一团，人心惶惶。只有范质、韩通等人和皇宫以内的人，全然不知道一点儿消息。

赵匡胤调动侍卫马军都指挥使高怀德和侍卫步军都指挥使张令铎，随同出征，而让殿前都指挥使石守信和殿前都虞候王审琦这两位义社兄弟留守京城。抽空侍卫司力量，使侍卫马步军副都指挥使韩通失去直接掌握的军队；留义社兄弟率殿前军留守，夺权就有内应了。这个安排，是含有深意的周密安排，确保了赵匡胤夺权行动的成功。

正月初三，赵匡胤率大军离开开封北上，特别对部队严加约束。大军出爱景门，"纪律严甚"，秩序井然，京城人心稍安。赵匡胤的谋士赵普、李处耘、楚昭辅等人，都随军出发。赵匡义此时，也在出征军中，当时的职名是内殿祇候供奉官都知。这是他第一次随同兄长出兵打仗。这一年，匡义 22 岁，已是青年小伙子了。

正月初四，赵匡胤策动兵变，回师开封，逼迫小皇帝举行"禅代礼"，将皇帝之位"让"给了匡胤。匡胤时年 34 岁。正月初五，因为赵匡胤即帝位前是归德军宋州（今河南商丘）节度使，故定国号为"宋"，改元"建隆"，大赦天下。于是，宋朝建立起来，赵匡胤后来被尊为"宋太祖"。因为兵变是在开封东北的陈桥驿发动的，史称"陈桥兵变"。

宋太祖当了皇帝以后，为避讳，匡义改名光义，匡美改名光美。光义被任命为殿前都虞候，领睦州（今浙江建德）防御使，开始执掌兵权。光美则授嘉州（今四川乐山）防御使。

在"陈桥兵变"过程中，光义究竟发挥过什么作用？《东都事略》卷 3《太宗本纪》、《太平宝训政事纪年》卷 1《太宗皇帝》、《宋史》卷 4《太宗一》等处均无一字提及。《邵氏闻见录》卷 7，甚至引《建隆遗事》，记载光义留在京城陪母亲杜氏，并未随匡胤出征。唯《长编》与《隆平集》有所记载。

《长编》卷 1，建隆元年（960）正月甲辰（四日）载：

> 遂相与扶太祖上马，拥逼南行。匡义立于马前，请以剽劫为戒。太祖度不得免，乃揽辔誓诸将……曰："少帝及太后，我皆北面事之，公卿大臣，皆我比肩之人也，汝等毋得辄加凌暴。近世帝王，初入京城，皆纵兵大掠，擅劫府库，汝等毋得复然，事定，当厚赏汝。不然，当族诛汝。"众皆拜。乃整军自仁和

门入，秋毫无所犯。

《隆平集》卷 1《太宗皇帝》载：

> 显德七年，从太祖北征，太祖既为诸军拥戴，师还，太宗
> 叩马首告曰："诸军将校，若恃功肆行剽略，使民肝脑涂地，非
> 顺天应人之意。愿誓而后进！"太祖遂誓于众，诸将而下，翕
> 然禀命。太祖嘉帝英略，友爱益至，传位之意始于此。

太祖入城不剽掠，此事为宋人所传颂，极为推崇。邵雍说，宋朝
有五件事，是"自唐虞而下所未有者"，第一件即是："革命之日，市
不易肆"，[1] 就是说的不剽掠之事。如果据《长编》和《隆平集》的记
载，这件功德无量的事，是出自光义的建议，那光义岂不伟大？然而
这和光义早年的其他事差不多，大致仍是光义或臣僚编造的。

《长编》的记载，有注曰："《旧录》禁剽劫都城，实太祖自行约束，
初无纳说者。今从《新录》。"元人袁桷《清容居士集》卷 41《修辽
金宋史搜访遗书条列事状》曰："宋太祖实录，旧有两本。一是李昉诸
臣所为，太宗屡曾宣索，已有避忌。至真宗咸平再修，王禹偁直书其
事，出为黄州。""前实录无太宗叩马一段，后录增入，显是迎合。"
袁桷的话，已经说得很清楚了。[2]

《宋太祖实录》，曾修过两次：太宗时一次，真宗时一次。第一次

1　《邵氏闻见录》卷 18。
2　参见邓广铭《陈桥兵变黄袍加身故事考释》，收入《邓广铭学术论著自选集》。原载 1944
　年 1 月《真理杂志》第 1 卷第 1 期。

所修，被称为《太祖旧录》，第二次所修，被称为《太祖新录》。太宗对《太祖旧录》不满，屡次要求宰相"可集史官重撰"，[1]真宗时终于完成，"凡得姓、受禅、平僭伪、更法制，皆创行纪述，视前录较详"。[2]于是，"太宗叩马"之说出现了，赵光义成了陈桥兵变的主要策动人物，不剽劫都市主要是光义之功，那么，光义继承太祖的帝位更加名正言顺了。《隆平集》不正说"太祖嘉帝英略，友爱益至，传位之意始于此"吗？赵匡胤刚夺得帝位即准备传位给光义，17 年后的光义继位岂非顺理成章，完成了太祖心愿？光义和《太祖新录》云云，目的无非如此而已。然而，终难掩天下后世的耳目！

　　总之，宋太宗在宋朝建立以前，本无什么活动可以记述，无什么事迹可言。但在他登上帝位以后，史官迎合，自己编造、杜撰出不少事迹，却全都经不起推敲，从而使其早年事迹，扑朔迷离，淆人耳目。拨开迷雾，还其本来面目，却原来无甚可言，更无功可计，只是沾了父亲与兄长的光而已。

1　《长编》卷 35，淳化五年（994）四月。
2　《宋会要辑稿》职官一八之六九《实录院》。

第二章
韬晦蓄势：太祖在位时期

光义曾在给儿子元偓的手诏中，谈到自己在太祖时期的简况："太祖即位，亲讨李筠、李重进，朕留守帝京，镇抚都城，上下如一，其年蒙委兵权。岁余，授开封尹，历十六七年，民间稼穑，君子、小人真伪，无不更谙。"[1] 光义自言的这段简历，验之史册，大致是准确无误的。

自建隆元年（960）至开宝九年（976）的 17 年，是宋太祖在位时期。建隆元年正月，光义任殿前都虞候，领睦州防御使。五月，太祖征讨潞州（今山西长治）李筠，光义被任为大内都点检，留守京城。八月，光义领泰宁军（治兖州，今山东兖州）节度使。十月，太祖南征李重进，光义为大内都部署，留守京师。在这一段时间，光义不仅身为殿前都虞候，掌握了一定的兵权，而且两次被委以留守京师的重任。由此可知，太祖是极其亲信光义的。

杜太后也十分喜爱光义，但对他十分严厉。光义要外出时，杜太后必定要求他与"赵书记"同行才放心，并且限时待归。[2] "赵书记"即赵普，幽州蓟县（今北京）人。周世宗征淮南，赵普结识赵匡胤，并得匡胤赏识。赵普随即因在滁州服侍赵弘殷而被"待以宗分"，不久即进入匡胤幕府，官至归德军掌书记，故杜太后称为"赵书记"。陈桥兵变，赵普是幕前的指挥者，立下"佐命巨勋"，在宋朝建立后，进入掌军政大权的枢密院，任枢密直学士，实际已掌握大政，成为太祖的主要辅臣之一。[3] 赵普通吏道，有智谋，宋初佐命诸臣，无人能及。杜太后要光义与赵普同行，是希望赵普能够帮助和教导光义，既提高

1　《宋朝事实》卷 3；《长编》卷 29，端拱元年（988）二月庚子。
2　《长编》卷 2，建隆二年（961）六月。
3　详参拙著《赵普评传》。

光义的能力，又巩固其地位，拳拳之心，灼然可见。"光义不敢违"，故与赵普关系密切，时相过从。建隆元年（960）五月，太祖征李筠，本拟留赵普在京城，赵普通过光义请行，得以追随太祖，平定李筠，立下战功。[1] 与这位太祖宠信的亲信大臣的亲密关系，对光义是很有些帮助的。

建隆二年（961）六月，杜太后死去。七月，太祖任命光义为开封尹、同平章事，解除殿前都虞候之职。光义任开封尹，直至其继位。

五代时期，亲王尹京，即隐含确定为继位人之意。周世宗在继位前即为晋王兼开封尹。光义得为开封尹，已隐然有继位人的地位；但是一来未封王，二来位在百官之上的地位并未确立，乾德二年（964）赵普为相后，光义即位在赵普下，因此，光义尚未完全具有继位人的地位。于是，光义在开封尹之位上，开始了争取成为准皇储的斗争，并由此而与宋初权相赵普明争暗斗。

第一节　准皇储地位的确立——与赵普之政争

光义自建隆二年七月任开封尹，直至开宝六年（973）八月赵普罢相，13 年间，地位并无多大变化，仅在乾德二年六月兼中书令，开宝四年（971）七月赐门戟十四支。开宝六年八月甲辰（廿三日），赵普罢相；九月己巳（十九日），光义即封晋王，壬申（廿二日），诏晋王位居宰相之上。赵普罢相不到一个月，光义便得以封王，位居宰

1　《国老谈苑》卷上。

相之上，是耐人寻味的。这恰巧反映，光义不得封王，不能确立准皇储的地位，是与宰相赵普的反对有关。随着赵普的罢相，光义才得以居于一人之下，万人之上，仅次于太祖，具有了准皇储的地位。

《宋史》卷244《廷美传》记载："太宗尝以传国之意访之赵普，普曰：'太祖已误，陛下岂容再误邪？'"[1]明清之际的著名思想家王夫之，根据这段记载，推断赵普在太祖时曾进言，反对确立光义的准皇储地位，言之成理。《宋论》卷2说：

> 迨及暮年，太宗威望隆而羽翼成，太祖且患其逼，而知德
> 昭之不保，普探志以献谋，其事甚秘，卢多逊窥见以擿发之。
> 太祖不忍于弟，以遵母志，弗获已而出普于河阳。

说"太宗威望隆"，并非史实，因光义尚未封王，位又在宰相之下；所谓"母志"，乃指杜太后希望太祖传位于弟的"金匮之盟"，详后文之论述。这段记载反映，赵普罢相的原因，其中之一便是参与定议立皇储之计，而与太祖意见不同。卢多逊借机攻击赵普，遂导致赵普罢相。赵普罢相后，卢多逊升任参知政事，光义则确立了准皇储的地位。

《宋史》卷256《赵普传》和《长编》均记载，淳化三年（992）七月赵普死后，太宗对近臣说，赵普"向与朕尝有不足，众人所知"。所谓"不足"，到底是何事，史未明言。但能够使太宗耿耿于怀，至死不忘，大约除了传位之大事，亦无其他了。既曰"众人所知"，那

---

1 《曲洧旧闻》卷1亦载此语，仅稍有不同。

么当流传民间，录入小说笔记。《曲洧旧闻》卷 1 记载："世传太祖将禅位太宗，独赵韩王密有所启。"《丁晋公谈录》则记载："太宗嗣位，忽有言曰：'若赵普在中书，朕亦不得此位！'"《玉壶清话》卷 3 记载，窜逐卢多逊于朱崖后，太宗曾对赵普说："朕几欲诛卿。"这些出于传闻的小说家言，正可从一个侧面印证，赵普确曾是反对光义成为准皇储的主要人物。

另一方面，从太祖时期赵普与光义明争暗斗，互相打击的情况，也可以证实上述论点。光义与赵普的政争，并未公开发生直接的冲突，两人有时也不直接露面，多采取打击对方亲信党羽的手法进行。所以，非仔细甄别分析，而不能明其因。从符彦卿、冯瓒、宋琪、姚恕、石熙载、窦仪等六事，可以十分明显地反映出光义与赵普的政争。政争的核心，就是准皇储——即继统地位的确立。

一、符彦卿的任用

乾德元年（963）二月，天雄军（治魏州，今河北大名北）节度使符彦卿到京城开封朝见，太祖想用他典掌禁军，遭到枢密使赵普的坚决反对，多次谏争，认为符彦卿名位已盛，不能再授予兵权。太祖不听，下令任命符彦卿新职。赵普留下宣敕，请求进见，再度陈述反对的理由。太祖有些不耐烦，说："卿苦疑彦卿何也？朕待彦卿至厚，彦卿岂能负朕耶？"赵普却说："陛下何以能负周世宗！"一句话，使太祖默然无语，只得收回成命。[1]

符彦卿是周世宗和光义的岳父，"武勇有谋，善用兵"，在后周

---

[1]　《宋会要辑稿》职官三八之一，《长编》卷 4。

时的地位比太祖高，资格也比太祖老，用他典禁军，只能授予殿前都
点检或侍卫亲军都指挥使的高位。此时，太祖"杯酒释兵权"，刚刚
解除义社兄弟石守信、王审琦等人的兵权，却反而要用较为疏远的符
彦卿典军，非常奇怪。况且，太祖对符彦卿贪财不满，没有什么好感，[1]
却又突发奇想，要任用他典军，更不可解。唯一合理的解释，只能是
由于光义——太祖钟爱的亲弟推荐了符彦卿。光义在建隆二年（961）
七月任开封尹、同平章事时，被解除了殿前都虞候的军职；于是在一
年后推荐岳父出任禁军统帅，其掌握军权的用心是很明显的。而符彦
卿名望已盛，也难保不会发动兵变，觊觎皇位。因此，赵普一是出于
担忧符彦卿兵变，二是不愿光义的势力和影响扩大，故而坚决反对，
并获成功。这可说是光义与赵普在太祖时期最早的一次暗中较量，结
果是光义受挫。

二、冯瓒之事

《长编》卷7，乾德四年（966）八月，记载冯瓒之事：

> 先是，上与赵普言："枢密直学士、右谏议大夫冯瓒材力，
> 当世罕有，真奇士也。"尝欲大用之。普心忌瓒，因蜀平，遂
> 出瓒为梓州，潜遣亲信为瓒私奴，伺察其过。间一岁，奴遂亡归，
> 击登闻鼓，诉瓒及监军绫锦副使李美、通判殿中侍御史李槃等
> 为奸利事。上急召瓒等赴阙，面诘之，下御史鞫实，而奴辞多诬。
> 普复遣人至潼关阅瓒等囊装，得金带及他珍玩之物，皆封题以

1　见《长编》卷2，建隆二年二月己卯。

赂刘嶅，嶅时在皇弟开封尹光义幕府。瓒等乃皆伏辜。狱具，
普白上，言瓒等法当死。上欲贷之，普执不可，上不获已，庚戌，
诏并削名籍，瓒流沙门岛，羡海门岛，嶅免所居官。

此段记载之后，李焘的注语说："《真宗实录》天禧四年（1020）
四月，载嶅母张表言嶅尝为太宗府佐，沦没至今三十年，子孙绝无禄
食者。上悯之，故命（嶅孙）从简以官。然亦不记嶅官为何等也。建
隆三年（962）九月丁丑，以开封府判官、刑部员外郎刘嶅为工部郎
中充职，然则嶅在藩府实为判官也。《新录》又称刘嶅等已从别敕处分，
恐瓒金带等，不独赂嶅一人也。大抵新、旧录载此事亦若有所避忌，
故不甚详，当细考之。"

这段注语反映，《太祖旧录》（以下简称《旧录》）与《太祖新录》
（以下简称《新录》）记载冯瓒之事，不甚详备，似是有所避忌。《旧录》
修于太宗时，《新录》修于真宗时，其有所避忌，不可能是因为赵普，
只能是因为其事牵涉到开封尹光义——宋太宗本人。李焘虽已经考证
而录入《长编》，但仍留下许多疑窦。

其一，冯瓒出知梓州，并非贬谪，而是重用。冯瓒知梓州，是在
乾德三年（965）王全斌等率军平定后蜀以后，于是年二月，与参知
政事吕余庆一道派往蜀地为长吏，镇抚蜀地的；后来，又派枢密直学
士赵逢权知阆州，亦为安定新平定的西蜀之地。据《宋史》卷269《陶
穀传》，赵逢是党附赵普的，所以出知蜀地州郡，并非贬官打击的措施。
因此，说赵普心忌冯瓒而出瓒知梓州，多少有些诬陷之词。

其二，派人伺察，而为宰相所遣，这是少见的记载。《后山谈丛》
卷2记载，吕余庆知成都府时，太祖置武德司，刺守贪廉，至必为验。

以此观之，"刺守贪廉"而派人，是武德司受太祖指令而为，非宰相之事也。只看"奴辞多诬"，而太祖亦不处罚，即可知此事确乎是太祖指派。

其三，既曰："奴辞多诬"，而又搜得用以贿赂的金带及珍玩之物，瓒等又"伏辜"，二者岂非自相矛盾？

其四，李焘已曰："恐瓒金带等，不独赂鳌一人也。"金带此物，似乎不应当是送给开封府判官的，倒是送给开封尹光义比较合适。50多年后，刘鳌家人还要上诉，刘鳌的孙子还因此得官，也充分证实，刘鳌是代人受过，为光义背了黑锅。

要之，赵普因冯瓒之事而借机打击光义，结果光义幕府的刘鳌成了替罪羊。光义确有受贿之迹，因此，《旧录》与《新录》记载此事才有所避忌并加歪曲，而使赵普蒙忌才之恶名。

三、宋琪被贬

在乾德四年（966）冯瓒之事发生时，在光义的幕府中，有一位左补阙、开封府推官宋琪。光义起初"礼遇甚厚"。未曾想到，宋琪因为是幽州人，与赵普是同乡，因此而与宰相赵普及其亲家枢密使李崇矩厚善，多游其门，光义遂恶之，"白太祖，出知陇州（今甘肃陇县）"。陇州是西北边州，出为陇州知州，是贬谪之职。宋琪虽贬，光义犹恨之不已。光义登上帝位后，于太平兴国三年（978），"召见诘责，琪拜谢，请悔过自新"，才授宋琪太子洗马，留在朝廷。[1]

---

[1]　《太宗实录》卷29，至道二年（996）九月；《宋史》卷264《宋琪传》。

光义之所以要赶走宋琪，是因他与赵普交好。但能恨之不已，十多年后犹耿耿于怀，则不应仅仅是交结赵普了。很有可能，光义认为是宋琪向赵普透露了冯瓒纳贿之事，致使赵普派人搜查冯瓒行李而获赃证，于是向太祖报告宋琪交结赵普事，要求处罚宋琪。但此时太祖正宠信赵普，故仅将宋琪贬为外官了事；同时为了安抚光义，也不深究刘鳌，仅罢其官而已。然而，光义与赵普的矛盾并未因此化解，反而更加深了。

四、姚恕投尸于河

《长编》卷12，开宝四年（971）十一月庚戌记载：

> 河决澶州，东汇于郓、濮，坏民田。上怒官吏不时上言，遣使按鞫。是日，通判、司封郎中姚恕坐弃市，知州、左骁卫大将军杜审肇免归私第。
>
> 恕，博兴人，事皇弟光义，于开封为判官，颇尽裨赞。尝谒宰相赵普，会普宴客，阍者不通，恕怒而去。普闻之，亟使人谢焉，恕遂去不顾。普由是憾恕。及上为审肇择佐贰，普即请用恕，光义留之弗得。居澶州几二年，竟坐法诛，投其尸于河。恕家人初不知也，偶于中流得其尸，朝服故在，后数日，乃知恕所以死。人谓恕罪不至此，普实报私怨耳。

仅因是光义的幕僚，即对宰相的道歉置之不顾，扬长而去，其气焰可见。由开封府判官出为通判，终至被杀，赵普之挟嫌报复，是其主因。着朝服而遽杀之，且弃尸于河，确为赵普泄了私愤。但因事涉

太祖之舅杜审肇；且开宝四年（971）三月赵玭告赵普贩木规利后，[1]
太祖与赵普之间的亲密关系已有裂痕，因此，说赵普一手害死姚恕，
则还是不可能的。此事当是太祖因累及其舅而大怒，赵普又在一旁煽
风点火，遂导致姚恕弃尸于河。赵普由此打击了光义幕僚，光义也因
此而更恨赵普。

五、石熙载之贬

《长编》卷 5，乾德二年（964）五月丁丑朔载：

> 屯田员外郎、知制诰高锡以弟铣应进士举，属之开封府推
> 官河南石熙载求首荐。铣辞艺浅薄，熙载弗许，锡深衔之，累
> 于上前言熙载裨赞无状。上谓皇弟开封尹光义曰："当为汝择人
> 以代熙载。"光义曰："熙载居官恪勤，此必高锡谮之也。"上
> 感悟，将罪锡而未有以发。会遣锡使青州，私受节度使郭崇赂
> 遗，所过恣其凶率，又尝致书澧州托刺史求僧紫衣，为人所告，
> 下御史府按得实，责授莱州司马。[2]

据《宋史》卷 263《石熙载》传，石熙载在光义以殿前都虞候领
泰宁军节度使时，即入光义幕府，因高锡之谗言，出为忠武、崇义二
军掌书记。光义即帝位后，方以左补阙召还。此事从表面上看，是高
锡为私怨攻击光义幕僚石熙载，但据《宋史》卷 269《陶穀传》，高
锡是党附赵普的，如无宰相赵普之支持，恐怕高锡也不敢将开封府的

1　详见《长编》卷 12；《宋史》卷 274《赵玭传》。
2　参见《宋史》卷 269《高锡传》。

"虎须"。因此,此事实际是赵普借助高锡而打击光义幕僚,以削光义之势。

六、窦仪不至执政

乾德四年(966)十一月,窦仪死去,太祖悯然谓左右曰:"朕薄佑,天何夺我窦仪之速也。"以不得用窦仪为执政而遗憾。《长编》卷7记载此事:

> 上以翰林学士、礼部尚书窦仪在滁州时弗与亲吏绢,每嘉其有执守,屡对大臣言,欲用为相。赵普忌仪刚直,遽引薛居正及吕余庆参知政事,陶榖、赵逢、高锡等又相党附,共排仪,上意中辍。

《宋史》卷269《陶榖传》也记载了此事,说陶榖、赵逢、高锡等人党附赵普,仪终不至相位。

排挤窦仪,使其不至执政之位,表面看与光义无关,实则不然。

乾德二年(964)四月,范质等三相罢,任命赵普为相时,是窦仪向太祖建议,由身任开封尹同平章事的光义署敕。窦仪之弟窦偁,在光义任开封尹时,选为开封府判官,极得光义信任。光义即帝位后,窦偁官至参知政事,死后太宗"车驾哭临"。[1] 以窦偁之得光义宠信,窦仪与光义当亦交好。故而赵普结党排斥窦仪,不使其位至执政,实在是间接打击光义,抑制其势力之发展。[2]

---

[1]　《东都事略》卷30《窦仪传》;《宋史》卷263《窦仪传》。

[2]　本节参见拙著《赵普评传》,蒋复璁:《宋太祖时太宗与赵普之政争》。

上述六事，充分反映出光义与赵普的明争暗斗，证实并非向壁虚构之事。

自乾德二年（964）至开宝六年（973），赵普独相十年，太祖宠待普如左右手，普亦倾竭自效，为重建和强化中央集权，建法立制，立下了汗马功劳。但是，赵普位高权重，为政颇专，不仅引起不少朝廷大臣的不满，而且逐渐为太祖所不容。况且，赵普又非洁身自好之人，纳贿不法之事甚多，授人以柄，易受攻击。于是在他掌权的后期，屡遭攻讦，终至罢相。《石林燕语》卷6曰："韩王（即赵普）独相十年，后以权太盛，恩遇稍替。"《罗豫章集》卷1亦曰："太祖尝患赵普专政。"二书说出了赵普罢相的主要原因。而与赵普暗斗不断的光义，在明里暗里攻击赵普，也应是赵普罢相的主要原因之一。迨赵普罢相，反对光义的主要政治人物失势，光义准皇储地位的确立便是顺理成章的事了。

第二节　光义势力的发展

在太祖时期，光义经过明争暗斗，终于取得准皇储的地位，这不单是出于太祖友爱的恩赐，更出于他注意培植和发展自己的势力，从而形成一股举足轻重的政治势力。在光义封王、位居宰相之上后，确如王夫之所言，是"威望隆而羽翼成"了。

光义为开封尹15年之久，在其幕府，广延豪俊，文武兼备，其数量颇为可观，形成一个庞大的幕僚群。这个幕僚群，不仅帮助光义获得准皇储地位，而且助他登上帝位，更予太宗时期的政治以巨大影响。[1] 光义罗致入开封府的文人幕僚和军校，据蒋复璁先生考证所得，共有 66 人之多，今据以制成《光义幕府成员表》，略加订补，以见其盛况。

光义幕府成员表

序 数	姓 名	记 事	出 处
1	李 琪	幼生长兵家，太祖时以材力称，太宗在京府，令事之，为开封府马步军副都指挥使	《宋史》卷 280
2	郭 密	气貌雄伟，膂力绝人。光义在晋邸，得侍左右。终安州观察使、灵州兵马部署	《太宗实录》卷 77，《宋史》卷 275
3	元 达	身长八尺余，负膂力善射。曾亡命山林间。求见光义，得隶帐下。官侍卫步军都虞候，京城巡检	《宋史》卷 275
4	赵延溥	宋初为铁骑指挥使，开宝初太祖征晋阳，以所部为光义帐下牙军。终知贝州	《宋史》卷 254
5	石熙载	光义为殿前都虞候领泰宁军节度，辟为掌书记，后为开封推官。官至枢密使	《宋史》卷 263
6	窦 偁	光义领开封府尹，选偁判官。官至参知政事	《宋史》卷 263
7	宋 琪	乾德四年（966）召拜左补阙，开封推官。周知人情，尤通吏术，官至同平章事	《宋史》卷 264
8	刘 鋹	以工部郎中为开封府判官	《宋史》卷 270，《长编》卷 7

1　参见蒋复璁：《宋太宗晋邸幕府考》一文。

（续上表）

序数	姓名	记　事	出　处
9	贾琰	光义尹京，奏以为开封府推官。终三司副使	《宋史》卷285
10	程羽	开宝八年（975）为开封府判官。官文明殿学士	《宋史》卷262
11	范旻	知开封县，光义召与语，颇器重之	《宋史》卷249
12	程德玄	光义尹京，召置左右，置押衙，颇亲信用事。官知凤州，兼领凤、成、阶、文等州驻泊兵马事	《宋史》卷309，《长编》卷19
13	王延德	光义尹京，署为亲校，专主庖膳，大被倚信。开封东明人。官昭宣使知华州	《宋史》卷309，《长编》卷19
14	王宾	善骑射，署府中右职。终通许镇都监	《宋史》卷276
15	高琼	光义尹京，知其材勇，召置帐下。官殿前都指挥使，终检校太尉，忠武军节度使	《宋史》卷289
16	张煦	光义尹京，尝事左右。终西上阁门使、知磁州	《宋史》卷308
17	郭贽	乾德中举进士，中首荐，光义尹京，因事藩邸。官至参知政事	《宋史》卷266
18	柴禹锡	光义居晋邸，以善应对获给事焉。官至知枢密院事	《宋史》卷268，《长编》卷19
19	杨守一	稍通《周易》及《左氏春秋》，事光义于晋邸。官至宣徽北院使签署枢密院事	《宋史》卷268，《太宗实录》卷45
20	赵镕	以刀笔事光义于藩邸。官至知枢密院事	《宋史》卷268

（续上表）

序数	姓名	记　事	出　处
21	张　逊	光义在晋邸，召录帐下。曾官枢密副使、知院事	《宋史》卷268
22	陈从信	光义在晋邸，令典财用，王宫事无大小，悉委焉。官至度支使、左卫大将军	《宋史》卷276，《太宗实录》卷31
23	张　平	光义尹京，置其邸。官至盐铁使	《宋史》卷276，《太宗实录》卷41
24	张从式	事光义藩邸，张平之子。累官文思使	《宋史》卷276
25	王继升	事光义于藩邸，光义信任之。官至左神武卫大将军、顺州团练使	《宋史》卷276，《太宗实录》卷44
26	王昭远	事光义于晋邸，特被亲遇，常呼其小字。王继升之子。官至节度使知河阳	《宋史》卷276，《太宗实录》卷44
27	王昭懿	亦事晋邸，王继升之子。官至捧日都虞候	《宋史》卷276
28	王怀普	九岁事光义左右，王继升之孙，昭远之子。官至西京左藏库使、平州刺史	《宋史》卷276
29	周　莹	潜邸时给事左右。官至知枢密院事	《宋史》卷268
30	王　显	光义居藩邸，给事左右。太宗与真宗时，两为枢密使	《宋史》卷268
31	尹　宪	开宝中事光义于藩邸。官至知定州	《宋史》卷276
32	傅思让	少无赖，有勇力，善骑射，光义居晋邸，补亲事都校。官至容州观察使	《宋史》卷275，《太宗实录》卷78

（续上表）

序数	姓 名	记 事	出 处
33	李 斌	光义在晋邸，闻其状貌魁伟，召置左右。官桂州观察使判沧州	《宋史》卷275
34	戴 兴	年十余岁，以勇力闻里中，光义在藩邸，兴诣府求见，奇之，留帐下。终知京兆府	《宋史》卷279
35	安 忠	形质魁岸，不知书，事光义藩邸殆二十年。官东上阁门使，充淮南诸州兵马钤辖	《宋史》卷276
36	王 超	弱冠长七尺余，光义尹京，召置麾下。终建雄节度使，知青州	《宋史》卷278
37	傅 潜	光义在藩邸，召置左右。终左监门大将军、判左金吾街仗	《宋史》卷279
38	王汉忠	少豪荡，有膂力，形质魁岸，善骑射，光义在藩邸，召见，奇其材力，置左右。终左屯卫上将军	《宋史》卷279
39	王 能	光义在晋邸，召置左右。终彰信军节度使	《宋史》卷279
40	张 凝	少有武勇，倜傥自任，光义在藩邸，闻其名，以隶亲卫。终殿前都虞候	《宋史》卷279
41	李重贵	姿貌雄伟，善骑射，光义在藩邸，知其勇干，召隶帐下。终左羽林军大将军	《宋史》卷279
42	刘 用	晓音律，善骑射，事光义于晋邸。终知潞州	《宋史》卷279
43	耿全斌	游京师，候拜光义于中街，自荐材干，得召试武艺，以善左射，隶帐下。终濮州钤辖	《宋史》卷279

（续上表）

序数	姓名	记事	出处
44	王荣	少有膂力，光义在藩邸，得隶左右。终河南府驻泊都监	《宋史》卷280
45	杨琼	以材勇称，光义召置帐下。终左领军卫大将军、领贺州团练使、知兖州	《宋史》卷280
46	葛霸	姿表雄毅，善击刺骑射，始事光义于藩邸	《宋史》卷289
47	王延德	少给事晋邸，大名人。终左千牛卫上将军	《宋史》卷309
48	魏震	姚恕称其材，光义因召置邸中。终东上阁门使，知定、代二州并兼行营钤辖	《宋史》卷309
49	卢斌	以劄札事晋邸。官东上阁门使，勾当军头引见司	《宋史》卷308
50	裴济	少事晋邸。终顺州团练使、知灵州兼都部署	《宋史》卷308
51	石普	十岁经事邸中，以谨信见亲。终左卫大将军	《宋史》卷324
52	石通	事光义于晋邸，石普之父	《宋史》卷324
53	弭德超	李符、李琪荐之，给事晋邸。曾官枢密副使	《宋史》卷470，《长编》卷19
54	王谦	给事光义藩邸。为西京作坊副使	《宋史》卷291
55	赵滔	光义在藩邸，以隶帐下。官至成州观察使，充镇州兵马副部署	《太宗实录》卷77
56	王仁睿	光义在晋邸，年十余岁，服勤左右，甚淳谨。官至入内都知洛苑副使	《宋史》卷466，《太宗实录》卷41
57	商凤	光义在藩邸，居典客之任	《长编》卷18

（续上表）

序数	姓名	记事	出处
58	陈赞	尝给事藩邸	《长编》卷19
59	张易	尝给事藩邸	《长编》卷19
60	乔斌	尝给事藩邸	《长编》卷19
61	赵俊	尝给事藩邸	《长编》卷19
62	惠延真	尝给事藩邸	《长编》卷19
63	刘文裕	尝事晋邸	《长编》卷19
64	庄杰	潜龙时讲学	《长编》卷18
65	张遁	光义与之同肄业乡校	《长编》卷19
66	张文旦	光义与之同肄业乡校	《长编》卷19
67	王杲	有武力，善骑射，光义在晋邸，召致左右。终捧日天武四厢都指挥使、朔州防御使	《太宗实录》卷41
68	安习	为光义强买民女，官至节度留后	《默记》卷下

　　注：本表据蒋复璁《宋太宗晋邸幕府考》作，王杲、安习系补入者。原文39作"王能广"，误，今改正。又，原文中的4、7、30、37、57的出处均有误，今已分别改正。

　　此外，光义还很注意拉拢大臣，结以腹心。《太宗实录》卷80，至道三年（997）三月记载：

　　　　田重进，幽州人。形质奇伟，有武力……重进朴愿不知书，上在藩邸时日，怜其忠勇，尝令给以酒炙，重进不肯受。使者云："晋王以赐汝，汝安敢拒？"重进曰："我但知有陛下，不知晋王是何人！"卒不受。[1]

---

[1]　参见《宋史》卷260《田重进传》；《玉壶清话》卷7。

田重进当时是殿前司将领，为控鹤指挥使。光义送酒，是意图结纳，谁知却碰了个硬钉子。

《长编》卷 12，开宝四年（971）七月记载：

> 皇弟开封尹光义闻（刘）温叟清介，尝遣府吏赍钱五百千遗之。温叟不敢却，贮厅事西舍中，令府吏封识以去。明年重午，复送角黍、纨扇，所遣吏即前送钱者，视西舍封帜宛然。[1]

刘温叟时任御史中丞，光义送钱送物，显然是拉拢他，想不到碰了个软钉子。田重进、刘温叟敢于拒收皇弟兼开封尹的礼物，确是难能可贵的，故而留名青史之上。光义送礼拉拢之人，当不止此二人，不见于记载，殆因接受了他的礼物吧！

有时，光义还采用排难解困的方法交结大臣，手法更为高妙。

《长编》卷 13，开宝五年（972）七月记载：

> 三司言仓储月给止及明年二月，请分屯诸军，尽率民船以资江、淮漕运。上大怒，召权判三司楚昭辅切责之曰："……"昭辅皇恐，计不知所出，乃径诣开封府，见皇弟光义泣告，乞于上前解释，稍宽其罪，使得尽力营办，光义许之。[2]

结果，光义令其幕僚陈从信划策，具以告太祖，太祖悉从其言，"由是事集，昭辅亦免责焉"。

1　又见《玉壶清话》卷 2；《宋史》卷 262《刘温叟传》。
2　又见《玉壶清话》卷 9。

楚昭辅，早年与赵普同在刘词幕府，又差不多同时进入太祖幕府，也在陈桥兵变时出了大力。从渊源看，他与赵普关系较深，此时赵普又是宰相，他应该去向赵普求教。然而，楚昭辅却去找光义求教，这不仅反映出宋朝建立后，楚昭辅久已交结光义，相反却疏远了赵普，而且表明当时太祖对光义的信任明显超过了赵普，赵普的权势在下降，光义的权势却在上升。光义解救了楚昭辅，楚昭辅必然感恩戴德，在光义与赵普的政争中，他或多或少会倾向于光义。

翰林学士卢多逊，颇受太祖信任，他是一直竭力攻击赵普，为光义张目的，光义不可能不拉拢他，他也自然要依附光义，与光义同进退。

从权判三司楚昭辅和翰林学士卢多逊的情况看，光义在大臣中有很大影响，有不少大臣依附于他。

光义与当时的禁军将领和节度使也多通声气，幕僚中的傅潜，是从禁军将领——控鹤左厢都指挥使张廷翰处招来的；王能，是从彰信军节度使（治曹州，今山东曹县西北）袁彦处招来的；赵滔，是从彰武节度使（治延州，今陕西延安）赵赞处招来的；郭密，是瀛海军节度使（治瀛州，今河北河间）马仁瑀推荐的；李重贵，是从忠正军节度使（治寿州，今安徽凤台）、开国元勋王审琦处招来，且为王审琦的甥婿。由此反映出这些禁军将领和节度使都是与光义交通的。当然不止于此，未见于公开记载的还有不少。

除了数目庞大的幕僚群，光义在文官、武将中也交结了不少人，其势力日渐发展。《玉壶清话》卷7记载，光义"为京尹，多肆意，不戢吏仆，纵法以结豪俊"。幕僚之中的元达、傅思让、王汉忠等人，就是无赖亡命之徒，足以证实《玉壶清话》的记载是有据的。《玉壶

清话》卷 8 又载，晋王府每年的费用达数百万计。如此庞大的开支，
足见其幕府人士之众。陶穀《清异录》卷上记载："本朝以亲王尹开封，
谓之判南衙，羽仪散从，灿如图画，京师人叹曰：'好一条软绣天街。'"
陶穀死于开宝三年（970），他所记述的，是光义尚未封王时的情形，
其声势气派已不同凡响。到他封王、位在宰相上之后，其势力应该更
超以前了。赵普罢相后，卢多逊升参知政事，楚昭辅升枢密副使，光
义的势力已经开始控制中枢。有了如此雄厚的势力基础，光义虽无正
式的公开的皇储地位，但帝位已然是其囊中之物了。

　　就在赵普罢相后三年，发生了"烛影斧声"之事，光义终于登上
了帝位。

第三节　烛影斧声，千古之谜

　　太祖死去，光义继位，是宋初著名疑案之一，史称"烛影斧声"。
　　关于太祖之死，《宋史》卷3《太祖三》的记载十分简单，仅有"帝
崩于万岁殿，年五十"一句。《长编》卷 17，开宝九年（976）十月
的记载比较详细：

　　　　上（太祖）不豫……壬子（十九日）……夜召晋王，属以
　　后事。左右皆不得闻，但遥见烛影下晋王时或离席，若有所逊
　　避之状，既而上引柱斧戳地，大声谓晋王曰："好为之。"
　　　　癸丑（二十日），上崩于万岁殿。时夜已四鼓，宋皇后使
　　王继恩出，召贵州防御使德芳。继恩以太祖传国晋王（光义）

之志素定，乃不诣德芳，径趋开封府召晋王，见左押衙程德玄坐于府门。德玄者，荣泽人，善为医。继恩诘之，德玄对曰："我宿于信陵坊，乙夜有当关疾呼者曰：'晋王召。'出视则无人，如是者三。吾恐晋王有疾，故来。"继恩异之，乃告以故，扣门与俱入见王，且召之。王大惊，犹豫不行，曰："吾当与家人议之。"入久不出，继恩促之曰："事久，将为它人有矣。"时大雪，遂与王于雪中步至宫。继恩使王止于直庐，曰："王且待于此，继恩当先入言之。"德玄曰："便应直前，何待之有！"乃与王俱进至寝殿。后闻继恩至，问曰："德芳来耶？"继恩曰："晋王至矣。"后见王，愕然，遽呼官家，曰："吾母子之命，皆托于官家。"王泣曰："共保富贵，勿忧也。"

甲寅（廿一日），太宗即位，群臣谒见万岁殿之东楹，帝号恸殒绝。

上述记载，据李焘的注语，"烛影"之事据《湘山野录》，今本《续湘山野录》可见；继恩召晋王之事，据《涑水记闻》，今本《涑水记闻》卷1可见。

其他宋代典籍，有关太宗继位的记载均甚简略。《隆平集》卷1《圣绪》记载："开宝九年十月癸丑，即皇帝位。"《东都事略》卷3《太宗本纪》记载："九年十月癸丑，太祖崩，奉遗诏即皇帝位。"

综观诸书所记，以《长编》最为详尽。因《长编》记载中有"烛影下"、"引柱斧戳地"之语，故后世称为"烛影斧声，千古之谜"，成为宋初的一大疑案。其真相如何，元、明、清三代，争论不休。元代的陈桱、杨维桢，明代的刘定之等人，都认为是光义谋害了太祖，篡夺了帝位。而元代的黄溍，明代的宋濂、邱濬、程敏政等人，则力辩其诬妄，认为光义并无篡弑之事。[1]清高宗乾隆皇帝在《通鉴辑览》中，更指斥李焘的记载是诬蔑宋太宗。直至近代，犹争执不下。谷霁光先生《宋代继承问题商榷》一文，认为："太祖之愿传太宗，大致无甚问题"，《湘山野录》所记"烛影之事"，是"烛影之下，夙诺重申，欲于金匮誓约之外，求得友爱上与良心上之保障是也"。该文撰于1941年4月。同年1月、3月和1944年4月，著名史学家张荫麟、吴天墀、邓广铭先生分别刊布《宋太宗继统考实》、《烛影斧声传疑》、《宋太祖太宗授受辨》三文，与谷霁光先生意见不同。张文重在考证金匮盟约之伪，对太祖之死认为可疑。吴文认为，太宗之继位，露出阴谋的痕迹，而从太宗个性与行为的透视看，他进行阴谋活动，攘夺帝位，并非出人意料。邓文认为，太宗得位，出于逆取，而其所用手段，则尚未至惨毒到灯下弄斧的程度。

太祖之死与光义继位，直接牵涉到前后两个皇帝，内中忌讳必多，当时人如何敢留下详细记录？至数十年后，释文莹方在《湘山野录》以隐晦的笔法留下疑窦。差不多百年后，司马光才在《涑水记闻》中记载了光义继位之详情。李焘《长编》的记载，虽是糅合了《湘山野录》与《涑水记闻》的记载而成，但史料价值已大不同。李焘身为南宋著名的史学家，其记载经过了仔细考证；《长编》一书，又呈宋孝宗看过，实际上是一部官史，得到了官方的认可，因此，其可信程度，远非《湘山野录》和《涑水记闻》可比拟。因此，笔者以为，今天要考究太祖之死与太宗继位，当主要依据《长编》之记载。

1　见《宋纪受终考》所录。

从《长编》关于太祖之死的记载，可以看出如下几点：

其一，太祖是猝死。太祖从不豫至死，只有两三天时间，死得很突然。

其二，太祖死时，并无明确的传位遗诏。宋皇后派王继恩召德芳，即可证此点。

其三，光义是预知太祖死期的。十九日晚，太祖召光义饮酒，二十日清晨程德玄即预先在光义府前等候（如王继恩去它处，也必有光义亲信等候），反映出光义必然知道太祖要死于二十日。

其四，光义的帝位是抢夺而得。王继恩说事久将为他人有，程德玄要光义直前勿候，宋皇后以母子之命相托，足以反映出光义是用强力夺得帝位的。王继恩召时，光义入久不出，显然是在后堂紧急部署，以确保抢位成功。光义入宫一日以后才得以即位，反映出他的继位遇到了一些阻碍，费了不少事才得以成功。

从《长编》记载所反映的这四个问题，已足以得出结论，太祖之死与光义继位，均是在不正常的情况下发生的。

太祖的猝死，从其他方面的记载中，也可以得到印证。

太祖在开宝九年（976）年方50岁，身体健康，这从他在开宝九年的活动可以看得很清楚。据《长编》卷17记载，太祖在开宝九年有如下的活动：

正月己卯（十二日），幸左飞龙院，观卫士射，遂幸北苑，令卫士与契丹使骑射。癸未（十六日），濮州以孝弟荐名者270人，上骇其多，召问于讲武殿，率不如诏。

二月己未（廿二日），吴越王钱俶等入见于崇德殿，宴长春殿。先是，车驾幸礼贤宅，案视供帐之具。及至，即诏俶居之。庚申（廿三日），大宴大明殿。后四日，召俶等宴射苑中。又三日，幸礼贤宅。

三月壬申（五日），太祖亲告太庙，常服乘步辇。丙子（九日），车驾发京师，赴西京洛阳。在去西京的途中，谒安陵，登阙台。在西京，有自开封迁都西京之意，光义力谏，反对迁都。直到四月甲辰（八日），始下诏东归。光义及百官皆随从至西京，留宰相沈义伦为东京留守兼大内都部署，左卫大将军王仁赡权判留司三司、兼知开封府。辛亥（十五日），太祖一行回到东京开封。此次出巡逾一个月之久。甲子（廿八日），宴近臣及节度使于讲武殿。

五月己巳（三日），幸东水碓，遂幸飞龙院，观渔金水河。庚辰（十四日），幸讲武池，遂幸玉津园观稼。

六月庚子（五日），自左掖门步行至晋王光义第，遣工为大轮，激金水河注第中，且数次临视，促成其役。

七月戊辰（三日），幸晋王第，观水入新池。丙子（十一日），幸京兆尹光美第视疾。后两日，复幸光美第。

八月己亥（五日），幸新龙兴寺。乙巳（十一日），幸等觉院，遂幸东染院，赐工人钱。又幸控鹤营，观骑士射，赐帛有差。又幸开宝寺，观经藏。丁未（十三日），遣党进等人领兵伐北汉。

九月甲子（一日），幸绫锦院。庚寅（廿七日），幸城南池亭，遂幸礼贤宅，又幸晋王第。

十月己亥（六日），幸西教场，观飞山军士发机石。

在开宝九年（976），太祖如此频繁地出游，甚至远至西京洛阳，可知其身体健康，精力充沛。说他是一个垂危的老人，无论如何也难以令人首肯。在现存史籍中，开宝九年正月至十月十九日，都没有太祖生病的记载，也没有宰执大臣入视问疾的记载。因此，太祖的猝死，

必不是因病所致。日本学者荒木敏夫曾撰《宋太祖酒癖考》一文，推
断太祖是由于饮酒过度，因而在一夜之间猝死的。[1]太祖常宴近臣、外
臣，平日也常饮酒，如杯酒释兵权，雪夜至赵普家饮酒即是。但是，
早在建隆二年（961）闰三月，太祖就曾对侍臣说过："沉湎于酒，何
以为人？朕或因宴会至醉，经宿未尝不悔也。"[2]这说明他饮酒是有所
节制的。所以，太祖死于饮酒过度的推断，论据是不足的。况且，据
《长编》所载，太祖最后一次与人饮酒，是与光义同饮，结果太祖死于
酒，光义却安然无事，这不是不可能的，但光义必定在酒中作了手脚，
并非是酒本身致太祖于死地的。

　　光义能够预知太祖的死期，说明太祖之死与光义必定有关。照理
说，光义于开宝六年（973）赵普罢相后，封晋王，兼开封尹，位在
宰相上，实际上已是准皇储的地位，似乎并无必要使用非常手段，从
太祖手中抢班夺权。明人程敏政即说："非病狂丧心者，其孰肯舍从容
得位之乐，而自处于危亡立至之地哉？"[3]但是，当光义感至其继位人
的地位受到威胁时，情况就不同了。

　　到开宝末年时，光义广罗党羽，内外交通，势力大盛，"威望隆
而羽翼成"，太祖不可能不感觉到光义集团的咄咄逼人之势。开宝九
年（976）之前，太祖亲征李筠、李重进和北汉时，均令光义留守京
城开封，唯独在开宝九年赴西京之时，却要光义随行，并有意想迁都
洛阳，不会是无缘无故的。太祖之所以打算迁都，除了避契丹锋芒及
其自叙的原因外，脱离开封——光义经营十多年而根基深厚的东京府，

1　《宋代研究文献提要》第 69 条。
2　《长编》卷 2。
3　《宋纪受终考》自序。

应该是不便明言的重要因素。光义是反对迁都最力者，而在西京之行后半年，太祖即猝死而光义遂登上帝位，这岂不正好说明，太祖的迁都之意确有针对光义之意，因此促成了光义抢先发难，抢班夺权。

宋代史籍中，颇有太祖与光义友爱甚笃、关系密切的记载，以此证实太祖素欲传弟。如《长编》卷17所载太祖亲自监工为晋王第注水、太祖为光义灼艾分痛、太祖称光义"龙行虎步，且生时有异，必为太平天子"；《长编》卷17引蔡惇《夔州直笔》，记载太祖让光义在殿陛乘马，"示继及之意"；《东轩笔录》卷1记载太祖至西京，得张齐贤，留给光义为辅相。这种种记载，都企图造成一种印象，即太祖与光义极为亲密，故早就有意传位。然而，上述种种记载，都是史臣粉饰之词，文人编造之语，实不可信。邓广铭先生在《宋太祖太宗授受辨》一文中，有"辨宋太祖素欲传弟说"一节，专论其非，言之凿凿，当可为据。

考之史实，光义与太祖的关系并非亲密无间，是有矛盾、有裂痕的。虽则光义继位，已使史籍中不可能留下明确的记载，但仔细分析探寻，还是有蛛丝马迹可寻的。

《默记》卷下记载：

> 颍上安希武殿直言：……其祖乃安习也。太宗判南衙时，青州人携一小女十许岁，诣阙理产业事。太宗悦之，使买之，不可得。习请必置之，遂与银二笏往。习刀截银一二两少块子，不数日，窃至南衙。不久，太祖知之，捕安习甚严。南衙遂藏习夫妇于官中，后至登位才放出，故终为节度留后。其青州女子，终为贤妃者是也。

安希武言及其祖父事，且涉及贤妃，当应有据，否则焉敢胡言？太祖知道光义强买青州女子事，即下令严捕光义亲信安习，其中也包含警告光义之意。光义与太祖之间的真实情感，也就可想而知了。此事当在开宝九年（976），因安习在严捕之下，难以久藏。而且，说不定此事也是光义抢班夺权的促因之一呢。

《邵氏闻见录》卷1记载："太祖朝，晋邸内臣奏请木场大木一章造器用。帝怒，批其奏曰：'破大为小，何若斩汝之头也！'"这其中，除了节俭，是否还有其他因素呢？

撇开太祖与光义的矛盾，仅从年龄上讲，光义也不能说就是当然的继位者。太祖只比光义大12岁，即使光义的准皇储地位不动摇，光义也不是必然会继位的。谁能说太祖必然先于光义去世呢？随着时间的推移，光义继位的可能性只会逐步减少，而不可能增加。在开宝九年，光义38岁，已近不惑之行，而太祖方知天命，光义继位之期尚未可知，急于登上九五之尊的心情，也会促使光义伺机动手，抢班夺权。况且，宋朝正继五代之后，五代之际父子相残、兄弟仇杀的情形，人们记忆犹新，不曾磨灭。光义仿而效之，乃是很自然的事。从种种迹象看，光义不仅与太祖之死有关系，而且是这桩死事的直接促成者。

宋末元初人、自称城北遗民的徐大焯，在其所撰《烬余录》甲编，有太祖之死的记载：

> 太宗屡于上前盛称花蕊夫人才，未匝月，蜀主暴卒。太祖异之，亟召花蕊入宫……悦其敏慧，留侍披庭者十载，有盛宠。太祖寝疾，中夜，太宗呼之不应，乘间挑费氏，太祖觉，遽以

玉斧斫地。皇后、太子至，太祖气属缕，太宗惶窜归邸。翌夕，
太祖崩。

据此，则光义为了花蕊夫人，先害死蜀主孟昶，又害死太祖。据
《长编》卷 6 记载，蜀主孟昶于乾德三年（965）五月乙酉（十五日）
到达开封近郊，太祖派光义劳之于玉津园。六月甲辰（五日），封孟
昶官；庚戌（十一日），孟昶即死去了。孟昶从到开封至死，的确"未
匝月"。光义为一青州女子，不惜冒犯太祖而必得之，其好色之心可见。
为倾城倾国的花蕊夫人而一再下毒手，也是完全可能的。

《随手杂录》记载："太宗朝，武程乞放宫人三百人。帝喻执政：'宫
中无此数。'执政请以狂妄罪之，帝释而不问。"此事见载于《长编》
卷 34，是淳化四年（993）七月的事。如此看来，光义是不留意于女
色的。实则不然。仅仅四年以后，至道三年（997）五月，太宗刚死，
真宗继位不久，即对辅臣说："宫中嫔御颇多，幽闭可悯，朕已令择给
事岁深者放出之。"[1] 既然嫔御都"颇多"，宫人就更多了，于此可知
武程的请求是有根据的。真宗的话，揭穿了太宗宫人不及三百的谎言，
不仅反映光义留意女色、后宫人众，而且说明他护过拒谏，文过饰非。

光义收入后宫的亡国嫔妃，并非仅花蕊夫人一人。《烬余录》甲
编记载，江南小周后，"归宋未几，太宗登位。月朔必令内朝，朝必
留侍数日。后主有怨言，暴卒，小后入宫"。江南被宋军攻灭，在开
宝八年（975）十一月，一年后光义即帝位，确系"归宋未几"；后
主李煜，被光义赐牵机药害死，见载于《默记》卷上，正是"暴卒"。

1　《长编》卷 41。

太宗与小周后之事，宋人画有《熙陵幸小周后》图，正可印证《烬余录》所载。《万历野获编》卷28《果报》记载：

> 偶于友人处，见宋人画《熙陵幸小周后》图。太宗头戴幞头，面黔色而体肥，器具甚伟。周后肢体纤弱，数宫人抱持之，周作蹙额不能胜之状。盖后为周宗幼女，即野史所云"每从诸夫人入禁中，辄留数日不出，其出时必詈辱后主，后主宛转避之"，即其事也。此图后题跋颇多，但记有元人冯海粟学士题云："江南剩得李花开，也被君王强折来。怪底金风冲地起，御园红紫满龙堆。"盖指靖康之辱，以寓无往不复之旨……
>
> 李煜以宋开宝八年乙亥失国，小周后已降封郑国夫人，久在命妇之列矣。至太宗而始被幸焉。……又唐中主女李芳仪者，备太宗后宫……

清初人王士桢《带经堂集》卷92，有《跋宋太宗强幸小周后图》一文，文曰："观此，则青城之事不足怜矣。牵机之药，又何酷也！"可知该图至清初尚存，为明清时期的不少文人见过。身为宋人，敢把宋太宗强奸小周后的事画入图画，若非真有其事，能平安无事吗？因此，小周后之事，信所必有；而且连李煜的妹妹也被光义收入了后宫，将姑嫂俩一网打尽。又据《烬余录》甲编记载，光义率军平定北汉以后，北汉主后宫的嫔妃也被光义收用，并带同北征辽国。

从上述种种记载，都可以看出，光义是个好色之徒，为攘夺女人是不择手段的。因此，垂涎花蕊夫人美色，当应为光义抢班夺权、向太祖下手的一个重要原因。

综上所述，可以得出结论：太祖的猝死，很有可能是光义一伙下了毒手，其原因除了急于登上大宝外，也包含着争夺美人之意。

光义谋害太祖，究竟用了什么手段呢？元人杨维桢有诗说："夜阑鬼静灯模糊，大雪漏下四鼓余，床前地，戳玉斧，史家笔，无董狐！"[1] 很明显，杨维桢认为是光义用玉斧砍死了太祖。《烬余录》和《长编》等也都提到了玉斧。"玉斧"究竟是什么东西呢？据谷霁光先生考证，宋代柱斧有两种：一是武士所用，一为文房用具。文房用具的柱斧又名玉斧，以水晶或铜铁为之。所谓"烛影斧声"之"斧"，就是玉斧，乃文房用具，难用作杀人之具。[2] 因此，光义以斧杀之说，是不可置信的。

在探寻光义谋害太祖之手段时，有一件事似乎未得到重视，这就是程德玄的身份及其后之境遇。程德玄此人，在太祖之死中扮演了重要角色，应该得到足够重视。

《宋史》卷309《程德玄传》、《长编》卷22、《涑水记闻》卷1等处记载，程德玄攀附至近列，太宗颇信之，众多趋其门，虽其性贪，官不甚达，然太宗亦优容之。程德玄凭什么能够得到太宗的"优容"呢？必然是因为他曾帮过太宗极大的忙。程德玄是一个医官，史称其善为医，在太祖死去的那两天活动中，程德玄居于重要地位。一个医师，在光义抢班夺权行动中崭露头角，只能是施用其医术助光义登上了帝位。光义是常在酒中下毒害死人的，据《烬余录》甲编记载，蜀主孟昶和吴越国王钱俶，都是光义在酒中下毒害死的。用同样的办法来对付太祖，又何尝不可能呢？各种史籍差不多一致记载，太祖是

---

1   《铁崖先生集·咏史注》卷8《金匮书》。
2   《宋代继承问题商榷》文内注语。

在与光义饮酒后才死的，恰巧光义有下毒的机会。在酒中下毒，而又不被发觉，就需要一位高明的医师了。程德玄的本领于是派上了用场。正因为是程德玄下的毒，光义才会派他守候宫中来人，并预知太祖死期。程德玄立下了如此大的功劳，光义即位后又如何能不"优容"他呢？！王继恩不从宋皇后之命去召德芳，反而径趋开封府，正是光义平日交好收买的结果。

　　另一个可注意的情况是，太祖死后，两位宰相——薛居正和沈义伦不见有任何活动。两人忠厚有余，胆略不足，"不过方重靖介自守之相耳"，[1] 焉敢过问皇位继统大事？！参知政事卢多逊，在光义即位后，不仅加官，而且晋升为宰相，受到太宗宠信，不仅证实了他早已投靠光义，也隐约反映了他在光义继位之事上是出过力的。由此可知，光义说出"若还普在中书，朕亦不得此位"的话，不但完全可能，而且并非虚语。赵普"富有时才，精通治道，经事霸府，历岁滋深"。[2]他直接指挥了陈桥兵变，策划了宋初开国大政，救殿前都指挥使韩重赟于将戮之时，罢符彦卿典兵成命于已颁之后，在宋初权倾中外，为佐命诸将所敬重、畏服，其地位和影响是举足轻重的。如果太祖死时，赵普仍为宰相，则皇位谁属，很大程度上要取决于赵普了。试看太宗死后，吕端以宰相身份定议立真宗，即可知赵普更有此能力了。因此，赵普罢相，出镇河阳，实在是给了光义集团篡位的莫大便利。[3]

　　光义以阴谋手段害死太祖，抢到皇帝之位后，为掩盖事实真相，制造了许多谣言，以混淆视听。有关光义与太祖兄弟亲密，太祖早就

1　《大事记讲义》卷2《宰相》。
2　《长编》卷2，建隆二年（961）七月范质奏疏语。
3　关于赵普事迹，可参见拙著《赵普评传》；有关吕端事迹、作用，可参见拙文《吕端与宋初的黄老思想》。

扬言要传位光义等等的流言，其出处不外是光义及其幕府。《云谷杂记》卷3等处记载，太祖去西京时，祭拜父亲弘殷的安陵时，奠哭为别曰："此生不得再朝于此也。"即更衣服，弧矢，登阙台，望西北鸣弦发矢，指矢委处谓左右曰："即此乃朕之皇堂也。"以向得石马埋于其中，又曰："朕自为陵名，曰永昌。"是岁果晏驾。这段记载，说太祖生前已自知死期，则非遭人谋害，仍是在为光义洗脱嫌疑，大约仍是出自光义幕府的传说。

光义即位后，很重视实录的修撰工作。太平兴国三年（978）三月，命修《太祖实录》，至太平兴国五年（980）九月完成，由李昉等人负责，后来被称为旧录。到真宗咸平元年（998），又令重修《太祖实录》，咸平二年（999）修成，由钱若水等人负责，后来被称为新录。光义父子，如此重视《太祖实录》的编修，目的是很明显的，要掩人耳目，美化光义。元代史臣袁桷即说："宋太祖实录，旧有两本。一是李昉诸臣所为，太宗屡曾宣索，已有避忌。至真宗咸平再修，王禹偁直书其事，出为黄州。""前实录无太宗叩马一段，后录增入，显是迎合。"[1]在官修《实录》的编写上煞费苦心，岂不正好说明光义心中有鬼吗？

然而，垄断官史，并不能只手遮尽天下人耳目，有关太祖太宗授受的真相，多少还是流传下来一些。终北宋之世，民间一直有"太祖后裔当有天下"的说法广为流传，即是对光义非正常即位的一种曲折反对。这种传说，《挥麈后录余话》卷1有比较详细的记载。北宋灭亡，政权南迁，高宗即位后，即有娄寅亮上疏，请求"欲望陛下于子

1　《清容居士集》卷41《修辽金宋史搜访遗书条列事状》。参见张孟伦《宋代统治阶级在撰修国史上的斗争》一文。

行中遴选太祖诸孙有贤德者，视秩亲王，使牧九州"。[1]造化弄人，高宗之子又在"苗刘之变"后夭折，使高宗无后。高宗终于收养太祖后裔为子，继位而为孝宗。皇位终于又回到了太祖后裔手中。孝宗之后，继位者无一不是太祖后裔。作为太祖的后裔，他们不可能不对太宗光义当年篡夺帝位不满，于是，李焘在呈孝宗阅过的《长编》一书中，留下了"烛影斧声"的记载，启千古之疑窦；而对太宗光义不利的记载和图画也得以流传，给后世留下了蛛丝马迹，尚可窥知一点儿真情。

1　《挥麈第三录》卷 1；又见《清波杂志》卷 1。

第三章

巩固帝位：即位初期

第一节 **安抚人心，树立威望**

　　太宗以非常手段夺取帝位后，留下了"烛影斧声"的千古之谜，身怀夺位之嫌，因此，流言四起，人心不服。太宗在其晚年的至道元年（995）十二月曾对大臣说："朕……即位之始，览前王令典，睹五代弊政，以其习俗既久，乃革故鼎新，别作朝廷法度。于是远近腾口，咸以为非，至于二三大臣，皆旧德耆年，亦不能无异。"[1] 所谓"别作法度"，并非事实；"革故鼎新"，亦只是自我吹嘘而已。值得注意的是，"远近腾口，咸以为非"，"旧德耆年"的"二三大臣"，"亦不能无异"，反映出太宗即位初期，人心浮动、心怀异志的情况。在这种情况下，太宗的当务之急，便是安抚人心，巩固刚夺得的帝位。

　　为表示是太祖主观上即愿传授皇位给他，他又确是太祖事业的继承者，在《即位赦天下制》[2]中，太宗不惜自居于"小子"、"冲人"之列，申明是太祖"猥以神器，付予冲人"，"凡开物务，尽立规绳。予小子缵绍丕基，恭禀遗训。仰承法度，不敢逾违。更赖将相公卿，左右前后，恭遵先旨，同守成规，庶俾冲人，不坠鸿业"。[3] 他又对宰臣宣告："边防事大，万机至重，当悉依先帝旧规，无得改易。"他还对宰臣说："今四方无虞，与卿等谨守祖宗经制，最为急务，此委相之大体也。"[4] 如此一而再、再而三地强调要遵循太祖之规，不外乎是表

1　《长编》卷38。
2　《宋大诏令集》卷1。
3　参见邓广铭《试破宋太宗即位大赦诏书之谜》。"小子"、"冲人"，是年幼继承者的自称词语，而太宗此时已38岁。
4　《长编》卷114。

现出太祖忠实继承者的姿态，安抚和稳定人心。

对于皇室内部和宰执大臣，太宗也着意拉拢安抚。太宗即位后，即以弟廷美为开封尹、兼中书令，封齐王，以示沿用太祖时皇弟尹开封之旧制。又以太祖之子德昭为永兴军节度使、兼侍中，封武功郡王。并且诏廷美、德昭并位在宰相上。又封太祖的另一个儿子德芳为山南西道节度使、同平章事。太祖的三个女儿，也被进封：昭庆公主为郑国公主，延庆公主为许国公主，永庆公主为虢国公主。廷美的子女尚幼，故加封未及。但太宗下令，太祖与廷美的子女，与他自己的子女一样，都称皇子、皇女。

宰执方面，宰相薛居正加左仆射，沈伦（原名"义伦"，避太宗讳省一字）加右仆射；参知政事卢多逊为中书侍郎、平章事。枢密使曹彬加同平章事，枢密副使楚昭辅为枢密使。这样，中书便有了三位宰相，枢密院则有两位枢密使。上述五人之中，真正升官的，是卢多逊与楚昭辅两人，而这两人早已与太宗交结了。宰执的儿子，亦沾恩泽了。薛居正之子、供奉官薛惟吉为右千牛卫将军，沈伦之子沈继宗、卢多逊之子卢雍并为水部员外郎。卢雍是乡贡进士，起家授官即与沈继宗相同，史称是因为"多逊时方宠幸，上特命之，非旧典云"。

太祖在临终前要治罪的川、峡两路转运使申文玮、韩可玭，太宗释而不问；在太祖时"献官词，托意求进用"的孔承恭，"太祖怒其引论非宜，免归田里"，太宗即位，以赦复授故官。[1] 同时下诏，文武官由谴累不齿者，有司毋得更论前过。诸道州府派遣的进贡方物以贺太宗即位的子弟，全部授以试衔及三班之职，并且史无先例地规定试

1　《长编》卷 17、卷 24。

衔有选，同正官大略相同待遇。[1]

太宗在即位前后曾利用道士制造了许多天命有归的符谶，为夺权作舆论准备。他即位后，为防他人袭用其故技，在其登位后的第二个月——开宝九年（976）十一月，令诸州大索明知天文术数者，传送阙下，敢藏匿者弃市，募告者赏钱三十万。第二年——太平兴国二年（977）十二月，诸道送到京城的知天文相术等人，有351人，诏以68人隶司天台，其余的全部黥面流海岛。[2]

太宗在即位之初，又诏诸道转运使察州县官吏能否，第为三等：政绩尤异者为上，恪居官次、职务粗治者为中，临事弛慢、所莅无状者为下，岁终以闻。史称这是太宗“将大行诛赏”的前奏。太宗还“分命亲信于诸道廉官吏善政，密以闻”。潜察远方事的武德卒，“有至汀州者，知州王嗣宗执而杖之，缚送阙下”，太宗却大怒，“遣使械嗣宗下吏，削秩”。[3]

太宗为提高威望，标明新朝的开始，迫不及待地于开宝九年十二月改当年为太平兴国元年。他还采取了种种手段，建威立望。《铁围山丛谈》卷1记载的一件事，即充分反映了这一点：

> 太宗始嗣位，思有以帖服中外。一日，辇下诸肆有为丐者不得乞，因倚门大骂为无赖者。主人逊谢，久不得解。即有数十百众，方拥门聚观，中忽一人跃出，以刀刺丐者死，且遗其刀而去。会日已暮，追捕莫获。翌日奏闻，太宗大怒，谓是犹

1　《宋史》卷4《太宗一》。

2　《长编》卷17、卷18；《宋史》卷4《太宗一》。

3　《宋史》卷4《太宗一》；《长编》卷17；《长编》卷19，太平兴国三年（978）五月；《长编》卷22，太平兴国六年（981）十一月。

习五季乱，乃敢中都白昼杀人，即严索捕，期在必得。有司惧罪，久之，迹其事，是乃主人不胜其忿而杀之耳。狱将具，太宗喜曰："卿能用心若是，虽然，第为朕更一覆，毋枉焉。且携其刀来。"不数日，尹再登对，以狱词并刀上。太宗问："审乎？"曰："审矣。"于是太宗顾旁小内侍，取吾鞘来。小内侍唯命。即奉刀内鞘中。因拂袖而起，入曰："如此，宁不妄杀人。"

派人去杀人，又严令开封府捉人，终于揭穿开封府屈打成招、草菅人命的面目，而显示出自己的英明和洞察一切，太宗之立意、用心，可谓良苦矣。

太宗特别注意大力提拔和培植亲信。他即位未几，即以开封府判官、著作郎程羽为给事中，权知开封府；开封府推官、右赞善大夫贾琰为左正谏大夫、枢密直学士。晋邸幕府人士，从此陆续进入政府，或入禁军，或任内职。陈从信、张平、王继升、尹宪、王宾、安忠等人，咸备任使，又皆畀以兵食之重寄。商凤为东上阁门使，程德玄为翰林使，陈赞为军器库副使，王延德为御厨副使，郭贽为著作佐郎，郭密、傅思让补卫士，王杲为日骑指挥使。如此等等，无烦赘举。所以，《丁晋公谈录》记载："太宗即位后未数年，旧为朱邸牵拢仆驭者皆位至节帅，人皆叹讶之。"其实并不奇怪，太宗是欲以亲信满布朝内外，巩固其已夺得的帝位。

幕府人才，毕竟有限，太宗又扩大科举取士人数，以牢笼豪杰为之用。太宗即位后的第三个月——太平兴国二年（977）正月，举行科举考试，进士及诸科等共录取500人，其中进士就达109人以上，"皆先赐绿袍靴笏，锡宴开宝寺，上自为诗二章赐之"。太祖一朝，17年间，共取进士 180 余人，一科最多取 31 人。太宗时的第一次科举取士人数，比太祖时期的最多数字猛增了两倍多，相当于太祖时期所取全部进士人数的百分之六十。人数多还不算，而且第一、第二等进士并九经授将作监丞、大理评事，通判诸州；同进士出身及诸科并送吏部免选，优等注拟初资职事判司簿尉。史称："宠章殊异，历代所未有也。"宰相薛居正等人说取士太多，用人太骤，太宗不听。等到进士及诸科人员赴任辞行时，特召令升殿，谕之曰："到治所，事有不便于民者，疾置以闻。"仍赐置装费每人二十万。[1] 取士空前之多，骤授地方要职，太宗急于培养亲信的用心，昭然若揭。诸州通判，掌财权，又负监视知州之责，太宗以"天子门生"出任此职，不外乎是为了控制地方权力，巩固其帝位而已。

太宗即位后的第二个月，开宝九年（976）十二月，元老宿将——节度使赵普、向拱、张永德、高怀德、冯继业、张美、刘廷让等人，到京城开封朝见太宗。留京数月后，赵普罢为太子少保奉朝请，向拱以下诸人罢节度使，为诸卫上将军。解除这一批元老宿将的权力，显然是太宗不放心他们在地方上掌权，故以散职留在京师，以便就近控制。

在施行了上述安抚人心、树威立望、加强控制的一系列措施后，太宗的帝位逐渐巩固，威望上升，政权日益稳定，纵有流言亦不足为患了。

---

1 《长编》卷 18。

第二节 追死弟、侄，以遂传子之欲

太宗在即位初期，为安抚人心，对弟廷美与太祖二子德昭、德芳采取了一系列优待措施，造成了廷美、德昭"一人之下，万人之上"的崇高地位。到太宗的地位逐渐巩固以后，廷美与德昭兄弟的地位就成了他的一块心病，直接关系到皇位的递嬗。

太平兴国四年（979）五月，太宗在率军攻灭北汉后，移师攻辽，企图一举收复幽云十六州之地。但是不幸，在高梁河之战遭到辽军重创，太宗自己亦股中两箭逃回。在此次北征中，最令太宗心悸的，是发生了拥立德昭之事。

《涑水记闻》卷2记载：

> 魏王德昭，太祖之长子。从太宗征幽州，军中夜惊，不知上（太宗）所在，众议有谋立王者。会知上处，乃止。

《烬余录》甲编记载：

> 兴国四年，德昭从征契丹，值太宗溃走，败军无主，暂曾推戴。

太宗此次出征，以宰相沈伦为东京留守兼判开封府事，宣徽北院使王仁赡为大内都部署，枢密承旨陈从信副之。廷美和宰相薛居正、卢多逊以下诸大臣，均随军出征。罢为散官的开国元老赵普也在军中。然而，在军败之际，竟然发生拥立德昭之事，可见怀念太祖，不满太宗的潜势力是如何之大。由此，太宗认识到，对于他的地位和皇位递嬗，最大的威胁，来自德昭兄弟。不除二人，太宗之心是不会安定的。

太宗回朝不久，八月，德昭自杀身亡，时年 29 岁。

关于德昭之死，《烬余录》甲编记载：

> 班师后，有谮言者，德昭忧惧自杀。

《宋史》卷 244《德昭传》记载：

> （太平兴国）四年，从征幽州，军中尝夜惊，不知上所在，有谋立德昭者，上闻不悦。及归，以北征不利，久不行太原之赏。德昭以为言，上大怒曰："待汝自为之，赏未晚也！"德昭退而自刭。上闻惊悔，往抱其尸，大哭曰："痴儿何至此邪！"

《长编》卷 20 记载略同，注云："此据司马光《记闻》。"见于今本《涑水记闻》卷 2。

由《宋史》与《长编》记载可见，德昭之死，纯为太宗所逼，太宗事后又惺惺作态，心中则暗自庆幸呢。《东都事略》卷 15《世家三·德昭》则曰："太平兴国四年暴薨。"一个"暴"字，道尽了德昭之死的可疑。值得注意的是，《长编》记载之后，注曰："本传云德昭好啖肥猪肉，因而遇疾不起。今不取。"所谓"本传"，当指《三朝国史》之《德昭传》，然今本《宋史》之《德昭传》不载此语。《三朝国史》

所云德昭死因，李焘已弃之不取；元人编《宋史》，亦不取之。可是，《三朝国史》掩饰德昭死因，必有缘故，正可反映德昭死因之可疑。

要之，德昭死因，直接源于太平兴国四年（979）北征幽州时的"拥立"事件；但是具体死因，则因记载阙如，只能知道是在太宗威逼下的非正常死亡。

两年以后——太平兴国六年（981）三月，德昭的弟弟德芳又不明不白地死去了，年方23岁。

关于德芳之死，《东都事略》卷15《世家三》、《宋史》卷244《德芳传》、《长编》卷22等处，均未记载死因，仅《宋史》云："寝疾薨。"其确实死因，今日已无法明了。但是，23岁的年纪，又无什么大病，却突然死亡，不能不令人生疑。联想到太祖死时，宋皇后派王继恩去召德芳，则德芳对皇位的威胁是很显然的。德芳之死，直接受益者是太宗。因此，德芳之死，太宗是脱不了干系的。

德昭、德芳兄弟已死，太祖的儿子没有了，对皇位的威胁，就来自当时任开封尹的秦王廷美了。太宗的打击矛头，便指向了廷美。

廷美，初名匡美。太祖登基以后，改名光美；太宗即位，又改名廷美。廷美生于后汉高祖天福十二年（947），小于太宗光义8岁，小于太祖匡胤20岁，只比太祖之子德昭大4岁。太祖即位时，他14岁；太宗即位时，他30岁。

太祖、太宗和廷美都是杜太后所生，是同父同母的亲兄弟，这本无疑义。《东都事略》卷15《世家三》不言廷美非太宗同母弟。《宋史》卷242《杜太后传》云："既笄，归于宣祖（弘殷）。治家严毅有礼法。生邕王光济、太祖、太宗、秦王廷美、夔王光赞、燕国、陈国二长公主。"《宋大诏令集》卷35，载太平兴国九年（984）正月的《涪陵县公廷美追封涪陵王制》，文中说，"涪陵县公廷美，朕之同气也"，"永惟骨肉之亲，绝而不殊"。玩其语意，仍是亲弟。然而，太宗迫死廷美后，却又造出谎言，遂令廷美身世，成了一个谜。

《长编》卷25，雍熙元年（984）正月记载：

> 其后，从容谓宰相曰："廷美母陈国夫人耿氏，朕乳母也，后出嫁赵氏，生军器库副使廷俊。朕以廷美故，令廷俊属鞬左右，廷俊泄禁中事于廷美。日者西池窃发之谋，若命有司穷究，则廷美罪不容诛。朕止令居守西洛，而廷美不悔过，益怨望，出不逊语，始命迁房陵以全宥之。至于廷俊，亦不加深罪，但从贬黜。朕于廷美盖无负矣。"言讫，为之恻然。李昉对曰："涪陵悖逆，天下共闻，而宫禁中事，若非陛下委曲宣示，臣等何由知之？"

《宋史》卷244《廷美传》所载略同。《东都事略》则不载。

太宗为表示"无负"廷美，不惜泄漏其父隐私，大曝廷美身世之内幕，用心可谓深矣。宰相李昉"若非陛下委曲宣示，臣等何由知之"之语则表明此前并无廷美非太宗亲弟之说。元人陈世隆说："廷美之出于昭宪（杜太后），路人知之。""夫廷美果耿氏出，天下莫不闻，何必太宗哓哓然鸣之于大臣，大臣哓哓然鸣之于群臣，又孰敢谓廷美昭宪出也？""盖太宗一时为涂面之言，以遮饰谋杀廷美之故。当时讳之，史臣难之，故其纪错乱而矛盾，使后世疑之，必辨之。"[1]清代

---

[1]　《北轩笔记》。

著名史学家钱大昕也指出："此云乳母耿氏所生者，盖廷美得罪之后，造为此言。"[1]《宋史》之《杜太后传》与《廷美传》之矛盾，《东都事略》不载廷美出自耿氏之语，即可印证陈世隆、钱大昕所言不虚，击中真谛。

太宗即位后，命廷美以亲王任开封尹，位在宰相之上，实在是安抚皇室与大臣的一种方法。陆游说："后唐秦王从荣以长子为河南尹，又为天下兵马大元帅，故当时遂以尹京为储贰之位。至晋天福中郑王重贵、周广顺中晋王荣尹开封，用秦王故事也。"宋初，光义、廷美尹开封亦沿用此例，成为"储贰"。[2]到德昭、德芳兄弟相继死去后，廷美的"储贰"地位，就成了太宗最大的心病。

太平兴国六年（981）九月，即德芳死后半年，太宗的心腹、早年幕僚、如京使柴禹锡等人，告秦王廷美骄恣，将有阴谋窃发。这表明太宗已然决定要对廷美下手了。此时，太宗的地位虽已稳固，但太平兴国四年（979）的高梁河之败，五年（980）的莫州之败，使太宗威望大降；两三年间，又接连迫死德昭、德芳兄弟，难免引起流言蜚语；如今，又将起大狱而迫死廷美，太宗心中也不无忧惧，担心变起肘腋、祸生萧墙。于是，他又想起了当年争斗的对头——开国元勋赵普。

赵普自开宝六年（973）八月罢相，出为河阳三城节度使（驻孟州，今河南孟州）、检校太傅、同平章事。三年后，开宝九年（976）十月，太宗即位。

太宗即位不久，即派素与赵普有隙的少府监高保寅知怀州（今河

1   《廿二史考异》卷75《魏王廷美传》。
2   《渭南文集》卷22《记太子、亲王尹京故事》。

南沁阳），而怀州正是河阳三城节度使管辖的支郡。高保寅到任不久，就借口"事颇为普所抑"，手疏乞罢节镇领支郡的制度。太宗见疏，立即下诏，令怀州直属中央管辖，长吏得自奏事。[1]赵普见状，发觉情形不妙，太宗显然仍记恨他，于是便请求到京师朝见，得到允许后，于十二月到达京师开封。安远节度使（驻安州，今湖北安陆）向拱、武胜节度使（驻邓州，今河南邓州）张永德、横海节度使（驻沧州，今河北沧州）张美、镇宁节度使（驻澶州，今河南濮阳南）刘廷让等人也在此时到京朝见太宗。

太平兴国二年（977）三月，赵普请求留在京师，参加太祖的山陵安葬仪式，太宗马上允许，罢其使相之职，授太子少保留京师。赵普是因心怀畏惧，自请解职以避祸；太宗则是心存猜忌，追念旧恨，顺势罢职以泄愤。五月，向拱、张永德、张美、刘廷让俱罢为诸卫上将军留京师，制辞说是"不敢以藩领之任重烦旧德也"。[2]

太平兴国三年（978）十一月，祭祀天地，百官晋爵，赵普迁太子太保。太平兴国四年（979），太宗督师征北汉，赵普随军出征。太原被攻克，北汉灭亡后，太宗挥师进攻幽州，结果兵败高梁河。当年十月，太宗追赏平太原之功，从征诸将均加官晋爵，赵普却被有意无意地忘记了，覃赏未及。后来，太宗撰《赵普神道碑》时，觉得不妥，便将赵普迁太子太保的时间移于赏太原之功时，以图掩饰。[3]但这样一来，太平兴国三年郊祀之赏又不及赵普了。赵普备受太宗冷落之态，依然明晰可见，无法掩饰。

1　《宋会要辑稿》职官三八之一；《长编》卷18，太平兴国二年八月。

2　《长编》卷18。

3　《长编》卷18；《长编》卷22，太平兴国六年（981）、九年（984）丙午注。

在这几年里，不仅太宗给予冷遇，赵普的老对头、宰相卢多逊也趁机对赵普及其亲属、儿子多方压抑。世态看炎凉，人情逐冷暖，在赵普失势受压的情势下，赵普的随从都离开他另谋出路去了，只剩下王继英一个人仍然忠实地追随着他。[1]

赵普的妹夫侯仁宝，受其连累而死。开宝六年（973）四月，赵普将要罢相时，在卢多逊的建议下，太祖派侯仁宝出知邕州（今广西南宁）。太宗即位后，卢多逊更得势，于是直到太平兴国五年（980），侯仁宝仍知邕州，"凡九年不得代"。侯仁宝害怕"因循死岭外"，便上疏请求讨伐交趾，企图借回京面陈之机，请求太宗将其留在京师。但侯仁宝的企图为卢多逊识破，他向太宗建议，命令侯仁宝直接率师从邕州出发，进攻交趾。结果，侯仁宝不仅未能回到京城，反而在太平兴国六年（981）三月死于白藤江口，做了岭外之鬼。[2]赵普在花甲之年得知妹夫死讯，其心头滋味，可想而知。

打击接踵而来，侯仁宝死后半年，卢多逊又将打击的矛头指向了赵普长子承宗。《长编》卷22，太平兴国六年九月记载：

> 太子太保赵普奉朝请累年，卢多逊益毁之，郁郁不得志。
> 普子承宗，娶燕国长公主女。承宗适知潭州，受诏归阙成婚。
> 礼未逾月，多逊白遣归任，普由是愤怒。

在身家性命岌岌可危的情况下，赵普亟欲摆脱困境。正巧，太宗企图利用他的元老重臣的地位和影响来帮助打击廷美，召见了他。于

1　《长编》卷38，至道元年（995）八月。
2　《长编》卷21、卷22；《宋史》卷4《太宗一》、卷254《侯仁宝传》。

是赵普看中时机，打出了"金匮之盟"这张王牌，向太宗表忠心，他终于如愿以偿，东山再起了。

关于赵普的复出，《长编》卷 22，太平兴国六年（981）九月记载道：

> 会如京使柴禹锡等告秦王廷美骄恣，将有阴谋窃发。上召问普，普对曰："臣愿备枢轴以察奸变。"退，复密奏："臣开国旧臣，为权幸所沮。"因言昭宪顾命及先朝自诉之事。上于宫中访得普前所上章，并发金匮，遂大感寤，即留承宗京师，召普谓曰："人谁无过，朕不待五十，已尽知四十九年非矣。"辛亥（十七日），以普为司徒、兼侍中。

侍中，在宋初亦为宰相职名，只有地位很高的宰相才能以此职任宰相。

这段记载，有四个疑点：一是秦王廷美有阴谋窃发，为人所告，宰执甚多，为何独召以散职奉朝请的赵普？二是赵普的答语，不仅表明愿意效劳，而且伸手要官，但此答语，是回答什么问题的呢？三是赵普召见后上密奏，却提起"昭宪顾命"，这与召见有什么关系呢？四是太宗见到"金匮之盟"，即承认错误，这个错误是什么呢？

这四个疑点，表明这段记载有含混不清之处，似有隐情难言。《宋史》卷 256《赵普传》、卷 244《杜太后传》和《东都事略》卷 26《赵普传》的记载，大致与《长编》相同，也未讲明上述疑点。

按说，此时太宗是为廷美之事召见赵普，其目的是黜廷美而遂传位儿子之愿，其所问应与此有关才是。《长编》与《杜太后传》在上述记载之后接着写道：

> 始太祖传位于上，昭宪（即杜太后）顾命也。或曰昭宪及太祖本意，盖欲上复传之廷美，而廷美将复传之德昭。故上即位，亟命廷美尹开封，德恭（廷美长子）授贵州防御使，实称皇子，皆缘昭宪及太祖意也。德昭既不得其死，德芳相继夭绝，廷美始不自安，浸有邪谋。他日，上尝以传国意访之赵普，普曰："太祖已误，陛下岂容再误邪！"于是普复入相，廷美遂得罪。

《曲洧旧闻》卷 1 的记载略同：

> 世传太祖将禅位于太宗，独赵韩王密有所启。……太宗即位，入卢多逊之言，怒甚，召至阙而诘之。韩王曰："先帝若听臣言，则今日不睹圣明。然先帝已错，陛下不得再错。"太宗首肯者久之，韩王由是复用。

这些记载，反映了赵普复出的原因，是由于他支持太宗传位于儿子，由此必须处置廷美，扫清障碍。从当时情势看，这才应当是太宗为廷美事召见赵普时的谈话才对；也正因此，太宗才会为确保儿子的继承人地位而起用赵普这位以前的冤家对头。

宋人的笔记小说中，关于赵普的复出，记载颇异于正史。其主要者有：

《涑水记闻》卷 1 记载：

太宗即位，赵普为卢多逊所谮，出守河阳，日夕忧不测。
上一旦发金匮，得书，大寤，遂遣使急召之。普惶恐，为遗书，
与家人别而后行。既至，复为相。

《玉壶清话》卷3记载：

初，（卢）多逊与赵韩王睚眦，太宗践祚，每召对，即倾之。
上以肤受，颇惑之，黜普于河阳。普朝辞，抱笏面诉，气慑心懦，
奏曰："臣以无状之贱，获事累圣。况曩日昭宪圣后大渐之际，
臣与先帝面受顾命，遣臣亲写二券，令大宝神器传付陛下，以
二书合缝批文，立臣衔为证。其一书先后纳于棺，一书先帝手
封收宫中，乞陛下试寻之，孤危之迹，庶乎少雪。臣此行身移
则事起，豺狼在途，危若累卵，谁与臣辨？"后果得此书于禁
中，帝疑既释，窜多逊于朱崖。上谓普曰："朕几欲诛卿。"故
王禹偁《韩王挽词》有"鸿恩书册府，遗训在金縢"，乃此事也。

王禹偁的《追封真定王赵讳普挽歌十首》，见《小畜集》卷9，
其一曰："玄象中台拆，皇家上相薨。大功铭玉铉，密事在金縢。无复
同鱼水，空嗟失股肱。若言丰沛旧，陪葬近长陵。"虽诗句与《玉壶
清话》所载不同，但其意乃同。《青箱杂记》卷6云："禹偁诗，多记
实中的"，接着即引上述诗之前两句为证。

《丁晋公谈录》记载：

　　太祖朝，昭宪皇后因不豫，召韩王普至卧榻前，问："官家万年千载之后，宝位当付与谁？"普曰："晋王素有德望，众所钦服，官家万年千岁后，合是晋王继统。"仍上一劄子论之，昭宪密缄题署，藏之于官内。时韩王为相，寻出镇襄阳。洎太祖晏驾，太宗嗣位，忽有言曰："若赵普在中书，朕亦不得此位！"卢多逊闻之，遂希旨，密加诬谮，将不利于韩王。遽召归，授太子太保。散官班中，日负忧惕，遂扣中贵密达太宗云："昭宪皇后寝疾时，臣曾上一劄子论事，时昭宪缄藏在官中。乞赐寻访。"果于官中寻得。太宗大喜，方悟韩王忠赤。是时上元，登楼观灯，忽有宣旨，召赵普赴宴，左右皆愕然。缘太子太保散官，无例赴宴，乃奏曰："赵普值上辛，在太庙宿斋。"太宗曰："速差官替来！"少顷，召至，太宗便指于见任宰相沈相公上座，乃顾谓赵曰："世间奸邪信有之，朕欲卿为相，来日便入中书！"

　　上述三种笔记小说，基本可以说是出诸北宋人之手。虽然内中多有舛误，尤其是赵普的行踪及官职除罢错误更多，但亦颇有可资参考之处，很值得与正史记载结合起来分析。

　　从这三则记载，结合正史记载，可以看出如下几个问题：一、太宗初年，赵普为卢多逊压迫，"日夕忧不测"，在惶恐中度日，终于因承宗之事而决定出击。二、太宗召见赵普，除因有求于他外，更重要的是，赵普"扣中贵密达"，有机密事面呈。赵普之所以在此时敢于求见，与承宗之受诏归阙成婚有关。承宗原已娶李崇矩之女为妻，此时不知李氏已亡，或是出妻另娶。承宗此次所娶，乃太宗姐妹燕国长公主之女，即开国元勋高怀德之女。在当时形势下，太宗不仅同意，而且令承宗归阙成婚，内中不乏向赵普示好之意，故而赵普才敢于求见。三、赵普被召见时，不测祸福，并不知是喜是凶，故"为遗书，与家人别而后行"，做好了最坏的打算。四、太宗一直怀恨赵普，是因为他在中书时反对太宗继位，因此太宗即位后"几欲诛普"。五、使太宗释疑，是因为赵普提及了"金匮之盟"即"昭宪顾命"。这不仅提醒太宗其得位之由，而且会让太宗回忆起昭宪杜太后在世时对自己的关怀，以及当时与赵普的亲密关系。六、直接促使太宗起用赵普的原因，是因为赵普表示，支持太宗传位于子，并力劝太宗勿重蹈太祖之误。七、太宗以"金匮之盟"为赵普复出的缘由，并由赵普来证实太祖是生前即已定下要传位于太宗的，其帝位之得，是出于正常传授，而非力夺。以开国元老兼太宗老对头的身份，赵普以"金匮之盟"书写者的地位出现，为太宗效力，其作用是非常巨大的，可以帮助太宗实现其传子之欲望。

于是，赵普复出，并任首相。"金匮之盟"公开了，太宗之继位，名正言顺，不容猜疑了。太宗的心病，也在赵普帮助下除去了。赵普则打倒了政敌卢多逊等人，并且保证了自己晚年的荣华富贵。一场使太宗与赵普皆大欢喜的悲剧，就从赵普复相，拉开了帷幕。

太平兴国六年（981）九月辛亥（十七日），60岁的赵普，第二次出任宰相。此时，原任首相薛居正已死于当年六月，沈伦和卢多逊为次相。赵普复出，继任首相，位在沈伦与卢多逊之上。

赵普为相的第二天——壬子（十八日），秦王廷美乞班赵普之下，太宗从之。赵普的再相，已使廷美感受到了压力，他原先位在首相薛居正之上，现在却要求班于赵普之下，明显是一种谦恭求和的姿态。

然而，太宗和赵普却不为所动，对廷美的打击计划，照旧施行。

太平兴国七年（982）三月，金明池的水心殿落成，太宗准备泛舟往游。有人出来告发秦王廷美"谋欲以此时窃发，若不果，则诈称病于府第，候车驾临省，因作乱"。太宗接到举报，假惺惺表示，"不忍暴其事"，遂罢廷美开封尹之职，授西京（洛阳）留守，赐廷美袭衣通犀带、钱十万、绢彩各万匹、银万两、西京甲第一区。西京留守府判官阎矩、西京河南府判官王通也沾了光，各获赐钱百万。太宗另命右正谏大夫李符接掌开封府，任权知开封府。四月，在催促下，廷美将离开京城开封，西赴洛阳，太宗又令以忠厚长者著称的枢密使曹彬在琼林苑设宴，为廷美送行。廷美离京后，左卫将军枢密承旨陈从信、皇城使刘知信、弓箭库使惠延真、禁军列校皇甫继明、范廷召、王荣等人，"皆坐交通秦王廷美及受其私馈故"，被责降，其中王荣"削籍流海岛"。廷美在失去实权职位开封尹后，又被调离开封，其亲近来往的文武臣僚又被处罚，廷美的势力大减，只能坐以待毙了。几天后，赵普报告，"廉得多逊与秦王廷美交通事"。亲王交通宰相，其事体大，太宗遂表示大怒，责授卢多逊兵部尚书，下御史狱，捕系中书守当官赵白、秦府孔目官阎密、小吏王继勋、樊德明、赵怀禄、阎怀忠等人，命翰林学士承旨李昉、学士扈蒙、卫尉卿崔仁冀、膳部郎中知杂事滕中正杂治之。审讯十日，卢多逊等一干人众"皆伏罪"。具体罪状如下——卢多逊，派赵白以中书机事密告廷美，向廷美表示："愿宫车（指皇帝太宗）早宴驾（即死去），尽心事大王"；廷美也表示："我亦愿宫车早晏驾"，又送给卢多逊弓箭等物，多逊受之。阎密，"恣横不法，言多指斥"。王继勋，"廷美尤亲信之，尝使求访声妓，继勋怙势取贷，赃污狼藉"。樊德明，"素与赵白游处，多逊因之以结廷美"。赵怀禄，廷美派他私召"同母弟"军器库副使赵廷俊"与语"。阎怀忠，廷美派他到淮海王钱俶处"求玉犀带、金酒器"，怀忠私受钱俶所赠白金百两、扣器、绢扇等；廷美又派怀忠带着银碗、锦彩、羊酒，去到怀忠岳父御前忠佐马军都军头潘璘处"营燕军校"。太宗诏文武常参官集议朝堂。太子太师王溥等七十四人联名上奏，说多逊及廷美"顾望咒诅，大逆不道，宜行诛灭，以正刑章。赵白等请处斩"。太宗于是下诏，削夺多逊官爵，并家属流崖州（今海南崖县崖城镇）；廷美勒归私第；赵白、阎密、王继勋、樊德明、赵怀禄、阎怀忠"皆斩于都门之外，籍入（没收）其家财"。又诏廷美的儿女等宜正名呼，不再称皇子、皇女，"仍为皇侄"；女儿去公主之号，女婿被降官，去驸马都尉之号；廷美的儿女均发遣往西京，就廷美安泊。著作佐郎刘锡知粮料院，曾借给廷美数千斛米，太宗召见责问，刘锡顿首称死罪，太宗怒气不休，命左右持梃者打了刘锡几十大板，刘锡委顿，方才停手。赵白的哥哥——著作佐郎赵和、光禄寺丞赵知微，与亲属配隶沙门岛（今山东长岛）禁锢。因病请假的宰相沈伦，因"不能觉知""多逊包藏逆节"，责授工部尚书。中书舍人李穆，"与卢多逊雅相亲厚"，责授司封员外郎。五月，因"辅导无状"，廷美官属西京留守判官阎矩贬为涪州司户参军，前开封府推官孙屿贬为融州司户参军。至此，廷美的势力扫地以尽。

但是，事情并未完结，太宗仍不肯就此放过廷美，他要彻底扫清传位于儿子的障碍。太平兴国七年（982）五月，就在廷美官属被贬职后二十天，继廷美之后掌管开封府的知开封府李符上言："廷美不悔过，怨望，乞徙远郡，以防他变。"此言正中太宗下怀，遂降廷美为涪陵县公，房州（今湖北房县）安置，被送到了流放后周退位的小皇帝的地方去了。太宗同时命崇仪副使阎彦进知房州，监察御史袁廓通判房州，各赐白金三百两，监管廷美。史称李符上言，是赵普唆使，但考之史实，却不然。太宗任开封尹时，李符曾推荐弭德超入太宗幕府，弭德超后来成为太宗心腹。李符知开封府，是廷美的继任，身负清除廷美势力之重任，如非太宗信任，当不会任命李符任此职。史称李符"好希人主意以求进用"，[1] 当廷美失势之际，落井下石，正是李符拿手好戏，无须赵普唆使。况且其时赵普复相不久，刚修复与太宗之关系，不大可能又交通知开封府以启太宗之疑。

如同后周小皇帝一样，廷美在房州没有待几年，在两年后的雍熙元年（984）正月，以 38 岁的年纪，死于房州。太宗的最后一块心病除去了，传位于儿子的障碍，彻底清除了。[2]

元人陈世隆在《北轩笔记》中说："反复廷美始终，未尝有一显罪确情。"事实确是如此。《长编》卷 22 与《宋史》卷 244《廷美传》均说："凡廷美所以得罪，则普之为也。"将廷美之死，归咎于赵普。《宋史》卷 256《赵普传》，也以此说赵普"学力有限而犹有患失之心"。清代毕沅《续资治通鉴》卷 10，太平兴国六年（981），有"考异"说："廷美之阴谋，事无佐证，特以地处危疑，为众人所属目，太宗已怀猜忌，普复从而媒孽之，故祸不旋踵耳。"数百年后的毕沅，毕竟因身处异代，评论较为客观些，但仍以赵普为害死廷美的元凶。封建时代的文人，自然不会公开指斥与谴责皇帝，赵普便因此成了众矢之的。实际上，害死廷美，是太宗传位于子的必须，赵普不过是帮凶而已，元凶正是太宗本人。

1　李符事，见《宋史》卷 270《李符传》。
2　以上未注者，见《长编》卷 22、卷 23、卷 25；《宋史》卷 244《廷美传》。

第三节 "金匮之盟"，迷雾重重

在迫害廷美的时候，所谓"昭宪顾命"的"金匮之盟"，常被提起，成为焦点之一。"金匮之盟"，也因此而广为人知。"金匮之盟"与"烛影斧声"、"陈桥兵变"，是宋初三大疑案，其中尤以"金匮之盟"的疑点为多，最难于探清其真相。20世纪40年代，张荫麟、吴天墀、谷霁光、邓广铭等先生先后对"金匮之盟"进行过考辨，内中，以张荫麟先生《宋太宗继统考实》一文影响最大，论据最为有力。后来，李裕民、王育济、何冠环、方健等先生又对"金匮之盟"发表过自己的看法。[1] 但是，时至今日，"金匮之盟"的重重迷雾，并未能廓清，而且，由于年代久远，史料缺乏，其真相究竟如何，已很难完全弄清楚了。各种分析、推测，都只能是对"金匮之盟"真相的接近，而非穷尽。在此处，笔者并非企图折中诸说，只是提出自己的看法，希望能有助于认识"金匮之盟"，从而有助于宋初政治的研究、分析。

关于"金匮之盟"，宋人的记载虽存于许多书籍中，但含糊不清，不仅相互矛盾，且有自相抵牾之处。《长编》的记载，参照了《太祖旧录》、《太祖新录》、《三朝国史》、《太宗实录》、《涑水记闻》和《建隆遗事》诸书，并作了考订。因此，先看一下《长编》是如何记载的。

1　这些文章是：张荫麟《宋太宗继统考实》，吴天墀《烛影斧声传疑》，谷霁光《宋代继承问题商榷》，邓广铭《宋太祖太宗授受辨》，王育济《"金匮之盟"真伪考》，何冠环《"金匮之盟"真伪新考》，方健《简论宋太祖遗诏的"发现"及其真伪》，王育济《宋太祖传位遗诏的发现及其意义》，李裕民《揭开"斧声烛影"之谜》。

今本《长编》，有三处直接提及金匮之盟，分别见于建隆二年（961）、开宝六年（973）和太平兴国六年（981）。太平兴国六年赵普复出时的记载，前已引述，不再重引。值得一提的是，在太平兴国六年九月记载后，李焘的考证云："江休复《嘉祐杂志》云太宗、廷美各相去十数岁生，与《遗事》（指《建隆遗事》）略同，足明当时多有是说也。"而这段考证的前半段，是力辩《建隆遗事》记载之误。然而由这段话来看，当时的传说，则多与《建隆遗事》相同，即"昭宪顾命"乃是要太祖传位太宗，太宗传位廷美，廷美传位德昭的。

《长编》卷2，建隆二年记载：

> 六月甲午，皇太后崩。后聪明有智度，尝与上参决大政……及寝疾，上侍药饵不离左右。疾革，召普入受遗命。后问上曰："汝自知所以得天下乎？"上呜咽不能对。后曰："吾自老死，哭无益也，吾方语汝以大事，而但哭耶？"问之如初。上曰："此皆祖考及太后余庆也。"后曰："不然。政由柴氏使幼儿主天下，群心不附故耳。若周有长君，汝安得至此？汝与光义，皆我所生，汝后当传位汝弟。四海至广，能立长君，社稷之福也。"上顿首泣曰："敢不如太后教。"因谓普曰："汝同记吾言，不可违也。"普即就榻前为誓书，于纸尾署曰"臣普记"。上藏其书金匮，命谨密宫人掌之。

据李焘之注，此段记载，主要据《太宗实录》和《涑水记闻》两书，并略加删润而成。因有"藏书金匮"之语，故史称"金匮之盟"；又因杜太后谥"昭宪"，故又或曰"昭宪顾命"。

《长编》卷 14，开宝六年（973）八月记载：

> 普既出镇，上书自诉云："外人谓臣轻议皇弟开封尹。皇弟忠孝全德，岂有间然。矧昭宪皇太后大渐之际，臣实预闻顾命。知臣者君，愿赐昭鉴。"上手封其书，藏之金匮。

《长编》三处记载金匮之盟，均与赵普有关：第一次说赵普手书遗命，后两次是分别上书太祖和太宗，提到有"金匮之盟"。"金匮之盟"和赵普的关系是十分密切的。《邵氏闻见录》卷 6 所载赵普《班师疏》所附劄子中说："伏自宣祖皇帝滁州不安之时，臣蒙召入卧内；昭宪太后在宅寝疾之日，陛下唤至床前，念以倾心，皆曾执手温存抚谕，不异家人。"前一句指在滁州服侍弘殷（宣祖），后一句则表明杜太后临终之时，赵普确在床前守候，不无暗指"金匮之盟"之意。《小畜集》卷 9《赵普挽歌》也说："大功铭玉铉，密事在金縢"，且被吴处厚认为是"记实中的"。从上述记载看，有过"金匮之盟"的可能性是很大的。清代古文学家恽敬，怀疑"金匮之盟"，即疑其内容为饰说，而未曾怀疑盟约本身是伪托。[1]

　考察"金匮之盟"，首先要解决的问题是：盟约的出现是否可能？即杜太后是否可能以"国有长君"为理由，提出要太祖传位于弟弟？指"金匮之盟"为伪造者说，杜太后死时，太祖 35 岁，德昭 11 岁，杜太后怎么会预料到太祖死时德昭仍是幼童呢？并指此为"金匮之盟"的致命破绽。[2]

1　《大云山房文稿》初集卷 1《续辨微论》。

2　张荫麟：《宋太宗继统考实》。

　　然而，如果考察一下五代诸君主的在位年代，便会发现，杜太后担心国无长君不是没有道理的。五代十四帝，在位时间最长的是后梁末帝朱友贞，在位约 10 年；在位时间最短的是后唐闵帝李从厚，在位仅仅 5 个月时间。平均在位时间不到 4 年。从年龄来说，五代十四帝，死时年龄最大的是唐明宗，67 岁；周恭帝退位时年仅 8 岁。如果除去朱友珪、晋出帝、周恭帝三人不计，其余十一帝中，卒年 60 岁以上者 2 人，50—59 岁者 4 人，40—49 岁者 1 人，30—39 岁者 2 人，20 余岁者 2 人。尤其是后周两个皇帝，平均卒年 45 岁。宋太祖赵匡胤，即位时 34 岁，建隆二年（961）35 岁，其时德昭 11 岁；如若太祖 40 岁以前死去，那么德昭的年龄将不到 16 岁，让他继位，就正好是国有幼君了。因此，在杜太后去世时，"国有长君"的忧虑，是客观存在的事实；幼君继位的可能性，是存在的。也就是说，以"国有长君"为理由的杜太后遗嘱——"金匮之盟"的出现，是有可能的。在这一点上，笔者以为，王育济、何冠环二先生的论断是值得考虑，可以为据的。下列五代《诸帝在位时间表》供参考。

五代诸帝在位时间表

朝代	君主、庙号、姓名	在位年代	在位时间	卒岁	史源
后梁	太祖朱温	开平元年（907）三月至乾化二年（912）六月	五年	61	《资治通鉴》卷266、卷268
	朱友珪	乾化二年六月至乾化三年（913）二月	八个月	不清	《资治通鉴》卷268
	末帝朱友贞	乾化三年二月至龙德三年（923）十月	十年半	36	《资治通鉴》卷268、卷272，《五代会要》卷1

（续上表）

朝代	君主、庙号、姓名	在位年代	在位时间	卒岁	史源
后唐	庄宗李存勖	同光元年（923）四月至天成元年（926）四月	三年	42	《资治通鉴》卷272、卷275
	明宗李嗣源	天成元年四月至长兴四年（933）十一月	七年半	67	《资治通鉴》卷275、卷278
	闵帝李从厚	长兴四年十二月至清泰元年（934）四月	四个月	21	《资治通鉴》卷278
	末帝李从珂	清泰元年四月至天福元年（936）十一月	两年半	52	《资治通鉴》卷278、卷280，《五代会要》卷1
后晋	高祖石敬瑭	天福元年十一月至天福七年（942）六月	五年半	51	《资治通鉴》卷280、卷283，《五代会要》卷1
	出帝石重贵	天福七年六月至开运三年（946）十二月	四年半	34（被俘）	《资治通鉴》卷285，《五代会要》卷1
后汉	高祖刘知远	天福十二年（947）二月至乾祐元年（948）正月	一年	54	《资治通鉴》卷286、卷287
	隐帝刘承祐	乾祐元年二月至乾祐三年（950）十一月	两年	20	《资治通鉴》卷288、卷289

（续上表）

朝代	君主、庙号、姓名	在位年代	在位时间	卒岁	史源
后周	太祖郭威	广顺元年（951）正月至显德元年（954）正月	三年	51	《资治通鉴》卷290、卷291
	世宗柴荣	显德元年正月至显德六年（959）六月	五年半	39	《资治通鉴》卷291、卷294
	恭帝柴宗训	显德六年六月至建隆元年（960）正月	半年	8（禅位）	《资治通鉴》卷294，《续通鉴长编》卷1

其次，经过晚唐五代的"天崩地裂"之变化，社会的观念发生了很大变化，"立嗣以长"、"国有长君"的观念已经形成，传年长之弟而不传年幼之子，在当时是并不悖理的事情。[1]因此，"金匮之盟"的出现，也是一件可能的事情。

然而，从客观事实和社会观念来看，"金匮之盟"是可能的，并不说明一定会出现这个盟约。以往，否定者大都先否定此盟约出现的可能性，再进一步否定此盟约的存在；近年力反其论者亦由此入手，首重论述盟约出现的可能性，并获得了成功。但是，另一种可能却似乎未见提及，那就是，盟约是事后依据事态发展而依附的，其本身却并不曾存在过。《左传》一书中，常以"君子曰"的形式预言后事，研究者多以此来考察《左传》之成书时间，即将所谓"预言"看作是事后的依附，而非事前的预测。所谓"金匮之盟"，焉知不是事后附

1　详细考论，见王育济：《"金匮之盟"真伪考》。

会之"盟约"？起码有此可能。如此一来，盟约与事态发展情况的吻合，就是很自然的事了。

《续资治通鉴长编》卷38，至道元年（995）八月，在记述"制以开封尹寿王元侃为皇太子"后曰："自唐天祐（904—907）以来，中国多故，不遑立储贰，斯礼之废，将及百年，上（太宗）始举而行之，中外胥悦。"于此可知，立储是一件中外欢迎的大事，但至道元年前已有近百年未曾举行过了。我们看到，五代时继承帝位者，从无一人被正式立为储贰，而大多以封王、任开封尹的形式成为实际继位人。宋太祖新建宋朝，巩固新朝进而实现统一大业，乃头等大事，立储之事，未遑多顾，仅循五代之制，以亲属中年长之弟任开封尹，处于实际继位人地位。此种地位的确立，本系循五代之制而为，无需有一个什么"金匮之盟"的遗嘱的。即使有了"金匮之盟"，但未行定储之仪，那继位人的地位还是随时可能变化的。后唐明宗时，从厚、从荣二人迭为开封尹，即是一个实例。光义实际继位人地位的最终确立，是在开宝六年（973）封王、位在宰相之上后，距杜太后之死已有12年之久。如果说有一个"金匮之盟"的遗嘱，身为孝子的宋太祖又准备完全执行，那么等待12年才最终确定光义实际继位人的地位，又始终不曾举行定储之礼，就令人不可理解了。实际上，太祖对待光义，始终不过是循五代惯例而为，并未刻意栽培提拔。到开宝六年，太祖之子德昭已23岁，也有可能继位时，太祖才拒绝了赵普的建议，贬其出外，而进一步提升光义官位，使其具有了实际继位人的地位。这中间，我们看不到有什么遗嘱的力量。而且，在这种情况下，帝位的传授还有可能发生变化。

从现存史料看，太平兴国六年（981）赵普言及"金匮之盟"之前，有明确时间记载的，一是建隆二年（961）杜太后去世时，一是开宝六年（973）赵普罢相出镇时，但均有"密"可言，完全可以编造。最为有力的证据有两个，即是雍熙三年（986）赵普所上《班师疏》及赵普死后王禹偁在《赵普挽歌》中提及"金匮之盟"，但须注意，这两件事均在太平兴国六年（981）之后。迄今尚无确切史料可以证实，太平兴国六年之前，有人提及过"金匮之盟"。此盟约的公开时间，定在太平兴国六年，是比较合理的。此时由赵普公开的"金匮之盟"，只可能有"国有长君"、"传位于弟"之记载。此种被称为"独传约"的"盟约"，从理论上给予了伪造太祖遗嘱而继位的太宗以合法地位，同时亦赋予了赵普"顾命大臣"的崇高地位。但是，"独传约"显然与太宗即位后宗室官职的安排有相悖之处，于是在真宗追复廷美官爵后，"独传约"在流传中遂发展为"三传约"，即杜太后命太祖传太宗，太宗传廷美，廷美传德昭，因与太宗即位后的事态发展相吻合，被许多士大夫称为是原始版本，进而被今人认为是真实的"金匮之盟"。附会历史事实的谎言，焉能与历史事实不符？

要之，关于"金匮之盟"，笔者认为，其出现时间，是太平兴国六年，是"独传约"；"独传约"演变为"三传约"当在真宗为廷美平反之后，是依附历史事实而为；因此虽然与太祖身后政治局势发展大致吻合，但依然改变不了谎言的事实。而且在录入《太祖实录》（新录）与《两朝国史》时，为增加可靠性，说杜太后临终遗嘱，太宗也在现场听到，弄巧成拙，反而增添一破绽。

然而，还是本节开首的话，无论如何分析推测，都难说是揭开了"金匮之盟"的谜，更不能说是廓清了盟约其上的迷雾。如果没有新的史料的发现，"金匮之盟"，仍然是迷雾重重。

第四节 独裁君主的登场

太宗用尽心机，终遂登上帝位之夙愿。所以，他即位以后，很看重权力，很注意把权力集中到自己手中。他虽因自身利益的需要，重新起用了元老赵普为相，比较尊宠，但是他决不容许赵普再专权了。

太平兴国七年（982）三月，中书还是赵普、沈伦、卢多逊三人为宰相，太宗即任命"藩邸之旧臣"窦偁与郭贽为参知政事。四月，卢多逊流放，沈伦罢相。七月，太宗封长子德崇为卫王，次子德明为广平郡王，德崇检校太傅，德明检校太保，并同平章事。按制度规定，宗室任检校官同平章事者，乃加官，非实职也。但太宗诏卫王和广平郡王轮日往中书视事，可以参与中书事务，实际使中书又增加了两位权相，赵普不能独掌中书事权。参知政事窦偁死于十月；太平兴国八年（983）三月，太宗以表示悔过效忠且在一年前被赵普贬过官的宋琪任参知政事。七月，罢郭贽参知政事，采纳左右的意见，提拔宿旧之臣李昉任参知政事。十月，太宗将其子的排行字，由"德"改为"元"，长子德崇改名元佐，进封楚王；次子德明改名元佑，进待陈王；第三子德昌改名元休，封韩王；第四子德严改名元儁，封冀王；第五子德和改名元杰，封益王。五人并同平章事。这次改名，将太宗之子与太祖、廷美之子从排行字上即区别了开来，而且五子俱封王，为太祖时所无。当月，赵普罢相。十一月，以宋琪、李昉为宰相，以李穆、吕蒙正、李至三人为参知政事，同时，令楚王元佐等五王同日赴中书视事。如此一来，中书实际等于有七相三参，中书事权受到严重分割与牵制。宋琪、李昉之后，在太宗朝中状元的吕蒙正继任宰相，太宗担心他威望不够，第三次起用赵普出任首相，"藉普旧德为之表率也"，同时戒谕赵普不要专权。吕蒙正之后，李昉、张齐贤为相。张齐贤也是在太宗朝考中进士的。其后又有吕端为相，吕端历经磨难，少言寡语，最终太宗付以托孤重任。

综观太宗时期的宰相，除初期的卢多逊颇为专权外，包括复出的赵普在内，其权势都无法与太祖朝赵普为相时相比。这和太祖、太宗兄弟二人的性格是有一定关系的。

太宗还添设了一些机构，分夺中书机务，以削弱中书事权。据《宋史·太宗本纪》的记载，这些机构有：

太平兴国六年（981）九月，置京朝官差遣院，初令中书舍人郭贽等考校课绩。《长编》卷22载："国初以来，有权知及通判、诸州军监临物务官……除授皆出中书，不复由吏部。至是，与朝官悉差遣院主之。"

淳化二年（991）八月己卯（十三日），置审刑院。《长编》卷32引《杨亿谈苑》说："审刑院，本中书刑房，宰相所领之职，于是析出。"

淳化三年（992）五月辛亥（十八日），置理检司。

淳化四年（993）二月丙戌（廿八日），置审官院，考课院。《长编》卷34载："以磨勘京朝官院为审官院，幕职州县官院为考课院……（五月）丁未（二十日），废京朝官差遣院，令审官院总之。""考覆功过，以定升降，皆其职也。"

审官、考课二院，审刑院，理检司，夺去了中书吏房、刑房、孔目房的机务。中书指挥小事所下的札子，也被严格加以限制。《长编》卷40载，至道二年（996）七月，太宗下令："自今大事，须降敕命。

合用劄子，亦当奏裁，方可施行也。"

削夺中书事权的措施，遭到一些士大夫的反对。《长编》卷24载，太平兴国八年（983）十二月，权知相州、右补阙、直史馆田锡就曾上疏说："中书是宰相视事之堂，相府是陛下优贤之地。今则于中书外庑置磨勘一司，较朝臣功过之有无，审州郡劳能之虚实。眷言是职，本属考功，岂考功之职不修，而磨勘之名互出，殊非雅称，深损大纲。"结果是"疏入不报"。太宗仍然继续其削弱中书事权的行动。

与裁抑宰相权势、削夺中书事权的举措形成鲜明对照的是，太宗有意加强枢密院权势。

太宗即位伊始，即升任在太祖时与他交结的枢密副使楚昭辅为枢密使，开封府亲信幕僚贾琰则入枢密院，为直学士。这使人很容易想起太祖即位时对赵普的安排。太平兴国四年（979）正月，太宗早年幕僚石熙载签署枢密院事，四月升为枢密副使。这样一来，枢密使曹彬、楚昭辅，枢密副使石熙载，三位长官中，太宗亲信已居其二。太平兴国六年（981），石熙载升为枢密使，楚昭辅则被罢。太平兴国七年（982），太宗早年幕僚柴禹锡为枢密副使，枢密使则仍为曹彬、石熙载。太平兴国八年正月，枢密院长官中唯一的非太宗亲信——枢密使曹彬，在太宗亲信弭德超攻击下被罢免，太宗的早年幕僚王显、弭德超均升为枢密副使，王显在六月升为枢密使，弭德超在四月罢职，于是，枢密院长官便是：枢密使石熙载、王显，枢密副使柴禹锡，三人全部是太宗的早年幕僚。从此，枢密使及副使几乎成为太宗早年幕僚的专利，枢密院成为太宗早年幕僚的麇集之处。太宗的早年幕僚杨守一、赵镕、张逊等人，太宗时中进士的张齐贤、赵昌言、温仲舒、寇準、贾黄中、李沆、向敏中等人，均先后出任枢密院长官。

　　由于枢密院长官的关系，太宗对枢密院的信任和倚赖过于中书。雍熙三年（986）正月，太宗派兵三路北征，企图收复幽云十六州之地。当时，中书是李昉独任宰相，枢密使是王显，张齐贤、王沔同签署枢密院事。《长编》卷27载："初议兴兵，上独与枢密院计议，一日至六召，中书不预闻。"《长编》卷30载，端拱二年（989）正月，知制诰田锡在奏疏中说："臣闻前年出师向北，命曹彬以下欲取幽州，是侯利用、贺令图之辈荧惑圣聪，陈谋画策，而宰臣（李）昉等不知。又去年招置义军，札配军分，宰相（赵）普等亦不知之。"军国大事而宰相竟不与闻，有不少大臣和士大夫也感到不满。田锡在奏疏中即说："岂有议边陲，发师旅，而宰相不与闻！若宰相非才，何不罢免？宰相可任，何不询谋？""伏乞陛下一一与宰相谋议，事事与宰相商量，悔自前独断之明，行今后公共之理，则事无不允当，下无不尽忠矣。"反过来看，田锡的这段话正好说明，太宗在此之前是喜欢"独断"的。

　　太平兴国八年（983）四月，太宗对宰相说："朕顷在藩邸，颇闻朝臣有不修操检，以强词利舌，谤讟时事，陵替人物；或遣使远方，不存事体，但规财用，此甚辱国。今朝行宁复有此等耶！若人人自修，岂不尽善。"这段话充分反映了太宗对强臣的不满，要求大臣人人自修尽善的愿望。太宗还曾经作戒谕辞二通付与阁门，一以戒京朝官受任于外者，一以戒幕职、州县官，并且命令书其辞于治所屋壁，遵以为戒。[1]太宗直接训诫地方官员，很明显是为了提高自己威望。

太宗的这一系列作为，使他的独裁权力，比之太祖大大加强。因此，日本学者认为太宗是宋代君主独裁体制的创始者，即是宋代第一位独裁君主，[1]是很有见地的。

1 〔日〕竺沙雅章：《宋朝的太祖和太宗》。

第四章

完成统一：底定赵宋帝国

　　宋太祖时期，实行"先南后北"的统一战略，先后消灭了割据荆南的高继冲、割据湖南的周保权、南汉刘鋹、后蜀孟昶、江南李煜等政权，只剩下割据漳泉的陈洪进、吴越国钱俶、北汉刘继元三个割据政权。

　　太宗时期，继续推进统一事业，终于完成了统一全国的大业，底定了赵宋帝国的江山。

第一节　漳泉纳土

　　宋朝建立后，清源军节度使陈洪进遣使朝贡，表示归附。乾德二年（964），制改清源军为平海军，授洪进平海军节度使、泉漳等州观察使、检校太傅，赐号"推诚顺化功臣"，铸印赐之。自是，陈洪进每年都要进贡。开宝八年（975），江南被宋军平定。开宝九年（976）二月，吴越国王钱俶到开封朝见宋太祖。陈洪进闻知消息，不自安，派儿子文颢入贡乳香万斤、象牙三千斤、龙脑香五斤。太祖接受礼物后，下诏召陈洪进入朝。陈洪进行至南剑州（今福建南平），得知太祖死讯，遂返回泉州，为太祖举行哀悼活动。

　　太宗即位后，加陈洪进检校太师。太平兴国二年（977）四月，陈洪进离开泉州，北上开封，去朝见太宗。朝廷派翰林使程德玄至宿州（今安徽宿州市）迎劳陈洪进。八月，陈洪进入见于崇德殿，礼遇优渥，赐钱千万、白金万两、绢万匹。陈洪进自此留居开封。

　　太平兴国三年（978）四月，陈洪进眼见久留不遣返，遂用幕僚刘昌言之计，上表献所管漳泉二州，其辞略曰：

　　臣闻峻极者山也，在汙壤而不辞；无私者日也，虽覆盆而
必照。顾惟退僻，尚隔声明，愿归益地之图，呃露由衷之请。
臣所领两郡，僻在一隅，自浙右未归，金陵偏霸，臣以崎岖千
里之地，疲散万余之兵，望云就日以虽勤，畏首畏尾之不暇，
遂从间道，远贡赤诚，愿倾事大之心，庶齿附庸之末。太祖皇
帝赐之军额，授以节旄，俾专达于一方，复延赏于三世。祖父
荷漏泉之泽，子弟享列土之荣，榮戟在门，龟绂盈室，虽冠列
藩之宠，未修肆觐之仪。暨江表底平，先皇厌世，会婴犬马之病，
尚阻云龙之庭。皇帝陛下钦嗣丕基，诞敷景命，臣远辞海峤，
入觐天墀，获亲咫尺之颜，叠被便蕃之泽。六飞游幸，每奉属
车之尘；三殿宴嬉，屡挹大樽之味。旬浃之内，雨露骈臻，至
于童男，亦荷殊奖。恩荣若此，报效何阶？志益恋于君轩，心
遂忘于坎井。臣不胜大愿，愿以所管漳、泉两郡献于有司，使
区区负海之邦，遂为内地，蚩蚩生齿之类，得见太平。伏望圣慈，
授臣近地别镇。臣男文显等早膺朝奖，皆忝郡符，牙校宾僚，
久经驱策，各希玄造，稍霑鸿私。

　　太宗见奏，正中下怀，遂优诏纳之。以陈洪进为武宁（治徐州，
今江苏徐州）节度使、同平章事，留京师奉朝请；洪进诸子，皆授刺
史，赐白金万两，各令市宅。

　　陈洪进纳土后，宋廷得到漳（今福建漳州）、泉（今福建泉州）
二州，十四县，户十五万一千九百七十八，兵一万八千七百二十七。
德音赦漳、泉管内，给复一年。[1]

1　《宋史》卷 4《太宗一》、卷 483《世家六·陈洪进》；《长编》卷 18、卷 19。

第二节 吴越纳土

宋朝建立后，吴越国王钱俶一直臣服于宋，不时进贡。开宝七年（974），宋军进攻江南，钱俶出兵夹攻。开宝八年（975），平定江南。宋太祖派使者谕旨于钱俶说："元帅克毗陵有大功，俟平江南，可暂来与朕相见，以慰延想之意。即当遣还，不久留也。朕三执圭币以见上帝，岂食言乎？"十一月平定江南后，钱俶遂于十二月上表，乞以长春节朝觐，从之。开宝九年（976）二月，太祖特意派皇子德昭到宋州（今河南商丘）迎劳钱俶一行。太祖亲自到薰风门外的礼贤宅，案视供帐之具；钱俶一行到达后，即诏入住礼贤宅。钱俶偕子惟浚入见于崇德殿，钱俶贡白金四万两、绢五万匹，太祖赐其袭衣、玉带、金器千两、白金器三千两、罗绮三千段、玉勒马。即日宴长春殿。此后，太祖又多次宴请钱俶，并到礼贤宅探望。钱俶又多次进贡金、绢。三月，命吴越王钱俶剑履上殿，诏书不名；又封俶妻孙氏为吴越国王妃，宰相说异姓诸侯王妻无封妃之典，太祖说："行自我朝，表异恩也。"太祖还多次诏钱俶及其子惟浚宴射苑中，惟诸王预坐；太祖还曾令钱俶与晋王光义、秦王光美"叙昆仲之礼"，钱俶"伏地叩头，涕泣固让，乃止"。总之，此次钱俶到开封朝觐，太祖分外礼遇，极尽宠俶之事。四月，太祖准备赴西京洛阳，钱俶恳请扈从，不许，乃留惟浚侍祠，遣钱俶归国。太祖宴于讲武殿，要钱俶早日启程返国，钱俶请求以后三年一朝，太祖要他有诏再来。当时，群臣皆有章疏，乞留下钱俶而取其地，太祖不同意，并把这些章疏用黄袱包起来，封识甚固，赐给钱俶。钱俶打开一看，都是要求留下他不遣返的章疏，"益感惧"。

回国后，更加恭敬事宋。[1]

太宗即位，给钱俶加食邑五千户。钱俶进贡御衣，通天犀带，绢万匹，金器、瑂瑠器百余事，金银扣器五百事，涂金银香台、龙脑檀香床、银假果、水晶花凡数千计，价值钜万；又贡犀角象牙三十株、香药万斤、干姜五万斤、茶五万斤。钱俶还请求每岁增加常贡，诏不许。太平兴国二年（977）九月，钱俶上言，乞所赐诏书呼名，太宗不同意。

太平兴国三年（978）二月，钱俶将要到开封朝见太宗，太宗派判四方馆事梁迴到泗州（今江苏盱眙）迎劳。三月，派先在阙下的钱俶长子惟浚到睢阳（即宋州，今河南商丘）迎候钱俶一行。钱俶到后，太宗又命齐王廷美宴于迎春苑。钱俶在崇德殿觐见，太宗赐袭衣、玉带、金银器、玉鞍勒马、锦彩万匹、钱千万；当天在长春殿赐宴，命原南汉主刘铱、原江南主李煜预坐；钱俶贡白金五万两、钱万万等大批物事。自此，钱俶即留在京师开封，太宗宠遇极隆，还曾召他到后苑泛舟，亲手酌酒给他。但是，一直不放钱俶返回杭州。

钱俶此次入朝，尽辇其府实而行，分为五十进，犀象、锦彩、金银、珠贝、茶绵及服御器用之物逾钜万计，企图以厚其贡奉的举动，达到返国的目的。但未如愿。

四月，陈洪进纳土，钱俶恐惧，五月，乃籍其国兵甲献之，复上表乞罢所封吴越国及解天下兵马大元帅之职，寝书诏不名之制，且求归本道。太宗不许。钱俶至此，不知所为，其部属崔仁冀说："朝廷意可知矣，大王不速纳土，祸且至。"钱俶左右之人争言不可，崔仁冀厉声曰："今已在人掌握中，去国千里，惟有羽翼乃能飞去耳。"钱俶

1　《宋史》卷3《太祖三》、卷480《世家三·钱俶》；《长编》卷17。

遂下了决心，上表曰：

> 臣庆遇承平之运，远修肆觐之仪，宸眷弥隆，宠章皆极。斗筲之量实觉满盈，丹赤之诚辄兹披露。臣伏念祖宗以来，亲提义旅，尊戴中京，略有两浙之土田，讨平一方之僭逆。此际盖隔朝天之路，莫谐请吏之心。然而禀号令于阙庭，保封疆于边徼，家世承袭，已及百年。今者幸遇皇帝陛下嗣守丕基，削平诸夏，凡在率滨之内，悉归舆地之图。独臣一邦僻介江表，职贡虽陈于外府，版籍未归于有司，尚令山越之民，犹隔陶唐之化，太阳委照，不及蔀家，春雷发声，兀为聋俗，则臣实使之然也，罪莫大焉。不胜大愿，愿以所管十三州献于阙下执事，其间地里名数别具条析以闻。伏望陛下念奕世之忠勤，察乃心之倾向，特降明诏，允兹至诚。

太宗御乾元殿受朝，如冬、正仪。钱俶朝退，其将吏僚属始知之，千余人皆恸哭曰："吾王不归矣。"

太宗遂徙封钱俶为淮海国王，以其子惟濬、惟治为节度使。德音赦两浙管内诸州，给复一年。

于是，吴越国十三州：杭州、越州、苏州、湖州、秀州、明州、台州、温州、福州、处州、衢州、婺州、睦州，一军：衣锦军，遂纳入宋朝版图，凡得县八十六，户五十五万六百八，兵十一万五千三十六。[1]

1　《宋史》卷 480《世家三·钱俶》、卷 4《太宗一》；《长编》卷 19。

第三节 攻灭北汉

太宗不费吹灰之力，便翦灭了南方仅存的两个割据政权，于是，他的目光转向了北方的北汉。

太祖时期，曾于开宝元年（968）、二年（969）、九年（976）三次出兵攻打北汉，开宝二年太祖还曾亲自出马，但均未能平定北汉。太祖虽未能平定北汉，但经过三次攻打，已大大消耗了北汉的军力、财力；太祖又采纳薛化之策，迁徙北汉境内居民，骚扰北汉田事，以削弱北汉。

太宗即位伊始，即对齐王廷美说："太原，我必取之。"太平兴国四年（979）正月，商议攻打北汉，太宗召枢密使曹彬问曰："周世宗及我太祖皆亲征太原，以当时兵力而不能克，何也？岂城壁坚完不可近乎？"曹彬回答说："世宗时，史（彦）超败于石岭关，人情震恐，故师还。太祖顿兵甘草地中，军人多被腹疾，因是中止，非城垒不可近也。"太宗曰："我今举兵，卿以为何如？"曹彬说："国家兵甲精锐，人心忻戴，若行吊伐，如摧枯拉朽耳，何有不可哉。"太宗遂决意北征。宰相薛居正等人说："昔周世宗举兵，太原倚北戎之援，坚壁不战，以致师老而归。及太祖破敌于雁门关南，尽驱其人民分布河、洛之间，虽巢穴尚存，而危困已甚，得之不足以辟土，舍之不足以为患，愿陛下熟虑之。"太宗曰："今者事同而势异，彼弱而我强。昔先帝破此敌，徙其人而空其地者，正为今日事也。朕计决矣，卿等勿复言！"随即派常参官分督诸州军储赴太原。[1]

1　《宋史》卷482《世家五·刘继元》、卷258《曹彬传》；《长编》卷20。

北汉建国，依赖契丹，是契丹卵翼下的儿皇帝，因此，只要宋军出兵攻打北汉，契丹必定出兵救援。不与契丹军激战并击败之，想攻灭北汉是不可能的。薛居正等人的话，实际上反映了宋朝廷中大臣对与契丹作战的畏惧情绪，故而以"得之不足以辟土，舍之不足以为患"来开导太宗。但是，自宋初以来，宋军休养生息，选拔教阅，战斗力逐渐增强。太宗即位后，常在便殿或后苑亲自检阅禁军士卒，取壮健者隶亲军，疲软老弱，悉分配外州，史称："自是藩卫之士益以精强。"太宗又令筑讲武台，加强训练，并曾大阅诸军，号称甲兵之盛，近代无比。[1]到太平兴国四年（979），经过近20年的生聚教养，宋军兵员增加，战斗力提高，已经有可能战胜契丹军了。因此，在太祖时参加过攻打北汉而又掌军政的曹彬才认为宋军"兵甲精锐"，攻打北汉犹如"摧枯拉朽"。而这一番话，打消了太宗脑海中的北汉"保坚城，结北鄙为援，岂易制乎"[2]的忧虑，促使太宗决意北征。

此外，当太平兴国四年之时，太宗政权初固，急欲建立功业，树立威望。太宗后来曾说过："刘继元盗据汾、晋，周世宗及太祖皆亲征不利，朕决取之，为世宗、太祖刷耻。"[3]其用心是很明显的，就是企图通过攻灭北汉，来实现周世宗与宋太祖不能完成的功业，从而提高自己的地位和威望。这也是太宗出兵攻打北汉的私心之一。

太宗以宣徽南院使潘美为北路都招讨使，河阳节度使崔彦进、彰

1　《长编》卷18。
2　《长编》卷24。
3　《长编》卷24。

德节度使李汉琼、桂州观察使曹翰、彰信节度使刘遇皆在其麾下，先以兵围攻汾（今山西汾阳）、沁（今山西沁源）、岚（今山西岚县）诸州，然后合兵围攻太原，崔彦进等四将分别攻打东、南、西、北面。临行前，太宗在长春殿宴请潘美等人，亲授方略，而后遣其进军。同时，命云州观察使郭进为石岭关都部署，以备契丹来援。

二月，太宗御驾亲征。前后所遣军马，超过十万以上。

三月，郭进在石岭关（今山西太原北，忻州南）南截击来援救北汉的契丹兵数万骑，大败之，于是北汉援绝。北汉主刘继元再派使者赍蜡书走契丹告急，郭进捉住使者，拉到太原城下斩首。太原城中人知道等待外援无望，士气沮丧。

外援不至，粮道又绝，潘美指挥宋军数十万长围四合，自春天到夏天，日夜攻打，矢石如雨，昼夜不息，太原城中已难以支持。四月，太宗到太原城下督战，宋军攻打更急。五月初一，太宗漏夜督诸将急攻，攻克羊马城。五月三日，北汉马步军都指挥使郭万超投降。五日，太宗至太原城南，督诸将急攻，士奋怒，争乘城，不可遏。城中危急，继元帐下亲信逐渐逃走。太宗麾兵少退，自草诏，要刘继元速降。当夜，刘继元遣客省使李勋奉表请降，太宗得表大喜，派通事舍人薛文宝持诏书入城抚谕。六日清晨，刘继元率其官属素服纱帽待罪于城台之下，诏释之，召升台劳问。于是北汉平，凡得州十：沁州、隆州、汾州、石州、宪州、岚州、忻州、代州、辽州、并州，军一：宝兴军，县四十一，户三万五千二百二十，兵三万。

太宗下令，赦河东管内，常赦所不原者并释之。毁去太原旧城，改为平晋县，以榆次县为并州。又徙僧道士及民高赀者于西京洛阳。

又废隆州，毁其城。[1]

　　至此，宋朝统一全国的事业，基本完成。五代分崩离析的局面，到宋太宗太平兴国四年（979），基本结束。

1　《宋史》卷 482《世家五·刘继元》、卷 85《地理一》；《长编》卷 20。

第五章

大阐文治：文官统治之确立

太祖在建立赵宋皇朝以后，实行右文抑武政策，提高文臣地位，力图扭转五代时期的轻蔑文人之风，收到很大效果。太宗时期，继续推行右文政策，优遇文臣，大阐文治。经过太祖、太宗两朝近 40 年的努力，终于确立了宋代的文官统治，树立起新的社会风尚。

第一节　大开科举之门

太宗即位后，以疆宇至远，吏员益众，思广振淹滞，以资其阙。他曾对侍臣说："朕欲博求俊乂于科场中，非敢望拔十得五，止得一二，亦可为致治之具矣。"[1] 这段话，反映出太宗切望从科场选拔"致治"之材的急迫心情，这其中，当然不乏急于培养自己的"天子门生"的私念，同时亦有以科场选拔的人才来治理天下的思想。正因如此，太宗时期科举取士人数大增。

一、太平兴国二年贡举

太平兴国二年（977）正月，诸道所发贡士凡五千三百余人，太宗命太子中允、直舍人院张洎，右补阙石熙载试进士，左赞善大夫侯陶等试诸科，户部郎中侯陟监之。礼部奏上所试合格人名后，太宗御讲武殿，内出诗赋题复试进士，赋韵平侧相间依次用。命翰林学士李昉、扈蒙定其优劣为三等，录取进士吕蒙正以下一百九人。接着复试诸科，得二百七人，并赐及第。又诏礼部阅贡籍，得十五举以上进士

1　《长编》卷 18；《宋史》卷 155《选举一》。

及诸科一百八十四人，并赐出身。九经七人不中格，太宗怜其老，特赐同三传出身。总计此年共取士五百七人。皆先赐绿袍靴笏，赐宴开宝寺，太宗亲自作诗二章赐之。礼部放榜后所设"闻喜宴"，太宗命中使典领，供帐甚盛。第一、第二等进士并九经授将作监丞、大理评事，通判诸州，同出身进士及诸科并送吏部免选，优等注拟初资职事判司簿尉。史称："宠章殊异，历代所未有。"宰相薛居正等言取人太多，用人太骤，太宗不听。及吕蒙正等告辞赴任时，特召令升殿，谕之曰："到治所，事有不便于民者，疾置以闻。"仍赐装钱，每人二十万。史称，太宗如此做的原因是："方欲兴文教，抑武事。"[1]当然，也包括培养心腹，收用新科进士的深意。《石林燕语》卷5亦载："太宗初即位，天下已定，有意于修文，尝语宰相薛文惠公（居正）治道长久之术，因曰：'莫若参用文武之士。……'……是岁御试题，以'训（兵）练将'为赋，'主圣臣贤'为诗，盖示以参用之意。特取一百九人，自唐以来未之有也。"

此榜进士，状元是吕蒙正，第二名李至，第三名温仲舒，还有：张齐贤、王化基、臧丙、马汝士、王沔、张宏、陈恕、宋泌、吕祐之等人。[2]

太平兴国二年（977）贡举，系太宗即位后的第一次，亦即所谓龙飞榜，其优遇又空前，在宋代即引起许多揣测，由此产生了一些传闻。其中最有影响的一则是魏泰《东轩笔录》卷1有关张齐贤的记载，《长编》卷18所载即引自《东轩笔录》卷1，而冠以"或云"：

1　《长编》卷18；《宋史》卷155《选举一》。
2　《王禹偁事迹著作编年》第19页。

　　或云，太祖之幸西京也，洛阳人张齐贤献下并汾、富民、封建、敦孝、举贤、太学、籍田、选良吏、惩奸、谨刑十策。太祖召见便坐，问之，齐贤以手画地条陈。太祖善其四策，齐贤坚执其余策皆善，太祖怒，令卫士拽出。及还，语上（指太宗）曰："我幸西京，惟得一张齐贤。我不欲遽官爵之，汝异时可收以自辅也。"于是齐贤举进士，上（太宗）决欲置之高等，而有司第其名适在数十人后，上（太宗）不悦，乃诏进士尽第二等及九经凡一百三十人，悉与超除，盖为齐贤故也。

　　此说颇富传奇色彩，其主旨在于太祖生前已定传位太宗，因此很难令人置信。宋代史学家李焘也"未知信否，故称或云"，"更俟详考"。

二、太平兴国三年贡举

　　太平兴国三年（978），太宗初时下诏权罢贡举，复恐场屋间有留滞者，乃诏诸州，去年已得解者，除三礼、三传、学究外，余并以秋集礼部。据说，太宗此次重开仕进之门，另一个原因，是因郡县缺官，求才若渴所致。[1]

　　此次匆忙到开封赴试的前科遗材，共约三千人。主考官是右补阙郭贽，同考官有三人，分别是盐铁副使刘兼，太子中允张洎、王克贞。郭贽录取当时名动京师的赵昌言为奏名之首（即省元）。

　　当年九月，太宗在讲武殿亲自主持复试，贡士分别作赋、诗、论各一篇。太宗当时已准备第二年攻打北汉，进而收复幽云十六州，因

1　王应麟：《玉海》卷116。

此所出试题也与之有关，分别是《不阵而成功赋》、《二仪合德诗》、《登讲武台观习战论》。文思敏捷、好言兵事的胡旦，援笔立就，首先完成试题，结果他以 24 岁的年纪成为这一榜的状元。这一榜共取进士 74 人，第二名是田锡，第三名是赵昌言，第四名是李蕤，第五名是崔策；年龄最大者桑光辅 65 岁，年纪最轻为 21 岁的探花郎冯拯；其他还有：崔策、罗彧、牛冕、张肃、焦晟、董俨、宋太初、薛映、张鉴、李昌龄、王利用等人。

这一榜取士之数，比前一榜——太平兴国二年（977）榜和后一榜——太平兴国五年（980）榜所录取的人数都要少，取进士 74 人，诸科取 70 人，总共 144 人。这一年的科举，有几点值得注意：一是此次考试是在秋季举行。史称："故事，礼部唯春放榜，至是秋试，非常例也。"这也是两宋唯一的一次秋试。二是进士科从此加考论一首，以赋、诗、论三题为准。三是进士科考律赋，规定平仄次第用韵，而考官所出官韵，必用四平四仄。四是宴请新进士的宴会，开始在迎春苑举行。至于皇帝赐诗、授官则与太平兴国二年相同。

太平兴国三年（978）的进士们，是宋代第一群公然以同年关系结党的进士，热衷于结党或介入党争的这一榜进士达七八人之多，在宋初政坛上掀起过风波。[1]

三、太平兴国五年贡举

太平兴国四年（979），本来是准备举行科举考试的，前一年冬天，诸州的举人都已集结，但因为太宗正准备亲征北汉，于是下令停止太

1　以上详见何冠环：《宋初朋党与太平兴国三年进士》一书。

平兴国四年（979）的科举考试。自此以后，贡举改为隔一年或二年举行。**¹**

太平兴国五年（980）正月，太宗命文明殿学士程羽权知贡举，御史中丞侯陟及中书舍人郭贽、宋白等人同知贡举。**²**

闰三月，太宗御讲武殿，覆试权知贡举程羽等所奏合格进士，试题是：《春雨如膏赋》、《明州进白鹦鹉诗》、《文武何先论》。取苏易简以下 119 人，又取诸科 533 人，并分甲乙等。是榜进士，还有：李沆、向敏中、宋湜、张咏、寇準、王旦、晁迥、谢泌、边肃、陈若拙及高丽人康戬等人。

这一年贡举，有两点值得注意：一是宴请新进士时，开始有直史馆陪座之制。二是有现任官举进士，赴殿试者六人，单铸、周缮赐及第，其余四人：刘昌言、颜明远、张观、乐史则特授近藩掌书记。

这一榜的甲科进士 23 人，授将作监丞，通判藩郡；乙科授大理评事，知令、录事；诸科授初等职事及判、司、簿、尉。

这一榜有"龙虎榜"之称，在宋初颇引人注目。此榜进士张咏，曾对人说："吾榜中得人最多：谨重有雅望，无如李沆；深沉有德，镇服天下，无如王旦；面折庭争，素有风采，无如寇準；当方面寄，则咏不敢辞。"**³**李沆、王旦、寇準、张咏，在宋初都可说是第一流的人才，前三人均官至宰相，张咏则可以说是宋代治理地方最有名的大臣。

1　《宋史》卷 155《选举一》。
2　《宋会要辑稿》选举一之二。
3　《五朝名臣言行录》卷 2 引《王文正公遗事》。

四、太平兴国八年贡举

太平兴国六年（981）三月，诏权停贡举。[1]

太平兴国八年（983）正月，太宗命中书舍人宋白权知贡举；知制诰贾黄中、吕蒙正、李至，直史馆王沔、韩丕、宋准，司封员外郎李穆，监察御史李范，秘书丞杨砺等九人权同知贡举。省元为王禹偁。[2]

三月，太宗御讲武殿，覆试礼部贡举人。试题为：《六合为家赋》、《鹦鹉上林诗》、《文武双兴论》。

这一年，两京、诸道州府贡士有10260人之多，最后经殿试，取进士175人，诸科516人，并赐及第；进士54人，诸科117人，同出身。

这一榜状元是王世则，第三名姚铉，中进士者还有：王禹偁、罗处约、李巽、朱九龄、冯伉、薛昭、翟马、戚纶、王子舆、高绅、韩见素、李士衡、吴铉、刘文杲、郑文宝、李虚己、梁鼎、卞衮、刘昌言、卢琰、杨覃、和嵘、崔遵度、曾致尧、李建中等。其中的朱九龄，时方弱冠（20岁），是这一榜的探花郎。

这一榜的甲科进士18人，以大理评事知县，余皆授判、司、簿、尉。[3]

这一榜有两点值得注意：一是赐宴琼林苑，自此遂为定制。二是此科进士考试免贴经，但考试经义却由宋初的十道增加为二十道。太宗在考试结束后，对近臣说："朕亲选多士，殆忘饥渴，召见临问，以观其才，拔而用之，庶使田野无遗逸，而朝廷多君子尔。"[4]

太平兴国八年榜，不仅与太平兴国五年（980）"龙虎榜"相比

1　《宋会要辑稿》选举一之二。
2　《长编》卷24；《宋会要辑稿》选举一之二。
3　以上详见徐规：《王禹偁事迹著作编年》第29—31页。
4　《宋史》卷155《选举一》；参校何忠礼：《宋史选举志补正》第16—17页。

逊色，也不及太平兴国三年（978）榜。此榜进士，除王禹偁外，余多籍籍无名。而起家授官，比之前几榜，也低了许多。

五、雍熙二年贡举

雍熙二年（985）正月，以翰林学士贾黄中权知贡举，右散骑常侍徐铉，知制诰赵昌言、韩丕、苏易简、宋准，礼部郎中张洎，直史馆范杲、宋湜、战贻庆等九人同知贡举。[1]

太宗对宰相说："夫设科取士之门，最为捷要。然而近年籍满万余人，得无滥进者乎？"于是下诏："自今诸科并令量定人数，相参引试，分科隔坐，命官巡察监门，谨视出入。有以文字往复与吏为奸者，置之于法；私以经义相教者，斥出科场；伍保预知，亦连坐。进士倍加研覆，贡举人勿以曾经御试，不考而荐。"此时，太宗即位已十年，已行贡举四次，于是开始注意质量，严格考场纪律了。

权知贡举贾黄中等人奏上所试合格进士陈充以下458人。三月，太宗御崇政殿，覆试礼部贡举人，试题是：《颍川贡白雉赋》《烹小鲜诗》《玄女授兵符论》，得进士梁颢等一179人，诸科318人，并唱名赐及第。

青州人王从善应五经举，年始逾冠，自言通诵五经文注，太宗历举本经试之，其诵如流，于是特赐九经及第，面赐绿袍、银带，钱二万。当时，太宗左右之人献言，称应试者中尚有遗材，于是，再度复试，又得进士洪湛等76人，诸科302人，并赐及第。

是年状元梁颢，时年23岁，并非如民间传说，是82岁及第。[2]是榜进士还有：钱若水、赵安仁、陈彭年、刘师道、刘综、鞠仲谋、陈

1　《宋会要辑稿》选举一之二。
2　《建炎以来朝野杂记》甲集卷9。

世卿、陶岳等人。[1]

这一年贡举，有几点值得注意：一是第一次令试官亲戚别试，试者 98 人；宰相李昉之子宗锷、参知政事吕蒙正之从弟蒙亨、盐铁使王明之子扶、度支使许仲宣之子待问，举进士试皆入等，太宗说："此并势家，与孤寒竞进，纵以艺升，人皆谓朕为有私也！"皆罢之。二是进士唱名赐及第由此科开始，遂成制度。与此相同的还有，贡举始分三甲，赐宴琼林苑，及第第一等进士授节度观察推官，宠之以诗，均相沿遂成制度。三是将太平兴国八年（983）的改革——"罢贴经"取消，"复贴经"，同时，"罢进士试律"。

这一年的四月，对科举考试又加以改革：复置明法科。分《周易》、《尚书》各为一科，附以《论语》、《孝经》、《尔雅》三小经；《毛诗》专为一科。明法亦附三小经。进士、九经以下，更不习法书。又以锁厅求试者率多缪滥，始令诸道州府，自今择才学优茂而历官无过者乃举之，仍先奏俟报。[2]

六、端拱元年贡举

雍熙初年，贡举人集阙下者殆逾万计，礼部考合格奏名尚不减千人，太宗自旦及夕，临轩阅试，累日方毕。宰相屡请以春官（即考试官）之职归于有司。雍熙四年（987）十二月，太宗乃下诏："自今岁命春官知贡举，如唐室故事。应已得解者，明年春集阙下，未得解者许至秋取解。"知贡举宋白等人请求："已得解在千里内者，委本处重加考

1　《王禹偁事迹著作编年》第 38 页。

2　以上见《长编》卷 26；《宋史》卷 155《选举一》；《太宗实录》卷 32、卷 33；《容斋续笔》卷 13《科举恩数》、《下第再试》。

试及发遣，千里外者就两京。仍乞戒励试官，务令精核。"太宗从之。[1]

宋代殿试，始于太祖开宝六年（973），实际也是别命大臣为考官予以考核的。太宗此时下诏，乃是将此举公开化、制度化。而宋白等人的请求，也是要将部分责任下放，要地方考试官负起责任，先行汰选。

端拱元年（988）三月，以翰林学士宋白权知贡举，知制诰李沆权同知贡举。准诏令，放进士程宿以下28人，诸科100人。

榜既出，而谤议蜂起，或击登闻鼓求别试，太宗认为其中或有遗才，于闰五月御崇政殿试礼部不合格进士，内出"暑月颁冰"诗题，得马国祥以下54人。翌日，又出"冰壶"诗题，得张熙尧以下47人。第三日，又试诸科，内出"夏雨翻萍"诗题，得王又言以下621人，令枢密院用白纸为牒赐之，以试中为目，令权知诸县簿、尉。

太宗亲自录取马国祥以下七百余人后，"犹恐遗材"，复命右正言王世则等召下第进士及诸科于武成王庙重试，得合格者数百人。六月，太宗御崇政殿，试武成王庙合格进士，内出"一叶落知天下秋赋"、"堂上有奇兵"诗题，得叶齐以下31人，并赐及第；太宗又试诸科举人，得卢范以下89人，并赐本科出身。[2]

这一年，太宗本已将录取权力下放给权知贡举官，但议论蜂起，太宗只得两次覆试，多取了八九百人。据悉，这和当时"郡县缺官甚多"亦有关系。[3]

这一年，状元是程宿，第二名是王扶。李昉之子宗谔，是年纪最

1 《长编》卷28；《宋史》卷155《选举一》。
2 《宋会要辑稿》选举一之三，七之四、五；《长编》卷29；《太宗实录》卷44。
3 《宋会要辑稿》选举七之五，小注语。

小的探花郎。除上述诸人外，查道亦举是榜进士。

这一年贡举，最引注目的是权知贡宋白等人，确定了贡院故事，成为日后遵行之制。故事规定：

> 先期三日，进士具都榜引试，借御史台驱使官一人监门，都堂帘外置案，设银香罏，唱名给印试纸。及试中格，录进士之文奏御，诸科惟籍名而上；俟制下，先书姓名散报之，翌日，放榜唱名。既谢恩，诣国学谒先圣先师，进士过堂阁下告名。闻喜宴分为两日，宴进士，请丞郎、大两省；宴诸科，请省郎、小两省。缀行期集，列叙名氏、乡贯、三代之类书之，谓之小录。酿钱为游宴之资，谓之醵。皆团司主之。制下，而中书省同贡院关黄覆奏之，俟正敕下，关报南曹、都省、御史台，然后贡院写春关散给。登科之人，例纳朱胶绫纸之直，赴吏部南曹试判三道，谓之关试。[1]

七、端拱二年贡举

端拱二年（989）正月，以知制诰苏易简、宋准权知贡举，合格奏名进士陈尧叟以下 368 人。[2]

鉴于前一年的教训，苏易简等人固请御试。三月，太宗御崇政殿，试礼部奏名进士。试题是：《圣人不尚贤赋》、《五色一何鲜诗》、《禹拜昌言论》。得进士 186 人，并赐及第。翌日，试诸科，得九经孙奭

1　《宋史》卷 155《选举一》。
2　《宋会要辑稿》选举一之三。

以下 478 人，并赐本科及第出身。**¹** 是榜状元陈尧叟，第二名曾会，并授光禄寺丞、直史馆；第三名姚揆以下，但授防御推官。越州进士刘少逸，年仅 13 岁即中选，既覆试，又别试御题赋诗数章，皆有旨趣，太宗特授其校书郎，令于三馆读书。这一年，中书令史、守当官陈贻庆举《周易》学究及第，太宗知道后，令追夺所授敕牒，释其罪，勒归本局，并下诏禁止吏人应举。**²**

这一年赐新进士宴时，开始令两制、三馆文臣皆预会。太宗赐新科状元陈尧叟等箴一首，勉以修身谨行、稽古效官之意。**³**

八、淳化三年贡举

淳化元年（990），诏权停贡举。

淳化三年（992）正月，诸道贡举人达一万七千三百，皆集阙下。太宗命翰林学士承旨苏易简权知贡举，翰林学士毕士安、知制诰吕祐之、钱若水、王旦权同知贡举。苏易简等人既受诏，径赴贡院，以避请求。自此以后，受诏赴院，遂为常制。合格奏名进士孙何以下若干人。**⁴**

三月，太宗御崇政殿，试礼部奏名进士。试题是：《卮言日出赋》、《射不主皮诗》、《儒行论》。得孙何以下凡三百二人，并赐及第；51 人同出身。几天后，试诸科，得九经王惟庆以下 784 人，并赐本科及第；180 人赐本科出身。总计诸科共取 964 人。

1　此据《宋会要辑稿》选举七之五。《长编》卷30 作：诸科博平孙奭等 450 人，亦赐及第；
　　73 人，同出身。合共 523 人。

2　《长编》卷 33；《宋会要辑稿》选举七之五。

3　《长编》卷 30。

4　《宋会要辑稿》选举一之三、四；《长编》卷 33。

　　此次御试，首次实行糊名考校。这是将作监丞陈靖上疏所提建议，太宗采纳，于是，召两省、三馆文学之士，始令糊名考校，第其优劣，以分优劣。

　　这次殿试，还发生了一件趣事。内出《厄言日出赋》题后，[1] 参加考试者，自孙何以下，均不知所出，相顾惶骇，搁笔不敢措词。于是，在孙何带领下，相率扣殿槛，请求太宗指示，太宗起初不为言，等孙何等再三请求后，才为陈其大义。此年以前的状元胡旦、苏易简、王世则、梁灏、陈尧叟等人都是因为所试先成，遂擢上第，由是士人争习浮华，尚敏速，或一刻数诗，或一日十赋。陈靖正是针对这一点，请求殿试实行糊名考校的。在这次殿试中，17 岁的钱易，日未中，所试三题皆就，言者指其轻俊，太宗特地不取他，以为警戒。在录取进士后，太宗还告诫他们："尔等各负志业，中我廷选，效官之外，更励精文翰，勿坠前功也。"

　　这一榜所取者，进士前四名，皆授将作监丞、大理评事，通判诸州，其余进士及诸科授职事州县官。

　　这一榜录取者参加宴会时，赐御制诗三首，箴一首。太宗时期，前六榜照例赐御诗，到第七榜改为赐箴，用敦勉励；至此榜，则诗、箴并赐，时论荣之。当时，太宗命刻《礼记·儒行篇》，赐近臣及京官受任于外者，于是也赐给孙何以下诸人，令为座右之戒。

　　太宗对此榜取士，颇为满意，对宰相说："天下至广，藉群材共治之。今岁登第者又千余人，皆朕所选择。此等但能自检，清美得替而归，

　　1　"厄言日出"，语出《庄子·寓言》。厄言，意为荒唐之言。

则驯至亨衢，未易测也。"[1]

是榜状元孙何，第二名朱台符，第三名路振，第四名丁谓。其他还有：王钦若、张士逊、谢涛、王陟、吴敏、乐黄目、凌咸、钱昆、龚纬、陆玄圭等。此外，19 岁的太常寺奉礼郎杨亿，也于三月赐进士及第。其中王钦若第 11 名，张士逊第 260 名。[2]

据说，《厄言日出赋》的试题是太宗亲自所出，太宗出此题后，曾洋洋得意地对侍臣说："比来举子浮薄，不求义理，务以敏捷相尚。今此题渊奥，故使研穷意义，庶浇薄之风可渐革也。"话音未落，钱易就交上了卷子，太宗大为恼怒，于是将钱易赶出了考场。因此，此后科场有十年不开。[3] 这个传说是否确实，不得而知。但自淳化三年（992）后，终太宗之世，未再行贡举，却是不争的事实。太宗时期的科举史，到淳化三年已经画上了句号，虽然太宗之死是五年后的事了。

太宗时期的科举考试，有两个显著特点：取士多，擢升速。

太祖一朝，几乎年年举行科举考试，共开科取士 15 次。但是，每科取士，人数并不多。最多的是开宝八年（975）——太祖朝最后一榜，取进士 31 人；最少的是乾德四年（966）榜，仅取进士 6 人。十五榜共取进士 188 人，平均每榜约 13 人。诸科取士，见于记载的最多一榜，是开宝六年（973）榜，诸科取士 101 人。开宝八年取进士虽是最多，诸科取士也才 34 人。

太宗朝则不然。太宗一朝，并不年年开科，虽然也有连续举行科举考试者，但也有隔一年、两年或三年者，太宗朝最后五年则停止贡

1　以上见《长编》卷 3；《宋会要辑稿》选举一之四、七之五；《容斋随笔》卷 3《进士试题》、《容斋续笔》卷 13《科举恩数》；参见《宋史选举志校正》第 18—19 页。

2　《能改斋漫录》卷 1《试诗赋题示出处》；《王禹偁事迹著作编年》第 90 页。

3　《东轩笔录》卷 1。

举。总计太宗一朝，开科八次，只及太祖朝开科次数的一半，但共取进士1478人，平均每榜约186人，是太祖朝的14倍有多。最多的一年是太宗朝最后一榜——淳化三年（992）榜，取进士353人，是太祖朝最多的年份——开宝八年（975）榜的11倍有多。最少的一年是太平兴国三年（978）榜，取进士74人，是太祖朝最少年份——乾德四年（966）榜的12倍有多。加上诸科取士4315人，太宗一朝共取士5802人，平均每科约725人。

太宗时期科举一览表[1]

纪年	公历	省元	第一人榜首状元	取士人数			备考
				进士	诸科	特奏名	
太平兴国二年	977	吕蒙正	吕蒙正	109	207	191	《长编》卷18、《宋会要·选举》七之二、《宋史全文》卷3
太平兴国三年	978	胡　旦	胡　旦	74	70		《长编》卷19、《治迹统类》卷28、《编年备要》卷3
太平兴国五年	980	苏易简	苏易简	119	553		《长编》卷21、《治迹统类》卷28、《十朝纲要》卷2
太平兴国八年	983	王禹偁	王世则	229	633		《宋会要·选举》七之四、宋五朝本《长编》卷24

1　本表录自何忠礼《宋史选举志补正》第292—293页。

（续上表）

纪年	公历	省元	第一人榜首状元	取士人数			备考
				进士	诸科	特奏名	
雍熙二年	985	陈充	梁颢	255	620		《长编》卷26、《宋会要·选举》七之四、《容斋续笔》卷13《下第再试》
端拱元年	988	程宿	程宿	160	810		《长编》卷29、《宋会要·选举》七之四
端拱二年	989	陈尧叟	陈尧叟	186	478		《长编》卷30、《宋会要·选举》七之五、《通考·选举考五》
淳化三年	992	孙何	孙何	353	964		《长编》卷33、《宋史全文》卷4《通考·选举考五》

　　太宗时期，不仅科举取士人数众多，而且对他们特别优遇，擢升十分迅速。在太祖一朝考中进士者位至宰执高位者尚无一人。而太宗一朝中进士者，不少人在太宗朝即已位至宰执高位。如太平兴国二年（977）的状元吕蒙正，在12年后的端拱元年（988），即已出任宰相，并于淳化四年（993）第二次出任宰相。吕蒙正的同年进士张齐贤，在七年后的太平兴国八年（983），即出任同签署枢密院事，升至执政高位；吕蒙正亦于同年出任参知政事；15年后的淳化二年（991），吕蒙正罢相，接任者即是张齐贤。太平兴国三年（978）进士赵昌言，在十年后的雍熙四年（987）已出任枢密副使。太平兴国五年（980）进士寇準，在12年后的淳化二年已迁枢密副使，同榜进士李沆同时任

参知政事。下面，将太宗朝中进士而在太宗朝位至宰执者列表如下，以便能够更全面地认识太宗朝进士擢升迅速的情况。现可考知者均已列入表内，任宰执时间则据《宋史》卷210《宰辅一》。

太宗朝进士在太宗时期位至宰执者一览表

榜次	序号	姓名	执政官职	任职时间	罢职时间	任相时间	罢相时间
太平兴国二年（977）	1	吕蒙正	参知政事	太平兴国八年（983）十一月	端拱元年（988）二月升	端拱元年二月	淳化二年（991）九月
						淳化四年（993）十月	至道元年（995）四月
	2	张齐贤	同签署枢密院事	太平兴国八年十一月	雍熙三年（986）七月	淳化二年九月	淳化四年六月
			枢密副使	端拱二年（989）七月	淳化二年四月转任		
			参知政事	淳化二年四月	淳化二年九月升		
	3	王沔	同签署枢密院事	太平兴国八年十一月	雍熙三年八月升		
			枢密副使	雍熙三年八月	端拱元年二月转任		
			参知政事	端拱元年二月	淳化二年九月		

（续上表）

榜次	序号	姓名	执政官职	任职时间	罢职时间	任相时间	罢相时间
太平兴国二年（977）	4	张宏	枢密副使	雍熙三年八月	雍熙四年（987）		
			枢密副使	端拱元年二月	淳化二年四月		
	5	陈恕	参知政事	淳化二年四月	淳化二年九月		
	6	温仲舒	枢密副使	淳化二年四月	淳化四年十月		
			参知政事	至道三年（997）正月	[1]		
	7	李至	参知政事	太平兴国八年十一月	雍熙三年正月		
			参知政事	至道三年四月			
	8	王化基	参知政事	至道三年正月			
太平兴国三年（978）	1	赵昌言	枢密副使	雍熙四年四月	端拱元年三月		
			参知政事	淳化四年十月	至道元年（995）正月		

1　罢职时间越出太宗朝，故不注，下同。

（续上表）

榜次	序号	姓名	执政官职	任职时间	罢职时间	任相时间	罢相时间
太平兴国三年（978）	2	李昌龄	参知政事	至道二年（996）二月			
太平兴国五年（980）	1	寇準	枢密副使	淳化二年四月	淳化四年六月		
			参知政事	淳化五年（994）九月	至道二年七月		
	2	李沆	参知政事	淳化二年九月	淳化四年十月		
			参知政事	至道三年四月			
	3	向敏中	同知枢密院事	淳化四年十月			
			枢密副使				
	4	苏易简	参知政事	淳化四年十月	至道元年四月		
太平兴国八年	1	刘昌言	同知枢密院事	淳化四年六月	至道元年正月		
雍熙二年（985）	1	钱若水	同知枢密院事	至道元年正月			

　　据上表可知，太宗一朝的 1487 位进士中，有 18 人在太宗朝即已位至宰执，入据中枢要职。从太平兴国八年（983）以后，中枢要职，

日益为太宗朝进士所占据；尤其是端拱元年（988）吕蒙正当上宰相后，中枢要职，除了早年太宗晋邸的幕僚外，几乎全是太宗朝的进士，只有李昉、吕端等人是例外。这也就是说，太宗朝自己录取的知识分子，在太宗后期，已满布中枢要津，完成了时代的转换。

据《宋史》卷85《地理一》，太祖末年，宋朝疆域内，共有州297个，县1086个；而太祖一朝共取进士188人，平均每州才约0.6个，平均每县约0.2个。地方州县的官员，主要是五代时期遗留的人才。太宗雍熙年间，全国的州、府、军、监约有400个，县则约有1150个。太宗一朝，共录取进士1487人，平均每州（府、军、监）约3.7个，平均每县约1.3个。太宗朝共取士5802人，平均每州约14.5个，平均每县约5人。太宗朝科举取士后，又首先分配到地方任职。于是，到太宗末年，全国各地的地方官员，几乎都是太宗朝科举所取之士了。

这样，自宋朝建立，直到太宗末年，经过近40年时间，才实现了一代人才的转换。到太宗末年，宋朝自己培养与奖拔的士子，满布朝野，占据了自中枢到州县幕职的大小官职，宋朝的文官统治，才真正确立起来。这种转换，主要是通过大开科举之门而实现的。

第二节　三大类书之编

大规模地求书、编书，无疑是太宗文治的重要功绩。太宗曾说："夫教化之本，治乱之源，苟无书籍，何以取法？"[1]

---

[1] 《长编》卷25。

一、搜访书籍与校刊书籍

太祖时期，注意搜访书籍，献书者有奖，凡消灭了割据政权，都要派人搜罗其书籍，运至京师开封，以实三馆。

太宗时期，继续注意搜访书籍。

太平兴国二年（977）十月，诏诸州搜访先贤笔迹图书以献。于是，荆湖献晋张芝草书及唐韩干画马三本，潭州石熙载献唐明皇所书《道林寺王乔观碑》，袁州王浣献宋之问所书《龙鸣寺碑》，韶州献唐相张九龄画像及文集九卷。

太平兴国四年（979）五月，平定太原后，命左赞善大夫雷德源入城点检书籍图画。

太平兴国六年（981）十二月，诏开封府及诸道转运，遍下营内州县，搜访钟繇墨迹，听于所在进纳，优给缗贯偿之；并下御史台告谕文武臣僚，如有收者，亦令进纳。当年，镇国军节度使钱惟演以钟繇、王羲之、唐明皇墨迹凡七轴献上。八年（983），秘书监钱昱献上钟繇、王羲之墨迹八轴，并优诏答之。十月，越州以王羲之画像并其石砚来献。

太平兴国九年（984）正月，太宗下诏：

　　国家勤求古道，启迪化源，国典朝章，咸从振举，遗编坠简，宜在询求，致治之先，无以加此。宜令三馆所有书籍以《开元四部书目》比校，据见缺者特行搜访，仍具录所少书于待漏院榜示中外，若臣僚之家有三馆阙书，许上之，及三百卷以上者，其进书人送学士院，引验人才，书判试问公理，如堪任职官者，与一子出身；或不亲儒墨者，即与安排。如不及三百卷者，据卷帙多少，优给金帛。如不愿纳官者，借本缮写毕，却以付之。

《宋史》卷 4《太宗一》与《太平宝训政事纪年》，均有雍熙元年（984）诏求遗书的记载，即指上述此诏而言。诏书下达后，雍熙二年（985）三月，殿直潘昭庆献上唐人褚遂良、欧阳询、虞世南墨迹三十本。"自是四方之书往往间出矣。"

淳化四年（993）四月，太宗下令，将购募到的先贤墨迹汇编为《历代帝王名臣法帖》，刻印后赐给近臣。

淳化五年（994）四月，参知政事苏易简上言说："已故知制诰赵邻几留心史学，以《新唐书》纪传及近朝史书多有漏略，遂寻访自唐以及近代将相名贤事迹及家状、行状甚多，虽美志不就而遗稿尚在，望遣直馆钱熙暂往宋州，询问邻几家人寻检奏御。"太宗从其言，派钱熙前往宋州。钱熙还，带来赵邻几所撰补会昌以后日历二十六卷，文集三十四卷，所著《鲰子》一卷，《六帝年略》一卷，《史氏懋官志》五卷，及他书又五十余卷。书上满是赵邻几涂窜笔削之迹。太宗诏本郡以十万钱赐其家。

至道元年（995）六月，太宗命内品、监秘阁三馆书籍裴愈、叶传往江南、两浙诸州购募图籍，愿送官者优给其直，不愿者就所在差能书史缮写，以旧本还之，仍赏御书石本，所在分赐之。裴愈等人购得古书六十余卷，名画四十五轴，古琴九，王羲之、贝灵该、怀素等墨迹共八本，均藏入秘阁。《宋史》卷 4《太宗一》有至道元年六月"购求图书"的记载，即指裴愈等人此次江浙购募图书的行动。[1]

1　以上据《宋会要辑稿》崇儒四之一五上一七；参见《宋史》卷 4《太宗一》、《太平宝训政事纪年》；《长编》卷 25。

对于主动献书者，太宗予以褒奖，升其秩。

太平兴国五年（980）八月，以乡贡进士孟瑜为光州固始县主簿。孟瑜是长沙人，曾著野史三十卷，石熙载在潭州任长官时，孟瑜曾经出入石熙载门下，受到厚遇。至太平兴国五年，孟瑜献上其所著书，石熙载报告朝廷，遂有固始县主簿的任命。

雍熙三年（986）正月，著作佐郎乐史献所著书《贡举事》二十卷、《登科记》三十二卷、《题解》二十卷、《唐登科文选》五十卷、《唐孝悌录》十五卷及续五卷、《续卓异》三卷，太宗嘉之，以乐史为著作郎直史馆。九月，户部郎中张去华献《大政要录》三十卷，太宗降玺书褒美，赐帛五十段。

淳化三年（992）七月，翰林承旨苏易简献已故著作郎直史馆罗处约平生所著文十卷，号《东观集》。苏易简与罗处约均为蜀人，相友善，哀罗处约之死，于是收拾其遗草上之。太宗诏藏其书于史馆。

至道元年（995）五月，同州冯翊县民李元真诣阙，献《养蚕经》一笔，有司以非前代名贤所撰，不敢以闻。太宗闻知，即索观之，怜其不忘本业，将书留在禁中，赐元真钱一万。

至道二年（996）四月，知长州乐史献《总仙箓》三十七卷，并目录四卷，太宗宣示宰臣等人，称赞乐史在从政之余还能有撰述，诏付其书于史馆。[1]

从上述献书获奖的情况看，当时求书的主要目的，是为搜集历代名贤的著述与书画。访寻得来的典籍与书画等，大多由三馆收藏。到淳化元年（990），由于"遣使诣诸道，购募古书，奇画及先贤墨迹，

1　以上据《宋会要辑稿》崇儒五之一九；《长编》卷 27。

小则偿以金帛，大则授以官”，所以，“数岁之间，献图籍于阙下者不可胜计，诸道购得者又数倍”。于是，太宗乃诏史馆，“尽取天文、占候、谶纬、方术等书五千一十卷，并内出古画、墨迹一百一十四轴，悉令藏于秘阁”。因此，当年八月，有秘书监李至与右仆射李昉、吏部尚书宋琪、左散骑常侍徐铉及翰林学士、诸曹侍郎、给事、谏议、舍人等到秘阁观书的盛举，太宗闻知消息，遣使赐宴，并“大陈图籍，令纵观”。第二天，又诏权御史中丞王化基及三馆学士并赐宴秘阁。史称，当时“图籍之盛，近代所未有也”。[1]

在访寻书籍的同时，太宗时期还注意了书籍的校刊工作，以提高藏书质量，使之可以传诸久远。

太平兴国二年（977）五月，诏太子中舍陈鄂等同详定《玉篇》、《切韵》。[2]

太平兴国六年（981）十月，校历代医书，十二月，又购求医书。雍熙四年（987），贾黄中上《神医普救》十卷，当系所校历代医书之一。太宗对医书是很感兴趣的，早在任开封尹时，他就开始让人收集并编纂《太平圣惠方》一书，历经15年时间，到淳化元年（990）成书一百卷，淳化三年（992）五月，将《太平圣惠方》的印本颁天下，听吏民传写。[3]

太平兴国七年（982）六月，王著迁著作郎，充翰林侍书。四年前，太平兴国三年（978）十二月，太宗因为字学讹舛，欲删正之，但是学士少能通习，有人推荐赵州隆平主簿王著，说他是唐代宰相王方庆

1　《长编》卷31；《太平宝训政事纪年》引《会要》。

2　《长编》卷18。

3　《宋史》卷1《太宗一》；《太平宝训政事纪年》引《会要》；《长编》卷33；《小畜集》卷24《谢圣惠方表》。

的后代，书有家法，乃召为卫尉寺丞、史馆祗候，令详定篇韵。王著在史馆一待就是四年，颇有成绩，于是升官，以示奖赏。[1]

太宗留意字学，因为许慎《说文》有差谬之处，学者无所依据，乃诏右散骑常侍徐铉，著作郎、直史馆句中正等精加雠校。雍熙三年（986）十一月，徐铉等献上新定《说文》三十卷，凡经典相承传写及时俗要用，而《说文》不载者，承诏皆附益之，太宗称善，遂令模印颁行，徐铉等人各赐器币有差。[2]

淳化五年（994）七月，太宗下诏，选官分校《史记》与前后《汉书》：崇文院检讨兼秘阁校理杜镐，秘阁校理舒雅、吴淑，直秘阁潘慎修校《史记》，朱昂再校；直昭文馆陈充、史馆检讨院思道、直昭文馆尹少连、直史馆赵况、直集贤院赵安仁、直史馆孙校前后《汉书》。既毕，遣内侍裴愈赍本就杭州镂板。[3]

搜访募购图书，又复加校正，对于保存和利用图书典籍，无疑是大有裨益的。但是，太宗的着眼点并不止于此，他是从治理天下的高度来看待这个问题的。太宗说："丧乱以来，经籍散失，周孔之教将坠于地。朕即位之后，多方收拾，抄写购募，今方及数万卷。千古治乱之道，并在其中矣。"[4] 这反映出宋太宗的访募图书，是为了治理天下，大阐文治的。

1　《长编》卷 23；《宋会要辑稿》职官一八之五〇。
2　《长编》卷 27。
3　《宋会要辑稿》崇儒四之一；《皇朝事实类苑》卷 31。
4　《职官分纪》卷 15；《麟台故事》卷 1《储藏》。

二、崇文院与秘阁

太宗时期，为收藏图书典籍，有崇文院之建，虽有"名实既乖，事遂不顺"之讥，[1] 但对图书的保存，则有很大好处无疑。

宋初，以昭文馆、史馆、集贤院为三馆，沿袭后周旧规，终太祖之世，未尝改作。

太平兴国二年（977），宋太宗幸三馆，看到三馆仅有右长庆门东北小屋数十间，湫隘卑痹，仅蔽风雨，周庐徼道，出于其旁，卫士驺卒，朝夕喧杂。当时，如果受诏撰述，皆移他所。太宗见此情形，对左右说："是岂足以蓄天下图书，待天下贤俊？"当天即诏有司，在左升龙门东北车府地建造三馆。太宗命中使督工徒，昼夜兼作，其栋宇之制，皆亲所规画。从开始建筑到完工期间，太宗多次到现场观看。太平兴国三年（978）二月，新的三馆建成，"轮奂壮丽，甲于内庭"，太宗乃下诏曰："国家聿新崇构，大集群书，宜锡嘉名，以光策府。其三馆新修书院宜为崇文院。"又诏在园中植花木，引沟水以溉之，崇文院的西序，设便门，以方便太宗临幸。

崇文院落成后，尽迁旧馆之书以实之。东廊作为昭文书库，南廊是集贤书库，西廊则是史馆书库。宋初藏书，沿袭五代旧习，以史馆为主要藏书之所，此时亦然。所以，昭文与集贤书库各仅一库，而史馆书库有四库，分为经、史、子、集四部。六库总计，正副本凡八万卷，皆以类相从。"策府之文，焕乎一变矣。"[2]

崇文院落成的当月，太宗就到崇文院观书久之；诏宰相（此时是

1　详见陈乐素：《宋初三馆考》，收入《求是集》第 2 集中。

2　《宋会要辑稿》职官一八之五〇；《长编》卷 19；《玉海》卷 52；《文献通考》卷 174；《隆平集》卷 1《馆阁》。

薛居正、沈伦、卢多逊三人）、亲王（廷美、德昭等人），恣其检阅问难；少顷，又召降王刘铱、李煜至，亦令纵观。于是，就在崇文院中堂宴从臣，尽醉而罢。

端拱元年（988）五月，诏就崇文院中堂建秘阁，择三馆真本书籍万余卷，及内出古画墨迹藏其中。凡史馆以前所贮藏的天文、占候、谶纬、方术书五千一十二卷，图画一百四十轴，尽付秘阁。其中有晋王羲之、王献之、庾亮、萧子云、唐太宗、唐玄宗、颜真卿、欧阳询、柳公权、怀素、怀仁等人的墨迹，顾恺之画的维摩诘像，韩干的马，薛稷的鹤，戴嵩的牛，以及近代东丹王李赞华的千角鹿，西川的黄鹰、白兔，亦一时之妙也。当月，以吏部侍郎李至兼秘书监及提辖秘阁供御图书，直史馆宋泌兼直秘阁，史馆检讨杜镐充秘阁校理。从此，秘阁开始设置官职，常以丞郎、学士兼秘书监，即领阁事。

当年八月，秘阁言："见管供御书籍及点检抄写封锁库门出纳公事，今乞兼委直阁宋泌、校理杜镐，与（内品）裴愈同共勾当。今后直馆、校理及监图书官内有差出，即令递相交割。其阁常以最上一员相承勾当，永为定式。"太宗从其言。自后直阁、校理皆如此制。

端拱二年（989），诏秘阁定置典书、楷书各五人，写御书十人。其后，减典书二人，又增楷书三人，别置装载匠十二人。七月，以御书急就章藏于秘阁。此后，太宗自己的文字基本均藏入秘阁。

淳化元年（990）七月，内降御草书诗十首，故实二纸，又出御制诗文凡四十一卷，并藏于秘阁。八月，秘书监李至邀请右仆射李昉、吏部尚书宋琪等人及翰林学士、诸曹侍郎、给事、谏议、舍人等，至秘阁观御书图籍；太宗闻知，令内品裴愈在秘阁赐御筵，并出书籍令纵观，尽醉而罢。第二日，又诏御史中丞王化基及三馆学士纵观，又赐宴。秘书监李至遂上言："晋、宋以来，皆有秘阁之号，设于禁中。唐室陵夷，斯因流荡。陛下运独见之明，下维新之诏，复建秘阁，以藏奇书，总群经之博要，资乙夜之观览，斯实出于宸心，非因臣下之建议也。况睿藻宸翰，盈溢编帙，其所崇重，非复与群司为比。然自创置之后，载经寒暑，而官司所处，未有定制。望降明诏，令与三馆并列，叙其先后，著为永式。其秘书省既无书籍，元隶京百司，请如旧制。"太宗可其奏，遂列秘阁次于三馆。当月，以起居舍人、直史馆吕祐之等分直昭文馆，太子中允和阁直集贤院。于是，不仅有直史馆，亦有直昭文馆、直集贤院，三馆之职始备矣。[1]

　　淳化三年（992）五月，因为建秘阁时只度崇文院之中堂为址，而层构未立，书籍止扃偏厅庑内，至是诏增修秘阁。八月，新修秘阁落成，太宗作赞赐之，宰臣李昉等请求，将赞刻石，立于阁下。秘书监李至上言："愿比玉堂之署，赐以新额。"太宗诏中书、枢密院近臣观新阁，又赐上尊酒，大官供膳；又派遣中使，带着太宗飞白书"秘阁"二字，赐给李至，李昉等人相率诣便庭称谢，退就饮宴，三馆学士预焉。太宗又赐诗，以美其事。九月，太宗至秘阁，登上阁楼，看到群书齐整，喜谓侍臣曰："丧乱已来，经籍散失，周孔之教，将坠于地。朕即位之后，多方收拾，抄写购募，今方及数万卷。千古治乱之道，并在其中矣。"即召侍臣赐坐，命酒三行，仍召三馆学士预坐。日晚还宫，顾昭宣使王继恩曰："尔可召傅潜、戴兴，令至阁下，恣观书籍，给御酒，与诸将饮宴。"傅潜时任侍卫马步军都虞候，戴兴时任殿前都指挥使，皆典禁兵，太宗欲其知文儒之盛也。

1　《宋会要辑稿》职官一八之四七、四八；《长编》卷31；《隆平集》卷1《馆阁》。

淳化四年（993），诏画工用绢百匹，集诸州画，为天下图，藏秘阁。

淳化五年（994）六月，太宗命内供奉官蓝敏正赍太宗草书五轴藏秘阁，诏史馆修撰张佖与三馆、秘阁学士观焉。

至道元年（995）正月，太宗所制秘阁赞的碑已建立，水部郎中、直秘阁朱昂等言："臣等忝官秘府，愿以爵里附于秘书监李至之下刊刻。"太宗同意。[1]

秘阁自从与三馆并列，并加增修后，地位日益重要。太宗自己的诗文、书法等，均藏入秘阁，无形中更增加了秘阁的重要性。

崇文院之名，实为太宗所创。昭文馆、史馆、集贤院等三馆及秘阁均在其中，但其作用，主要是藏书。编修实录、国史、会要，是不能公开，要避众人所见的，于是又置局他所。崇文院中的史馆，就名不符实了。再则，将三馆、秘阁的藏书全部集中于崇文院中，一旦发生火灾，后果不堪设想。真宗时果真失火，致使宋廷藏书之精华，毁于一炬，令天下后世，遗恨无穷尽。[2]

三、编修三大类书等

太宗时期，在编修书籍方面，做出了突出成绩，代表作即是《太平御览》、《文苑英华》和《太平广记》三部大书，加上真宗时编的《册府元龟》一书，清人称之为"宋朝四大书"。[3]

太宗时期，能够编修成三大类书，与宋初太祖以来访寻书籍、奖

1　《宋会要辑稿》职官一八之四八、四九；《长编》卷33。
2　参见《春明退朝录》卷中；详见陈乐素：《宋初三馆考》。
3　《四库全书总目》卷186《集部·总集类一》。

励献书的政策分不开，与太宗时藏书之所——崇文院的修建也分不开，更与太宗要大阐文治，"以文德致治"[1]的政治目的分不开。

（1）《太平御览》（太平总类）一千卷

太平兴国二年（977）三月，太宗诏翰林学士李昉等人以北齐祖珽等编修的《修文殿御览》（三百六十卷，今已佚）、唐欧阳询等编修的《艺文类聚》（一百卷）、唐高士廉等编修的《文思博要》（一千二百卷，今已佚）及前代类书，参详条次，分门编为一千卷。奉诏参加编修的官员有：翰林学士李昉、扈蒙，左补阙知制诰李穆，太子少詹事汤悦，太子率更令徐铉，太子中允张洎，左补阙李克勤，右拾遗宋白，太子中允陈鄂，光禄寺丞徐用宾，太府寺丞吴淑，国子寺丞舒雅，少府监丞吕文仲、阮思道等14人。后来，李克勤、徐用宾、阮思道改任他职，太宗又命太子中允王克贞、董淳，直史馆赵邻几参加编修。张宏以著作郎身份，也参加了编修工作，大约是在赵邻几死后顶替其位的吧？[2]编修《太平总类》的起因，据说是太宗"阅前代类书，门目纷杂，失其伦次，遂诏修此书"[3]。

太平兴国八年（983）十一月，《太平总类》大致编修完毕，庚辰（廿九日），太宗下诏："史馆所修《太平总类》一千卷，宜令日进三卷，朕当亲览焉。自十二月一日为始。"宰相宋琪等言："天寒景短，日阅三卷，恐圣躬疲倦。"太宗却说："朕性喜读书，颇得其趣。开卷有益，岂徒然也？因知好学者读万卷书非常虚语耳。"十二月庚子（十九日），书成，太宗诏曰："史馆新纂《太平总类》一千卷，包括

1　《宋朝事实》卷3《圣学》。

2　《玉海》卷54，《长编》卷18；《宋史》卷296《吕文仲传》；卷267《张宏传》。

3　中华书局影印本《太平御览》卷首"谨按"引《国朝会要》。

群书，指掌千古，颇资乙夜之览，何止名山之藏！用锡嘉称，以传来裔，可改名《太平御览》。"自是，太宗听政之暇，日读《御览》三卷，有故或阙，即追补之。"凡诸故事可资风教者，悉记之，及延见近臣，必援引谈论，以示劝诫焉。"一年之后，终于读完了这部大书。[1]

《太平御览》的编修工作，自太平兴国二年（977）三月十七日开始，至太平兴国八年（983）十二月十九日完成清本，花费了六年零九个多月时间。此书"杂采经史传记小说，自天地事物迄皇帝王霸，分类编次"，[2]共一千卷。根据《周易·系辞》所说"凡天地之数五十有五"，全书分为五十五部，以示包罗万象。各部之下又分若干细目，总计不下五千。其引书，据首册附录《太平御览经史图书纲目》所说是1690种；今人仔细统计，说是2579种。[3]门类繁多，征引赅博，大大超过了此前的类书，是现存古代类书中保存五代以前文献最多的一部大型类书。

著名历史学家聂崇岐先生这样评价《太平御览》：

　　《太平御览》所引用的古书，十之七八今已失传。后来从事学术研究的人看不到原书，还可以从它那里寻找断篇残简。例如谶纬之学，既是两汉思想史上一件大事，而对后世也有不太小的影响，可是这些纬书隋以后就失传了，赖有《太平御览》引用了一部分，使我们还能知道它们的大概。又如论述农业技术的《范子计然》和《氾胜之书》，早于著名的《齐民要术》

1　《玉海》卷54；中华书局影印本《太平御览》卷首"谨按"引《国朝会要》，《长编》卷24；《皇朝事实类苑》卷2；《渑水燕谈录》卷6。
2　《玉海》卷54。
3　姚瀛艇主编：《宋代文化史》第49页。

好几百年，原书都早已不见，也赖有《太平御览》的引用，我们才得窥见我们祖先在两千多年前对生产知识的一斑。……自然，另外的类书如《艺文类聚》、《北堂书钞》等等，也都保存了好些失传古籍的零篇残简，但《太平御览》中所保存的要比其他类书多得多。……《太平御览》具有这些特点，所以作学术研究工作的常常要参考它，而作辑佚工作的更把它当作宝山。

《太平御览》引书，字句往往与流行的原书不同，也有为今本所无的。……做校勘古书工作的，遇到疑难往往取《太平御览》的引文来作对照，有时也能解决问题。……

《太平御览》在引书方面还有下列的一些缺点：（1）引用的书名往往前后不一致。……（2）书名与篇名往往混淆。……（3）标列的书名往往有误。……[1]

这些评价，是客观和公允的。宋代目录学家陈振孙在《直斋书录解题》卷14《太平御览》条，说明了一个情况，即《太平御览》所引书名，并非当时实有其书，而是采录自前代类书：

或言国初古书多未亡，以《御览》所引用书名故也。其实不然，特因前诸家类书之旧尔。以《三朝国史》考之，馆阁及禁中书总三万六千余卷，而《御览》所引书多不著录，盖可见矣。

1　见中华书局影印本《太平御览》卷首《重印太平御览前言》。

（2）《太平广记》五百卷

太平兴国二年（977）三月，在下诏编修《太平御览》的同时，太宗命同一班人，"取野史小说，集为五百卷"。三年（978）八月，书成，名曰《太平广记》，共五百卷，目录十卷。六年（981）正月，雕印。[1]

《太平广记》卷首，载《太平广记表》，表后署名，以翰林学士李昉、扈蒙为首，下面依次为：史馆修撰李穆，金紫光禄大夫汤悦，太子率更令徐铉，左拾遗、直史馆宋白，太子中允王克贞、张洎，太子中允董淳，太子左赞善、直史馆赵邻几，太子中赞善陈鄂，少府监丞吕文仲、吴淑。与编修《太平御览》者相比较，少国子寺丞舒雅一人。表文曰：

> 臣昉等言。臣先奉敕撰集《太平广记》五百卷者，伏以六籍既分，九流并起，皆得圣人之道，以尽万物之情，足以启迪聪明，鉴照今古。伏惟皇帝陛下，体周圣启，德迈文思，博综群言，不遗众善，以为编秩既广，观览难周，故使采摭菁英，裁成类例。惟兹重事，宜属通儒。臣等谬以诐闻，幸尘清赏，猥奉修文之寄，曾无叙事之能，退省疏芜，惟增靦冒。其书五百卷，并目录十卷，共五百十卷，谨诣东上阁门奉表上进以闻。冒渎天听，臣昉等诚惶诚恐，顿首顿首，谨言。
>
> （太平兴国三年八月十三日）

---

1   《玉海》卷 54。

　　《太平广记》雕版印行后，"言者以为非学者所急，收墨板藏太清楼"，[1] 所以流传并不广，但对宋代及后世文学的发展，仍然产生了很大影响。在北宋末年，已有蔡蓄节取其资料编成《鹿草事类》和《文类》各三十卷。宋元的话本、杂剧、诸宫调等，经常采用《太平广记》中记载的故事；明清的小说戏曲，也有很多取材于《太平广记》的。[2]

　　《太平广记》专门收集自汉代至宋初的野史小说中的故事，编为五百卷。按题材，分作 92 大类，又分 150 多个细目。每一小类的每个故事，均有小标题，照录原书之一段或数段，末尾注明出处。其所引书，总数为 475 种。这 475 种书，半数以上都已散佚，就是存留的也有不少残缺和错讹之处，现在只能依据《太平广记》来做辑佚和校勘了。[3]

　　清人纪昀等撰《四库全书总目》，将《太平广记》列入卷142《子部·小说家类三》中，其解题说：

　　　　古来轶闻琐事，僻笈遗文，咸在焉。卷帙轻者，往往全部收入。盖小说家之渊海也。……其书虽多谈神怪，而采撷繁富，名物典故，错出其间，词章家恒所采用，考证家亦多所取资。又唐以前书，世所不传者，断简残编，尚间存其十一，尤足贵也。

　　当然，《太平广记》在编纂体例上，也存在着零乱和重复的问题，但并不影响其价值。

1　《玉海》卷 54。
2　参见《太平广记》卷首《点校说明》。
3　《太平广记》卷首《点校说明》。

（3）《文苑英华》一千卷

在《太平广记》业已刊印、《太平御览》大致编竣的时刻，"太宗以诸家文集，其数实繁，虽各擅所长，亦榛芜相间"，遂于太平兴国七年（982）九月，下令："阅前代文集，撮其精要，以类分之，为《文苑英华》。"当时受诏参加编修的有：翰林学士承旨李昉，翰林学士扈蒙，给事中、直学士院徐铉，中书舍人宋白，知制诰贾黄中、吕蒙正、李至，司封员外郎李穆，库部员外郎杨徽之，监察御史李范，秘书丞杨砺，著作佐郎吴淑、吕文仲、胡汀，著作佐郎、直史馆战贻庆，国子监丞杜镐，将作监丞舒雅等17人。17人中，李昉、扈蒙、徐铉、宋白、李穆、吴淑、吕文仲、舒雅等八人是参加了编修《太平御览》工作的。其后，李昉、扈蒙、吕蒙正、李至、李穆、李范、杨砺、吴淑、吕文仲、胡汀、战贻庆、杜镐、舒雅等13人并改他任，只剩下宋白、贾黄中、徐铉、杨徽之四人继续编修《文苑英华》，太宗又另外委派翰林学士苏易简，中书舍人王祐，知制诰范杲、宋湜等四人参加编修工作，与宋白等四人共同完成编修《文苑英华》的工作。因杨徽之尤精风雅，太宗特命其编诗，成书一百八十卷。据《欧阳文忠公全集》卷22《王公神道碑》和《宋史》卷267《赵昌言传》，王旦与赵昌言二人也参与了《文苑英华》的编修工作。雍熙三年（986）十二月壬寅（八日），成书一千卷，号曰《文苑英华》。[1]

宋白等人进上《文苑英华》的表中说："席缥经史，堂列缣缃，咀嚼英腴，总览翘秀，撮其类列，分以部居，使沿泝者得其余波，慕味者接其研唱。"太宗看过书后认为不错，下诏说："近代以来，斯文浸

1　《文苑英华》卷首《纂修文苑英华事始》；《玉海》卷54；《长编》卷27；《宋会要辑稿》崇儒五之一。

盛，虽述作甚多而妍媸不辨，遂令编辑，止取菁英，所谓擿鸾凤之羽毛，截犀象之牙角。书成来上，实有可观。宜付史馆。"[1]

《文苑英华》乃接续梁昭明太子萧统的《文选》而编修的，故全书上起南北朝时的萧梁（502—557），下迄晚唐五代，选录作家近2200人，作品近两万篇，分为"赋"、"诗"、"歌行"、"杂文"、"中书制诰"、"翰林制诏"、"策问"、"策"、"判"、"表"、"笺"、"状"、"檄"、"露布"、"弹文"、"移文"、"启"、"书"、"疏"、"序"、"论"、"议"、"连珠"、"喻对"、"颂"、"赞"、"铭"、"箴"、"传"、"记"、"谥哀册文"、"谥议"、"诔"、"碑"、"志"、"墓表"、"行状"、"祭文"等38类。其所收录的作品，以唐代为最多，约占十分之九。

宋代以前，印刷术尚未推广，书籍流传，主要依靠传抄，既多错误，又易散失。《文苑英华》汇集了宋代以前的大量作品，给后世留下了大量珍贵的文献资料。其价值主要表现在三个方面：第一，书中收录的大批诏诰、书判、表疏、碑志，可用于考订载籍的得失，补充史传的缺漏。第二，据《新唐书·艺文志》，唐人文集有300多家，宋初尚存者应距此数目不远。后来，这些文集又逐渐散失。根据《文苑英华》，可以做一些辑补工作。《文苑英华》中还保留有许多《全唐文》、《全唐诗》失收的篇目，对《全唐文》和《全唐诗》可起到补遗作用。第三，《文苑英华》中，以小注形式保存有以宋本校宋本的校勘记，这对后人校勘该集该史有重要的参考价值。[2]《四库全书总目》也说："考唐文者惟赖此书之存，实为著作之渊海。"[3]

1　《玉海》卷54引《实录》。
2　参见《文苑英华》卷首《出版说明》。
3　《四库全书总目》卷186《集部·总集类一》。

　　当然，《文苑英华》也存在着许多严重缺点。主要有两点：一是如周必大在《文苑英华序》中所言："元修书时，历年颇多，非出一手，丛脞重复，首尾衡决，一诗或折为二，三诗或合为一，姓氏差互，先后颠倒，不可胜计。"南宋彭叔夏因此作《文苑英华辨证》十卷，成为我国历史上的校勘学名著之一。二是所选文章，既缺又滥，李白、杜甫的名篇《早发白帝城》、《三吏》、《三别》等未能收入，而收入的赋大多无足观。

　　景德四年（1007）八月，宋真宗又诏三馆分校《文苑英华》，以前所编次，未尽允惬，遂令文臣择前贤文章，重加编录，芟繁补缺换易之。卷数如旧，摹印颁行。[1]

　　《挥麈后录》卷1记载：

　　　　太平兴国中，诸降王死，其旧臣或宣怨言。太宗尽收用之，置之馆阁，使修群书，如《册府元龟》、《文苑英华》、《太平广记》之类，广其卷帙，厚其廪禄赡给，以役其心。多卒老于文字之间云。

　　王明清所说，有一些依据。编修三大类书的馆阁之臣中，李昉、扈蒙等人是后周旧臣，徐铉、汤悦、张洎等人是南唐旧臣，但也有太祖朝进士杨砺，太宗朝进士吕蒙正、贾黄中、李至等人，吕蒙正还是宋代第一位状元宰相。因此，太宗编修三大类书，是要以文德致治，而并非为了使五代十国旧臣"卒老于文字之间"。况且，《册府元龟》

<hr>

1　《玉海》卷54；《宋会要辑稿》崇儒四之三。

也不是太宗时期编修的，而是真宗时期编修的。

（4）其他

除上述三部大书外，太宗时期还编有一部大书，即《神医普救方》一千卷，惜乎此书今已不存。

太平兴国六年（981）十月丙戌（廿二日），太宗诏贾黄中等人在崇文院史馆编录医书。贾黄中时为驾部员外郎、知制诰。奉命参加编录工作的还有：李宗讷、刘锡、吴淑、吕文仲、杜镐、舒雅等人。中使王文寿监督。[1] 雍熙四年（987）十月，纂成一千卷，目录十卷，名为《神医普救方》，由翰林学士贾黄中领衔奏上，太宗亲自为其制序，诏颁行之，赐参与编录工作的贾黄中等人器币有差。[2]

论卷数，《神医普救方》亦有一千卷之巨，与三大类书并称四大类书，其实是很恰当的。但因为此书未能流传至今，无从窥其内容，是以不得与三大类书相提并论。

除此之外，太宗时期较大的著述还有：

《雍熙广韵》一百卷。直史馆句中正与吴铉、杨文举等编撰，端拱二年（989）六月成书。[3]

《太祖实录》五十卷。太平兴国三年（978）正月，命翰林学士李昉等修《太祖实录》。同修者有：扈蒙、李穆、郭贽、宋白、董淳、赵邻几等人。太平兴国五年（980）九月，史馆修成《太祖实录》五十卷献上，赐监修宰相沈伦，史官李昉、扈蒙等人袭衣、金带、锦彩、银器。[4] 后来，太宗对这部《太祖实录》不满意，淳化五年（994），太宗对宰

1　《玉海》卷63；《宋史》卷265《李宗讷传》；《长编》卷28。

2　《玉海》卷63；《长编》卷22、卷28。

3　《长编》卷30；《宋大诏令集》卷150。

4　《长编》卷19、卷21；《玉海》卷48；《宋会要辑稿》运历一之二九。

相吕蒙正说："太祖朝事，耳目相接，今《实录》中颇有漏略，可集史官同撰。"参知政事苏易简说："近代委学士匮蒙修史，蒙性懦，逼于权势，多所讳避，甚非直笔。"太宗说："史臣之职，固在善恶必书，无所隐尔。昔唐玄宗欲焚武后史，左右以为不可，使后代闻之，足为鉴戒。"因言："太祖受命之际，固非谋虑所及。昔曹操、司马仲达皆数十年窥伺神器，先邀九锡，至于易世，方有传禅之事。太祖尽力周室，中外所知，及登大宝，非有意也。当时本末；史官所记殊阙然，宜令至等别加缀辑。"于是，在四月命吏部侍郎、秘书监李至，翰林学士、中书舍人张洎，右谏议大夫、史馆修撰张佖、范杲同修国史，对《太祖实录》进行修补。从谈话中可以知道，太宗对《太祖实录》不满，主要是认为该书对太祖扬善不足，此外还牵涉到对一些人物的褒贬程度，因此，重修《太祖实录》的工作，是非常难以措手的。于是在不久之后，李至就以眼睛有病而辞去了修史之职；张佖也说自己早事伪邦（指南唐），不能通知本朝故实，因而辞职，太宗乃诏礼部侍郎宋白与张洎同修国史。七月，张洎等人又请求特降敕命，询问太祖朝已死的勋臣子孙及门人故吏、知旧亲戚，并班行旧老能知先朝故实及周朝军中事者，并许尽言，令史官参校，不至于使谬戾者书之于国史。太宗从其言。十月，翰林学士张洎等献上重修的《太祖纪》一卷，以红、黑两种字体杂书：凡是太宗所说及史官采摭之事。就以红色书写，以便区别。至道元年（995）四月，张洎升任参知政事，遂由宋白独领史职，历经数年，至太宗去世（997），重修的《太祖实录》终于未能完成。而张洎等所上《太祖纪》，亦不列于史馆。以至到真宗时，又要重修《太祖实录》。而李昉等人所

修《太祖实录》，遂被称为《太祖旧录》。¹

《太平兴国编敕》十五卷。太平兴国四年（979），取宋初以来敕条纂集，行于世。

《淳化编敕》三十卷。淳化二年（991）三月，翰林学士宋白等上新定《淳化编敕》三十卷。左谏议大夫、知审刑院许骧等重行删定，仍为三十卷，淳化五年（994）八月上之，太宗诏颁行之。²

《分门礼选》二十卷。雍熙四年（987）八月，水部员外郎、诸王府侍讲邢昺献上。³

《江表事迹》，又名《江南录》，十卷。太平兴国三年（978）正月，与修《太祖实录》同时，命直学士院汤悦及徐铉、王克贞、张洎同修《江表事迹》。后成书十卷上之，名为《江南录》，由给事中徐铉、光禄卿汤悦领衔上之。⁴此书记载南唐事。

除上述书外，前节已述及的书尚有：

《太平圣惠方》一百卷。太平兴国七年（982），太宗检出在晋王府邸时所搜集的而且亲验过的名方异术千余首，又诏医局，各上家传方书，合万余首，命王怀隐、王祐、郑彦、陈昭遇校正编类，各于篇首著其疾证。淳化三年（992）书成，凡一千六百七十门，一万六千八百三十四首，太宗亲制序文。五月，以印本颁天下，每州择明医术者一人补医博士，令掌其书，听吏民传写。⁵现日本名古屋市蓬左文库藏有一部南宋绍兴十七年（1147）福建转运司刊本《太平

1　《长编》卷 35、卷 36；《玉海》卷 48；《宋会要辑稿》运历一之二九。

2　《长编》卷 20、卷 32、卷 36。

3　《长编》卷 28。

4　《太宗实录》卷 76；《郡斋读书志》（衢本）卷 7；《直斋书录解题》卷 5。

5　《郡斋读书志》（衢本）卷 15；《直斋书录解题》卷 13；《长编》卷 33；《玉海》卷 63。

圣惠方》。

　　《历代帝王名臣法帖》。淳化四年（993）四月，太宗下令编印。

　　《会昌已后日历》二十六卷，《鲰子》一卷，《六帝年略》一卷，文集三十四卷。赵邻几撰。

　　《贡举事》二十卷，《登科记》三十二卷，《题解》二十卷，《唐登科文选》五十卷，《唐孝悌录》十五卷及续五卷，《续卓异》三卷。乐史撰，雍熙三年（986）正月献上。

　　《大政要录》三十卷。张去华撰，雍熙三年九月献上。

　　《东观集》十卷。罗处约撰，淳化三年（992）七月，翰林承旨苏易简献上。

　　《养蚕经》一卷。李元真撰，至道元年（995）五月献上。

　　《总仙箓》三十七卷，目录四卷。乐史撰，至道二年（996）四月献上。

　　详定《玉篇》、《切韵》。陈鄂等详定，太平兴国二年（977）五月受诏。

　　新定《说文》三十卷。徐铉、句中正等校定，雍熙三年十一月献上。

第三节　宋代文官统治之确立

　　太宗时期，大开科举之门，大量取士，直接授以官职，逐渐使科举出身者占据了自中央到地方的各级职位，形成朝廷内外皆是宋朝科举人才的天下的情况。赵宋皇朝自己拔擢的文人，成为各级官员，使五代时期武人当政的局面彻底改观，为宋代文官统治的确立，打下了坚实的组织基础。

大规模地寻访书籍，进行校勘工作，又编纂四大部书，使士子们有书可读，读之难尽，治国修身之道，皆可从中学习，为宋代的文官统治打下了雄厚的物质基础。

太宗时期，还优遇文臣，提倡文事，刻意提高文臣地位，从而最终确立了文官统治局面。

太宗曾说过："夫教化之本，治乱之源，苟无书籍，何以取法？"他曾对宰相说，自己"视事既罢，即看书，深夜乃寝"。他又对近臣说："王者虽以武功克定，终须用文德致治。朕每退朝，不废观书，意欲酌前代成败而行之，以尽损益。"他曾用一年时间，日读三卷，终于读完了《太平御览》一书。除自己读书外，太宗也到国子监听讲。端拱元年（988）八月，太宗到国子监谒文宣王孔子，礼毕，升辇，将出西门，看到听讲的人群，左右报告他，是博士李觉正聚徒讲书。太宗即召见李觉，让他为自己讲书。李觉说："陛下六飞在御，臣何敢辄升高坐？"太宗便走下御辇，命有司张帷幕，设别坐，诏李觉讲《周易》中的泰卦，从臣皆列坐而听。李觉乃述天地感通、君臣相应之旨。太宗听后，大为高兴，特别赐给李觉帛百匹。第二天，太宗对宰相说："昨听觉所讲，文义深奥，足为鉴戒，当与卿等共遵守之。"宰相赵普听后，顿首拜谢。淳化五年（994）十一月，太宗到国子监，赐直讲孙奭五品服；接着去武成王庙，又回到国子监，令孙奭讲《尚书》说命三篇，至"事不师古，以克永世，匪说攸闻"。太宗听后说："诚哉！是言也。"太宗打算切励群臣，因此又叹息说："天以良弼赉商，朕独不得耶？"

遂与从官饮酒，另外赐给孙奭束帛。[1]

太宗曾说："人君当澹然无欲，勿使嗜好形见于外，则奸佞无自入焉。朕年长，他无所爱，但喜读书，多见古今成败，善者从之，不善者改之，如斯而已。"[2]确实，最高统治者的嗜好，对臣下，对社会，都有着巨大影响。太宗好读书，喜听讲，不能不对文武群臣产生深远影响。他还特别劝诱武臣读书，以变时风。太平兴国八年（983）六月，任命王显为枢密使后，太宗对他说："卿学问寡，今掌枢机，无暇读书"，令左右取《军戒》三篇，曰："读此可免面墙矣。"[3]淳化三年（992）九月，太宗到秘阁观书，赐从臣及直馆阁官饮宴后，又命皇城使王继恩召侍卫马步军都虞候傅潜、殿前都指挥使戴兴等禁军将帅饮宴，纵观群书，据说，太宗是"意欲武将知文儒之盛也"。[4]雍熙元年（984）三月，太宗召宰相近臣赏花于后苑，并说："春风暄和，万物畅茂，四方无事，朕以天下之乐为乐，宜令侍从词臣各赋诗。"自此开始，赏花、钓鱼，均须赋诗。当月宴射时，宰相等人各赋诗，太宗又和诗赐之。[5]于是乎，流风所及，武将们也渐渐读书懂诗了。"本出溪戎"的武将党进，不识一字，在朝辞时，忽然看着太宗说："臣闻上古，其风朴略，愿官家好将息。"下来后，左右问他："太尉何故忽念此二句？"党进回答说："我尝见措大们爱掉书袋，我亦掉一两句，也要官家知道我读书来！"[6]而武将曹翰，能作诗，有《玉关集》，太宗曾看过他的诗，

1　《续资治通鉴长编纪事本末》卷 14；《大事记讲义》卷 4。
2　《长编纪事本末》卷 14；《大事记讲义》卷 4。
3　《太平宝训政事纪年》引《宝训》。
4　《长编》卷 33。
5　《长编》卷 25。
6　《玉壶清话》卷 8。

见到"曾因国难披金甲，耻为家贫卖宝刀。他日燕山磨峭壁，定应先勒大名曹"，认为颇佳，很是喜爱。[1]

太宗尤重内外制之任，每命一舍人，必咨询宰辅，求才实兼美者，先召与语，观其器识，然后授之。他曾说："词臣之选，古今所重。人言，朝廷命一制诰，六姻相贺，以为一佛出世。"太宗还对侍臣说："学士之职，亲切贵重，非他官可比，朕尝恨不得为之。"因此，在任命知制诰与翰林学士时，特别注意德行与文学并重，不肯轻易授人。[2]淳化二年（991）十月，翰林学士承旨苏易简撰《续翰林志》二卷献上，太宗为嘉奖他，赐诗二章，在纸尾批道："诗意美卿居清华之地也。"苏易简请求将太宗所赐诗刻石，昭示无穷，太宗又用真、草、行三种字体重书其诗，命待诏吴文赏刻印后遍赐近臣。太宗又用飞白体写下"玉堂之署"四个大字，令中书召见苏易简并交给他，挂在学士院厅额上。太宗说："此永为翰林中美事。"苏易简说："自有翰林，未有如今日之荣也。"十二月，苏易简在学士院会翰林学士韩丕、毕士安，秘书监李至，史馆修撰杨徽之、梁周翰，知制诰柴成务、吕佐之、钱若水、王旦，直秘阁潘谨修，翰林侍书王著，侍读吕文仲等，一齐观赏太宗飞白书"玉堂之署"四字以及三体书诗石。太宗闻知后，赐上尊酒，太官设盛馔，李至等人各赋诗以记其事。宰相李昉、张齐贤，参知政事贾黄中、李沆，也赋诗送给苏易简。苏易简将诗什全部奏上，太宗对宰相说："苏易简以卿等诗什来上，斯足以见儒墨之盛，学士之贵也。可别录一本进入，以其本赐易简。"[3]经此盛典，学士院声名大振，翰林学士一职也更显清贵。

1　《玉壶清话》卷7。

2　《大事记讲义》卷4；《杨文公谈苑》。

3　《长编》卷32。

所以宋人说："苏内翰易简在禁林（指学士院）八年，宠待之优，夐出夷等。"淳化四年（993）十月，苏易简升任参知政事。至道二年（996），苏易简去世时，太宗在挽词中还说："时向玉堂寻旧迹，八花砖上日空长。"[1]据《宋史》卷210《宰辅一》，太宗一朝，自翰林学士升任执政者，计有李穆、吕蒙正、贾黄中、李沆、苏易简、钱若水、张洎等七人，除钱若水任同知枢密院事外，其余六人均升为参知政事。翰林学士一职，成为进入执政行列的捷径之一。

太宗如此宠待文臣，大倡文事，更加提高了文臣的地位。至此，宋代的文官统治局面，便确定不移了。

1　《玉壶清话》卷8。

第六章

对辽作战：积贫积弱之形成

　　宋朝建立后，太祖与赵普商定了"先南后北"的统一战略，在南向用兵实现统一的同时，对北方强大的邻邦辽国采取防御之势：首先，实行正确的边防政策，敌来拒之，去则御之，采取人不犯我、我不犯人的态度，力求避免不顾大局、只求泄愤于一时的无谓冲突。其次，精心选择和任用边防将领，专任不疑，予以经济特权，使其专心守边。这样，在太祖前期基本保持了北部边境的安宁无事。开宝二年（969）太祖出兵攻打北汉，辽兵分道来援，被宋将何继筠、韩重赟击败于阳曲、定州。[1] 开宝三年（970），辽军南下，又与宋军激战于遂城（今河北徐水）。[2] 但是，宋辽两国始终未曾发生大规模战事。自开宝七年（974）以后，宋辽双方不断互相派遣使臣，来往颇为密切。

　　开宝九年（976）十月，太宗继位。十一月，派遣著作郎冯正、佐郎张圮出使辽国，报告新皇帝登基之事。此事《辽史》亦有记载："宋主匡胤殂，其弟炅自立，遣使来告。"辽国也派遣使臣到宋朝吊慰，又派使臣祝贺太宗即位。太平兴国二年（977）四月，安葬太祖时，辽国也派使臣助葬。[3] 自此，宋辽互相派使臣祝贺元旦及其他节日，往还不断，两国关系比较和睦。

　　太平兴国四年（979），漳泉与吴越已先后纳土，太宗遂于二月亲征北汉，以完成统一大业。宋军出动时，为防辽军援救北汉，命云州观察使郭进为太原石岭关都部署，"以断燕蓟援师"。辽国闻知宋朝出兵攻打北汉，派遣挞马长寿出使宋朝，询问兴师伐北汉的原因。宋廷的答复是："河东逆命，所当问罪。若北朝不援，和约如旧，不然则

1　《长编》卷10。
2　《长编》卷11。
3　《长编》卷18；《宋史》卷4《太宗一》；《辽史》卷8《景宗纪上》。

战！”当北汉求援时，辽国即以南府宰相耶律沙为都统，冀王敌烈为监军，率兵救援北汉，接着，又命南院大王耶律斜轸率部随耶律沙出征，枢密副使抹只督之；不久，又诏左千牛卫大将军韩侼、大同节度使耶律善补以本路兵南援。[1] 辽兵大举南援，表明辽国决心与宋朝开战。由此，拉开了宋辽 20 余年战争的序幕。

第一节 序幕：石岭关之战

宋辽战争打了 20 多年，重要战斗十余次，而太平兴国四年（979）三月的“石岭关之战”，实为其序幕。

石岭关是并、代、云、朔诸州的要冲，在太原东北约一百二十里；白马山则在太原东北约二百六十里，有木马水，山上有白马关。[2] 白马山是石岭关外围的战略要地，是辽军自幽州一带救援北汉的必经之路，所以太宗出兵攻北汉时，为防辽兵来援，命郭进率兵驻守石岭关一带。

太平兴国四年（辽乾亨元年）三月，辽将耶律沙率兵由间道进至白马山，被大涧阻挡，因而与郭进所部宋军相遇。耶律沙与诸将要等待后军来到，才与宋军开战，监军冀王敌烈与耶律抹只主张急速攻击宋军，耶律沙只得听从。敌烈遂率先锋部队渡涧，部队正到中流，遭到宋军的猛烈攻击，部队溃散，敌烈及其儿子蛙哥、耶律沙之子德里、令稳都敏、详稳唐筈等五将战死，士卒死伤甚众。辽兵后军耶律斜轸

1　《宋史》卷 4《太宗一》；《辽史》卷 9《景宗纪下》。
2　《太平寰宇记》卷 40《并州》。

率兵赶到，万矢俱发，才遏制住宋军攻势，稳住阵脚，得以退兵。[1]

石岭关之战后，辽兵退回幽州，北汉援绝，只得向宋朝投降。北汉亡后，宋辽两国之间，没有了缓冲地带，遂直接发生冲突。宋辽之间，开始了20余年的战争时期。

 高梁河之战

太平兴国四年（979）五月，宋军平定北汉以后，太宗十分高兴，赋诗刻石，大事庆祝。接着，欲挟战胜之威，直捣幽州，一举夺取幽云地区。当时，攻围太原累月，馈饷且尽，军士疲乏，大多数将领不赞成即刻北伐，但是无人敢言。只有殿前都虞候崔翰赞成，独自上奏说："此一事不容再举，乘此破竹之势，取之甚易，时不可失也。"此言入耳，太宗听后十分高兴，遂令枢密使曹彬负责调动军队。

五月二十二日，宋太宗一行离开太原，宋军自太原多路并进，向东越过太行山，进入河北平原。二十九日，宋太宗一行到达镇州（今河北正定），稍事休整。六月七日，太宗派使者调发京东、河北诸州军储，运送到北面行营，接济北伐诸军。十三日，宋太宗正式发动北征，督军离开镇州北上。当天，扈从太宗的六军，即有不即时至者，太宗大怒，欲置于法。马步军都军头赵延溥说："陛下巡行边陲，本以外寇为患，今敌未殄灭而诛谴将士，若图后举，谁为陛下戮力乎？"太宗方才息怒，未曾处罚军士。十四日，到达定州（今河北定州），

1　《辽史》卷84《耶律沙传》、卷9《景宗纪下》；《长编》卷20。

太宗派使者告祀北岳恒山，作《悲陷蕃民诗》，并令群臣和之。二十日，太宗督率宋军进至岐沟关（今河北涿州西南拒马河北），辽国东易州（即岐沟关）刺史刘宇举州降宋，宋军进入东易州，其前锋军傅潜等人，在涿州（今河北涿州）击败辽军。

当宋军进攻北汉时，辽国派兵援救，即于三月诏北院大王耶律奚底、乙室王撒合等率兵进驻幽州。耶律沙部在白马山失利后，也退守幽州。听闻宋军北上，北院大王奚底、统军使萧讨古、乙室王撒合遂引军南下迎击，企图阻止宋军向幽州的推进。六月二十一日，宋辽两军在沙河（今河北沙河）相遇，遂发生激战，辽军被击败，向北溃退。宋军乘胜逐北，六月二十二日，太宗率兵，进至涿州，辽国的涿州判官刘原德以城降，命供奉官张怀训领其兵。二十三日黎明，太宗率军到达幽州城南，并亲自率兵击走城北屯驻的辽兵万余众。宋军进围幽州。

辽国南院大王耶律斜轸见宋军兵锋甚锐，不敢进兵交战，遂引兵驻得胜口（今北京昌平西北），沙河败军耶律沙部则退驻清河北（今北京清河一带），遥为幽州声援。宋太宗见状，以为耶律斜轸军仅能凭险据守，不足为虑，遂以一部监视其军，部署主力攻打幽州城。六月二十五日，太宗指挥诸将攻城：定国节度使宋偓南面，河阳节度使崔彦进北部，彰信节度使刘遇东面，定武节度使孟玄喆攻西面；同时，命宣徽南院使潘美知幽州行府事，准备接管幽州城。

宋军围城三周，穴地而进，日夜攻打，幽州城中，人怀二心，形势十分危急。辽权知南京留守事韩德让登城，日夜守御。辽将御盏郎君耶律学古受诏来援，以计安反侧，并与韩德让一道，随宜备御，昼夜不少懈，击退登城宋军，力保城池不失。宋军围攻幽州半月之久，始终无法攻下。宋太宗多次亲临城下督战，亦无法改变局势。此时，宋军因久攻不下，士卒疲顿，加上运输线长，粮草接济也开始紧张，战争形势已逐渐发生变化。

辽景宗得知宋军围攻幽州的消息后，先派耶律学古引兵援救，入幽州城坚守。继而调动人马，南下支援，命惕隐耶律休哥代替耶律奚底为帅，将五院军去救应幽州。七月初，辽军援兵，到达幽州前线一带。七月六日，辽将耶律沙进军幽州城下，与宋军在高梁河（今北京西直门外）发生激战，宋太宗亲赴前线督战。激战至黄昏，耶律沙部不支败退，宋军刚松一口气，辽将耶律休哥与耶律斜轸各将所部，分为左右两翼，突然出击，向宋军发动猛烈攻击，宋军急忙调动围城部队迎敌，对幽州城的包围，遂自动解除。幽州守军耶律学古见宋军后退，知道援军赶到，便开门列阵，四面鸣鼓，城中居民也大呼助阵，声震天地。宋军在辽军的猛攻之下，阵脚大乱。七日黎明，宋太宗在激战中股中两箭，狼狈南逃，"仅以身免"。宋军失去指挥，群龙无首，四散溃逃，被辽军打得大败。辽军追杀三十余里，斩首万余级，获兵仗、器甲、符印、粮馈、货币不可胜计。太宗的行在服御宝器，攻灭北汉时夺得的北汉主的妃嫔，都落入辽军手中。八日，太宗逃至涿州，因股中两箭，换乘上驴车，向南狂奔。追击的辽将耶律休哥，在激战中身体三处受伤，以致无法骑马，只能乘轻车追击宋军，一直追到涿州，也未掳获太宗，遂收兵返回幽州。九日，太宗逃至金台驿，得知宋军全军溃散南逃，派殿前都虞候崔翰去收容溃兵，自己则继续南逃。十一日，太宗逃到定州，闻知辽军北还，才有喘气之机，命崔翰及定武节度使孟玄喆等留守定州，彰德节度使李汉琼驻守镇州，河阳节度使崔彦进等进屯关南（即高阳关）一带，均赋予便宜行事之权，以收拾残局，抵御辽军。十三日，太宗一行离开定州，一路南下，返回京师开封。这次北伐幽州，遂以宋军惨败而告结束。[1]

　　高梁河之战时，宋辽双方军力的对比，宋军是占上风的。太祖时几次击败辽军，太宗时的石岭关之战又击败辽军，北伐幽州的初期的沙河之战又大败辽军，即是有力证明。可以有把握地说，太平兴国四年（979）时，宋军是有能力击败辽军的，其军事实力也强过辽军。但高梁河一战，宋军大败溃逃，仅战死者即超过一万人，使宋初以来经过生聚教阅而日以精强的宋军，元气大伤，其原因何在呢？

　　一是战略上的轻敌思想。北汉投降，太宗狂喜，圣心独运，执意北伐，一心以为可以马到成功，没有估计到会有激烈战斗。南宋史臣洪迈即认为：“太平兴国，失于轻举。”[2]二是军纪不肃，当出兵时即有六军不至的情况，据《烬余录》甲编：“诸将亦掠北汉妇女充军妓，士气不扬。”三是战术错误，顿兵坚城之下，既无统帅统一指挥，又不作打援的部署。四是将士连番作战，已成疲惫之师，故而将士厌战，不肯用命。[3]这些原因，归根结底，还是宋太宗造成的。太宗因身负继位之谜的沉重包袱而急于建功扬名，但军事指挥实非其长，却又不肯委诸将帅；宋军虽精，但攻灭北汉后，急需休息整顿，将士又一心等待赏赐，太宗一意孤行，急欲建不世之功，一举超越宋太祖、周世宗，其结果适得其反，丧师辱国，名望大跌。反观辽方，辽景宗“务行宽政”，“用人不疑”，任用了耶律休哥、耶律斜轸、耶律学古等名将，

1　战事经过，综合《辽史》卷9《景宗纪下》、卷83《耶律休哥、耶律斜轸、耶律学古传》、卷84《萧讨古传》、卷82《耶律隆运传》，以及《长编》卷20、《宋史》卷4《太宗一》、《默记》卷中的记载而述。

2　《容斋四笔》卷3《燕非强国》。

3　可参见王煦华、金永高《宋辽和战关系中的几个问题》与汪槐龄《柴荣与宋初政治》两文。

倾全力援救幽州；而幽州为辽国南部军事要地，势在必争，宋军又四面围城，辽兵无可遁逃，只有据城死守，宋军遂久攻不下，待辽援军一到，已成强弩之末的宋军，自难当辽军之奋击，不败何待！《辽史》卷 83 的"论"说"宋乘下太原之锐，以师围燕"，"辽亦岌岌乎殆哉！休哥奋击于高梁，敌兵奔溃"，"社稷固而边境宁，虽配古名将，无愧矣"。可知此战对辽国的影响是十分重大的。

高梁河之战后，辽国为报复宋军围攻幽州，于太平兴国四年（979）九月，以燕王韩匡嗣为都统，南府宰相耶律沙为监军，惕隐休哥、南院大王斜轸、权奚王抹只等，各率所部兵南伐，仍命大同军节度使善补领山西兵分道以进。[1] 韩匡嗣所部，在满城（今河北保定）为宋将刘廷翰部大败之。大同府南下之辽军，于十一月在雁门为宋将折彦赟击败。第二年三月，辽军再攻雁门，又被宋将杨业与潘美击败。[2] 从这几次战斗可以看到，高梁河一战虽伤到宋军元气，但无大碍，宋军实力犹在，仍可击败辽军。因此，宋太宗如果能够汲取失败教训，整顿军备，未尝不可以卷土重来，击败辽军，收复幽云。然而，太宗却别有心思。

高梁河战败时，宋军中曾出现拥戴太祖之子德昭的事，这使太宗深为惧怕和担忧。

《涑水记闻》卷 2 记载：

> 魏王德昭，太祖之长子。从太宗征幽州，军中夜惊，不知上（太宗）所在，众议有谋立王者。会知上处，乃止。

1 《辽史》卷 9《景宗纪下》。
2 《辽史》卷 9《景宗纪下》、卷 74《韩匡嗣传》；《长编》卷 20。

《烬余录》甲编载：

> 　　兴国四年，德昭从征契丹，值太宗溃走，败军无主，暂曾
> 推戴。

　　《宋史》卷244《德昭传》与《长编》卷20所载略同。

　　高梁河之战时，皇弟廷美和宰相薛居正、卢多逊以下的文武大臣，大部分都在军中，但在败军无主之时，竟然发生拥立德昭之事，士大夫及将士人心之所向，灼然可见。太宗因此对文武诸臣大为不满，回京后，久不行太原之赏，议者皆谓不可，于是德昭乘间入言，不料太宗大怒，说："待汝自为之，赏未晚也。"德昭闻言惶恐，退而自杀。太宗闻知后，心中暗喜，表面却装作惊悔之状，去德昭家抱其尸，大哭曰："痴儿何至此邪？"赠中书令，追封魏王，赐谥曰懿。[1]时在太平兴国四年（979）八月，德昭死时，年方29岁。

　　太平兴国五年（辽乾亨二年，980）十月，辽军准备南伐，辽景宗进驻南京幽州。宋太宗得知辽军将大举南侵的消息后，遂调发兵力，做防御准备：命莱州刺史杨重进、沂州刺史毛继美率兵屯关南，亳州刺史蔡玉、济州刺史上党陈廷山屯定州，单州刺史卢汉赟屯镇州。十一月，太宗下诏，巡视北方。[2]

　　《宋史》卷4《太宗一》记载：

> 　　（十一月）己酉（十日），帝（太宗）伐契丹……戊午（十九

日），驻跸大名府。诸军及契丹大战于莫州，败绩。

《辽史》卷9《景宗纪下》记载：

> （十一月）壬寅（三日），休哥败宋兵于瓦桥东，守将张师
> 引兵出战，休哥奋击，败之。戊申（九日），宋兵阵于水南，
> 休哥涉水击破之，追至莫州，杀伤甚众。己酉（十日），宋兵
> 复来，击之殆尽。丙辰（十七日），班师。乙丑（廿六日），
> 还次南京。

《辽史》卷83《耶律休哥传》记载：

> 车驾亲征，围瓦桥关。宋兵来救，守将张师突围出。帝亲
> 督战，休哥斩师，余众退走入城。宋阵于水南，将战，帝以休
> 哥马介独黄，虑为敌所识，乃赐玄甲、白马易之。休哥率精骑
> 渡水，击败之，追至莫州。横尸满道，靫矢俱罄，生获数将以献。
> 帝悦，赐御马、金盂，劳之曰："尔勇过于名，若人人如卿，何
> 忧不克？"师还，拜于越。

瓦桥关是宋朝雄州的治所，位于易水之北，是河北前线重镇，距
宋辽边境不远，遂为辽军包围，守将张师固守待援。宋太宗督师北上，
就是企图解救前线危机的。结果，辽将休哥击斩张师，击败宋朝援兵，
追击直至莫州。是故宋人记载败于莫州。此战按宋人习惯，称为莫州
之战。太宗亲自督师，仍有莫州之败，宋军战斗力明显下降。

太平兴国五年（980）十二月，翰林学士李昉、扈蒙等人上奏疏说："河朔之区，连岁飞挽，近经蹂践，尤极萧然。虽荐偶于丰穰，恐不堪其调发。""惧彼残妖，亦恐劳于大举。伏望申戒羽卫，旋旆京都，善养骁雄，精加训练，严敕边郡，广积军储，讲习武经，缮修攻具，俟府藏之充溢，泊闾里之富全，期岁之间，用师未晚。"

左拾遗、直史馆张齐贤上疏曰："河东初平，人心未固，岚、宪、忻、代，未有军寨，入寇则田牧顿失，扰边则守备可虞，而反保境偷生，畏威自固。""自古疆场之难，非尽由戎狄，亦多边吏扰而致人。若缘边诸寨，抚御得人，但使峻垒深沟，蓄力养锐，以逸自处，宁我致人，李牧所以称良将于赵，因此术也。所谓择卒未如择将，任力不及任人。如是，则边鄙宁矣。边鄙宁则辇运减，辇运减则河北人民获休息矣，获休息则田业增而蚕织广，务农积谷，以实边用。且戎狄之心，固亦择利避害，安肯投死地而为寇哉。"

但是，太宗并未能听取李昉、张齐贤的意见，既不严惩丧师之败将，整军严纪，又不讲习武经，精加训练，更未能善任边将，防御得法，而是倾全力去注意内政。太平兴国六年（981），逼死太祖另一个儿子，23岁的德芳。太平兴国七年（982），贬黜弟弟廷美，五子并封王。至此，太祖的儿子已全部死去，居于准皇储地位的弟弟廷美也贬为庶人、房州安置，对于宋太宗传位于儿子来说，也已经扫清了障碍。

太平兴国七年五月，左拾遗、知相州田锡，在《上太宗论边事》的奏议中说："今北鄙绎骚，盖亦以居边任者，规羊马细利为捷，捕斩小胜为功，贾怨结仇，乘秋致寇，召戎起衅，职此之由。伏愿申饬将帅，谨固封守，勿尚小功，许通互市，索获蕃口，抚而还之。如此，不出五载，河朔之民，得务三农之业，亭障之地，可积十年之储。""戎族未乱，无烦强图，狄势未衰，何劳力取？待其乱而取之则克，乘而兵之则降，既心服而志归，则力省而功倍。"[1]

这份来自河北前线而又出自著名耿直之臣手中的奏疏，是值得重视的，它反映了高梁河之战后，北部边境的防边将领的作为，说明宋辽之间发生战事，除了辽军南下侵扰之外，宋朝的边境守将生事致寇，也是重要原因。

莫州之战后，辽军乘胜收兵，宋朝边将遂谎报"契丹皆遁去"，并归功于太宗亲征，太宗致有作诗之举，诗中有句："一箭未施戎马遁，六军空恨阵云高"，甚为夸耀，洋洋自得。[2]太宗甚至还佯装作势，要挥兵进攻幽州，但大臣们稍一劝谏，即趁势收篷，打道回府了。太宗刚经莫州之败，深知北部边防堪忧，遂在太平兴国五年（980）十二月返京的同时，命边将修筑城防，开疏河道，以固边防。《长编》卷21记载：

命曹翰部署修雄、霸州，平戎、破虏、乾宁等军城池。开南河，自雄州达莫州，以通漕运。筑大堤捍水势，调役夫数万人，拒敌境伐木以给用。遣五骏骑为斥候，授以五色旗，人执其一，前有林木则举青旗，烟火举赤旗，寇兵举白旗，陂泽举黑旗，丘陵举黄旗。先是契丹入侵，必举狼烟，翰分遣人举烟境上，敌疑有伏，即引去，不敢近塞。得巨木数万，负担而还，大济用度。数旬功毕，召归颍州。

1　以上奏疏，均见《诸臣奏议》卷129《边防门》。
2　《石林燕语》卷7。

有了坚固的城池，宋辽又已开战，边防将领遂一改太祖时不轻启边衅的做法，常为泄愤或争功而在边境生事，以捕斩辽方民众而报功，从而招致辽军的报复性入侵。辽兵一来，边将又龟缩于城堡之内，任其抢劫，不敢出战。如此一来，边境一带，战火连绵，河北州县，时遭攻扰，不待大战，已自疲惫。田锡的奏议，即建议改变边防政策，以改善边境河北州县的困蔽状况。然而，此建议并未被太宗采纳实行。直到端拱二年（989）十一月，"将臣以重兵戍边者，多生事致寇，以邀战功，河朔诸州，曾无宁岁。"[1]如此的边境态势，如何能与辽军大战而胜之呢？

反观辽国方面，与宋朝的情况完全不同。辽乾亨元年（宋太平兴国四年，979）冬天，辽景宗令耶律休哥总南面戍兵，为北院大王。辽乾亨二年（宋太平兴国五年，980）十二月，莫州之战后，休哥官拜于越，这是辽国极贵之官，表明名将休哥地位的提高。辽乾亨四年（宋太平兴国七年，982）九月，辽景宗死去，圣宗继位，圣宗之母萧太后称制，实际执掌大政。萧太后是一位有才略的政治家，执掌大政后，她顺应契丹社会封建化的历史趋势，在以韩德让（后赐名耶律隆运）为首的汉族与契丹族官僚的辅佐下，效法汉人的统治方法，进行了改革。萧太后称制时期的政治和军事活动，巩固了辽国的统治，为圣宗时期完成封建化和辽国盛世的出现奠定了基础。[2]萧太后称制伊始，即令耶律休哥总南面军务，以便宜从事，全权委托休哥守卫幽云地区。从此以后，直到辽统和十六年（宋咸平元年，998），休哥一直镇守幽州，统辖辽国南面军务，专门对付宋朝。总而计之，自宋太平兴国

1　《长编》卷30。
2　详参杨树森：《承天后与辽圣宗的历史作用》一文。

四年（979），至宋咸平元年（998），休哥驻守幽州长达 20 年之久，是宋军面对的敌方军事统帅。休哥是辽国有名的大将，智勇双全，很会用兵，并且有政治头脑。《辽史》卷 83《休哥传》称他"智略宏远，料敌如神。每战胜，让功诸将，故士卒乐为之用"。他在幽州，"均戍兵，立更休法，劝农桑，修武备，边境大治"。他不轻启边衅，"以燕民疲弊，省赋役，恤孤寡，戒戍兵无犯宋境，虽马牛逸于北者悉还之"。幽州民心的向背，不问可知。休哥实行的边境政策，与宋朝边将的所作所为，恰恰形成鲜明对比，不待大战，辽方已占上风。

正是在这种形势下，宋太宗发动了雍熙北征，宋辽之间的第二次大战役开始了。

第三节　雍熙北征

太平兴国七年（辽乾亨四年，982）九月，辽圣宗即位。在得知新君即位的消息后，太宗曾一度有意弭兵息民。

《长编》卷 23，太平兴国七年十月记载：

> 上初以契丹渝盟，来援太原，遂亲征范阳（即幽州），欲收中国旧地。既而兵连不解，议者多请息民。癸亥（五日），诏缘边诸州军县镇等，各务守境力田，无得阑出边关，侵扰帐族及夺略畜产，所在严加侦逻，违者重论其罪，获羊马、生口并送于塞外。上尝谓近臣曰："朕每读《老子》至'佳兵者，不祥之器，圣人不得已而用之'，未尝不三复以为规戒。王者虽

以武功克定，终须用文德致治。朕每退朝，不废观书，意欲酌
前代成败而行之，以尽损益也。"

除下令戒谕边将外，太宗还尝派遣使者去辽国，企图恢复交往。
《辽史》卷10《圣宗纪一》记载：

（乾亨四年十二月）辛酉（四日），南京（即幽州）留守荆
王道隐奏宋遣使献犀带求和，诏以无书却之。

太宗想议和息兵不成，羞忿之下，便又积极备战了。闰十二月，
便有丰州（今陕西府谷北）接纳契丹降附者并与契丹作战的记载。太
平兴国八年（辽统和元年，983）三月，又有丰州与契丹交战的记载。[1]
说明宋辽之间，仍然维持着战争状态。但这两次战斗，《辽史》不载。

由于宋辽又恢复战争局面，太宗便积极备战。太平兴国七年
（982）闰十二月，太宗在近郊打猎，并到讲武台观看练武。太平兴国
八年正月以前，太宗顾念征戍劳，下令每月赐给缘边士卒白金，军中
称为"月头银"。三月，太宗特地在讲武殿覆试礼部贡举人，亦含有"讲
武"的深意。其后，太宗着意于内政，至十月，"内外政事，渐成条贯，
远近官吏，无不畏谨"，太宗十分高兴，遂诏征侍卫马军都指挥使、
定州兵马部署米信赴阙。这次召见米信，应与契丹事宜有关，所以后
来北征时，米信为统军大将之一。

太平兴国八年十一月，高阳关捕得辽国的生口，将俘虏送至开封，

1　《长编》卷23、卷24。

太宗亲自召见，俘虏都说，"契丹种族携贰，虑王师致讨，颇于近塞筑城为备"。太宗听后，对宰相说："戎人以剽略为务，乃修筑城垒，为自全之计耳。"接着又自吹他擒刘继元，是"为世宗、太祖刷耻"。宰相宋琪也说："以臣度之，其部下携贰必矣，国家不须致讨，可坐待其灭亡。"太宗把休哥修筑边寨，看作是软弱的"自全之计"；既有此判断，他是不甘心坐待辽国灭亡的。

不久之后，太宗又对宰相说："数有人自北边来，侦知契丹事。自朝廷增修边备，北人甚惧。威虏军主财吏盗官钱，尽室奔入契丹，至涿州，州将不敢受，悉遣还。晋、汉微弱，边陲无尽节之臣，率张皇事势，以要恩宠，为自利之计。今之边将，皆朕所推择，咸能尽心，无复袭旧态也。幽州四面平川，无险固可峙，难于控扼。异时收复燕蓟，当于古北口以来据其要害，不过三、五处，屯兵设堡寨，自绝南牧矣。"耶律休哥静以安边、不轻启边衅的政策，竟被宋人认为是"北人甚惧"。太宗因此竟天真地设想收复幽蓟一带以后如何防守了。十二月，赐给河北、河东缘边的戍卒每人一件黄绢襦。[1]太宗在这一段时间内，"或进呈甲仗，或拣阅军人"，"或亲观战马"[2]，为备战而忙碌非常。

雍熙元年（984）正月，太宗之弟廷美死于房州，终年38岁。太宗的最后一块心病除掉了。二月，太宗御崇政殿（改名前为讲武殿），亲阅诸军将校，自都指挥使以下至百夫长，皆按名籍参考劳绩而升黜之，一个多月才结束此事。从此以后，每年均按此办法进行。四月，太宗到金明池观习水战，又到讲武台阅诸军驰射，有武艺超绝者，均赐以帛，以示奖励。

---

1 以上见《长编》卷23、卷24。
2 《长编》卷24，太平兴国八年（983）十二月田锡疏语。

雍熙二年（985）二月，太宗对宰相说："朕览史书，见晋高祖求援于契丹，遂行父事之礼，仍割地以奉之，使数百万黎庶陷于契丹。冯道、赵莹，位居宰辅，皆遣令持礼，屈辱之甚也。敌人贪婪，啖之以利可耳，割地甚非良策。朕每思之，不觉叹惋。"宰相宋琪等人说："方今亭鄣肃清，生灵安泰，皆由得制御之道也。恢复旧境，亦应有时。"太宗也同意此说。[1] 这表明发动北征，收复幽云，已提上议事日程，君臣同心，势在必行了。

雍熙三年（986）正月，朝廷内外，对北征之事议论纷纷。知雄州贺令图和他父亲岳州刺史贺怀浦以及文思使薛继昭、军器库使刘文裕、崇仪副使侯莫陈利用等人相继上言说："自国家伐太原，而契丹渝盟，发兵以援，非天威兵力决而取之，河东之师几为迁延之役。且契丹主年幼，国事决于其母，其大将韩德让宠幸用事，国人疾之，请乘其衅以取幽蓟。"这番话，太宗看后，认为很对，于是决意北伐，并有意亲征。参知政事李至，见太宗欲亲征，遂上疏说："京师天下根本，愿陛下不离辇毂，恭守宗庙"[2]，反对太宗亲征。此前太宗两次亲征，均遭受失败，对辽军实力有深刻认识。"亲征"云云，不过是为激励将士而已。因此，李至一反对，太宗就接受其意见，不再亲征；但对李至暂勿北征的建议，不屑一顾，反而加快了北征的发动。

宰相宋琪，此时已经罢相，他曾中过辽国进士，在辽国作过官，"以故究知蕃部兵马山川形势"，遂于此时上疏，讲述契丹军情，献平燕之策，指出入燕之路。[3] 宋琪的建议，比较切中实际，因此多为太

1　《长编》卷 25、卷 26。

2　《诸臣奏议》卷 129《上太宗谏亲征》；《长编》卷 27。

3　详见《长编》卷 27；《宋会要辑稿》蕃夷一之一四；《宋史》卷 264《宋琪传》。

宗采纳。

雍熙三年（986）正月和二月，宋军分三路出兵，进攻幽州，开始了北征行动。其部署是：

东路：正月二十一日，太宗命天平军节度使曹彬为幽州道行营前军马步水陆都部署，河阳三城节度使崔彦进副之，内客省使郭守文为都监，日骑天武四厢都指挥使傅潜为都指挥使，龙卫右厢都指挥使李延斌为马军都指挥使，神卫左厢都指挥使马正为步军都指挥使，滨州刺史卢汉赟为左厢排阵使，莱州刺史杨重进为右厢，马步军都军头范廷召充先锋，指挥使田斌、荆罕英策之，文思使薛继昭为都监，宫苑使李继隆策之，光州刺史陈廷山、隰州刺史史珪为监押部署，左神武军将军刘知信、六宅使符昭寿为都监，崇仪使贺令图、八作副使郝守浚三濠寨。侍卫马军都指挥使、彰化军节度使米信为幽州西北道行营马步军都部署，汾州观察使杜彦圭副之，蔚州观察使赵延溥、指挥使张绍、引进副使董愿为都监，亳州刺史蔡玉为排阵使，马步军副都军头韩彦卿、窦晖为先锋，都指挥使曹美帅军翼之。曹彬、米信两军同行，出雄州，直取新城（今河北高碑店新城）、涿州（今河北涿州）。

中路：正月二十一日，太宗命侍卫步军都指挥使、静难军节度使田重进为定州路行营马步军都部署，右卫大将军吴元辅、西上阁门使袁继忠为都监。二十三日，又以马步军都军头高琼为楼橹战棹都指挥使，崇仪副使张承俨、安得祚分为左右厢都监。中路军自定州北上，出飞狐口（今河北涞源）攻辽。

西路：二月十四日，以忠武军节度使潘美为云、应、朔等州行营马步军都部署，云州观察使杨业副之，西上阁门使王侁及军器库使、顺州团练使刘文裕为都监，磁州团练使郭超为押阵都监，出雁门关（今山西代县），直趋云州（今山西大同），与中路田重进军会合，然后挥兵东进，从北面会攻幽州。

太宗在派军北征之时，又派使臣去联络高丽国，约其夹攻。又命右谏议大夫刘保勋知幽州行府事，随曹彬军进发，准备接管幽州。[1]

为北征事，太宗诏谕幽州吏民道：

> 朕祗膺景命，光宅中区，右蜀全吴，尽在提封之内，东渐西被，咸归覆育之中。常令万物以由庚，每耻一夫之不获。眷此北燕之地，本为中国之民，晋、汉以来，戎夷窃据，迄今不复，垂五十年。国家化被华夷，恩覃动植，岂可使幽燕奥壤，犹为被发之乡，冠带遗民，尚杂茹毛之俗？爰兴师律，以正封疆，拯溺救焚，事从于民望。执讯获丑，即震于皇威，凡尔众多，宜体此意。今遣行营前军都总管曹彬、副总管崔彦进等，推锋直进，振旅长驱，朕当续御戎车，亲临寇境，径指西楼之地，尽焚老上之庭。灌爝火之微，宁劳巨浸，折春螽之股，岂待隆车。应大军入界，百姓倍加安抚，不得误有伤杀，及发掘坟墓，焚烧庐舍，斩伐桑枣，虏掠人畜，犯者并当处斩！应收复城邑，文武官吏，皆依旧任，候平幽州日，别加擢用。若有识机知变，因事建功，以节度、防御、团练、刺史州降者，即以本任授之，仍加优赏，军镇城邑亦如之。乡县户民，候平定日，除二税外，无名科率，并当除放。凡在众庶，当体朕怀！[2]

1　以上见《宋会要辑稿》兵八之一至二；《宋史》卷5《太宗二》、卷487《高丽传》，《宋朝事实》卷20；《东都事略》卷27《曹彬传》。

2　见《宋会要辑稿》兵七之一〇、兵八之二，《宋大诏令集》卷218。

太宗此次出兵，是准备了好几年的大规模军事行动，仅曹彬、米信的东路两军，"在行之兵实二十万"，三路大军，不下三十万兵力，[1]真可谓声势浩大。

一、岐沟关之战

宋朝三路大军出动后，开始进展很顺利。东路宋军连败辽兵，攻占了岐沟关（今河北涞水东）、涿州、固安、新城等城池。面对优势宋军的攻击，耶律休哥寡不敌众，只得循以往抵御宋军的战略，集中兵力坚守城高池深的幽州，不与宋军交锋，同时，派轻骑深入宋军后方伏击，截断宋军粮道；另外，派使者急赴辽廷求援。曹彬军在涿州十多天，因粮草接济不上，只得全军退守雄州。

中路田重进军，在飞狐击败辽军，擒获辽将大鹏翼，攻占了飞狐、灵丘（今山西灵丘）、蔚州（今山西蔚县）等地。田重进军进入辽国境内时，边境地区有些骁勇的边民，自己组织起来，攻击辽兵，有夜入辽兵营中斩得首级而归者。太宗闻知，高兴地说："此等素无廪禄、又无甲兵边陲之民，勇于战斗，若明立赏条，必大有应募者。"于是下诏："有能应接王师，纠合徒旅，凭兹天讨，雪此世仇，便可浚发先机，挺身应募，必当资以粮馈，假以甲兵。有获生口者，人赏钱五千，得首级者三千，马上等十千，中七千，下五千。平幽州后，愿在军者，优与存录；愿归农者，给复三年。"史称："自是应募者甚众。"

西路潘美军，也连败辽军，先后攻克寰（今山西朔州东北）、朔（今山西朔州）、云、应（今山西应县）等州。宋军兵势大振。

1　《太宗实录》卷 35；《长编》卷 27；《元丰类稿》卷 49《添兵》。

　　承天太后萧氏与辽圣宗接到幽州前线的警报后，马上派使者征调诸部兵增援幽州，归耶律休哥统一指挥，以当宋东路军。接着，派东京（今辽宁辽阳）留守耶律抹只率大军援幽州，而萧太后与辽圣宗也随后率军南下，驻兵涿州东北的驼罗口，并催调东征女真的辽军兵马迅速回援幽州。同时，为防止宋军由海道出兵袭击辽军后方，断其归路，辽廷又派林牙勤德领兵守卫平州（今河北卢龙）海岸。对于进展迅速的宋中、西路军，辽廷以北院枢密使耶律斜轸为山西兵马都统，率兵抵御田重进、潘美两军。另外，又加派北院宣徽使蒲领为南征都统，辅佐耶律休哥。四月，辽国援军陆续抵达幽州前线，并按计划部署完毕，准备与宋北征主力的东路军决战。

　　曹彬军自三月进占涿州后，即与辽将休哥军相持于涿水之北，粮道为辽军所截，在涿州停留十多天后，终于因为粮尽，只得于四月初退回雄州，以就粮馈。宋军兵势，业已受挫。

　　宋太宗得知曹彬军退兵就食的消息后，非常惊愕，说："岂有敌人在前，而却军以援粮运乎？何失策之甚也？"急忙派遣使者制止曹彬，命令他不要再前进，而是沿白沟河（即拒马河，当时由西向东流入渤海，为宋辽分界处）向米信军靠拢，养兵蓄锐，为西路军张势，等西路军完全攻占山后（即今河北太行山、都军山、燕山迤北临近地区，包括云、朔、应、蔚等州）之地，然后与田重进军会后，东趋幽州，再会师，与辽军决战。但是，此时曹彬部下诸将已听说中、西路军连克州县，屡战获胜，认为东路军乃北征主力，握有重兵而不能有所攻取，是耻辱，于是纷纷要求出战。曹彬无法，只好依从诸将意见，携带足够五十天的粮草，与米信军会合，北渡拒马河，再度往攻涿州，与耶律休哥军对垒，南北列营长六七里。休哥以轻兵迎敌，伺机袭击离伍单出者。宋军只得结成方阵，堑地两边而行，一百里路，宋军足足走了二十多天，才进占涿州，宋军士卒渴乏不堪。曹彬听说辽国萧太后已率军到达涿州东面不远，有与耶律休哥军夹击宋军之势，仓促决定退兵。曹彬命部将卢斌拥涿州城中老幼沿狼山向南撤退，自己随后率主力冒雨南逃。萧太后给休哥补充了精兵后，休哥遂率军全力追击宋军。五月三日，宋辽两军在岐沟关发生激战，宋军大败，环粮车自卫，辽军围之。到夜里，曹彬、米信引数骑乘夜色逃去，连夜渡过拒马河，扎营于易水之南。辽军追击溃逃宋军至拒马河，溺死者不可胜计。幸亏曹彬部将李继宣率部力战于拒马河上，才暂时遏止了辽军攻势。宋廷委派的知幽州行府事刘保勋父子、殿中丞孔宜，都溺死在拒马河中。宋军运送粮草的民夫数万人，在战斗中躲入岐沟关空城中，被辽军包围。残余宋军继续向高阳（今河北高阳）逃窜，休哥引军追上，猛烈攻击宋军，宋军死者数万，弃戈甲若丘陵。五月五日，正巧是萧太后生辰，遂下令撤去岐沟关的包围，让宋朝运粮民夫数万人南返。五月六日，萧太后下令班师，耶律休哥收宋军尸体筑成京观。

宋宫观使王继恩，自易州飞马入朝，太宗才知道宋东路军惨败的消息，即命诸将领兵分屯于边境要地，召曹彬、崔彦进、米信入朝；又急令中路田重进军退驻定州，西路潘美军退回代州。太宗恐怕辽军乘胜南进，起用了一批久罢节镇的宿将，命左卫上将军张永德知沧州，右卫上将军宋偓知霸州，右骁卫上将军刘廷让知雄州，蔚州观察使赵延溥知贝州，将北部边防重任，托付给了这一批老将。

七月，曹彬、崔彦进、米信等将领因战败而被贬官。太宗发布《责曹彬等谕中外诏》，指斥曹彬等人"乘拉朽摧枯之势，乏应机制胜之谋，发言各率于心胸，临敌殊疏于韬略，遂使七十州生聚，困于馈送之劳，二十万生徒，翻作迁延之役"，感慨"岂期择帅，有昧知臣，致此丧师，宁忘自咎！"太宗并作自勉诗，赐给近臣。[1]

二、陈家谷之战

五月初，辽军击败东路宋军后，即于十三日派遣详稳排亚率弘义宫兵及南皮室、北皮室、郎君、拽剌四军赴山西，支援辽将耶律斜轸军。十四日，又调瑶升军赴山西。萧太后与辽圣宗自幽州启程北返后，又于二十一日向山西增兵。六月七日，又诏南京留守休哥调炮手西助斜轸。辽军在集中兵力击溃宋东路军后，又调集了优势兵力，全力进击宋中、西两路军。

由于宋中路田重进军迅速撤回定州，西路潘美军也在奉命后撤，耶律斜轸见状，不等援军到达，即集中兵力，开始攻击宋军。

耶律斜轸率军进攻蔚州，在定安（蔚州东北）遇到宋将贺令图军，击破之。贺令图战败南逃，辽军追至五台山，斩首数万级。辽军遂进围蔚州，守卫蔚州的宋军不敢出，斜轸将帛书射至城上，进行招降。宋将潘美、贺令图引兵来救蔚州，斜轸命令都监耶律题子于夜间伏兵险阨之处，宋军到时，予以突袭；城中宋兵见救兵到来，开城出击，斜轸挥兵从后面进行攻击，结果城中守兵及宋援兵全部被击溃，辽军追至飞狐，斩首一万余级，乘胜收复蔚州。于是，宋军在浑源、应州者，皆弃城逃走。辽占寰州。

此时，潘美接到宋太宗命令，要他率军掩护云、朔、寰、应四州居民南迁。当是时，宋东路军败退，中路军已退兵，西路军孤悬敌后；

1　有关战斗叙述，见《宋会要辑稿》兵八之五至六；《长编》卷27；《辽史》卷11《圣宗纪二》、卷83《耶律休哥传》；《宋大诏全集》卷94；《宋史》卷5《太宗二》、卷258《曹彬传》。

辽军援兵，陆续到达，耶律斜轸率军十多万，正寻机歼灭宋西路军主力。宋西路军副帅杨业，根据辽军攻占寰州后兵锋正锐的情况，向统帅潘美建议，可以领兵出大石路（今山西崞阳石峡口），配合云、朔两州守将，安全撤离两州军民。但监军王侁、刘文裕都不同意杨业建议，他们认为："领数万精骑而畏懦如此！但趋雁门北川中，鼓行而往马邑。"杨业认为这是必败之势，王侁遂挖苦杨业："君素号无敌，今见敌逗挠不战，得非有他志乎？"杨业无奈，只得出战，临行前与潘美等人约定，要他们在陈家谷口（在今山西宁武北面的长城线上）派兵接应。七月，杨业引兵，南出朔州三十里，至狼牙村，遇到辽军耶律斜轸的伏击，杨业且战且退，自日中到傍晚，转战到陈家谷口，而潘美、王侁已率军退走，杨业望见无人，拊膺大哭，只得率帐下士与辽军力战，身上受伤数十处，士卒战死殆尽，杨业还亲手杀死辽军数十人。杨业藏入深林中，辽将耶律奚低望袍影而射，杨业因战马中箭受伤而堕地，为辽军活捉。杨业被擒后，疮发不食，三日而死。斜轸函其首以献，萧太后命详稳辖麦室传其首于越休哥，以示诸军。守卫云、应等州的宋朝将领，听到杨业战死的消息，纷纷弃城逃回，山后诸州重新回到辽国手中。[1]

杨业在宋军将领中，以骁勇著称，人号杨无敌，辽军亦畏其名。陈家谷一战，被擒身死，除去辽军一大患，而令宋朝边将胆寒。数十年后，刘敞还赋诗称颂杨业道：

---

[1] 以上见《辽史》卷 11《圣宗纪二》、卷 83《耶律斜轸传》、卷 83《耶律奚低传》；《宋会要辑稿》兵八之六至七；《长编》卷 27；《宋史》卷 5《太宗二》、卷 272《杨业传》、卷 274《王侁传》。

西流不返日滔滔，陇上犹歌七尺刀。

恸哭应知贾谊意，世人生死两鸿毛。[1]

　　杨业及其子孙的事迹，在宋代后世，演化为杨家将故事，一直流传至今日，仍是戏曲中的重头戏之一。杨家将也成为忠勇报国的典型。

三、君子馆之战

　　雍熙三年（986）五月和七月，辽军先后取得岐沟关与陈家谷两次大捷后，即收兵休整。九月，辽军开始备战，准备南侵。十月萧太后与辽圣宗到达南京（即幽州）。十一月，大劳南征将校，萧太后亲阅辎重兵甲，以耶律休哥为先锋都统，南下攻宋。同时，诏以北大王蒲奴宁居奉圣州（今河北涿鹿），命山西五州公事，并听蒲奴宁与节度使蒲打里共裁决之，以防山西宋军。

　　河北方面的辽军，分东、西两路南侵，西路攻满城、望都（今河北望都），东路则攻瀛州（今河北河间）。休哥率西路辽军南下，在望都击败宋军，焚毁其辎重，进屯滹沱河（当时自五台山流经真定，向北流入拒马河）北。萧太后督东路辽军亦到来，与休哥军会合。在萧太后与辽圣宗督率下，休哥指挥数万辽军渡河，进攻瀛州，遂与宋瀛州兵马都部署刘廷让部激战于君子馆（今河北河间西北三十里）。会战前，刘廷让约沧州都部署李继隆"精卒后殿，缓急为援"。当时天气十分寒冷，宋军拉不动弓弩，被辽军重重包围。李继隆不仅不进兵救援，反而退屯乐寿（今河北献县南）。刘廷让部宋军与辽军激战

1　《公是集》卷 28《杨无敌庙》。

至傍晚，辽军援兵至，刘廷让全军覆没，死者数万人，先锋将六宅使、平州团练使、知雄州贺令图和武州团练使、高阳关部署杨重进等大将被辽军俘虏，刘廷让只身逃回瀛州。辽将国舅详稳挞烈哥、宫使萧打里在此战中战死，可见战况之激烈。十二月，辽军乘胜攻击，攻克深州（今河北深州）等地。

雍熙四年（辽统和五年，987）正月，辽军又攻破束城县、祁州（今河北安国），纵兵大掠。魏博（今河北大名）以北地区，皆遭辽军蹂躏。耶律休哥建议，乘宋军连败之机，长驱南下，把辽国的疆界向南推进到黄河北岸，萧太后不同意，下令班师。

此后，辽军不断南下，宋朝无还手之力。端拱元年（988）冬天，辽军攻陷满城、祁州、新乐之地。端拱二年（989）正月，攻占易州。当时，"乘塞疮痍之兵，至不满万，赵魏大震。虏遂深入，陷郡县，杀官吏，执士民，将吏依壁自固"。河朔一带，"悉料乡民为兵以守城"，"取乎三晋之民而得十万之众"，"皆白徒，未尝习战阵，但坚壁自固，不敢御敌"。辽军"所过郡邑，攻不能下者，则俘取村墅子女，纵火大掠，辇金帛而去"。"自邺（即邺都，今河北大名东北）而北，千里萧然。"[1]

四、雍熙北征之检讨

雍熙北征，是宋太宗时期规模最大的对辽作战，也是宋太宗时期最后一次企图收复幽云地区的军事行动，但以惨败而告终。

1　以上见《辽史》卷11《圣宗纪二》、卷12《圣宗纪三》、卷83《耶律休哥传》；《宋史》卷5《太宗二》、卷259《刘廷让传》；《长编》卷27、卷28；《宋会要辑稿》蕃夷一之一一；《宋朝事实》卷20；《元丰类稿》卷49《契丹》；《乐全集》卷13《民兵》。

雍熙北征失败的原因何在？《宋史全文续资治通鉴》卷3，雍熙三年（986）五月，引南宋吕中的话说："岐沟之败有三：即平河东之后，三出王师，屡与敌接而不获侯时，一也；其事始于贺令图之父子，而赞成于王显数人，中书不预闻，二也；曹彬违上诏旨，三也。"吕中所讲的三点原因，第一点是说时机选择不当，第二点是说太宗偏听偏信；第三点"违上诏旨"，乃是太宗自己所说的，不排除有推卸责任而诿过于人的因素在内，是故暂且不论此点为宜。

除了宋太宗偏听偏信，错误判断辽国主少国疑，有机可乘，遂轻率地大举出兵，是北征失败的原因外，还有以下四点主要原因：

第一，边民并不支持攻打幽州。虽然太宗在雍熙三年正月出兵时，曾下诏书，申明出兵之意："爰兴师旅，以正封疆，拯溺救焚，事从于民"，摆出一副为民解悬的救世主姿态，但是边民并不如此看。端拱二年（989）正月，右拾遗、直史馆王禹偁即在奏议中说："顷岁吊伐燕蓟……边民蚩蚩，不知圣意，皆谓贪其土地，致北戎南牧。"[1]

第二，太宗防范将帅甚严，且自以为高明，出征时颁发阵图，并训令前敌将帅必须按图部署作战，否则将受严惩。正如后来朱台符在《上真宗论彗星、旱灾》疏中说的："夫将帅者……近代动相牵制，不许便宜。兵以奇胜，而节制于阵图；事惟变适，而指踪以宣命，勇敢无所施，智谋无所用，是以动而奔北也。"[2]

第三，宋初以来，实行兵将分离政策，太宗即位后，把将帅权力进一步削夺，摧辱将帅者亦不加严惩，以致造成"元戎不知将校之能否，将校不知三军之勇怯，各不相管辖，以谦谨自任，未闻赏一效用，

1　《太宗实录》卷35；《长编》卷30。
2　《诸臣奏议》卷37。

戮一叛命者"，"将从中御，兵无选锋，必败"，"兵势患在不合，
将臣患在无权"。[1]

　　第四，前敌将帅曹彬、米信、田重进、潘美、刘廷让诸人，均非
大将之才，徒以循谨忠实见称，应敌无方，只知执行成命。杨业善战，
却受制于潘美、王侁。"敌人未至，万弩齐张，敌骑既还，箭如山积"，
"是驱天下奋空弮而劫勍敌也"；"阵场既布，或取索兵仗，或迁移部队，
万口传叫，嚣声沸腾，乃至辙乱尘惊，莫知攸往"；"王师雾集，声聱
戎敌，然而矢石未交，奇正先乱"。临阵指挥，如此混乱，怎不使人
发出"军政如此，敦救败亡"的感叹呢？[2]

　　反观辽方，在战略战术上均胜宋方一筹。在这次战役中，辽军在
战略上处于防御地位，但萧太后精明强干，有战略眼光。在宋军大兵
压境、三路合击的形势下，置宋中路军不顾，对宋西路军先取守势，
而集中兵力打击东路宋军。因为宋东路军是北征的主力，威胁最大，
但是两军同行，并无统帅统一指挥，便于分割击溃；同时，在这一带
前有平原，利于辽军骑兵发威，后有幽州坚城为后盾，进可以支援，
退有地方收兵，真是与宋军决战的好战场。幽州守将耶律休哥智勇双
全，在援军未到以前，面对宋军的进攻，在坚守幽州城的同时，采用
各种手段削弱、疲惫、欺骗宋军，使之陷入进退不得的困境。这样，
不仅赢得了时间，而且也为决战制胜创造了条件。援军一到，君臣齐
上阵，将士用命，宋军不败何待？击败宋东路军后，辽军又及时转移
兵力，全力对付宋西路军，取得了陈家谷大捷。在整个战役中，辽军
决策正确，指挥有方，士卒奋勇，实现了各个击破宋军的目标，粉碎了

1　《长编》卷30，端拱二年（989）正月户部郎中张洎奏议，直史馆王禹偁奏议。
2　《长编》卷30，端拱二年正月张洎奏议。

宋军此次北征，巩固了辽国的南部边疆。因此，《辽史》卷83的"论"说：

> 宋乘下太原之锐，以师围燕，继遣曹彬、杨继业等分道来伐。是两役也，辽亦岌岌乎殆哉！休哥奋击于高梁，敌兵奔溃；斜轸擒继业于朔州，旋复故地。宋自是不复深入，社稷固而边境宁，虽配古名将，无愧矣。

下面《宋太宗对辽战争表》，供参考。

宋太宗对辽战争表

序号	战斗名称	时间	主要战场	双方主将	战果	备考
1	石岭关之战	太平兴国四年、辽乾亨元年（979）三月	石岭关、白马山	宋：以云州观察使郭进为太原石岭关都部署 辽：以南府宰相耶律沙为都统，冀王敌烈为监军	辽军数万骑援救北汉，在石岭关被宋军击败，敌烈等五将阵亡。北汉援绝，降宋	《长编》卷20，《辽史》卷9《景宗纪下》，卷84《耶律沙传》

（续上表）

序号	战斗名称	时间	主要战场	双方主将	战果	备考
2	幽州之战	太平兴国四年五月至六月	幽州城	宋：以宣徽南院使潘美知幽州行府事，与定国节度使宋偓、河阳节度使崔彦进、彰信节度使刘遇、定武节度使孟玄喆等，并由太宗亲自指挥	宋军在沙河击败辽军，进围幽州，围城三周，但数攻之不克	《长编》卷20，《辽史》卷9《景宗纪下》，卷83《耶律斜轸传·耶律学古传》，《宋会要辑稿》兵七之八
				辽：北院大王奚底，统军使萧讨古，权知南京留守事韩德让，权南京马步军都指挥使耶律学古		

（续上表）

序号	战斗名称	时间	主要战场	双方主将	战果	备考
3	高梁河之战	太平兴国四年七月	高梁河	宋：太宗亲自指挥	辽军击败宋军，追杀三十余里，斩首万余级，辽军获兵仗、器甲、符印、粮馈、货币，不可胜计。宋太宗股中两箭，乘驴车逃回。股上箭伤，岁岁必发，后竟以此死去	《长编》卷20，《宋朝事实》卷20，《宋会要辑稿》蕃夷一之五，《宋史》卷4《太宗一》，《辽史》卷9《景宗纪下》，卷83《耶律休哥传》，《玉壶清话》卷7，《默记》卷中
				辽：南府宰相耶律沙，惕隐耶律休哥，南院大王耶律斜轸		
4	满城之战	太平兴国四年九月至十月	满城	宋：镇州都钤辖、云州观察使刘延翰，殿前都虞候崔翰，河阳节度使崔彦进，彰德节度使李汉琼	宋军击败辽军，辽军被斩首一万多级，被俘马万匹，损失惨重	《长编》卷20，《宋会要辑稿》蕃夷一之六，《宋史》卷4《太宗一》，《辽史》卷9《景宗纪下》，卷83《耶律休哥传》
				辽：燕王韩匡嗣为都统，南府宰相耶律沙为监军，耶律休哥、斜轸等俱在军中		

（续上表）

序号	战斗名称	时间	主要战场	双方主将	战果	备考
5	雁门关之战	太平兴国五年、辽乾亨二年（980）三月	雁门关	宋：宣徽南院使潘美为三交都部署，郑州防御使杨业知代州兼三交驻泊兵马部署	杨业领麾下数百骑，绕至敌后，发动突击，与潘美合击，辽军溃散，杀萧多啰，活捉李重海	《长编》卷20，《宋会要辑稿》蕃夷一之七，《宋史》卷4《太宗一》，卷272《杨业传》，卷258《潘美传》。按，此役《辽史》不载
				辽：西京大同府节度使、驸马、侍中萧多啰，马步军都指挥使李重海		
6	莫州之战	太平兴国五年十一月	瓦桥关至莫州	宋：莱州刺史杨重进、沂州刺史毛继美屯关南，亳州刺史蔡玉、济州刺史陈定山屯定州，单州刺史卢汉赟屯镇州，龙猛副指挥使荆嗣等，由太宗亲御	辽军围攻瓦桥关，斩宋守将张师。休哥率精骑渡过南易水，击败阵于水南的宋军，追杀至莫州	《长编》卷21，《宋史》卷4《太宗一》，《辽史》卷9《景宗纪下》，卷83《耶律休歌传》
				辽：北院大王耶律休哥总南面兵，景宗亲征		

（续上表）

序号	战斗名称	时间	主要战场	双方主将	战果	备考
7	岐沟关之战	雍熙三年、辽统和四年（986）正月至五月	岐沟关（亦曰奇沟或祁沟）	宋：分兵三路，东路曹彬、崔彦进、米信，中路田重进，西路潘美、杨业	正月，东路宋军与中路宋军出动；二月，西路宋军出动。西、中路军进展迅速，连克数城，多有斩获。辽将休哥坚守幽州，派轻兵袭击宋军，断其粮道。援兵到后，与宋军在岐沟关发生激战，宋军大败，被斩首数万	《长编》卷26，卷27；《宋朝事实》卷20，《宋史》卷5《太宗二》，《辽史》卷11《圣宗纪二》，卷83《耶律休哥传》
				辽：耶律休哥、耶律抹只、耶律斜轸，圣宗和萧太后亲临前线督战		
8	陈家谷之战	雍熙三年八月	陈家谷口	宋：潘美、杨业等	辽军击败宋军，并擒获杨业，杨三日而死	《长编》卷27，《宋史》卷5《太宗二》卷272《杨业传》、卷258《潘美传》、卷274《王侁传》。《辽史》卷11《圣宗纪二》，卷83《耶律斜轸传》
				辽：萧太后、耶律休哥、耶律斜轸等		

（续上表）

序号	战斗名称	时间	主要战场	双方主将	战果	备考
9	君子馆之战	雍熙三年十二月	君子馆	宋：刘廷让	辽兵南下，天大寒，宋军拉不动弓弩，大败，死者数万人，宋将贺令图，杨重进被擒，刘廷让只身逃回	《长编》卷27，《宋会要辑稿》蕃夷一之一一，《宋朝事实》卷20，《宋史》卷5《太宗二》，卷259《刘廷让传》卷257《李继隆传》卷463《贺令图、杨重进传》。《辽史》卷11《圣宗纪二》，卷83《耶律休哥传》
				辽：萧太后、耶律休哥		
10	代州之战	雍熙三年十二月	代州土磴寨（今山西崞县西北）	宋：知代州张齐贤等	辽军围攻代州，宋军在土磴寨伏击，击败辽军，斩首二千余级	《长编》卷27，《宋会要辑稿》蕃夷一之二，《玉海》卷193上，《宋史》卷265《张齐贤传》。按，此役《辽史》不载
				辽：不详		

（续上表）

序号	战斗名称	时间	主要战场	双方主将	战果	备考
11	唐河之战	端拱元年,辽统和六年（988）十一月	唐河（今河北唐县西）	宋：定州都部署李继隆,监军袁继忠	辽骑兵至唐河,李继隆、袁继忠率兵出战，大败辽军,斩首万五千级	《长编》卷29,《宋会要辑稿》兵八之七,蕃夷一之一三;《宋史》卷5《太宗二》,卷257《李继隆传》,卷259《袁继忠传》。按,此役《辽史》不载
				辽：不详		
12	徐河之战	端拱二年,辽统和七年（989）七月	徐河（今河北安新县西）	宋：李继隆及崇仪使、北面缘边都巡检尹继伦等	尹继伦率步骑千人按行塞上,辽军遇到不击而过,尹继伦乘夜袭其后,在徐河攻击辽军,杀辽将皮室,耶律休哥受创,宋军追奔十余里,俘获甚众	《长编》卷30,《宋会要辑稿》蕃夷一之二一,《玉壶清话》卷7,《宋史》卷5《太宗二》。按,此役《辽史》不载
				辽：耶律休哥等		

（续上表）

序号	战斗名称	时间	主要战场	双方主将	战果	备考
13	府州之战	至道元年，辽统和十三年（995）正月	府州（今陕西府谷）子河汊	宋：永安节度使折御卿等	辽将韩德威率众万骑，纠合党项十六大首领，攻打宋之府州，折御卿大败其众于子河汊，杀其将数人，获吐浑首领一人，韩德威仅以身免	《长编》卷37，《宋会要辑稿》蕃夷一之二二，《宋朝事实》卷20，《玉壶清话》卷3，《宋史》卷5《太宗二》，卷253《折御卿传》。按，《辽史》不载此役
				辽：大将韩德威等		
14	雄州之战	至道元年四月	雄州（今河北雄县）	宋：知雄州何承矩	辽军以万骑夜袭城下，何承矩出兵击败之，擒其酋铁林相公，辽军遁去	《宋朝事实》卷21，《东都事略》卷29《何承矩传》，《宋史》卷5《太宗二》，卷273《何承矩传》，《皇朝编年纲目备要》卷5
				辽：不详		

上表据程光裕《宋太宗对辽战争考》所附表改编而成，基本据程氏之表，仅略有删改而已。

第四节　积贫积弱之危局

太祖时期，本来给太宗留下了很好的局面。《宋朝事实》卷15引苏辙《元祐会计录序》说：

> 艺祖皇帝创业之始，海内分裂，租赋之入，不能半今世。然而宗室尚鲜，诸王不过数人，仕者寡少；自朝廷郡县，皆不能备官；士卒精练，常以少克众，用此三者，故能奋于不足之中，而绰然常若有余。及其列国款附，琛贡相属于道，府库充塞，创景福内库（即封桩库）以蓄金币，为殄虏之策。太宗因之，克平太原。

然而，自此以后，情况却发生了很大变化，到太宗末年，已成为积贫之局。

对辽作战的失败，使太宗借武功以提高威望、巩固政权的企图成了泡影，于是不能不对广大士大夫特别是官吏们广施恩泽，加意笼络。荫补之滥，由此而生。《大事记讲义》卷3《裁任子》即说："国初，任子之有限员者，无诞节之恩，无遗表之制，无郊禋之制，所补斋郎又以三岁复试，其入仕之路至难也。故任子之法，在三代则为世禄，在春秋则为世卿，在太祖时则为特恩，在至道后则为滥赏矣。"再加上取士空前之多，又使荫补基数扩大，于是，冗官的情况，不可能不出现。开宝四年（971）二月，诸道幕职、州县官阙800多员；但到真宗初年的咸平四年（1001），真宗减省天下冗吏，总括诸路，共省195802人。[1] 可以说，这些冗吏基本是出现在太宗时期。

由于对辽作战，规模大，持续进行，加上大量部队被歼，太宗时期军队数量的增加是十分惊人的。据记载，太祖初年，军队总数约22万人，内禁军12万人。太祖末年，平定荆湖、后蜀、南汉、江南诸国后，收编了各国的军队，宋朝的军队总数达到了37.8万人。而到了太宗末年，军队总数便猛增到66.6万人，[2] 如果加上被辽军歼灭的30多万人，则达百万之众。这么庞大的数量，除收编吴越、漳泉、北汉之兵共约16.4万人外，净增40多万人。这些增加的兵员，主要是高梁河失败尤其是雍熙北征失败后招募来的。雍熙北征失败后："当是时也，以河为塞，而赵、魏之间，几非国家所有。既阻欢盟，乃为备御，屯兵马，益将帅，刍粟之飞挽，金帛之委输，赠给赏赐，不可胜数。由是国之食货，匮于河朔矣。"南宋的叶适也说："招募之日广，供馈之日增，盖雍熙、端拱以后，契丹横不可制而然耳。"[3] 军队数量的猛增，使军费开支成为宋廷的最沉重负担。如此庞大的军队，基本都是非选练又未经战阵历练的士兵，战斗力不强，实在是些冗兵。再加上冗官费用的支出，宋朝政府欲不贫而可得乎？积贫之势，由此开端。

宋朝的积贫之势，主要是在雍熙北征失败后形成的，而宋朝的积弱之势，则是对辽作战的接连惨败所造成的。

1　《长编》卷12、卷49。

2　《文献通考》卷152《兵四》；《群书考索后集》卷40《宋朝兵制》；《清波别志》卷上；《曲洧旧闻》卷9；《历代兵制》卷8；《乐全集》卷18、卷23。

3　《长编》卷44，咸平二年（999）三月；《水心别集》卷11《兵总论二》。

　　五代后周时期，后周军的战斗力是不及辽军的。《旧五代史》卷112《周太祖纪三》和《资治通鉴》卷291记载，广顺二年（辽应历二年，952）九月，镇州奏："契丹寇深、冀州，遣龙捷都指挥使刘诲、牙内都指挥使何继筠等率兵拒之而退。时契丹闻官军至，掠冀部丁壮数百随行，狼狈而北。冀部被掳者望见官军，鼓噪不已，官军不敢进，其丁壮尽为蕃军所杀而去。"《资治通鉴》卷292记载，后周显德元年（954），周世宗在高平击败北汉军后，乘胜进攻北汉，辽兵来援，周世宗派遣符彦卿、李筠、张永德等人率兵1.3万迎击辽军，结果，勇将史彦超被杀，"筠仅以身免，周兵死伤严重"，周世宗"数日忧沮不食，遂决还京之意"。[1] 令人注目的是，这两次参战的周将都是为宋人称道的勇将，甚至说何继筠为"契丹人畏服，多画像拜之"。[2] 但在实战中，或是不敢出击，或是不堪一击。这两次战斗，很能反映当时辽强周弱的军力。

　　宋初，内部的稳定不及周世宗时，统治者刚从孤儿寡妇手中夺取政权，正忙于安定内部，巩固其统治；同时，其军力、物力又不超过后周时，其实力自然不足以击败辽军，夺回幽云十六州之地。太祖曾随周世宗北征，很清楚这一点。于是，一方面采取"先南后北"的统一战略，先易后难，先消灭南方各割据政权，锻炼军队，增强实力；另一方面，又收各州之精兵补充中央禁军，并严加拣汰、教阅。经过太祖时期17年的休养生息和选练教阅，宋军的素质和战斗力都大为提高，已成精锐之师。太宗平定北汉时，宋军在石岭关击败来援辽军，即是有力的证明。到此时，五代后晋以来中原弱于辽国的情况已经彻

1　参见《辽史》卷6《穆宗上》。

2　《长编》卷12，开宝四年（971）七月。

底改观，宋辽战争已经发生了重大转折，战争的优势已经从辽国转移到宋朝方面来了。击败辽军，收复幽云，解除北部边防大患，已经是可能的事了。

然而，在这大好形势之下，宋太宗却未能正确地把握和利用这一有利时机。他过高地估计了宋军的优势，又急于建树个人威望，以摆脱继位之谜所引发的危机，在攻灭北汉之后，以疲惫待赏之师，贸然北征幽州，结果导致高梁河之败，大伤了宋军元气，使宋军丧失了微弱的那一点儿优势。此时，宋军虽不占优势，但仍足以与辽军抗衡，关键是要整肃军纪，加强训练，提高士气。但是，太宗无暇顾此，却忙于除去侄子德昭、德芳和弟弟廷美，致使内部危机更加深重。太宗对于宋辽战争的形势，又判断不清，一心信任亲信，盲目乐观，又贸然发动雍熙北征，结果输得更惨，终于把宋初以来选练的能征惯战的精锐部队损失殆尽。高梁河、莫州、岐沟关、陈家谷、君子馆五大败仗，宋军损失达 30 万人以上，宋军的士气从此一蹶不振，在心理上产生了严重的畏敌情绪。至此，宋辽战争的形势发生逆转，优势重新回到辽军方面，宋军防御都很吃力，更遑论进攻了。雍熙三年（986）六月，岐沟关惨败后，太宗对大臣说："卿等共视朕，自今复作如此事否！"[1]太宗已经胆破，再也不敢提起收复幽云的事了。淳化二年（991）八月，太宗对近臣说："国家若无外忧，必有内患。外忧不过边事，皆可预防。惟奸邪无状，若为内患，深可惧也。帝王用心，常须谨此。"[2]所谓"内患"，主要是指朝廷内部的变乱，包括篡位与臣下叛乱，这正是太宗最为忧心之事。太宗集中主要精力防止内部有变，汲汲于皇位的保持

1　《长编》卷 27。
2　《长编》卷 32。

与传子，对外则甘作弱国，不以为辱了。宋代的积弱之势，由此而愈演愈烈。

　　太宗心劳日拙，终于只能给儿子真宗留下了一个危局，期待吕端等人帮助其子解决此问题。

第七章

统治危机：农民起义之爆发

　　太宗时期统治的危机，不仅表现在积贫积弱局面的形成上，更表现在大规模农民起义的发生上。在开国不到 50 年的时间，即爆发大规模农民起义，这在封建王朝中也是少见的。

第一节　宋初的川峡地区

　　宋代第一次大规模农民起义，爆发在川峡地区，不是偶然的。

　　川峡地区，有优越的地理环境，中为平原，四周为高山环绕，东有三峡之险，北有剑门之固，土质肥沃，物产丰富，自古号称"天府之国"。中唐的"安史之乱"，引起一场大战，但并未波及川峡。唐末黄巢起义，纵横大江南北，最终攻入长安，但兵锋亦未及川峡地区。唐玄宗一行，逃入川峡，"衣冠之族，多避乱在蜀"。[1] 川峡地区的官僚、豪族、士大夫，躲过了两次大的打击。"衣冠之族"的入蜀，更增加了川峡地区的兼并势力。

　　五代时期，王建、孟知祥先后据有川峡地区，建立了前、后蜀政权，保护了川峡的地方豪族势力，使其未受多大影响。因此，到宋初，川峡地区土地集中的情况特别严重，在宋朝全国堪称第一，贫富对立，阶级矛盾十分尖锐。川峡地区有些州县的客户数量十分惊人。如眉州主户 31665 户，客户 31258 户，客户约占 50%；嘉州主户 5691 户，客户 23207 户，客户约占 80%；阆州主户 11746 户，客户 22234 户，客户约占 65%；普州主户 1366 户，客户 13144 户，客户约占 90%；

1　《资治通鉴》卷 266，后梁太祖开平元年（907）九月。

昌州主户 1180 户，客户 12700 户，客户约占 90%。[1] 客户比例如此之高，反映出没有土地的农民数量庞大。川峡地区的大地主，不仅占有大量土地，而且役属大量"佃客"、"旁户"。《宋史》卷 304《刘师道传》记载："川峡豪民多旁户，以小民役属者为佃客，使之如奴隶，家或数十户，凡租调庸敛，悉佃客承之。"《太宗实录》卷 79 载："旁户素役属豪民，皆相承数世。""旁户"、"佃客"的众多，成为川峡地区的一大特点。他们受压迫受剥削最深，故极易起而反抗，"李顺之乱，皆旁户鸠集"，[2] 即可见一斑。

乾德三年（965）正月，后蜀灭亡，川峡归入赵宋皇朝版图。宋太祖随即下令，组织水、陆两支运输队伍，用十多年时间，把后蜀府库中的宝货、钱币、布帛、粮食等，全部送到京城开封，"悉归内库"，使川峡遭受了一次浩劫。川峡民众失望了，愤怒了。乾德三年三月，即爆发了全师雄领导的全川性变乱，全师雄自称兴蜀大王，川峡民众争应之，直至十二月才为宋军平定。宋军平蜀仅用了 66 日，而平全师雄之变，即费时逾二百日。

宋廷对川峡地区也十分重视。后蜀平定后的第一任知成都府，竟然任命参知政事吕余庆担任。[3] 带参知政事衔任地方长官，这在宋初是绝无仅有的；而且一任就是三年。吕余庆离任后，又派太祖早年幕僚刘熙古接任，一任又是四年。开宝五年（972）刘熙古自知成都府升任参知政事，以邓牧接任两年。开宝八年（975），吕端出升知成都府，直至太宗即位于太平兴国三年（978）五月调任开封府判官，辅佐秦

1　《太平寰宇记》卷 74、卷 86、卷 87、卷 88。

2　《宋史》卷 304《刘师道传》。

3　《长编》卷 6。

王廷美。太宗任命的第一位知成都府，是他任开封尹时的幕僚程羽，可见他也是十分重视川峡地区的。

宋廷十分重视川峡地方长官的选择，但并未能治理好川峡地区。宋廷不仅运走了后蜀府库中贮存的全部财富，而且将后蜀的各种税收名目全部继承下来，继续征收，如头子钱、牛皮钱等，不胜枚举。川峡地区的二税征收，也比宋朝的其他地区重，而且赋役负担极为不均。宋廷还在川峡设置"博买务"，垄断丝帛茶叶贸易，把贫民逼入绝地。这样，川峡地区的阶级矛盾分外尖锐、激化。终于在此爆发了宋代第一次大规模起义。

第二节　王小波、李顺起义

淳化三年（992）冬天，在川峡地区爆发了王小波领导的农民起义，这是宋代第一次大规模的农民起义。

一、起义的爆发

王小波，永康军青城县（今四川都江堰东南）人。永康军群山起伏，可耕地很少，种茶贩茶是主要的谋生手段，王小波即以贩卖茶叶为生。在茶叶被官府垄断专卖的情况下，茶农与茶贩们无法维持生活，王小波于是串联贫苦农民，奋起反抗，发动了武装起义。淳化三年冬天，[1] 王小波对一群为饥饿所迫而无以维生的贫苦农民说："吾疾贫富

---

[1]　《隆平集》卷20《妖寇》。按，诸书均作"淳化四年春"，与此不同，实误。详细考证见今人徐规《王禹偁事迹著作编年》第104页。

不均，今为汝均之。”[1]"均贫富"的明确口号，是针对川峡地区贫富不均的社会现实提出的，道出了广大贫苦农民的心愿，因此，"贫者附之益众"，"旬日之间，归之者数万人"，并攻占了青城县城。各地"旁户"纷纷投身起义军，起义军不断壮大。淳化四年（993）二月，王小波率军攻占了眉州彭山县（今四川彭山），杀死县令齐元振。

淳化四年冬，川峡地区发生旱灾，人民饥饿难熬，铤而走险，纷纷参加起义军。十二月，王小波率军进攻成都西南的江原县（今四川崇州东南），杀死宋将西川都巡检使张玘，王小波在战斗中中箭牺牲。战后，起义军推举王小波的妻弟李顺为帅，领导起义。李顺率军攻克蜀（今四川崇州）、邛州（今四川邛崃）、永康军（今四川都江堰）、双流县（今四川双流）、新津县（今四川新津）、温江县（今四川温江）、郫县（今四川郫都）等地，并留兵屯守，而自引兵攻成都。

二、大蜀农民政权的建立

淳化五年（994）正月，李顺引军攻克成都。在成都，李顺自称大蜀王，建国号大蜀，改元"应运"，大蜀农民政权诞生了。李顺建立了中央政权机构，任命了中书令、枢密使、仪鸾使、军帅等中央官员，还任命了知州、刺史等地方官，又铸造了自己的铜钱"应运元宝"和铁钱"应运通宝"。

大蜀政权建立后，李顺分兵四出，扩大战果。北路起义军相继攻占绵州（今四川绵阳）、阆州（今四川苍溪东南）、巴州（今四川巴中）、剑州（今四川剑阁）等地；东路起义军则攻占遂州（今四川遂宁）、

1　对均贫富口号，曾有人质疑，认为乌有，误，详见拙文《均贫富口号勿庸置疑》。

合州（今重庆合川）、广安军（今四川广安北）、渠州（今四川渠县）、达州（今四川达州）等地，北抵剑阁、南距巫峡（今四川巫山）的广大地区，均为起义军所控制。宋朝官军溃不成军，不敢与起义军交战，龟缩固守在梓州（今四川三台）、眉州（今四川眉山）等少数几座城池中。

在大好形势之下，李顺和农民军却犯了一个战略性错误。李顺命相贵率军 20 万，东攻梓州，结果屯兵坚城之下，围攻 80 天之久而未能攻克。同时，对控制入川道路的重要门户——剑门关，却只派了数千人前去攻打，结果被宋军击败。宋朝援军，得以从剑门关顺利进入川峡，攻击起义军。

三、成都的陷落

淳化五年（994）正月，太宗才闻知川峡地区发生起义的消息，于是命昭宣使、河州团练使、宦官王继恩为西川招安使，率兵攻打起义军，"军事委继恩制置，不从中覆，管内诸州系囚，非十恶正赃，悉得以便宜决遣"。王继恩获得了全权处理川峡事务的大权。

二月一日，太宗得知成都被起义军攻占的消息，召见宰相吕蒙正，对他说："岂料贼势猖炽如此！万方有罪，罪在朕躬，忍令陇蜀之臣陷于涂炭？朕当部分军马，旦夕讨平之！"于是，命少府少监雷有终、监察御史裴庄并为峡路随军转运使，工部郎中刘锡、职方员外郎周渭为陕府西至西川随军转运使，三人负责粮草的运输供应。命马步军都军头、勤州刺史王杲帅兵趋剑门，崇仪使、带御器械尹元帅兵由峡路以进，二将都接受王继恩的指挥。由于宋军控制了剑门关，王继恩等人得以率部从容入川。

四月中旬，王继恩分兵两路，向农民起义军发起攻击：王继恩自率主力军，进攻川北重镇剑州；内殿崇班曹习领偏师，自葭萌（在今四川广元以南，剑阁以东）出发，进攻阆州（今四川阆中）。两路宋军很快攻占剑州、阆州，农民起义军在优势宋军的攻击下，死伤惨重，节节败退，宋军相继攻占川北的绵州（今四川绵阳）、巴州（今四川巴中）等地。王继恩所派内殿崇班石知颙引数千兵南援梓州，围攻梓州80多天的农民军相贵所部，只得撤离梓州。宋军在夺取川北诸州后，进军南下，合攻大蜀政权的中心成都。

五月六日，王继恩率军抵达成都城下，指挥宋军攻打成都。宋军击败守城起义军十万余人，斩首三万级，攻陷成都。李顺在战斗中下落不明，有人说战死了，有人说逃脱了。农民起义军领导人计词、吴文赏、卫进、李俊、徐师中、吴利涉、彭荣等12人被俘，后为宋军在凤翔杀害。

宋军进入成都后，"纵卒剽掠子女玉帛"，"杀人如戏谑，成都民众，遭受到空前浩劫"。[1]

四、张余和王鸬鹚：农民军余部的斗争

成都陷落后，农民军失去了指挥中心，从此各自为战，成为李顺起义军的余波。在农民军余部的斗争中，以张余和王鸬鹚所部最为有名。

---

[1]　以上所述，据《续资治通鉴长编纪事本末》卷13《李顺之变》；《宋朝事实》卷17《削平僭伪》；《宋史》卷5《太宗二》、卷466《王继恩传》。李顺下落，《宋史》、《宋会要辑稿》、《宋朝事实》、《长编纪事本末》俱作被擒；而《梦溪笔谈》卷25、《老学庵笔记》卷9则作逃走。

王继恩虽然攻占了成都，但城门十里外，仍然是农民起义军的天下。农民军将领张余看到宋官军龟缩于成都等几个城市中，"孤绝无援"，于是乘机而起，集结起义军万余人，向宋军发动反攻，沿长江东进，先后攻克嘉（今四川乐山）、戎（今四川宜宾）、泸（今四川泸州）、渝（今重庆）、涪（今四川涪陵）、忠（今四川忠县）、万（今四川万州）、开（今四川开州）八州，开州监军秦传序投火自焚。农民军继续东进，攻打夔州（今重庆奉节），企图东出三峡，"列阵西津口，矢石如雨"。宋峡路都大巡检白继赟率领精兵数千，昼夜兼行，来援夔州。白继赟到达夔州后，与巡检使解守颙腹背夹击，击败农民军。农民军牺牲两万多人，战船千余艘也全部被宋军夺去。农民军杀出夔门的计划成了泡影。张余所部，在宋军攻击下，且战且退，退至嘉州坚守。至道元年（995）二月，张余被俘牺牲。李顺余部，也大致被宋军消灭。[1]

至道二年（996）五月，张余的余部王鸬鹚再举义旗，自称"邛南王"，进攻邛州、蜀州。西川巡检石普对太宗说："蜀之乱，由赋敛迫急，农民失业，不能自存，遂入于贼。望一切蠲其租赋，使知为生，则不讨自平矣。"太宗答应了他。石普回到西川，揭榜告谕，安抚民众，同时又进兵围剿，王鸬鹚所部起义军不久也被石普率军消灭。[2]至此，王小波、李顺领导的川峡农民大起义，才算画上了句号，前后延续达四年之久，朝野震动，造成了严重的统治危机。起义虽然失败，太宗也不能不下诏罪己，承认"朕委任非当，烛理不明，致彼亲民之官，不以惠和为政，筦榷之吏，唯用刻削为功，挠我蒸民，起为狂寇"，

1　以上据《长编纪事本末》卷13《李顺之变》；《太平治迹统类》卷3《平李顺》。
2　《长编》卷39。

表示："念兹失德，是务责躬，改为更张，永鉴前弊，而今而后，庶或警余。"[1]但是，太宗为首的最高统治集团，到底汲取了多少教训，是很值得怀疑。虽然，太宗在淳化五年（994）八月任命以治郡著称的张咏为知益州，去镇抚川峡地区；然而，在至道三年（997）八月，西川仍然又爆发了刘旰之变，此时，太宗刚去世不到半年，距平定王鸬鹚才仅仅一年时间。三年后，咸平三年（1000）正月，王均率领益州戍卒起事，占领成都，又建大蜀政权，直到十月，才被宋军平定。[2]结果，再次劳动张咏出知益州，才最后抚定益州，结束川峡地区屡叛的局面。[3]

1　《长编》卷36。
2　《长编》卷36、卷41、卷46、卷47；《乖崖集》卷8《上官正神道碑铭》；《宋会要辑稿》兵十之十、十一。
3　详见拙文《张咏：宋代治蜀第一人》。

第八章

皇位传授：继位人地位的艰难确定

太宗先是处心积虑，谋夺皇位，终于成功。即位后，他又着眼于皇位，先后迫死弟、侄，终于使传位于儿子有了可能性。即或如此，太宗继位人的人选、地位之确定，仍然经历了艰难的历程。

太宗共九个儿子，为下文叙述方便，先将此九子情况，列简表如下：

太宗九子简表

序次	名	初名	改名	生年	卒年	享年	徽宗追封
1	元佐	德崇	元佐（太平兴国八年，983）	乾德四年（966）	天圣五年（1027）	62	汉王
2	元僖	德明	元佑（太平兴国八年）	乾德四年	淳化三年（992）	27	昭成太子
3	恒（元侃）	德昌	元休（太平兴国八年）	开宝元年（968）十二月	乾兴元年（1022）二月	55	即真宗
4	元份	德严	元儁（太平兴国八年）	开宝二年（969）	景德二年（1005）八月	37	商王
5	元杰	德和	元杰（太平兴国八年）	开宝五年（972）	咸平六年（1003）	32	越王
6	元偓			太平兴国二年（977）	天禧二年（1018）	42	燕王
7	元偁			太平兴国四年（979）	大中祥符七年（1014）	34	楚王

（续上表）

序次	名	初名	改名	生年	卒年	享年	徽宗追封
8	元俨			太平兴国八年	庆历四年（1044）	60	周王
9	元亿	号十七太保			早亡		崇王

从表中可以看到，在太祖在位时期，太宗生子五人；太宗登基后，又生子四人。除早夭者外，实际有子八人。八人中，与皇位继承人有关的，是前三人。

本表据《宋会要辑稿》帝系一之二九至三二、《宋史》卷245《宗室二》、《东都事略》卷15《世家三》等而制作。

第一节 长子元佐

太宗长子元佐，字惟吉。初名德崇，太平兴国八年（983）改为元佐。太祖之子德昭的长子，为太祖喜爱，起名德雍；太平兴国八年，元佐兄弟改名时，德雍改名惟吉。元佐的字竟与侄子的改名相同，令人奇怪而且不解。

元佐和真宗同母，是太宗的李贤妃所生。太宗时，李氏为夫人；真宗即位，追封贤妃，后又上尊号为皇太后，有司上谥曰元德。后来，以"元德皇后"的尊号，升祔太宗庙室。[1]

---

1 《宋史》卷242《后妃上》。

元佐从小聪明机警，长得又很像太宗，所以，太宗很钟爱他。太平兴国三年（978），元佐年方13岁，跟随太宗去近郊打猎，有一只兔子跑过太宗所坐的车前面，太宗让元佐去射，元佐一箭射中，大受赞赏。

太宗即位初期，要安抚皇室，坐实三传约的"金匮之盟"，示天下以大公，故而在给弟弟廷美、太祖之子德昭和德芳、廷美之长子德恭封官加爵之时，绝未及自己的儿子。但他心中，未尝不刻刻以传子为念。太平兴国六年（981），出现所谓廷美悖逆之事，即是太宗欲遂传子之欲的结果。此前，太祖之子德昭、德芳两人已分别在太平兴国四年（979）和六年死去，再除去廷美，太宗传大位于儿子就没有什么大障碍了。太平兴国七年（982）五月，廷美被罢官削职，送往房州（今湖北房县）安置。七月，太宗就封长子德崇（即元佐）为卫王，次子德明（即元僖）为广平郡王，德崇检校太傅，德明检校太保，并同平章事。这还仅仅是使相，并无干政之权。于是，太宗又诏卫王和广平郡王轮日往中书视事，使他们实际具有了宰相的权力，开始参与国家大事了。

太宗此时封长子、次子为王，与他继位时封廷美为齐王、德昭为武功郡王的情形颇为相似；而让卫王与广平郡王轮日往中书视事，则比他初继位时的措施又进了一步，更加明确了德崇、德明分别是第一、第二继承人的实际地位。德崇此时17岁，当能体会其父的一片深情厚谊。然而，当廷美贬往房州时，德崇却"独申救之"，太宗不听。太平兴国九年（984）正月，廷美死于房州，元佐闻知此消息，遂感心疾，时人以为发狂，于是不能奉朝请。仔细推究此事，元佐实是不满太宗迫害其叔廷美，并且以"发狂"的举动拒绝储位之选的。《司马光日记》

说元佐"由是失爱"，从此退出了继位人地位的争夺。

　　元佐不直太宗迫害廷美之所为，主动退出皇储之列后，自暴自弃，喜欢做残忍的事情，不遵守法度。左右服侍的人有小的过失，他也要拿刀去砍；仆吏走过庭院，往往弯弓射之。太宗多次严厉训斥，他都不改。太平兴国九年（984）的夏秋之际，元佐的狂病更加厉害，太宗深为他担忧。雍熙二年（985）九月，元佐的病情有所好转，太宗十分高兴。重阳节时，太宗召集几个儿子在宫苑中饮酒作乐，因元佐病刚好，便未召他预会。傍晚，他弟弟陈王元佑（即元僖）等人在宴会结束后去看望他，元佐知道了太宗设宴的事，对元佑等人说："汝等与至尊宴射，而我不预焉，是为君父所弃也。"于是发怒，到半夜，把侍女、姬妾等关在房内，纵火焚宫，到天亮，烟火仍未停息。太宗猜测火必定是元佐所放的，命令将元佐带到中书，派御史去按问。元佐看到放在面前的巨大的木枷，十分害怕，便说出了实情。太宗派入内都知王仁睿对元佐说："汝为亲王，富贵极矣，何凶悖如是！国家典宪，我不敢私，父子之情，于此绝矣。"元佐无言以对。陈王元佑等太宗的儿子们和宰臣、近臣，都号泣营救，太宗流着眼泪说："朕每读书，见前代帝王子孙不率教者，未尝不扼腕愤恨，岂知我家亦有此事！朕为宗社计，断不舍之。"遂下制，废元佐为庶人，送均州（今湖北十堰东北）安置。太宗对宰相说："比者内外安宁，方思自适，而元佐纵火，实挠朕怀。"宰相宋琪等人说："尧、舜有丹朱、商均，此不足以累圣德。元佐苟无心疾，当不至是，惟陛下开释。"宋琪又率百官三次上表，请求把元佐留在京师。太宗同意。元佐已上路南下，走到黄山，被召还，置于南宫，派使者监护，不通外事。元佐的幕僚楚王府谘议赵齐、王通、翊善戴玄以"辅导无状"的罪名请求处罚，太宗却说："朕教训犹不从，岂汝等所能赞导耶！"释其无罪。看来，太宗对儿子还是了解的，对其病因也是清楚的，还没有诿过于人。这一年，元佐才 20 岁，从此便被幽禁于南宫之中。[1]

自太平兴国七年（982）七月，德崇封卫王，同平章事，"赴上于中书"后，虽未任开封尹，也隐然有继位人的地位。太平兴国八年（983）十月，德崇兄弟五人改名，德崇改名为元佐，进封楚王，仍加同平章事。这一段时期，元佐虽因申救叔父廷美而得心疾，"或经时不朝请"，但是太宗仍然十分宠爱这位相貌类己而且爱好武事的儿子，并未因其有病而唾弃他，而让元佐仍然处于第一继承人的地位。

这一期间，朝廷有一大事，就是宰相赵普的罢职。作为开国元臣的赵普，在太平兴国六年（981）九月复相；太平兴国七年四月，帮助太宗锻造廷美之狱，除去太宗传子之障碍。太平兴国八年十月，当元佐兄弟进封之日，赵普罢相。这并非偶然之巧合，而是有其深意的。元佐不满迫害廷美之举，敢犯龙颜而申救之，则对迫害廷美的主要帮凶赵普，憎而恶之，实属必然。太宗思虑，亦当及此。为维护元佐地位计，太宗当然不能让赵普继续担任宰相了。因此，赵普之罢相，当与元佐有关。[2]

至道三年（997）三月，太宗去世。李皇后勾结参知政事李昌龄、知制诰胡旦、宣政使宦官王继恩等人，企图撇开已立为太子的赵恒，用"立嗣以长"的借口，拥立元佐继位为皇帝，结果由于宰相吕端处置得宜，未能得逞。[3]五月，户部侍郎、参知政事李昌龄责授忠武节度

1　以上据《宋史》卷 245《元佐传》；《长编》卷 23、卷 24、卷 26；《长编纪事本末》卷 9《诸王事迹》；《东都事略》卷 15《世家三》。

2　此说为香港何冠环先生发明，见其硕士论文《论宋太宗朝之赵普》（手稿）。

3　详参拙文《吕端与宋初的黄老思想》。

（治今河南许昌）行军司马，宣政使、桂州观察使王继恩责授右监门卫将军，均州（今湖北均县西北）安置，已责降为安远节度行军司马的胡旦，削籍流浔州（今广西桂平）。在这场政变阴谋中，身为拥戴对象的元佐，似乎并不知情，亦未曾参与其事。所以，当李昌龄等人被责降后，六月，真宗追尊他与元佐的母亲陇西夫人李氏为贤妃，以元佐为左金吾卫上将军，复封楚王，同意元佐养病，不入朝参拜。真宗打算去元佐家探望，元佐固称自己有病，并说："虽来，不敢见也。"从此以后，元佐终生没有见过真宗。

作为同母弟的真宗，对待元佐甚好。元佐生日，真宗赐以宝带。真宗一朝，元佐先后加官左卫上将军，拜太傅，迁太尉兼中书令，又加太师、尚书令兼中书令，遂拜天策上将军、兴元（今陕西汉中东）牧，赐剑履上殿，诏书不名。后又加兼雍州牧、兼江陵牧。

仁宗天圣五年（1027）五月，元佐去世，享年62岁，赠河中、凤翔牧，追封齐王，谥恭宪。宗室子弟特给假七日，以卤簿鼓吹导至永安，陪葬太宗的永熙陵。[1]

元佐在真宗即位时，年方32岁，从此得以优游自适达30年之久，尊崇富贵，直至去世，晚年是颇为幸运的。

第二节　次子元僖

太宗次子元僖，与元佐同年生，但不是一母所生，生月小于元佐，

---

[1]　《宋史》卷245《宗室二》、卷9《仁宗一》；《长编》卷41。

故排行第二。

元僖初名德明，太平兴国八年（983）十月，改名元佑；雍熙三年（986）七月，又改名元僖。

元僖"丰肥，舌短寡言"[1]与太宗相貌不同。太平兴国七年（982），元僖出阁，七月，授检校太保、同平章事，封广平郡王，与兄元佐轮日赴中书视事，从此步入政坛。太平兴国八年十月，进封陈王，改名元佑。同时改名封王的，除元佐外，还有太宗的三子、四子、五子。此时，元僖仅为太宗封王的五子之一，连老大元佐也没有担任被视为储位之职的开封尹，更遑论元僖了。论排行，元佐居长；元佐又貌似太宗，得到太宗及李皇后的赏识与喜爱，因此，继位人的地位当然首先要让元佐占有了。此时的元僖，究竟在争夺储位的斗争中做了些什么，现存的宋代史籍，并无明确记载，但是仔细考察，仍有蛛丝马迹可寻。

雍熙二年（985）九月，元佐以罪被废，元僖因此而得益。在元佐被废事件中，元佐得知太宗召诸王宴射而自己不预会，是促其犯罪的因由，而元佐得知此事，史籍明载是因陈王元佑（即元僖）宴罢过访。元僖等对元佐说了些什么，现存史籍未见记载。元佐听后，愤怒地说："汝等与至尊宴射，而我不预焉，是为君父所弃也！"语气沉重，显然是受到了很大的刺激。这种刺激，不可能来自别处，只能是由元僖等人对元佐所言引起的。这种刺激，直接导致了元佐举火焚宫的罪行。而太宗又竟能预先知道元佐府第中起火并非偶然，当然是有人预先向太宗作了报告，这个人十有八九就是元僖。元僖深知，自己对元

1　《默记》卷上。

佐所说的话必然会刺激他发狂，做出过火举动，故而抢先报告太宗。元佐的焚宫之举，令太宗难以纵容，只得流着眼泪说，父子之情，于此已绝。至此，元佐彻底被摈出皇位继承人之列，与皇储之位无缘了。[1]

元僖在雍熙二年（985）构陷元佐，并非偶然，而是客观形势使然。

雍熙元年（984）七月，太宗曾对宰相说："近有人上章，言及储贰者。朕万几之暇，颇读前书，备见历代皇子踪迹，国家宗嗣，岂不在心？却缘事理之间，有所未可。朕于诸子，常加训励，见今僚属，悉择良善之士以辅翊之，至于舆台皂隶之辈，并是朕亲自选择，不欲令奸憸巧佞之人在左右。读书自有常，但缘年方幼小，未有成人之性，且欲令在左右，旦夕见好人。更待三五年后，各渐成长，自然别有道理。朕于处驭，必得其宜。""事理之间，有所未可"，究竟指何事而言，话中未挑明，但很有可能是指元佐有病，不能因此而摈其于储位之外。而"三五年后"的话，则不啻是宣告了三五年内必定要确立储贰之位的。元僖听了此话，焉能不在心？

到了雍熙二年，元佐病情有好转，太宗喜不自禁，饮酒作乐，以示庆祝，对元佐的喜爱之情，溢于言表。如果元佐病情进一步好转，是很有可能出任开封尹，当上准皇储的。这就绝了元僖登上储位的路，元僖不能不有所行动了。于是，出现了元佐焚宫之事，为元僖登上储位扫清了道路。因此，如说元佐纵火事，其中没有元僖经营储位的因素在内，那是不可能的事情。

元佐被废了，皇储的第一个考虑者是元僖了。一年以后，他初步如愿了。

---

1   详见何冠环：《论宋太宗朝之赵普》一文。

雍熙三年（986）七月，元佑改名元僖。十月，太宗以陈王元僖为开封尹、兼侍中。元僖顺利地成为了准皇储。以户部郎中张去华为开封府判官，殿中侍御史陈载为推官，并召见两人，对他们说："卿等朝之端士，故兹选用，其善佐吾子。"还各赐钱百万。不久张去华调任它职，又命吕端为开封府判官。《默记》卷上曰："太宗长子楚王元佐既病废，次即昭成太子元僖封许王，最所钟爱。尹开封府，择吕端、张去华、陈载一时名臣为之佐。礼数优隆，诸王莫比，将有青宫之立。"于此可知，元佐之被废与元僖之得宠是密切相关的。

就在元佐成为准皇储的雍熙三年，宋军有雍熙北征之惨败。五月，赵普向太宗奏上他著名的《谏雍熙北伐》奏疏，并附有劄子，因而获得太宗嘉许。雍熙四年（987）十一月，赵普获批准，自山南东道（治襄州，今湖北襄阳）到京师开封朝见。于是，促成了元僖与赵普的密切交往。

赵普的《谏雍熙北伐》，天下闻名，通常称之为《班师疏》，因为该疏认为北伐时机不当，应赶快班师，并加强边防。元僖深为赞同赵普的观点。雍熙四年四月，太宗又将大发兵讨伐辽国，派使者到河南北诸州，募丁壮为义军，京东转运使李惟清三上疏争之，宰相李昉等人也上奏反对。22岁的元僖也上疏，要求在河南诸州，停罢招募丁壮之举，为太宗采纳。这说明，太宗、元僖、赵普三人在处理对辽事宜方面，有了很多共识。因此，雍熙四年十二月，赵普到京城朝见太宗时，太宗召升殿慰抚，赵普见了太宗，感咽不语，太宗亦为之动容。这时，元僖虽已任开封尹一年多，但地位还不能说是稳固的，有元佐复出之忧，因而极需有一强有力的援助之人。赵普为开国元老，刚好是有能力制服群臣，并且又不为元佐所喜，必不会帮助元佐的，这正是元僖需要的援助者。因此，当元僖看到太宗优待赵普之情形后，立即上疏，要用重新任用赵普为宰相。元僖在疏中说：

　　臣伏见唐太宗有魏玄成、房玄龄、杜如晦，明皇有姚崇、宋璟、魏知古，皆任以辅弼，委之心膂，财成帝道，康济九区，宗社延洪，史策昭焕，良由登用得人也。今陛下君临万宇，焦劳庶政，宵衣旰食，以民为心。历考前王，诚无所让，而辅相之重，未偕曩贤。况为邦在于任人，任人在乎公共，公共之道莫先于赏罚，斯为政之柄也。苟赏罚匪当，即淑慝莫分，朝廷纪纲，渐致隳紊。必须公正之人典掌衡轴，直躬敢言，以辨得失，然后彝伦式序，庶务康用。

　　伏见山南东道节度使赵普，开国旧老，参谋缔构，厚重有谋，不妄希求恩顾以全禄位，不私徇人情以邀名望，此真圣朝之良臣也。窃闻憸巧之辈，朋党比周，众口嗷嗷，恶直丑正，恨不斥逐退徽，以快其心。何者？盖虑陛下之再用普也。然公谠之人，咸愿陛下复委之以政事，启沃君心，羽翼圣化，国有大事，使之谋之；朝有宏纲，使之举之；四目未察，使之明之，四听未至，使之达之。官人以材，则无窃禄，致君以道，则无苟容。贤愚洞分，玉石殊致，当使结朋党以驰骛声势者气索，纵巧佞以援引侪类者道消。沈冥废滞得以进，名儒懿行得以显，大政何患乎不举，生民何患乎不康。匪逾期月之间，可臻清净之治。臣智虑庸浅，发言鲁直，伏望旁采群议，俯察物情，苟用不失人，实邦国大幸。[1]

---

[1]　见《长编》卷28；《宋史》卷256《赵普传》。

太宗看到元僖的奏疏，采纳了他的建议，准备第三度起用赵普任宰相。

端拱元年（988）正月，赵普在开封参加籍田之礼。二月，宰相李昉罢政，授右仆射，任命赵普与吕蒙正并为宰相，赵普为太保兼侍中，吕蒙正为中书侍郎兼户部尚书、同平章事。赵普时年67岁，吕蒙正45岁。

吕蒙正是太宗即位后第一次贡举即太平兴国二年（977）贡举的状元，是太宗一手培养的亲信。从中进士到任宰相，才不过12年时间，因此太宗担心他威望不够，"藉普旧德为之表率也"，于是要任命赵普为首相，并且告诫赵普："卿勿以位高自纵，勿以权势自骄，但能谨赏罚，举贤能，弭爱憎，何忧军国之不治？朕若有过，卿勿面从，古人耻其君不为尧、舜，卿其念哉！"[1]这是明白地警告赵普不要弄权。

就在赵普拜相之日，元僖及其弟四人也被加官，陈王元僖进封许王。

太宗和元僖父子两人，出于各自的政治需要，都选中了赵普担任宰相，因而对赵普也比较信任和支持，使赵普在短短一年时间内，能够贬逐枢密副使赵昌言等人，诛杀太宗亲信侯莫陈利用，和平处理西北边防事宜，一时朝纲大振。[2]随着赵普威权的大振，竭力支持、拉拢赵普的元僖，其准皇储的地位更加巩固了。也许是由于地位日趋巩固，元僖不免有些骄纵起来，于是受到了御史中丞李巨源的劾奏。元僖不平，向太宗诉说道："臣天子儿，以犯中丞故被鞫，愿赐宽宥。"太宗说："此朝廷仪制，孰敢违之！朕若有过，臣下尚加纠摘。汝为开封尹，

1　《长编》卷29。
2　详见拙著《赵普评传》。

可不奉法耶？"还是按规定处罚了元僖。但是不久，李巨源也被免去了御史中丞之职，于端拱元年（988）闰五月出知朗州（今湖南常德）。[1]元僖终究还是占了上风，报复了劾奏自己的御史中丞。于此可知，太宗还是很宠爱元僖的。

端拱元年七月起，宰相赵普的身体状况越来越差，已经基本不理朝政了。但是，元僖的地位却日渐巩固。另一位宰相吕蒙正，也是与元僖交好的。淳化元年（990）正月，赵普罢相后，中书是吕蒙正独相，与元僖的关系日趋密切。淳化二年（991）九月，太宗对近臣说："屡有人言储贰事，朕颇读书，见前代治乱，岂不在心！且近世浇薄，若建立太子，则官僚皆须称臣。官僚职次与上台等，人情之间，深所不安。盖诸子冲幼，未有成人之性，所命僚属，悉择良善之士，至于台隶辈，朕亦自拣选，不令奸险巧佞在其左右。读书听书，咸有课程，待其长成，自有裁制。何言事者未谅此心耶？"太宗对臣僚屡屡上疏言立储之事，已显得颇不耐烦，埋怨言事者不能体谅他心意。然而，偏偏又有不识相者上书。左正言、度支判官宋沆等五人伏阁上书，请立许王元僖为皇太子。宋沆是吕蒙正的妻族，又是蒙正擢用的人，因此，宋沆所为，使人不能不怀疑是吕蒙正在背后支持，而且反映出吕蒙正与元僖关系已深。太宗见书大怒，认为"词意狂率"，不仅责罚了宋沆等人，而且以"援引亲暱，窃禄偷安"的罪名，罢去了吕蒙正宰相职务。[2]冯拯与黄裳、王世则、洪湛，伏阁请立许王元僖，太宗发怒，悉贬岭外。[3]元僖的太子梦，终究未能实现。

1　《长编》卷29。
2　《长编》卷32。
3　《宋史》卷285《冯拯传》。

　　淳化三年（992）十一月，元僖早朝时，刚坐到殿庐中，就感觉身体不舒服，于是不再入朝拜谒，马上返回府中。太宗闻知消息后，马上到元僖府中去看望，病已很重，太宗叫他，还能答应。不一会儿，元僖就死去了，终年27岁。太宗哭得很伤心，左右的人都不敢仰视他。史称，元僖"性仁孝，姿貌雄毅，沈静寡言，尹京五年，政事无失"，所以太宗特别钟爱。他死后，太宗追念不已，有时哭得整夜不睡，写下《思亡子诗》，给近臣传看。[1]

　　其实，元僖的死，乃事出有因，并非自然死亡。《宋史》卷245《宗室二·元僖传》记载：

　　　　未几，人有言元僖为嬖妾张氏所惑，张颇专恣，捶婢仆有至死者，而元僖不知。张又于都城西佛寺招魂葬其父母，僭差逾制。上怒，遣昭宣使王继恩验问，张缢死，左右亲吏悉决杖停免，毁张氏父母冢墓，亲属皆配流。开封府判官、右谏议大夫吕端，推官、职方员外郎陈载，并坐裨赞有失，端黜为卫尉少卿，载为殿中侍御史。许王府咨议、工部郎中赵令图，侍讲、库部员外郎阎象，并坐辅道无状，削两任免。诏停册礼，以一品卤簿葬。

　　《长编》卷33所载略同，但多一句："又言元僖因误食他物得病，及其宫中私事。"元僖到底如何死的？太宗为什么发怒，降低元僖葬礼的规格？《宋史》与《长编》均未明言。

1　《长编》卷33。

《长编纪事本末》卷9《太宗皇帝·诸王事迹》又载："上始追捕许王寮吏，将穷究其事。左谏议大夫魏羽乘间言于上曰：'汉戾太子窃弄父兵，当时言者以其罪笞尔。今许王之过未甚于此也。'上嘉纳之。由是被劾者皆获轻典。"由此看来，元僖的问题相当严重，魏羽甚至拿汉武帝之子起兵的事相比较。但究竟是何事呢？记载中仍未言明。

《默记》卷上记载：

> （元僖）娶功臣李谦溥侄女，而王不喜之，嬖惑侍妾张氏号张梳头，阴有废嫡立为夫人之约。会冬至日，当家会上寿，张预以万金令人作关揆金注子，同身两用，一着酒，一着毒酒。来日，早入朝贺，夫妇先上寿。张先斟王酒，次夫人。无何，夫妇献酬，王互换酒饮，而毒酒乃在王盏中。张立于屏风后，见之，搤耳顿足。王饮罢趋朝，至殿庐中，即觉体中昏愦不知人，不俟贺，扶上马，至东华门外，失马仆于地，扶策以归而卒。太宗极哀恸，命王继恩及御史武元颖鞫治。顷刻狱就，擒张及造酒注子人凡数辈，即以冬至日脔钉于东华门外。赠王为太子，府僚吕端、陈载俱贬官。而张去华已去官，旋以它事贬云。去华之孙景山言，亲见其详。今国史载此事多微辞，惟言"上闻之，停册礼，命毁张之坟墓"而已。

《默记》的记载，出自张去华之孙，当应可信。与史籍所载对照看，也一一合拍，故属信史。按《默记》所载，元僖是中毒而死的，下毒者乃其小妾，目的本是为了毒死元僖之妻李氏。《默记》说元僖所娶是李谦溥侄女，据《宋史》卷245《宗室二》，当为李谦溥之女。

元僖在与宰相交好、太宗钟爱的情况下，当太子的呼声日高，正处在一帆风顺的大好时机，不料却因侍妾下毒，而误被毒死。真宗即位后，始诏中外，称元僖为太子。太宗诸子中，第一位准继承人就这样死去了。

<h2>第三节 太子之立</h2>

太宗的第三子，初名德昌。太平兴国八年（983）改名元休，封韩王，授检校太保、同中书门下平章事。雍熙三年（986）七月，改名元侃。端拱元年（988）二月，进封襄王，为荆南、湖南节度使，时年 21 岁。

淳化三年（992）十一月元僖去世以前，元侃与太宗的第四子、第五子、第六子、第七子差不多，并未特异独立。因为其时元僖居长，继位者应是他，恐元侃亦不敢作他想也。

淳化三年十一月，春风得意的元僖突然死去，年方 27 岁。太宗又是伤心又是怒气，在此后近两年的时间内，一直不愿提及立储之事。

淳化五年（994），太宗已是 56 岁，登上帝位也差不多 20 年了，加上高梁河之战时所受的箭伤时常折磨着他，脚上也有创伤，立储之事遂为朝野所关注。崇仪副使王得一曾经在入对禁中时，"潜述人望，请立襄王为皇太子"，太宗不应，王得一遂求解官，太宗同意。[1]

淳化五年八月，寇準自青州（今山东益都）召还，入见。太宗此

---

1 《长编》卷 36。

时腿伤很厉害,自己掀开裤脚给寇準看,并且说:"卿来何缓耶?"寇準回答说:"臣非召不得至京师。"太宗又问:"朕诸子孰可以付神器者?"寇準说:"陛下为天下择君,谋及妇人、中官,不可也;谋及近臣,不可也;唯陛下择所以副天下望者。"太宗想了许久,屏退左右侍从,对寇準说:"襄王可乎?"寇準回答说:"知子莫若父,圣虑既以为可,愿即决定。"太宗听从了寇準之言,遂以襄王元侃为开封尹,改封寿王。寇準也升任参知政事。[1]元侃便成为了准皇储。

太宗不听王得一之言,但对他要求解职,"优诏许之",态度已与淳化二年(991)前后大不同。至于寇準,太宗认为他"明智,不阿顺",加上太宗箭疾日甚,至有"不豫"之说,[2]因此,愿意听从寇準意见,实际确立皇储之位。于是,27岁的元侃,遂因缘际会,得以担任开封尹,在太宗诸子中脱颖而出。

淳化五年(994)十月,太宗任命镇安行军司马杨徽之为左谏议大夫,与右谏议大夫毕士安并为开封府判官,兵部郎中乔维岳、寿王府记室参军水部郎中杨砺、谘议司封员外郎夏侯峤并为推官。杨徽之等人入谢,太宗召他们升殿,当面谕以辅导之旨。[3]

至道元年(995)八月十八日,太宗正式下制,立襄王元侃为皇太子,改名恒。同时大赦天下,文武常参官子为父后,见任官赐勋一转。诏皇太子兼判开封府。自从唐哀帝天祐以后,即是五代时期,社

1　《宋史》卷281《寇準传》;《长编》卷38、卷36。按《寇莱公遗事》记载略异:时太宗久不豫,驿召还,问后事,公谢曰:"知子莫若父,臣愚不敢与也。"上曰:"以卿明智,不阿顺,故问卿,不应让!"公再拜曰:"臣观诸子皇孙,无不令美。至如寿王,得人心深矣。"上大悦,遂定策,以寿王为太子。
2　详参何冠环:《宋太宗箭疾新考》一文。
3　《长编》卷36。

会动荡，战乱不已，根本顾不到立太子之事，册立皇太子的典礼，将近百年未曾举行过了。太宗这时才重新又册立皇太子，消息传出，"中外胥悦"。京师开封的人见到太子赵恒，高兴地说："真社稷之主也。"太宗听说后，很不高兴，马上召见寇準，对他说："四海心属太子，欲置我何地？"寇準回答说："陛下择所以付神器者，顾得社稷之主，乃万世之福也。"太宗听了这一番开解的话语，才算消气；他回到宫中，把寇準的话告知皇后、嫔妃以下的人，六宫的人都向太宗道贺。太宗再出宫，招来寇準饮酒，喝得大醉才罢休。[1]

太宗为太子受人欢迎而疑心大起，活脱一副猜忌过甚的嘴脸。但是，太宗得知京师人欢迎太子的情况而起疑心，据《寇莱公遗事》记载，是明德李后进言所至。明德李后钟爱元佐，并在宫中抚养元佐之子允升。当元佐同母弟元侃被立为太子时，她却进谗言离间太宗与元侃的关系，目的很明显是对元侃不利。太宗死后，她勾结王继恩、李昌龄、胡旦等人，企图废赵恒而另立元佐，不是偶然，而是长期蓄谋的行动。

太宗既因寇準劝解而释疑，遂以左谏议大夫杨徽之兼左庶子，右谏议大夫毕士安兼右庶子，并为开封判官如旧。十九日，又以尚书左丞李至、礼部侍郎李沆并兼太子宾客，见太子如师傅之仪，太子见必先拜，动皆咨询。李至等人上表恳让，太宗不许。李至等人入谢，太宗对他们说："朕以太子仁孝贤明，尤所钟爱，今立为储贰，以固国本，当赖正人辅之以道。卿等可尽心调护，若动皆由礼，则宜赞成，事或未当，必须力言，勿因循而顺从也。至如《礼》、《乐》、《诗》、《书》

---

[1]　《长编》卷 38；《宋史》卷 281《寇準传》。

之道，可以俾益太子者，皆卿等素习，不假朕多训尔。"李至等人顿首拜谢。太宗又为太子设置左春坊谒者，命左清道率府副率王继英兼领之。太宗还召见王继英，对他说："汝昔事赵普，朕所备知，今奉亲贤，尤宜尽节。"等到立了太子，于是有领左春坊谒者之命。

八月二十三日，太宗以翰林学士承旨宋白为册皇太子礼仪使，负责准备册礼事宜。有关部门对太宗说："唐制，宫臣参贺太子皆舞蹈，开元始罢之。故事，百官及东宫接见祇呼皇太子，上笺启即称皇太子殿下。百官自称名，宫官自称臣；常所行用左春坊印，宫内行令。又按唐制，凡东宫处分论事之书，皇太子并画诺，令左右庶子以下署姓名，宣令奉行书按画日；其与亲友、师傅书，不用此制。今请如开元之制，宫臣止称臣，不行舞蹈之礼。伏缘皇太子兼判开封府，其所上表状即署皇太子位，其当申中书、枢密院状，祇判官等署，余断案及处分公事并画诺。"太宗命将"诺"改为"准"，其余均按有关部门建议办。有关部门又说："百官见皇太子，自两省五品、尚书省御史台四品、诸司三品以上皆答拜，余悉受拜。宫臣自左右庶子以下，悉用参见之仪。其皇太子宴会，位在王公上。"太宗同意。有关部门又草拟好皇太子受册毕见皇后仪，太宗诏止用宫中常礼。

九月二十四日，太宗御朝元殿，册立皇太子，陈列如元会之仪。皇太子赵恒自东宫常服乘马，赴朝元门外幄次，改服远游冠、朱明衣，三师、三少导从入殿，受册、宝，太尉率百官奉贺。皇太子易服乘马还宫，百官常服诣宫参贺，自枢密使内职、诸王宗室、师保宾客宫臣等毕集，皆序班于宫门之外。庶子版奏外备，内臣褰帘，皇太子常服出次就坐，诸王宗室参贺再拜讫，垂帘。皇太子降坐还次，中书门下文武百官、枢密使内职、师保宾客而下以次参贺，皆降阶答拜，讫，升坐，受文武百官、宫臣三品以下参贺。二十七日，皇太子具卤簿，参拜太庙五室，常服乘马出东华门，升辂。[1]

经过这一系列的仪式，册立皇太子的仪式算是完成了，赵恒坐上了皇太子的宝座。

赵恒当上太子后，小心翼翼，十分注意。当年十月二日，让宫僚称臣，太宗同意。三日，太子言："臣先与元份等同候朝于崇德门西庐中，今迁在门东宰相直庐内。伏乞仍旧，庶因辨色之会，时接同气之欢。"太宗见到奏章，对宰相说："太子孝悌之性，出于自然，深可嘉者。"于是降诏，同意了太子的请求。赵恒见到太子宾客李至、李沆，必定先拜，迎送都降阶及门。在开封府，他留心狱讼，裁决轻重，都很适当，开封的监狱多次空无一人，太宗几次下诏褒美。[2]对兄弟孝悌，对官僚谦抑，对政务在心，赵恒由此而逐渐博取了上下的欢心。

为了确保皇位的递嬗，太宗不仅在生前正式册立了皇太子，而且在中书人事上作了周密安排。

至道元年（995）四月，即册立皇太子之前四个月，太宗罢免状元宰相吕蒙正，任命吕端为宰相。在准备任命吕端时，有人对太宗说："端为人糊涂。"太宗却说："端小事糊涂，大事不糊涂。"在曲宴后苑时，太宗又作诗说："欲饵金钩深未达，磻溪须问钓鱼人。"表明属意于吕端。几天后，罢免吕蒙正，任命吕端出任宰相。吕端为相时，已是 61 岁高龄，所以"太宗犹恨任用之晚"。史称，吕端"为相持重，识大体，以清简为务"，太宗十分信任，在他为相后，曾内出手札戒谕：

1　《长编》卷 38。

2　《长编》卷 38；《长编纪事本末》卷 9《太宗皇帝·诸王事迹》；《宋史》卷 6《真宗一》。

"自今中书事必经吕端详酌，乃得奏闻！"[1]《后山谈丛》卷3记载："太宗数私谓正惠公（指吕端）曰：'与太子问起居。'既崩，奉太子至福宁庭中，而先登御榻，解衣视之，而降揖太子以登，遂即位。"看来，太宗生前也有一些预感，估计身后太子即位会有麻烦。大约，明德李后不喜欢赵恒，王继恩、胡旦有所行动，太宗均有所闻吧。因此，太宗特意选择"大事不糊涂"、厚重有守的吕端为相，托孤于他，让他熟悉太子身体特征，以防万一，以确保太子平安继位。吕端没有辜负太宗的信任和期望，在太宗去世后，采取了断然措施，保证了太子的继位，成为千古名臣。

第四节　舐犊之情：其余诸子

太宗即位后，花费了六七年时间，处心积虑，先后除去了德昭、德芳、廷美三人，终于扫清了传位于儿子的障碍。其为己为子之情，可谓深厚矣。

太平兴国七年（982）四月贬谪廷美后，太宗于七月开始提拔儿子，封长子、次子为王，并派他们轮日赴中书视事。一年后，太平兴国八年（983）三月，更进一步培植儿子的势力，在诸王及皇子府初置咨议、翊善、侍讲等官，以户部员外郎王遹、著作佐郎姚坦、国子博士邢昺等十人为之。这些人，是诏丞郎给谏以上官于常参官中举年五十以上通经者备官僚时，被举出来的。太宗是希望这些通经者能够

1　《宋史》卷281《吕端传》，详参拙文《吕端与宋初的黄老思想》，收入拙著《宋初政治探研》。

教导好自己的儿子，使其通经有知识。

十月，太宗改变儿子排行用字。原来，太祖、太宗、廷美三人的儿子们，排行均用"德"字，太宗此时将自己儿子的排行字改为"元"字：长子元佐，次子元佑，第三子元休，第四子元儁，第五子元杰。其时，第四子元儁15岁，第五子元杰12岁。五子不但改变排行用字，而且全部封王，并加同平章事。

雍熙二年（985）五月，太宗又任命左拾遗毕士安等四人为诸王府记室参军，并且召见他们，对他们说："诸子长于宫廷，未闻世务，必资良臣贤士赞导为善，使日闻忠孝之美。卿等谨恪有行，故兹遴选。宜各勉之！"并赏赐他们袭衣、银带、鞍马。

雍熙三年（986）七月，太宗再次给儿子改名：次子元佑改名元僖，第三子元休改名元侃，第四子元儁改名元份。元份时年18岁。

雍熙四年（987）八月，水部员外郎、诸王府侍讲邢昺献《分门礼选》二十卷。太宗在其中看到有一篇《文王世子》，看后很高兴，于是问入内西头供奉官卫绍钦："昺为诸王讲说，曾及此乎？"卫绍钦回答："诸王常时访昺经义，昺每至发明君臣父子之道，必重复陈之。"太宗听后，更为高兴，下令赏赐邢昺器币，以示奖励。端拱元年（988）二月，又进封诸子：次子元僖已任开封尹，进封许王；元侃进封襄王，为荆南、湖南节度使；第四子元份，进封越王，为威武、建宁节度使；第五子元杰仍为益王，为剑南东西两川节度使。

太宗在让第三至第五子均兼两镇节度使后，又给元僖兄弟四人下手诏戒谕道：

朕周显德中，年十六，时江、淮未宾，从昭武皇帝（即宣祖赵弘殷）南征，屯于扬、泰等州。朕少习弓马，屡与贼交锋，贼应弦而踣者甚众，太祖驻兵六合，闻其事，拊髀大喜。年十八，从周世宗、太祖，下瓦桥关、瀛、莫等州，亦在行阵。洎太祖即位，亲讨李筠、李重进，朕留守帝京，镇抚都下，上下如一，其年蒙委兵权，岁余授开封尹，历十六七年，民间稼穑，君子小人真伪，无不更谙。即位以来，十三年矣。朕持俭素，外绝畋游之乐，内却声色之娱，真实之言，故无虚饰。汝等生于富贵，长自深宫，民庶艰难，人之善恶，必恐未晓，略说其本，岂尽余怀。夫帝子亲王，先须克己励精，听卑纳谏。每著一衣，则悯蚕妇，每餐一食，则念耕夫。至于听断之间，勿先恣其喜怒。朕每亲临庶政，岂敢惮于焦劳，礼接群臣，无非求于启沃。汝等勿鄙人短，勿恃己长，乃可永守富贵而保终吉。先贤有言曰："逆吾者是吾师，顺吾者是吾贼。"此不可以不察也。[1]

太宗的手诏，可谓语重心长，仔细品味，又颇有些遗嘱的味道。手诏所云，前半段谈及太宗早年情况，有编造之嫌，与实际情况不符。至于教导儿子的那些话语，一言一语，无不显示出太宗深深的爱子之情，读后令人感动。

太宗接着又封第六子元偓为徐国公，为左卫上将军，第七子元偁封泾国公，为右卫上将军。此时，元偓才 12 岁，元偁仅 10 岁。

淳化五年（994）二月，发生了益王的乳母状告益王府翊善姚坦之事。姚坦以考功郎中任益王元杰的翊善。姚坦好直谏，益王每有过

---

1   见《长编》卷 29，《宋朝事实》卷 3。

失，姚坦未尝不尽言规正。益王宫中，自益王以下，都不喜欢姚坦。益王左右的人于是教益王称疾不上朝，太宗白天即派医生去看，但过了一晚仍旧不好。太宗很担心，于是召益王的乳母入宫，询问益王的病情，乳母说："王本无疾，徒以翊善姚坦检束起居，曾不得自便，王不乐，故成疾耳。"太宗一听便知益王是装病，大怒，说："吾选端士为王僚属者，固欲辅佐王为善尔。今王不能用规谏，而又诈疾，欲使朕逐去正人以自便，何可得也！且王年少，未知出此，必尔辈为之谋耳！"于是命人将乳母抓到后园，打了几十杖。太宗召见姚坦，慰问他道："卿居王宫，为群小所嫉，大为不易。卿但能如此，无患谗言，朕必不听也。"益王元杰，此年 23 岁。太宗并未为他护短，而是严厉督责，奖励直谏的益王府宫僚，拳拳慈父情，溢于言表。

至道二年（996）二月，赵恒已立为太子半年多了，以第四子越王元份为杭州大都督，兼领越州；第五子吴王元杰为扬州大都督，兼领寿州；第六子徐国公元偓为洪州都督，镇南节度使；第七子泾国公元偓为鄂州都督，武清节度使。太宗此时又进一步提高了几个儿子的地位。[1]

太宗的第八子元俨，"少奇颖，太宗特爱之"。每逢朝会宴集，元俨多在太宗身边。太宗不欲元俨早出宫，准备他到了 20 岁再封官，元俨又排行第八，因此宫中称为"二十八太保"。到太宗去世，元俨才 15 岁，故而终太宗之世未封。真宗即位后，才封曹国公，为左卫上将军。[2]

1　以上未注者，见《长编纪事本末》卷 9《太宗皇帝·诸王事迹》。
2　《宋史》卷 245《宗室二·元俨传》。

第九章

家庭生活：寡人有好色之癖

[第一节] 后　宫

《宋会要辑稿》后妃四之一记载：

> 宋朝承旧制，皇后之下，有贵妃、淑妃、德妃、贤妃、昭仪、
> 昭容、昭媛、修仪、修容、修媛、充仪、充容、充媛、婕妤、美人、
> 才人。

太宗的后宫中，自然不会例外。现分别叙述如下。

一、皇后

在太庙的太宗室中，共祔有四位皇后。

淑德皇后尹氏，相州邺（今河北临漳西）人。滁州刺史尹廷勋之女，太宗早年所娶，早死。太宗刚即位，就在太平兴国元年（976）十一月追册为皇后，谥曰淑德，陪葬在太祖、太宗之父宣祖的陵——安陵旁，祭别庙。宋神宗元丰六年（1083）七月十二日，升祔太庙太宗室。尹氏没有生育的记载。尹氏之兄崇珂，《宋史》卷259有传，曾参加平定荆湖的战斗，以副帅身份参加平定南汉的战斗，官至保信军节度使。崇珂死于开宝六年（973），终年42岁，赠侍中。崇珂死后，尹氏之弟崇珪，以为西京作坊使，领歙州刺史。

懿德皇后符氏，陈州宛丘（今河南淮阳）人。父亲符彦卿，字冠侯，五代后晋时，已官封节度使；后周时，封淮阳王、卫王，改封魏

王；入宋依然，加官太师，先后任天雄军节度使、凤翔节度使。符彦卿出身将门，其父存审在后唐时任宣武军节度使、蕃汉马步军都总管兼中书令，是军队统帅。符彦卿是五代宋初的一员大将，史称"勇略有谋，善用兵"，"士卒乐为效死"，威名著于北方。符彦卿的两个女儿，先后当了周世宗的皇后，大的称为宣懿皇后，死于后周显德二年（955）七月二十一日，终年26岁。小的符氏，在宋初迁居西宫，号"周太后"，死于淳化四年（993）。[1] 懿德皇后，是符彦卿的第六个女儿，在两个姐姐相继成为皇后以后，嫁给赵匡义。宋朝建立，建隆元年（960），封汝南郡夫人。建隆二年（961）九月，进封楚国夫人。开宝六年（973），赵光义封晋王，改封越国夫人。开宝八年（975）十二月十九日死去，终年34岁。陪葬在安陵西北。太宗即位后，于太平兴国元年（976）十一月，追册为皇后，谥懿德，另立庙祭祀。太宗死后，至道三年（997）十一月，真宗诏有司议太宗配，宰相建议以符后配，真宗同意，奉神主升祔太庙太宗室。

明德李皇后，潞州上党（今山西长治）人。父亲李处耘，是宋初开国功臣，任宣徽南院使兼枢密副使。乾德元年（963），宿将慕容延钊任统帅，李处耘为都监，领兵攻灭了荆南、湖南两个割据政权。史称："处耘有度量，善谈当世之务，居常以功名自任。荆湖之役，处耘以近臣护军，自以受太祖之遇，思有以报，故临事专制，不顾群议"，由此与统帅慕容延钊发生矛盾，"大不协，要相论奏"。朝廷优待宿将，遂贬处耘为淄州（今山东淄川）刺史，处耘也因恐惧而不敢为自己辩护。乾德四年（966）死于淄州，年仅47岁。太祖赠其宣德军节度使、

1 　《宋史》卷251《符彦卿传》；《旧五代史》卷121《周书十二·后妃列传第一》；《新五代史》卷20《皇后符氏》；《宋史》卷242《后妃上》。

检校太傅，赐地葬于洛阳偏桥村。明德皇后是李处耘的第二个女儿，开宝末年，太祖追念处耘，遂为赵光义聘其次女为妃。[1] 下了聘礼后，太祖去世，直到太平兴国三年（978）七月才入官，李氏当时是19岁。[2] 雍熙元年（984）十二月，立为皇后，时年25岁。李氏生过一个儿子，但未存活。史称其"性恭谨庄肃，抚育诸子及嫔御甚厚"。她特别喜爱元佐，将元佐的儿子允升养于官中。赵恒立为太子，她在太宗面前进言，使赵恒受嫉，全亏寇準开解，太宗才释然，李后的目的，似乎仍是想为元佐留一余地。太宗去世时，李后又勾结宦官王继恩、参知政事李昌龄、知制诰胡旦等人，企图撇开太子赵恒，拥立元佐为帝，又被宰相吕端制止，未能得逞。由此看来，李后甚得宠于太宗，故而能够制造多起政治风波。真宗即位后，至道三年（997）四月，尊李后为皇太后，居于西宫嘉庆殿。咸平二年（999），宰相张齐贤、李沆请求为皇太后别建宫立名，获得真宗同意。咸平四年（1001），宫殿落成，命名为万安宫，皇太后移居其中。景德元年（1004）三月十五日，李太后死于万安宫，终年45岁。谥明德。三年（1006）十月，陪葬于太宗陵墓永熙陵，祔太庙太宗室，排在懿德皇后符氏之下。终真宗之世，李氏再未见有任何政治活动。与她关系并不和睦的真宗，大约也不会允许她再干预政事了。刚经历了立储斗争的宰执们，虽无奈李后何，但也绝不会允许她说三道四的。李氏之投闲，乃属必然。

　　元德皇后李氏，真定（今河北正定）人。父亲李英，终官英州防御使，真宗大中祥符元年（1008），追赠检校太尉、安国军节度使、

1　《宋史》卷257《李处耘传》。据《宋史》卷242《后妃上》，太宗的符皇后死于开宝八年（975），太祖为太宗聘李氏，当在此时。

2　此据《宋史》卷242《后妃上》。《宋会要辑稿》后妃一之一作"太平兴国二年七月入官"，而《宋史》明言"年十九"，则当为太平兴国三年。《宋会要辑稿》或系笔误。

常山郡王。李英生平无甚事迹，洋洋近五百卷的《宋史》中，其名仅二见，全都在其女儿的传记中。元德皇后也是太祖为太宗所聘，开宝初，封陇西县君；开宝中，封陇西郡君。太宗即位，封陇西郡夫人。太平兴国二年（977）三月十二日去世，终年34岁。真宗即位后，至道三年（997）五月，追封贤妃；十二月，追尊为皇太后；咸平元年（998）正月，谥曰元德。李氏死后，起初葬于普安院，咸平三年（1000）四月，祔葬太宗陵墓永熙陵。祔葬时很隆重，以中书侍郎、平章事李沆为园陵使，真宗到普安院攒宫，素服行礼，拜伏呜咽，命驾部郎中、知制诰梁周翰撰哀册。神主祔别庙。大中祥符六年（1013）七月，去尊号中的"太"字，称皇后，祔太庙太宗室，排在明德李皇后之下。李氏在真宗时一再追尊，是因为真宗是她的亲生儿子。李氏共生皇子五人、皇女二人，但只存活皇子二人，年长的是元佐，年幼的即是真宗。因此，真宗一再追崇生母，将太宗的这位地位不高的侍妾，一直追尊为皇后。真宗的亲子之情，可谓尽矣。但她的地位，终究与其他三位皇后有差距，《宋史》中就称为"李贤妃"，《宋会要辑稿》中，才称为"元德皇后"。李氏是母以子贵，而被追尊为"皇后"的。[1]

二、嫔妃

太宗除皇后以外的后宫嫔妃，《宋史》中一无记载，现据《宋会要辑稿》"后妃"部分记载，缕述如下。

贵妃孙氏，左金吾卫大将军孙守斌之女。太平兴国二年七月入宫。

1　以上未注者，均据《宋史》卷242《后妃上》；《宋会要辑稿》后妃一之一、二。

三年（978）为才人，又赐号贵妃。八年（983）九月去世。

贵妃臧氏，江南国主李煜的宫人。太平兴国三年，李煜死后，臧氏入宫。太平兴国八年九月，自御侍为县君。端拱二年（989）四月，封为美人。至道三年（997）七月，进封昭容，此时太宗已死。真宗大中祥符六年（1013）三月，进封顺仪。天禧二年（1018）九月，进封淑仪。乾兴元年（1022）四月，进封贵仪，其时真宗已死。臧氏的去世年月，没有记载。在她去世后，仁宗明道二年（1033）十二月，赠婕妤。庆历四年（1044）九月，赠贵妃。臧氏生皇子一人，即太宗第七子元偁；生女二人：晋国大长公主，申国大长公主。

贵妃方氏，初封新安郡君。真宗天禧二年九月，为美人。乾兴元年真宗死后，四月，进封婕妤。五月去世。仁宗天圣三年（1025）五月，赠昭媛。明道二年十二月，赠太仪。庆历二年（1042）三月，赠淑妃。四年九月，赠贵妃。方氏生有一女：魏国大长公主。[1]

淑妃王氏，初封金城郡君。真宗天禧二年九月，进封美人。乾兴元年真宗去世后，四月，进封婕妤。仁宗天圣九年（1031）十一月，进封昭媛。王氏去世年月，没有记载。她去世后，明道元年（1032）十月，赠太仪。二年十一月，赠德妃。庆历四年九月，赠淑妃。王氏生有一子，即太宗第八子元俨。[2]

贤妃高氏，太平兴国二年（977）三月入宫，三年三月为才人。至道三年太宗死后，七月，为修容，进昭容。真宗大中祥符六年，进封昭仪。天禧二年九月，进封淑容。乾兴元年真宗死后，四月，进封淑仪。去世年月，没有记载。她去世后，仁宗明道二年十月，赠太仪。

1　以上见《宋会要辑稿》后妃三之一。
2　《宋会要辑稿》后妃三之一二。

庆历四年（1044）九月，赠贤妃。

贤妃邵氏，太宗即位前，已被收容。太宗即位，授司衣、博陵县君。迁御侍押班、郡夫人，再迁尚宫、冀国夫人、知大内事，成为后宫的总管。真宗即位，改封郑国夫人。大中祥符二年（1009），迁官正、安国夫人。六年（1013），为司宫令、楚国夫人。八年（1015）十一月，加号顺容。九年（1016）二月，去世。仁宗明道二年（1033）十二月，赠太仪。庆历四年九月，赠贤妃。从经历看，邵氏是为太宗管理后宫事务的嫔妃，在太宗死后，终于被追赠贤妃。[1]

淑仪李氏，淳化元年（990）为尚宫。久在宫掖，事无巨细，悉主之。淳化四年（993）卒，赠昭仪。明道二年十二月，赠淑容。庆历四年九月，赠淑仪。

淑仪吴氏，右屯卫将军吴延保之女。太平兴国四年（979）二月入宫，五年（980）为美人。真宗即位，进封昭容。景德四年（1007）去世。宋仁宗明道二年十二月，赠淑容。庆历四年九月，赠淑仪。[2]

才人朱氏，淳化二年（991）七月，自御侍为县君。四年十一月，为才人。[3]

太宗的嫔妃，见于记载者如上述，共计：贵妃三人，淑妃一人，贤妃二人，淑仪二人，才人一人。其中有太宗第七子元偓、第八子元俨的生母。至此，太宗九子，早夭的元亿不计，为八人，八人的生母，只有四人标明。即元佐与真宗的生母李氏，元偓生母臧氏，元俨生母王氏。李氏生前，仅封陇西郡夫人；臧氏在太宗生前，封美人；王氏

1　《宋会要辑稿》后妃三之一四。

2　以上据《宋会要辑稿》后妃三之一八。

3　《宋会要辑稿》后妃三之二四。

在太宗生前，封金城郡君。是则三人中仅臧氏名入太宗嫔妃之列，李氏、王氏尚不及此。太宗其余四子：元僖、元份、元杰、元偓，其生母均未载明，地位当更低。最令人奇怪的是元僖生母，元僖生前封王尹开封，已是准皇储，其生母当应封崇；元僖死后，追封太子，虽则一时取消称号，但真宗即位后恢复太子之称，即此亦应封崇生母。然而，史无记载。

好　色

　　雍熙元年（984）正月，太宗对侍臣说："朕读《晋史》，见武帝平吴之后，溺于内宠，后宫所蓄殆数千人，深为烦费，殊失帝王之道，朕常以此为深戒。今宫中自职掌至于粗使，不过三百人，朕犹以此为多矣。"**¹** 话是说得很漂亮，殊不知，即以太宗承认的后宫人数，已超过太祖时矣。《隆平集》卷 1《官掖》载："建隆初，后宫止及二百八十余人；开宝五年（972）水灾，太祖遍谕之曰：'愿归者，以情言！' 得五十余人，赐白金帛帐遣之。"则太祖初年，后宫有 280 余人，至其后期，又减少 50 余人，仅有 230 人左右。太宗即位八九年，已增至 300 人，远远超过太祖时候了。

　　《随手杂录》记载，太宗朝，武程乞放官人 300 人，太宗对宰执说："宫中无此数。"宰相请以狂妄罪之，太宗释而不问。《长编》卷 34 记载此事，系于淳化四年（993）七月，比《随手杂录》为详，亦

1　《长编》卷 25；《长编纪事本末》卷 14《太宗皇帝·圣德》；《隆平集》卷 1《官掖》。《纪事本末》作"不过四百人"。

更可见太宗之表白心迹：

> 雍邱县尉武程上疏，愿减后宫嫔嫱。上谓宰相曰："程疏远小臣，不知宫闱中事。内庭给使不过三百人，皆有掌执不可去者，卿等固合知之。朕以济世为心，视妻妾似脱屣尔，恨未能离世绝俗，追踪羡门、王乔，必不学秦皇、汉武，作离宫别馆，取良家子以充其中，贻万代讥议。"李昉曰："陛下躬履纯俭，中外所知，臣等家人皆预中参，备见宫闱简约之事。程微贱，辄陈狂瞽，宜黜削以惩妄言。"上曰："朕曷尝以言罪人，但念程不知尔。"

太宗话中，提及后宫人数，与雍熙元年（984）所说相同，都说是三百人。果真如此吗？至道三年（997）五月，太宗刚死，真宗即位不久，即对辅臣说："宫中嫔御颇多，幽闭可闵，朕已令择给事岁深者放出之。"[1] 既然"嫔御颇多"，则宫人之多不在话下了。仅仅相隔四年，说法却大相径庭。真宗的话，戳穿了太宗的谎言，证明太宗说宫人少是欺人之谈。如此，宫中简约的话也不尽可信了。

太宗自诩："视妻妾似脱屣尔"，似乎是一位不好女色者。事实却相反，太宗是一位好色之徒。

在太祖时期，太宗为一女子，即不惜冒犯太祖。《默记》卷下载：

> 颍上安希武殿直言：……其祖乃安习也。太宗判南衙时，

1　《长编》卷41。

青州人携一小女十许岁，诣阙理产业事。太宗悦之，使买之，不可得。习请必置之，遂与银二笏往。习刀截银一二两少块子，不数日，窃至南衙。不久，太祖知之，捕安习甚严。南衙遂藏习夫妇于宫中，后至登位才放出，故终为节度留后。其青州女子，终为贤妃者是也。

与前面贤妃的事迹相对照，此青州女子很像是贤妃邵氏。太宗为此女子，甘冒大险，云其好色，不亦宜乎。

《默记》卷中记载，神宗曾说过："太宗自燕京城下军溃，北虏追之，仅得脱。凡行在服御宝器尽为所夺，从人宫嫔尽陷没。"所谓"宫嫔"，主要是北汉的妃嫔。《烬余录》甲编即记载，太宗平定北汉后，"乘胜北征契丹，时所得北汉妃嫔皆随御，诸将亦掠北汉妇女充军妓"。"宋代军妓亦始此。"皇帝享用北汉妃嫔，诸将自然就掠北汉妇女了，而军妓之例也由此而开，这都拜太宗好色所赐。"宫嫔"也有从京师宫中随侍者。《万历野获编》卷28《果报》记载："唐中宗女号李芳仪者，备太宗后宫，北征契丹，侍驾以行，岐沟之败，陷入虏廷。""岐沟之败"应是"高梁河之败"，因"岐沟之败"时太宗并未亲征。李芳仪事，《默记》卷下记载，乃是嫁供奉官孙某后流落入契丹。但这条记载可反映有宫人自开封随侍太宗，高梁河之败后沦入契丹之事。太宗出征，不忘带上后宫之人，又将北汉妃嫔扫数收纳身边，结果高梁河战败，全部变成了辽人的战利品了。

据说，太宗还为女人而气死了太祖。《烬余录》甲编载：

太宗屡于上前盛称花蕊夫人才，未匝月，蜀主暴卒。太祖

异之，亟召花蕊入宫，询蜀主状，因及亡国事。费（花蕊夫人）
占二十八字云。"君王城上竖降旗，妾在深宫那得知？十四万
人齐解甲，更无一个是男儿！"悦其敏慧，留侍掖庭者十载，
有盛宠。太祖寝疾，中夜，太宗呼之不应，乘间挑费氏，太祖觉，
遽以玉斧斫地。皇后、太子至，太祖气属缕，太宗惶窘归邸。
翌夕，太祖崩。

从这段记载看，太祖对太宗的好色，起码是略知一二的。而据《东
都事略》卷 23《孟昶传》，蜀主孟昶至开封后，"七日而卒"，确有
暴死之嫌。

江南秀丽，多出佳人，好色之太宗，自然更加留意，风流恶事更
著。

从前面的介绍可知，元偓之母贵妃臧氏，是江南国主李煜的宫人。
据《默记》卷中载，李煜的宫人被太宗收入禁中者，还有乔氏。太宗
与李煜之妻小周后的故事，传说更多。

《默记》卷下记载：

> 龙衮《江南录》有一本删润稍有伦贯者云：李国主小周后，
> 随后主归朝，封郑国夫人。例随命妇入宫，每一入辄数日而出，
> 必大泣骂后主，声闻于外，多宛转避之。又韩玉汝家有李国主
> 归朝后与金陵旧宫人书云："此中日夕，只以眼泪洗面。"

《烬余录》甲编记载：

江南小周后，实昭惠后女弟。昭惠病，往视疾，后主遽幸
之。昭惠薨，因以为后。归宋未几，太宗登位，月朔必令内朝，
朝必留侍数日。后主有怨言，暴卒，小后入宫。

太宗不仅强迫李煜之妻入宫做他玩物，而且最终抢夺小周后入宫。
《烬余录》说李煜暴卒，《默记》卷上记载，太宗以牵机药赐死李煜，
二书记载可互相印证、补充。宋人对此事不仅有记载，而且有画传流
后世。画名是《熙陵幸小周后图》，明代文学家沈德符和清代诗人王
士祯均见过此图。王士祯称该图为《宋太宗强幸小周后图》，并作跋
说："观此，则青城之事不足怜矣。牵机之药，又何酷也！"[1]"青城
之事"，当指宋徽宗、宋钦宗被金人俘虏北去之事。沈德符则记下了
图中情景：

偶于友人处，见宋人画《熙陵幸小周后图》。太宗头戴幞头，
面黔色而体肥，器具甚伟。周后肢体纤弱，数宫人抱持之，周
作蹙额不能胜之状。盖后为周宗幼女，即野史所云"每从诸夫
人入禁中，辄留数日不出，出时必詈辱后主，后主宛转避之"，
即其事也。此图后题跋颇多，但记有元人冯海粟学士题云："江
南剩得李花开，也被君王强折来。怪底金风冲地起，御园红紫
满龙堆。"盖指靖康之辱，以寓无往不复之旨。[2]

从沈德符所记可知，该图详细描绘了宋太宗强奸小周后的情景，

1　《带经堂集》卷92。
2　《万历野获编》卷28《果报》。

栩栩如生，真可谓无耻之极！由此，也可证实，此事在宋代即已广为流传，故被画入图中。不知为何，官方没有收毁此图，致使其流传后世，成为太宗好色的铁证。

第三节　女　儿

宋朝沿袭汉、唐故事，皇祖姑、皇姑为大长公主，皇姊妹为长公主，皇女为公主。所封，或以国号，或以郡名，或以美名，亦有以县为名者。初封，多择美名；进封，乃以郡国名；至特恩，始有兼两国者。初降，月俸百五十千；遇恩庆，稍增至二百千；至道中，复益至三百千。[1] 明白了以上规定，对太宗女儿的升迁就会清晰明了了。徽宗时，改"公主"为"帝姬"，于是有"大长帝姬"之号。

太宗共有七女。长女滕国公主，早亡。元符三年（1100）三月，追封滕国大长公主。政和四年（1114）十二月，改封和庆大长帝姬。

次女徐国大长公主。太平兴国九年（984）正月，封蔡国公主；二月，下嫁左卫将军吴元扆。淳化元年（990）正月，改封魏国公主。十月去世，赐谥英惠。至道三年（997）六月，真宗追封燕国长公主。景祐三年（1036）二月，追封大长公主。元符三年三月，徽宗改封徐国大长公主。政和四年十二月，改封英惠大长帝姬。太平兴国九年二月二十五日，蔡国公主出嫁吴元扆时，皇后率领宫中掌事者送至府第之外，有封号的大臣妻子都追随皇后送行。吴元扆之兄长吴元载，当

1　《宋会要辑稿》帝系八之一。

时任诸卫将军奉朝请，太宗命公主拜见元载。蔡国公主，是太宗心爱的女儿，出嫁第二天，太宗对宰臣说："前代以来，皇子娶妇，皇女出降，固自有典礼，乃为奢僭，岂所宜也？唐太平公主，置邑司，备官属，咸通同昌，恩泽隆厚，不可胜言。懿宗惑于邪说，穷奢极侈。皆朕所鄙而不取者。当令礼官博士参酌奢俭之宜，著为永制，以示后世。"

第三女邠国大长公主。太平兴国七年（982）为尼，号员明大师。八年（983）去世。至道三年（997）六月，真宗追封曹国长公主。仁宗景祐三年（1036），进封大长公主。元符三年（1100）三月，改封邠国大长公主。

第四女扬国大长公主。至道三年五月，真宗封宣慈长公主。咸平五年（1002）五月，进封鲁国长公主，下嫁左卫将军柴宗庆，赐第普宁坊。柴宗庆是太子中舍柴宗亮之子，镇宁军节度使（治澶州，今河西濮阳南）柴禹锡之孙。因娶了鲁国长公主，真宗令称柴禹锡之子。景德元年（1004）二月二十一日，柴禹锡自陕府召赴阙，真宗特诏鲁国长公主到他家中，以媳妇之礼谒见。柴禹锡固辞不得，请贡名马称谢。大中祥符二年（1009），改封韩国长公主。四年（1011）七月，改封魏国长公主。六年（1013）正月，改封徐国长公主。天禧三年（1019）八月，改封福国长公主。乾兴元年（1022）二月，仁宗进封邓国大长公主。明道二年（1033）七月去世，追封晋国大长公主，赐谥和靖。元符三年三月，宋徽宗改封扬国大长公主。政和四年（1114）十二月，改封和靖大长帝姬。扬国大长公主不生育，性妒，故而柴宗庆无子，只得以兄长之子为后，继承家产。

第五女雍国大长公主。至道三年五月，真宗封为贤懿长公主。咸平六年（1003），下嫁右卫将军王贻永（原名贻贞），进封郑国长公主，赐第。王贻永是已故太师王溥的孙子，父亲是王溥次子贻正，本名克明，娶郑国长公主后，按柴宗庆之例，升其辈分，改名贻贞，为王溥子。景德元年（1004）四月三日去世，赐谥懿顺。郑国长公主下葬后，王贻永三次上表，请求守茔城，真宗不许，令赴朝参。仁宗景祐三年（1036）二月，追封郑国大长公主。皇祐三年（1051）七月，追封韩国大长公主。元符三年（1100）三月，徽宗改封雍国大长公主。政和四年（1114）十二月，改封懿顺大长帝姬。

第六女卫国大长公主。至道三年（997）五月，真宗封为寿昌长公主。大中祥符二年（1009）正月，进封陈国长公主，十一月，改封吴国长公主，号报慈正觉大师，法名清裕。四年（1011）七月，改封楚国长公主。六年（1013）正月，改封邠国长公主。天禧二年（1018）八月，改封建国长公主。乾兴元年（1022）二月，仁宗封为申国大长公主。天圣二年（1024）五月去世，赐谥慈明。元符三年三月，徽宗改封卫国大长公主。政和四年十二月，改封慈明大长帝姬。卫国大长公主是继其三姐之后，第二个出家的太宗女儿。当她出家时，真宗赐号、赐紫衣、赐法名，赐所居院名曰崇真资圣；又命入内高品二人勾当崇真资圣院事，昭宣使刘承珪提举并主门外事；凡祗应人请给，并依亲王官例。

第七女荆国大长公主。这是太宗诸女中唯一可推知生卒年的女儿，也是诸女中事迹最详的一个。据说，她小时候就不喜欢玩耍，很少出房门。太宗曾经拿出宝藏，让女儿们任意选取，以此来察看她们的志向，只有她一无所取。真宗即位后，于至道三年五月封她为万寿长公主。大中祥符元年（1008）十二月，进封随国长公主，下嫁左龙武将军李遵勖，赐第永宁里。李遵勖是太祖朝枢密使李崇矩的孙子，父亲是李继昌。按当时的制度，李遵勖娶随国长公主后，升其行辈，长公主不必对李继昌执子妇之礼。但是，天禧元年（1017），李继昌生日的时候，长公主邀请李继昌到她家，为继昌祝寿，[1]以子妇身份拜见继昌。真宗知道此事后，秘密派人赐给长公主袭衣、金带、器币、珍果、美馔，助其为寿；并且在第二天召见长公主，询问李继昌的健康状况，得知继昌"强健能饮食"，遂拜继昌连州刺史，出知泾州（今甘肃泾川北）。随国长公主在大中祥符四年（1011）七月，改封越国长公主。六年（1013）正月，改封宿国长公主。天禧三年（1019）八月，改封鄂国长公主。乾兴元年（1022）二月，仁宗进封冀国大长公主，这一年她35岁。明道元年（1032）十一月，改封魏国大长公主。皇祐三年（1051）六月去世，终年64岁，追封齐国大长公主，赐谥献穆，仁宗为之辍朝五日。元符三年（1100）三月，改封荆国大长公主。政和四年（1114）十二月，改封献穆大长帝姬。史称，荆国大长公主"善笔劄，喜图史，能为歌诗，尤善女工之事"。晚年失明，但仍冲淡自若。她不仅是太宗诸女中最为多才多艺者，可能也是诸女中最长寿者。她眼睛得病时，仁宗亲自带医生去诊视，自后妃以下皆至其府第候问；仁宗悲痛地说："先帝伯仲之籍十有四人，今独存大主，奈何婴斯疾！"[2]

太宗七个女儿，一个早夭，两个出家，他最喜爱的是次女。四个女婿：吴元扆、柴宗庆、王贻永、李遵勖，也只有次女婿吴元扆是他亲选，其余都是真宗选的。吴元扆，字君华，聚书数万卷，精笔札，

1　《宋史》卷 248《荆国大长公主传》云："因继昌生日"，而卷 257《李继昌传》则云："主诞日，邀继昌过其家，迎拜为寿。"按后一记载，自相矛盾，"主诞日"，何须邀继昌为寿？《公主传》当得其实，今从之。

2　以上未注者，见《宋史》卷 248《公主传》、卷 257《李继昌传》；《宋会要辑稿》帝系八之八、九、十、十六、四七；《东都事略》卷 25《李遵勖传》。

临事庄重，御下有术，在藩镇能爱民，为官有政绩，待宾佐必尽礼，奉身简素，所得禄赐，均及亲族。官至节度使。卒年 50 岁，赠中书令，谥忠惠。史称："国朝以来尚主者，独称其贤。"[1] 柴宗庆字天祐，历官多过失，所至皆以无状罢，然官运亨通，先后为多镇节度使，官至节度使、同平章事。性贪鄙，积财巨万，而自奉甚俭。卒年 63 岁，赠中书令，谥荣密。[2] 王贻永字季长，性谨约寡言，无绮罗声色之好，在地方自团练使累迁防御使、观察使、节度使，治水有成绩，康定元年（1040）升任同知枢密院事，改副使，加宣徽南院使，拜枢密使。庆历六年（1046），加同平章事。七年（1047），封遂国公，加兼侍中。在枢密院 15 年，迄无过失，人称其谦静。卒年 71 岁，赠太师、中书令，谥康靖。[3] 李遵勖字公武，好学，喜读书，师事著名文人杨亿，与刘筠相友善，其宾客皆一时贤士。官至节度使。卒年 51 岁，赠中书令，谥和文。有《间宴集》二十卷，《外馆芳题》七卷。通浮屠性理之学，将死，与浮屠楚圆为偈颂。[4] 纵观太宗的四个女婿，都位至高官，荣华富贵。能进入政府为执政者，仅王贻永一人；有文采，有文集者，乃李遵勖；藏书多，有贤名，则推吴元扆。这三个人的父亲或祖父，是太祖朝的宰相或枢密使。最无名的柴宗庆，则是太宗早年幕僚、在太宗朝任过枢密副使和知枢密院事的柴禹锡的孙子。两相对比背景材料，是很耐人寻味的。太宗亲信的德行，似乎毕竟比太祖的大臣们略逊一筹，故而子孙也就有别了。

1　《东都事略》卷 25《吴元扆传》；《宋史》卷 257《吴元扆传》。
2　《东都事略》卷 33《柴宗庆传》；《宋史》卷 463《柴宗庆传》。
3　《东都事略》卷 18《王贻永传》；《宋史》卷 464《王贻永传》。
4　《东都事略》卷 25《李遵勖传》；《宋史》卷 464《李遵勖传》、卷 248《荆国大长公主传》。

第十章

体态、才艺与思想

第一节 体态风貌

历代的帝王们，都有画像传世。太宗亦不例外。但是，这种古代的"标准像"，个个道貌岸然，端正严肃，与其本来面貌，原是不可以混为一谈的。幸亏宋人还有一些描绘帝王的图画，并传留后世，使我们得以窥知太宗体态风貌的一些真实情况，不致为"标准像"所误。

太宗生于己亥年，按十二生肖，属猪。其兄太祖，生于丁亥年，也属猪。兄弟两人，生肖相同，也是趣事。而体态风貌，从属猪而言，似乎应当是肥胖体态，团团脸的，事实上也确是如此。

宋人画有《熙陵幸小周后图》，今存否不得而知，但明人沈德符、清人王士禛均曾亲眼见过。据沈德符记载，图中的太宗，"面黔色而体肥"。[1] 北宋人曾有一幅画《蹴鞠图》，描绘太宗踢球的情形。宋末元初的著名画家钱选临摹过南宋宫廷所藏《蹴鞠图》。钱选的临摹画，一直传留到今天，现藏于上海博物馆，我们还可以看到。《蹴鞠图》中，共画了六个人：太祖、赵普、楚昭辅，此三人在旁观看；太宗、石守信、党进，这三人在踢球。图中的太祖与太宗很是相像，都是宽宽的脸庞，肥胖的身体，所不同的是，太祖面呈暗红色，而太宗面呈黑色。两个人的个头，似乎都不太高。太祖曾说："周世宗见诸将方面大耳者皆杀之，然我终日侍侧，不能害我。"[2] 则太祖本人亦是"方面大耳"无疑。《蹴鞠图》中的太祖，即是"方面大耳"与史籍记载相合。又至今传世的宋太宗立像，与《蹴鞠图》中的形象十分接近，面部亦作黑色。至此，

1　《万历野获编》卷 28《果报》。
2　《涑水记闻》卷 1。

可以将太宗的体态风貌描述如下：中等左右的个头，肥胖而略嫌臃肿的身体，方面大耳，一副黝黑的面孔。

从《蹴鞠图》看，太宗是十分喜爱踢球的，而且常和文武大臣一道踢。宋徽宗即位前，也十分喜爱蹴鞠，高俅即以擅长此技而为徽宗赏识，因而官运亨通的。由此可知，终北宋之世，蹴鞠之风一直盛行于宫廷中。

蹴鞠的踢法，据记载是："蹴鞠以皮为之，中实以物，蹴踏为戏乐也，亦谓为毬焉。今所作牛彘胞，纳气而张之，则喜跳跃，然或俚俗数少年簇围而蹴之，终无堕地，以失蹴为耻，久不堕为乐，亦谓为筑蹴鞠也。"[1] 今乃指宋徽宗时了。

太宗君臣不仅喜爱蹴鞠，而且喜欢打毬。所谓打毬，原是军中游戏，被列入"军礼"之中，后发展为今日的马球。太平兴国五年（980），太宗曾令有司详定打毬仪，并在三月戊子（十五日）大会群臣，始用其仪，在大明殿打毬，结果，太宗"获多算"，得到优胜。[2] 有关这次打毬活动，《宋朝事实》卷13有详细记载：

> 太平兴国五年，令有司详定《打毬仪》。三月，会鞠于大明殿，用其仪。有司于毬场东西，树双木为毬门，高丈余，首刻金龙，下施石莲花座，加以彩绘。左右分朋主之，以承旨二人守门，内臣十二人持小红旗唱筹，御龙官衣锦绣服，持歌舒棒，以周卫毬场。殿阶下，东西设日月旗。教坊设龟兹部鼓乐于两厢，鼓各以五。又于两毬门旗下，别各设鼓五。阁门豫定

1　《皇朝事实类苑》卷52《书画伎艺·蹴鞠》。
2　《宋史》卷4《太宗一》，《长编》卷21。

分朋状取裁。亲王、近臣、节度观察防御团练使、刺史、钱俶、刘继元、驸马都尉、诸司使副、供奉官、殿直悉预。其两朋官，皇亲及节度使以下，服异色绣衣，左朋黄襕，右朋紫襕；打毬供奉官，左朋服紫绣，右朋服绯绣，乌皮靴，冠以花插脚折上巾。天厩院择马之驯习者，并供鞍勒。上自禁中乘马出，教坊大合凉州曲，诸司使以下前导，从臣奉迎。上降马，御殿，群臣谢宣召，以次上马，马皆结尾，分朋乘马，自两厢入，序立于西厢。上乘马，当庭西南驻。内侍发金合，出朱漆毬，掷于御前。通事舍人奏云："御朋打东门！"上遂击球，教坊作乐击鼓。毬既度，飐旗、叩钲、止鼓。上回马，从臣奉觞上寿，贡物以贺。赐以酒，即列拜，饮毕上马。上再击毬，命诸王大臣，驰马争击，旗下擂鼓，将及门，逐厢急鼓，毬度，杀鼓三通。设绣旗二十四于毬门两旁，又设虚架于殿东西阶下，每朋得筹，即取旗一，立架上以记之。上得筹，乐少止，从官呼万岁；群臣得筹，即唱好，得筹者下马称谢。凡三筹毕，乃御殿，召从臣饮。又有步击及跨驴骡击者，时令供奉分朋戏于御前以为乐。后以"打毬驴骡务"名不经，改为"击鞠院"。军中之戏也。[1]

---

1 参校以《宋史》卷 121《礼二十四·军礼》。

第二节　书法棋艺

太宗右文，具见前述。太宗自己，也喜欢舞文弄墨，写下了不少文章。据《玉海》卷31、卷32的记载，太宗撰有：《太平兴国平晋赋》、《銮舆凯旋赋》、《淳化大言赋》、《乾道御制春赋》、《太平兴国戒子铭》、《太宗戒石铭》、《至道赵普碑》、《太平兴国戒子篇》、《端拱修身箴》、《淳化赐进士箴》、《淳化秘阁赞序》、《太平兴国平晋记》。

上述记载中，有"赋"、"铭"、"碑"、"箴"、"序"、"记"等多种体裁的文字。据记载，太宗有御集一百二十卷，是他身后由江南名士陈彭年所编。[1] 太宗的御制御书文集，总共有五千一百一十五卷轴册，又有御书纨扇数十，俱藏于龙图阁。[2]

太宗喜爱作诗，淳化元年（990）时，曾编有他的诗文集，共四十一卷，在七月藏于秘阁之中。[3] 太宗与大臣时有唱和，还常赐诗给大臣，因此在宋代史籍中留下了不少太宗的诗句。

扈蒙作应制诗，有句曰：

> 微臣自愧头如雪，也向钧天侍玉皇。

太宗和其诗，有句曰：

1　《宋史》卷208《艺文七》；《玉壶清话》卷5。
2　《职官分纪》卷15。
3　《长编》卷31。

珍重老臣纯不已，我惭寡昧继三皇。

大臣们也常以献诗的形式，表达意愿。苏易简因母老，急于进用，于是献诗说：

玉堂臣老非仙骨，犹在丹台望泰阶。

太宗见诗知其意，提拔他为参知政事。苏易简为参知政事不久即死去，年仅 39 岁，太宗作挽词赐其家，挽词末句说：

时向玉堂寻旧迹，八花砖上日空长。

太宗北征契丹还师时，有诗曰：

銮舆临紫寒，朔野冻云飞。

郭贽为皇子侍读，太宗赠诗说：

该明圣典通今古，发启冲年晓典常。[1]

张齐贤任宰相时，其母已 80 多岁，还很康健，太宗召其母入宫内，赐其诗曰：

1　以上分见《玉壶清话》卷 7、卷 8、卷 5。

往日贫儒母，年高寿太平。

齐贤行孝侍，神理甚分明。

太宗在太平兴国五年（980）因辽军南下，北上大名，号称亲征，辽军却已满载而归。于是，太宗作诗示行在群臣，有句曰：

一箭未施戎马遁，六军空恨阵云高。[1]

至道元年（995），太宗属意吕端，打算任命为宰相，于是作《钓鱼诗》，断章云：

欲饵金钩深未达，磻溪须问钓鱼人。[2]

从上述诗句看，太宗之诗，质朴言实，但似乎并不太高明。

太宗十分喜爱书法，在听政之暇，每以观书及笔法为意，所以能够洞悉诸家字体的妙处，改进自己的书法。当时，"书有家法"、"善正书行草"的王著，任翰林侍书，太宗派中使王仁睿把他的字拿给王著看，王著说："未尽善也。"太宗临学益勤，隔了一段时间，又写了字让王仁睿送给王著看，王著仍然说"未尽善"。王仁睿向王著询问，为什么老说"未尽善"，王著说："帝王始学书，或骤称善，则不复留心矣。"太宗又练习了很久，再次派王仁睿把他写的字拿给王著看，

1　《石林燕语》卷 3、卷 7。

2　《长编》卷 37；《宋史》卷 281《吕端传》。

王著才说："功至矣，非臣所能及。"[1]

北宋前期的著名文学家杨亿，记载道："太宗善草、隶、行、八分、篆、飞白六体，皆极其妙，而草书尤奇绝。""太宗善飞白，其字大者方数尺，善书者皆伏其妙。"草书之中，太宗的小草特工，他对近臣说："朕君临天下，亦何事笔砚？但心好之，不能舍耳。江东人多称能草书，累召诘之，殊未知向背，但填行塞白，装成卷帙而已。小草字学难究，飞白笔势难工，吾亦恐自此废绝矣。"于是将自己所写的书法作品飞白数十轴，藏于秘府。[2]李居简善草书，太宗很喜欢他，任命他为赞书大夫直御书院。[3]太宗留心笔札，即位后，募求善书，许自言于公车，并设置了御书院，安置善书者。第一个入御书院的就是指导太宗书法的王著，王著善草、隶，独步一时，曾补全永禅师真草千字文、为东岳庙书碑。吕文仲当时任翰林侍读，与王著轮流宿于禁中，以备太宗顾问召见。每年九月以后，到了晚上，太宗便召唤宿直侍书及待诏书艺于内东门北偏小殿内，点上蜡烛，让他们当面写字，或者询问外边之事，常常要到二更时分才结束。王著善于写大字，其笔甚大，全用劲毫，号称散卓笔，在街市上一支笔要卖百钱。太宗开始让王著在一张大纸上写八个字，接着在一张大纸上写六个字，下一次四个字，再下一次两个字，最后写一个字，都写得极其遒劲，太宗看了也叫好，重赏了他。太平兴国中，太宗曾经选善书者七人，补为翰林待诏，各赐绯银鱼袋和十万钱，并兼御书院祗候，更配两院，其余的以次补外官，据说"自是内署书诏，笔体一变，灿然可观，人用

1　《长编》卷 23；《玉壶清话》卷 5。
2　《杨文公谈苑》；《皇朝事实类苑》卷 2《祖宗圣训》。
3　《皇朝事实类苑》卷 50《草书》。

传宝，远追唐室"。[1]

太宗学飞白，是在雍熙三年（986）时。当年十月，太宗出飞白书，赐宰相李昉等，并对他们说："朕退朝未尝虚度光阴，读书之外，尝留意于真草，近又学飞白，此虽非帝王事业，然不犹愈于畋游声色乎！"自此以后，太宗的书法雅兴一发而不可收，常书以赐大臣，如淳化五年（994）五月，亲书绫扇赐近臣；十一月，赐近臣飞白书各一轴，别赐参知政事寇准飞白草书一十八轴。宰相吕蒙正等人在此前都已受赐太宗的飞白书。大约朝臣中颇有人反对太宗习书法，所以太宗对吕蒙正等人说："书劄者，六艺之一也，固非帝王之能事，朕听政之暇，聊以自娱尔。"[2]据记载，太宗每到暑月，都要御书团扇，赐给馆阁学士。[3]至道二年（996）六月，太宗派遣中使将飞白书二十轴赐给宰相吕端等人，每人五轴，又将四十轴藏于秘阁，飞白所书之字都是方圆一尺大。吕端等相率诣便殿称谢，太宗对他们说："飞白依小草书体，与隶书不同。朕君临天下，复何事于笔砚乎！中心好之，不忍轻弃，岁月既久，遂尽其法尔。"[4]真宗曾命人编次太宗御书，成书三十余卷，以于阗玉水晶檀香为轴，青紫绫摽文绵縧，黄绡帕，金漆柜，藏于建在含元殿西南隅、专藏太宗文字的龙图阁中。真宗还多次召集近臣，观览太宗的书法作品，称叹不已；真宗自作《太宗圣文神笔颂》，亲书刻碑，以美其事，碑阴列其部袟名题，以墨本赐近臣。[5]南宋末年人王应麟的《玉海》，在卷33《御书》，记载太宗的书法作品有：《雍

1　《皇朝事实类苑》卷50《置御书院》，《杨文公谈苑》。
2　《长编》卷27、卷36，《宋史》卷5《太宗二》。
3　《皇朝事实类苑》卷24《御书扇赐馆阁学士》引《蓬山志》。
4　《长编》卷40。
5　见《杨文公谈苑》。

熙草书》、《雍熙赐近臣诗》、《草书扇》、《雍熙赐宰臣飞白书》、《雍熙书〈六韬兵法〉》、《平戎阵图》、《端拱书急就章赋》、《淳化秘阁御书》、《十二部御书》等。淳化二年（991）闰二月，秘书监李至献上新校御书三百八十卷，可见太宗书法作品之多。

太宗喜爱音乐，在这方面也颇有才能。

太宗酷爱宫词中的十小调子，乃是隋代贺若弼所撰，据说"其声与意及用指取声之法，古今无能加者"。十调者，一曰不博金，二曰不换玉，三曰夹泛，四曰越溪吟，五曰越江吟，六曰孤猿吟，七曰清夜吟，八曰叶下闻蝉，九曰三清，第十种最优古，琴家命名曰贺若。太宗曾说不博金、不换玉二调之名颇俗，改其名，"不博金"改为"楚泽涵秋"，"不换玉"改为"塞门积雪"。太宗还曾命近臣十人各探一调，撰一词。翰林学士苏易简探得"越江吟"，作词曰：

> 神仙、神仙、瑶池宴，片片碧桃零落，春风晚，翠云开处，
> 隐隐金舆挽，玉鳞背冷清风远。

太宗因为舜作五弦之琴以歌《南风》，后来的帝王遂因之，又增加了文武二弦，成为七弦，所以亦欲创新，要增作九弦琴、五弦阮，别造新谱三十七卷，让太常乐工肄习之以备登荐。待诏朱文济认为琴弦不可增，待诏蔡裔认为增加琴弦很好，二人意见相反。太宗说："古琴五弦，而文武增之，今何不可增也？"朱文济说："五弦尚有遗音，而益以二弦斯足矣。"太宗听后，很不高兴，琴、阮照旧制作。至道元年（995）十月，太宗出琴、阮给近臣看，并对他们说："雅正之音，可以治心。古人之意，或有未尽。琴七弦，今增为九弦，曰君、臣、文、

武、礼、乐、正、民、心，则九奏克谐而不乱矣。阮四弦，今增为五，曰金、木、水、火、土，则五材并用而不悖矣。"于是，命待诏朱文济、蔡裔赍琴、阮诣中书弹新声，诏宰相以下皆听。由是中外献歌诗颂者达数十人之多。太宗看过以后，对宰相说："朝廷文物之盛，前代所不及也。群臣所献歌颂，朕再三览之，校其工拙，唯李宗谔、赵安仁、杨亿词理精惬，有老成风，可召至中书奖谕。"又说："吴淑、安德裕、胡旦，或词采古雅，或学问优博，抑又其次也。"仁宗时期的僧人文莹见过九弦琴、五弦阮，"尝闻其声，盖以宫弦加廿丝，号为大武；宫弦减廿丝，号为小武；其大弦下宫徵之一徵定其声，小弦上宫徵之一徵定其声"[1]。

　　太宗也喜好围棋，号称棋品第一。待诏贾玄，棋艺臻于绝格，常常进上新图妙势，很受太宗宠爱。谏臣有人上言，请求贬窜棋待诏贾玄于南州，并说贾玄"每进新图妙势，悦惑明主，而万机听断，大致壅遏，复恐坐驰睿襟，神气郁滞"，太宗对进言者说："朕非不知，聊避六宫之惑耳。卿等不须上言。"贾玄嗜酒病死，太宗十分痛惜。当时还有国手杨希紫、蒋元吉、李应昌、朱怀璧等人，但棋艺不如贾玄。太宗末年，得到洪州人李仲玄，年纪虽小，但是棋格绝胜，和贾玄差不多，但一年多也死了。贾玄到李仲玄这六个人，棋艺均称绝格，但与太宗下棋，据说要"受三道"。朝臣中，有潘慎修、蒋居才，也善于下棋，至三品，与太宗下棋要"受四道"。潘慎修曾献诗说："如今乐得仙翁术，也怯君王四路饶。"潘慎修还作《棋说》千余言献上，太宗看后，喜叹之。内侍陈好玄，棋艺至第四品，常与太宗下棋，但

1　《长编》卷38；《续湘山野录》；《皇朝事实类苑》卷2《祖宗圣训》。

要"受五道"。¹ 淳化二年（991）闰二月，太宗制作了"弈棋三势"：其一曰独飞天鹅势，其二曰对面千里势，其三曰大海取明珠势。太宗命内侍裴愈拿去给馆阁学士看，没有人能看懂。太宗亲自指授，诸学士方才明白，皆叹其神妙。² 与太宗对弈的待诏们，多能复局，制成棋谱，后汇编为《太宗游艺集》，藏于秘阁。³ 王禹偁有诗曰："太宗多才复多艺，万机余暇翻棋势。对面千里为第一，独飞天鹅为第二，第三海底取明珠，三阵堂堂皆御制。中使宣来侍近臣，天机秘密逼鬼神。"当时，太宗要从臣应制赋诗时，都用险韵，往往不能成篇，致使从臣相率上表乞免和。王禹偁将乞免和诗与不晓棋势联系起来，又作诗说："分题宣险韵，翻势得仙棋"；"恨无才应副，空有表虔祈。"⁴

此外，太宗还喜欢射覆。这是一种猜测隐藏物的游戏。《玉壶清话》卷7记载⁵：

> 丁文果司天监丞，无他学，惟善射覆，太宗时以为娱。一日，置一物品器中，令射之，果乃课其经曰："薨薨华华，山中采花，虽无官职，一日两衙。"启之，乃数蜂也。又令寿王邸取一物，令射之，果曰："有头有足，不石即玉，欲要缩头，不能入腹。"启之，乃压书石龟也。即日赐绯，并钱五万。

这段记载，生动地描绘了太宗和丁文果玩射覆游戏的情形，真可

1　以上见《湘山野录》卷中；《杨文公谈苑》；《皇朝事实类苑》卷50。
2　《杨文公谈苑》、《宋稗类钞·方技》、《长编》卷32，作"二棋势"，无"对面千里势"。
3　《杨文公谈苑》；《长编》卷80，大中祥符六年（1013）四月己卯。
4　《宋稗类钞·方技》；《石林燕语》卷8。
5　《皇朝事实类苑》卷52《书画伎艺》亦载，注"见《玉壶清话》"。

谓栩栩如生。

第三节　思想倾向

太宗的思想，很明显，具有浓厚的黄老思想的倾向。

太宗经常读老子的《道德经》，对此书极为赞赏。太宗曾对侍臣说："伯阳五千言，读之甚有益，治身治国，并在其内。至云：'善者，吾亦善之；不善者，吾则不善之。'此言善恶无不包容，治身治国者，其术如是。若每事不能容纳，则何以治天下哉！"太宗论《道德经》说："朕每读至'兵者，不祥之器，圣人不得已而用之'，未尝不三复以为规戒。王者虽以武功克敌，终须以文德致治。朕每日退朝，不废观书，意欲酌先王成败而行之，以尽损益也。"[1] 从这两段谈话中，很容易看出，太宗是很重视老子及《道德经》的，并依其理，来治国治身。太宗曾在太平兴国九年（984）与宰相谈论养生之道时说："凡人食饱，无不昏浊，傥四肢无所运用，便就枕，血脉凝滞，诸病自生，欲求清爽，其可得乎？老子曰：'我命在我，不在于天'，全系人之调适。卿等亦当留意，无自轻于摄养也。"于此可见，太宗在日常生活中，也常以老子学说为依据。

淳化四年（993）闰十月，太宗与大臣讨论治国之道时，对宰相吕蒙正等人说："清静致治，黄老之深旨也。夫万务自有为以至于无为，无为之道，朕当力行之。至如汲黯卧治淮阳，宓子贱弹琴治单父，此

---

[1]　《宋朝事实》卷 3；《皇朝事实类苑》卷 2《祖宗圣训》。按，《类苑》引《事实》，首段内引语作"不善者，吾亦善之"，与《事实》略异。

皆行黄老之道也。"参知政事吕端等对曰："国家若行黄老之道，以致升平，其效甚速。"宰相吕蒙正则说："老子称'治大国若烹小鲜'。夫鱼挠之则溃，民挠之则乱。今之上封事议制置者甚多，陛下渐行清静之化以镇之。"太宗说："朕不欲塞人言。狂夫言之，贤者择之，古之道也。"参知政事赵昌言说："今朝廷无事，边境谧宁，正宁力行好事之时。"太宗高兴地对宰执们说："朕终日与卿等论此事，何愁天下不治？苟天下亲民之官，皆如此留心，则刑清讼息矣。"[1]

淳化五年（994）二月，太宗听说汴水辇运卒有私货市者，对宰相吕蒙正说："幸门如鼠穴，何可塞之！但去其甚者，斯可矣。近来纲运之上，舟人水工有少贩鬻，但不妨公，一切不问！却须官物至京无侵损尔。"吕蒙正回答说："水至清则无鱼，人至察则无徒。小人情伪，君子岂不知？盖以大度容之，则庶事俱济。昔曹参以狱市为寄，政恐奸人无所容也。陛下如此宣谕，深合黄老之道。"[2]

淳化五年四月，太宗对宰相吕蒙正等人说："朕以宰相之任，所职甚重，欲修唐朝书考之事，以责卿等辅佐之效。又念考第之设，亦空言尔，莫若抚夷夏，和阴阳，使百度大理，一人端拱无事，此宰相之职也。岂有居其位而不知其任乎！"[3]

从上述记载可知，太宗君臣讨论治国之道，都是以是否合乎黄老之道为依归的，以黄老之道来判断是非的。因此，说当时盛行黄老思

1　《长编》卷34;《宋朝事实》卷16。按，《事实》所载，首言"淳化三年"，太宗的第一段话是："治国之道，在乎宽猛得中，宽则政令不成，猛则民无所措手足。有天下者，可不慎之哉！"下接吕蒙正语，则与《长编》所载同。今据《长编》，并自《事实》补入赵昌言语与太宗第三段话。
2　《长编》卷35;《宋朝事实》卷16。按，《事实》所载，未署年月，语句亦略有异，但大旨相同。此据《长编》抄录。
3　《长编》卷35;《太平宝训政事纪年》。

想，应该是符合客观实际的，政治上的黄老色彩是很浓厚的。

太宗不仅自己信奉黄老思想，奉行黄老之治，而且以此来教导儿子。淳化五年（994）九月，襄王元侃（即真宗）在出任开封尹、改封寿王时，太宗教导说："夫政教之设，在乎得人心而不扰。欲得人心，莫若示之以诚信；欲不扰，莫若镇之以清净。先圣有言：'抚我则后，虐我则仇'，无越于此。苟抚养得宜，虽虎狼亦当驯扰，况于民乎！"过了几天，太宗又对宰相谈起如何使国运绵延事，宰相吕蒙正说："晋、汉之世，君臣疑间，封疆狭隘，民苦残暴。史弘肇辈非理杀戮，都市之内，横尸流血。当时议者曰：'如是为国，其能久乎！'果运祚短促，奸臣窥伺。清净为理，诚如圣旨。"[1]

太宗信奉黄老思想，奉行黄老之道，并非偶然，而是适应宋初的社会需要的，适应当时统治阶级需要的，适应广大民众需要的。这是黄老思想在当时盛行的根本原因。

赵宋政权是在晚唐五代二百年大动乱之后建立起来的，到太宗时，大致完成了统一全国的任务，重建起中央集权的统一皇朝。当其时，迭遭摧残的社会经济急待恢复发展，饱受战乱之苦的民众急切盼望安定祥和，黄袍加身的最高统治者和士大夫阶层，也热切希望结束混乱局面，有一个平稳的社会出现。这种时代的要求颇与西汉初年的形势相似。黄老思想的中心思想是与民休息，静以致治，正好适应了这种时代的要求，因此得以在西汉初年的七八十年间，占据思想界的统治地位；同样，也得以在宋初盛行数十年。

由前述记载可以看到，太宗与大臣讨论黄老之道，以黄老思想教

　《宋朝事实》卷3；《长编》卷36。《长编》所载，字句略异，大旨则同。

育儿子，都是淳化年间的事，也即是太宗晚年的事，这是引人注目的。这并非偶然，而是有其政治原因的。

太宗即位初期，因其继位不正常，遂致疑惑丛生，人心浮动，社会上飞短流长，传说甚多。整个太平兴国年间，太宗心愿，不外两桩：一是巩固皇位，二是确保传位自己的儿子。至太平兴国七年（982）廷美外贬，德昭、德芳已死，这两个心愿都算是达成了。接着，太宗就想完成统一大业，收复幽云十六州，一举创下超越周世宗和宋太祖的功业，从而名垂青史，彻底摆脱皇权转移的包袱。太平兴国四年（979）春，漳泉和吴越纳土，太宗出兵攻灭了北汉，统一大业是完成了。但是，太平兴国四年北征幽州，宋军惨败于高梁河，太宗也因此而股中两箭并困扰终生。雍熙三年（986），太宗在无内顾之忧的情况下，再次北征幽州，又接连遭受岐沟关、陈家谷、君子馆三次大败。宋军在七八年间，先后被辽军歼灭二十万以上的精锐禁军，宋辽战场的均势被打破，辽军掌握了宋辽战争的主动权，具有了制胜的能力。自此，召募日广，供馈日增，宋朝的积贫积弱局面，由此开始。太宗因两次大规模攻辽失败，辽军横行河北平原，心惊胆破，雍熙三年六月，岐沟关之败后不久，太宗在谈起北征幽云之事时，即对大臣说："卿等共视朕，自今复作如此事否！"[1] 这表明太宗业已放弃收复幽云，开始苟且偷安了。在这种形势下，提倡清静无为的黄老思想，正合太宗的政治需要。于是乎，反对生事，反对变革，以遇事缄默为荣，使因循缄默之风蔓延，黄老思想的末流，得以发展，给政治上带来消极的负面影响。淳化四年（993）五月，太宗对宰相李昉等人说："朕孜孜听政，

1　《长编》卷 27。

所望日致和平。而在位之人，始未进用时，皆以管、乐自许，既得位，乃竞为循默，曾不为朕言事。朕日夕焦劳，略无宁暇。臣主之道，当如是耶！"李昉等惶惧拜伏。太宗又宽慰他们说："事有未至，与卿等言之，亦上下无隐尔。"[1] 太宗的话，反映出当时弥漫朝野的循默之风是何等严重；太宗的态度又表明，太宗并未想采取措施来纠正这种歪风，仅仅是发发牢骚而已。如贾黄中，"及知政事，专务循默，无所发明，不为时论所许"，"庙堂政事，多稽留不决，时论以此少之"。但在他罢参知政事出知潭州时，太宗虽说"黄中等以循默守位故罢"，但是，仍戒之曰："小心翼翼，君臣皆当如此，太过则失大臣之礼。"[2] 太宗喜欢循默之人，喜欢大臣小心翼翼，循默之风，如何能够不弥漫？

　　太宗时流行黄老思想，弥漫循默之风，历真宗而至仁宗，愈演愈烈，终于引发了仁宗时的"庆历新政"和神宗时的"熙丰变法"，翻开了宋代变法改革的一页。[3]

1　《长编》卷34。
2　《太宗实录》卷76，至道二年（996）正月；《皇朝事实类苑》卷2；《长编》卷34。
3　有关思想倾向，可参见拙文《吕端与宋初的黄老思想》。

第十一章
宗教政策：厚道教而不薄佛教

据宋代史籍记载，太祖在即位前早就和佛僧有较多的交往，并且得到他们的支持和资助。太祖即位后，缓和了周世宗实行的废佛政策，并且定朝堂班位为僧先道后，开雕了最古的木版大藏经《开宝藏》。太祖晚年也信佛教，抄写并诵读《金刚经》。太祖朝的重臣，也是酷信佛教者多。太祖虽然也和道教有关系，但比起与佛教的关系，显然疏远得多。[1]

太宗即位前，即已与道士多所往还，即位后，更一改太祖朝旧习，厚遇道教，使道教势力大张，与太祖朝形成鲜明对比。太宗朝的宗教政策，与太祖朝有明显不同的倾向。

第一节　继位与道教

太宗继位，有"烛影斧声"之谜。值得注意的是，道士在其中实占有重要位置。

李焘载入《长编》正文的，是黑杀将军的故事：

> 初，有神降于盩厔县民张守真家，自言："我天之尊神，号黑杀将军，玉帝之辅也。"守真每斋戒祈请，神必降室中，风肃然，声若婴儿，独守真能晓之，所言祸福多验。守真遂为道士。上（太祖）不豫，驿召守真至阙下。（十月）壬子（十九日），命内侍王继恩就建隆观设黄箓醮，令守真降神，神言："天上官

1　详见〔日〕竺沙雅章《宋初政治与宗教》一文。

阙已成，玉锁开。晋王（太宗）有仁心。"言讫不复降。上闻
其言，即夜召晋王，属以后事。左右皆不得闻，但遥见烛影下
晋王时或离席，若有所逊避之状。既而上引柱斧戳地，大声谓
晋王曰："好为之。"癸丑（二十日），上崩于万岁殿。[1]

　　这一段记载，李焘是综合了《国史·符瑞志》、杨亿《谈苑》和
《湘山野录》的记载而成的。这一"天神降语"的故事，说明太宗继位
乃出于天意，故而其正当性是毋庸置疑的。这对于靠非常手段继位的
太宗，实在是"神道"方面的最有力帮助。于是，太宗继位后，优待
张守真，加封天神，就是很应当的事了。太平兴国二年（977）五月，
诏修凤翔府终南山北帝宫，史籍特别注明："宫即张守真所筑以祀神者
也。"修好后，命名为上清太平宫。太平兴国六年（981）十一月，
从道士张守真之请，诏封太平宫神为翊圣将军。张守真本人，亦获赐
紫衣，号崇元大师，常被召入宫廷。[2]值得注意的是，在建隆观设黄箓
醮让守真降神的，乃是内侍王继恩。王继恩在太宗继位中的巨大作用，
已见前述，"天神降语"又与王继恩密切相关，于是可以推知，从神
道方面为太宗继位披上合法外衣的"天神降语"故事，十之八九是王
继恩伙同道士张守真炮制出来的。在其背后，显然有太宗的授意。

　　除了黑杀将军预言太宗继位外，还有湫神。据说，开宝九年
（976），晋王派亲信去西边买马，返回时，宿于宁州真宁县（今甘肃
宁县东南）要册湫神祠。半夜，这位亲信梦见神人对他说："晋王已即

1　《长编》卷17。
2　《翊圣保德传》卷上，转引自前引〔日〕竺沙雅章《宋初政治与宗教》一文；《长编》卷
　　18、卷22。

位矣，汝可倍道还都。"这位亲信到了长安，果然听到太祖去世的消息。太平兴国二年（977）五月，太祖的岳父、静难节度使（治邠州，今陕西彬县，邠州乃宁州的邻州）宋偓报告，有白龙见要册祠池中，长数丈，东向吐青白云。太宗于是封湫神普济王（唐昭宗光化中封）为显圣王，并且增饰庙宇，春秋奉祠，还立碑纪其事。[1] 神的预言，说明是"天命攸归"；要太祖的岳父坐实此事，则更易为人所信。这位湫神，是在唐代因"祈雨有验"而受封的，属于道教系统。

此外，《长编》卷17注引蔡惇《直笔》，记载太祖向道士陈抟问及卒年事，《续湘山野录》记载太祖向一道士混沌问命事，[2] 均是说明太宗继位，出自太祖所授，而居间者，均为道士。

《翊德保圣传》记载：乾德中，太宗任开封尹时，闻真君灵应，遂派遣近侍赴北帝宫斋醮。使者斋戒焚香祷告，云晋王久仰真君灵异，欲增修殿宇。真君云："将来太平君主宋朝第二王将修建上清太平宫。""此宫观上天已定下修建年月，今非其时。"使者回报，晋王大惊，遂息增建之念。

这个故事的真假，无须乎辨别了，但是它所反映的事实却很清楚：太宗早在任开封尹时，亦即太祖即位不多久时，便与道士有密切交往，与道教结下了很深的关系。此处所言"真君"，即是"黑杀将军"，也是预言太宗将成为"太平君主宋朝第二王"的神祇。

太宗任开封尹时的幕僚，也颇有与道士亲善者。如程德玄即是其一。据记载，程德玄与习天文三式之学的方士马韶友善。开宝中，太宗以晋王为开封尹，当时朝廷申严私习天文之禁，德玄每戒马韶不令

1　《长编》卷18；《皇朝事实类苑》卷69《神异幽怪》；《宋会要辑稿》礼二〇之一五。
2　亦见《长编》卷17注引本书。

及门。开宝九年（976）十月十九日既夕，马韶造访德玄，告知他："明日乃晋王利见之辰也。"德玄惶骇，因止马韶于一室中，马上去报告太宗。等天亮，太宗入朝，果然登上了天子之位。马韶遂起家为司天监主簿。[1]

开宝五年（972）十二月，太宗突然得病，太祖遂到他府第探望，并派医官刘翰和道士马志进行治疗。建隆观道士王怀隐也"以汤剂祗事"。程德玄也是因为"善医术"而被太宗在任开封尹时召置左右，"颇亲信用事"。[2]太宗因病而与精通医术的道士们接触，并进而关心医学，收集名方，最终在即位后命道士王怀隐编为《太平圣惠方》一百卷。看来，太宗在太祖时期，结纳道教人士，多所往还，利用他们为自己打探消息，制造舆论，是很明显的事。因此，太宗在即位前，为道教氛围所环绕，而道士牵涉入其继位之事颇深，也就是很自然的事了。

太宗一旦即位，对于天文术士的预言就态度完全不同了。《宋史》卷4《太宗一》记载：太平兴国二年（977）十月，诏禁天文卜相等书，私习者斩；十二月，试诸州所送天文术士，隶司天台，无取者黥配海岛。六年（981）四月，禁西川诸州白衣巫师。

第二节　优待道教

太宗任开封尹时开封府中的道教氛围，道教徒对太宗即位的大力支持，不可能不反映到太宗朝的道教政策上来。太宗即位后，采取了

1　《长编》卷17，注引《国史·方技传》；《宋史》卷461《马韶传》。

2　《长编》卷13；《宋史》卷3《太祖三》、卷461《王怀隐传》、卷309《程德玄传》。

一系列在太祖朝未曾见到的优待道教政策，这从营造道观、征召道士、收集道教典籍三方面，可以看得很清楚。

一、营造道观

太宗时期，营造的道观数量庞大，见于《宋会要辑稿》礼十八之四记载的即有：皇建院、天寿院、观音院、普净院、定力院、等觉院等。重要的道观，除前面提到过的祭祀黑杀将军的上清太平宫外，还有太一宫、上清宫、灵仙观等。

太一宫

先是，有方士上言："五福太一，天之贵神也，行度所至之国，民受其福，以数推之，当在吴越分。"于是，太宗令在苏州筑宫以祀之。太平兴国六年（981）十月甲午（三十日），苏州太一宫落成。太平兴国八年（983）五月，司天春官正楚芝兰上言："京师帝王之都，百神所集。今城之东南，一舍而近，有地名苏村。若于此为五福太一作宫，则万乘可以亲谒，有司便于祇事。何为远趋江水以苏台为吴分乎？"太宗诏从其议，徙建太一宫于苏村，命东上阁门使赵镕负责修建工程，枢密直学士张齐贤与楚芝兰则同定祭法。当年十一月，太一宫成，共有一千一百区，命张齐贤等共视之。张齐贤等上言说："太乙，五帝之佐，天神之至贵者也。请用祭天之礼，杀其半又小损之。"太宗又下令增加教坊伶官百人，自昏祠至明，如汉朝之制，每年的"四立日"（即立春、立夏、立秋、立冬）举行祠礼。[1]《宋史》卷103《礼六·九宫贵神》记载：

1　《长编》卷22、卷24；《宋史》卷4《太宗一》；《长编纪事本末》卷14《释老》。

太一九宫神位，在国门之东郊。坛之制，四陛外，西南又为一陛曰坤道，俾行事者升降由之。其九宫神坛再成，第一成东西南北各百二十尺，再成东西南北各一百尺，俱高三尺。坛上置小坛九，每坛高一尺五寸，纵广八尺，各相去一丈六尺。初用中祀。

上清宫

上清宫的营建，开始于端拱元年（988）二月，太宗下诏，在昭阳门内道北建上清宫。太宗对左右的人说："朕在藩时，太祖特钟友爱，赏赉不可胜纪，因悉贸易以作此宫，为百姓请福。不用库钱也。"这是因当时反对营建的呼声甚高，所以太宗这样说，企图堵住诸臣之口。但是，参知政事王沔马上反驳说："土木之功，必有劳费，不免取百姓脂膏尔。"太宗听后，默然不语，但上清宫仍继续营建。由于大臣的反对，所以，修建上清宫的役夫都不满三千人，三司还常常移拨三五百人作他用。负责修建工程的中使报告太宗，太宗也无奈，只好说："有司所须之人皆切要，汝当自与计议圆融，勿令废务。"因此，该工程好几年也完不了工，反对的意见更多了，于是一度下诏停工一年多。后来，太宗又拿出即位前所贮金银器用数万两，拿到市场上卖掉，充作工钱，终于在至道元年（995）正月，建成了上清宫，其规模比太一宫大，总共有一千二百四十一区，"殿塔排空，金碧照耀，皆一时之盛观"。太宗亲自书写了匾额，并在落成之日即往参谒。这座宫观后来在庆历三年（1043）十月失火烧毁，神宗朝再重建。[1]

1　《长编纪事本末》卷 14《释老》；《长编》卷 37；《杨文公谈苑》；《儒林公议》卷上；《东京梦华录》卷 3；《事物纪原》卷 7。

灵仙观

据载，舒州（今安徽潜山）怀宁县有老僧，过民柯萼家，带着柯萼去万岁山取宝。老僧用杖在古松下掘得黝石一块，上刻志公记云："吾观四五朝后，次丙子年，赵号二十一帝，敬醮潜山九天司命真君，社稷永安。"掘出石后，老僧忽然不见了，于是柯萼便将石刻献给朝廷。太宗便在太平兴国七年（982）六月诏舒州修司命真君祠，命黄门綦政敏去负责督促工程的完成。司命真君祠落成后，赐名"灵仙观"，总共有六百三十区，比太一宫和上清宫都小。[1]

在这个故事中，最耐人寻味的是，释家的老僧却掘出道教的预言石刻，可见当时道教势力之盛。这位"司命真君"，后来在真宗时被加号为"圣祖上灵高道九天司命保生天尊大帝"，有了姓名：赵玄朗，被尊为赵姓始祖。

洞真宫

端拱二年（989），在兴道坊宣祖（太祖、太宗之父）旧第建道宫，至道元年（995）正月落成，历时近六年，共二百六十五区，赐名"洞真"。太宗又令挑选京师及诸州的女道士，得胡又玄等31人，使其居于洞真宫内。[2]

二、征召道士

太宗即位后，首先征召的道士是陈抟。陈抟字图南，自号扶摇子，后唐长兴（930—933）中科举落第，遂无意宦途，遨游于山水间。先隐居于武当山九室岩20余年，又徙居华山云台观。后周显德三年

1　《长编》卷23；《长编纪事本末》卷14《释老》。
2　《长编》卷37。

（956），周世宗召陈抟至官中，留居月余；好黄白之术的周世宗向他询问飞升黄白之术，陈抟回答说："陛下当专心于政治，不宜留意此术。"世宗打算任命陈抟为谏议大夫，他固辞归山。太祖即位后，也曾征召过陈抟，但他一次也没有回应。太宗一即位，他马上应召下山进京。雍熙元年（984）十月，陈抟再次被迎至京师，太宗益加礼重，并对宰相宋琪等人说："抟独善其身，不干势利，所谓方外之士也。在华山已四十余年，度其年当百岁，自言经五代乱离，幸天下承平，故来朝觐。与之语，甚可听。"因遣使送至中书。宋琪等人问陈抟："先生得玄默修养之道，可以化人乎？"陈抟回答说："抟山野之人，于时无用，亦不知神仙黄白之事、吐纳之理，无术可传于人。假令白日上升，亦何益于世？主上龙颜秀异，有天人之表，博达今古，深究治乱，真有道仁圣之主也。正是君臣协心同德，兴化致治之秋，勤行修炼，无出于此。"宋琪等表上其言，太宗听了更加高兴，于是赐陈抟号希夷先生，并且命令有司增修陈抟所在的云台观。此后，太宗常和陈抟有诗歌唱和之举，留了他几个月才遣返。陈抟归山后的第五年，端拱二年（989）七月死去，据说享年118岁。[1]

丁少微，是与陈抟齐名的道士，并且与陈抟同乡，隐居华山潼谷，与陈抟住处很近。但是，与陈抟嗜酒放旷的行为相反，丁少微遵守礼仪，志尚清洁，二人性格各异，其道不同，所以从未来往过。太平兴国三年（978）四月，太宗召丁少微至阙。太平兴国四年（979）九月，丁少微再次到京师朝见太宗，并献上金丹、巨胜、南芝、玄芝等物，太宗留他住了几个月才遣还。丁少微死于太平兴国七年（982），比

---

1   《宋史》卷457《陈抟传》；《长编》卷25。

陈抟早了七年，据说也活了百余岁。[1]

太宗召见的道士，还有赵自然与柴通玄。[2] 因当时"朝廷博求方技"，诣阙自荐者还有：楚芝兰和冯文智。楚芝兰定议在开封苏村建太一宫，曾与为太宗继位出过力的道士马韶同判司天监，又同坐事而出为县令。冯文智"世以方技为业"，诣都自陈后，召试补医学，官至医官副使。[3] 另一位在理学史上有名的人物种放，字明逸，洛阳人。据说，是他自陈抟处得授《先天图》，而后又传授给穆修的。他隐居于终南豹林谷。太宗于淳化三年（992）召之，他"称疾不起"。太宗嘉其高节，诏京兆赐以缗钱，使他可以奉养母亲，有司岁时存问。[4]

如此大规模地征召道士，是太祖时期不曾见到的，充分表明了太宗对道教的重视。不仅于此，连相貌与道图中的人相似，也可以沾光升官。

据说，四川进上青龙城道观的《长寿仙人图》，是吴道元的手笔。太宗看到画上的人，很像御龙弓箭直都虞候戴恩，又恐怕看得不准，于是马上召集一班军校、近侍、内臣都来看，并问他们："汝辈且道此图似何人？"众口同声，都说："似戴恩。"太宗大笑，于是进用戴恩，后官至宁远军节度使。举朝称他为"戴长寿"[5]。

太宗崇道、友道，他自己也道气日浓。据说，太宗善于望气。有

1　《宋史》卷 461《丁少微传》；《长编》卷 19。
2　《宋史》卷 461《方技上》、卷 462《方技下》。
3　《宋史》卷 461《方技上》。
4　《宋史》卷 457《种放传》；《长编》卷 33。
5　《玉壶清话》卷 4。按，此人事迹，似指戴兴。戴兴，《宋史》卷 279 有传，曾为御龙弓箭直都虞候，官至殿前都指挥使，定武军节度使。

一年春天，太宗自金明池返回，正好下雨，又无雨仗，于是到拱圣营辕门避雨。太宗对左右之人说："此营他日当出节度使二人。"当时营内有夏守恩、夏守赟兄弟二人，后守恩为节度使，守赟知枢密院事。[1]

三、收集道教典籍

太宗自端拱二年（989）到淳化二年（991），收集道书，共得七千余卷，命徐铉等人雠校，去其重复，裁得三千七百三十七卷。[2]这项工作，可说是真宗时编纂道藏的先声。

太宗自己爱读老子的书，有浓厚的黄老思想，已见前述。他更著有《逍遥咏》十一卷，把老庄思想表现于诗中。端拱二年十一月，太宗命僧录京城义学文章僧可升等笺注，入藏颁行。[3]虽然，此书由僧人笺注，又被列入佛藏类，但正如书名所显示的，是根据《庄子·逍遥篇》阐发道理的，实际应该归入道藏类才对。

由于太宗援诗入道，朝臣便也有步其后尘者。苏易简为翰林学士承旨，急于进用，遂因太宗生日乾明节而进《内道场醮步虚》十首，得以使太宗了解其意，终被升为参知政事。[4]苏易简所进诗，明显与道教有关。

1　《湘山野录》卷中。夏氏兄弟，《宋史》卷290有传，官如此言。
2　《文献通考》卷224。
3　《大中祥符法宝录》卷18，转引自〔日〕竺沙雅章《宋初政治与宗教》一文。
4　《玉壶清话》卷8。

第三节	**不薄佛教**

太宗优遇道教，这点与太祖时期颇有不同。但在佛教政策方面，则继承了太祖衣钵，更加积极地推进优待佛教政策，所以，史称他"素崇尚释教"。太宗不薄佛教，主要表现在三个方面：普度，营造寺塔，设译经院。

普度，太宗一朝共有三次。

第一次普度，是在太宗初登极的太平兴国元年（976），"诏普度天下童子，凡十七万人"。[1]具体月日，历史记载欠缺。

第二次普度，是在太平兴国七年（982）时。《长编》卷23，太平兴国七年九月己丑朔记载：

> 诏曰："朕方隆教法，用福邦家。眷言求度之人，颇限有司之制，俾申素愿，式表殊恩。应先系籍童行长发，并特许剃度。自今勿以为例。"

这道诏书，把给予佛教徒以特别恩典，与"用福邦家"联系起来，明显可以看出兴隆佛法的政治目的。诏书中的所谓"童行"，是指虽已出家修行但还没有剃度成为沙弥的人，而"长发"是指女性童行，又称为"尼童"。《宋会要辑稿》与《宋史》，将"童行"当作"沙弥"，那是错误的。这诏书的发布时间值得注意：当年建立了译经院，

1　《佛祖统纪》。

并且有献上志公谶记的刻名之事，普度之诏，与这些事件不无关系。

第三次普度，是在雍熙三年（986）十月，诏祠部，凡僧尼籍有名者，悉牒度之。又诏："自今须经业精熟，阅试及三百者乃许系籍。"[1]

据记载，前两次普度，合计共度17万余人，平均每次85000多人，是太祖朝的十倍以上。周世宗削减僧尼数量的政策，至太宗时实际已被废除了。至道元年（995）规定，在五代以来被称作是"佛国"的江浙和福建地区，原先僧百人允许每年度人，自今以见在僧数每三百人放一人；尼从不限制改为每百人许放一人，合格标准也从读经三百纸改为五百纸。第二年，又诏淮南、川峡路并依此制。[2]

太宗时期，寺塔的营造也在大规模进行。

京城开封的开宝寺灵感塔，历经八年岁月，所费亿万计，至端拱二年（989）八月落成。塔高十一层，八角，高三十六丈，"巨丽精巧，近代所无"。太宗赐其匾额曰"福胜塔院"。塔上奉安千佛万菩萨，塔下有天宫，葬释迦佛舍利塔。释迦佛舍利塔原在杭州，为著名工匠喻浩所造，吴越纳土后，从杭州运到开封，安置在福胜塔院内。[3] 由于后世废佛而成了官仓的龙兴寺，太宗即位伊始，即恢复为佛寺，"官为营葺，极于宏壮"。寺内建有二阁，高与开宝寺塔侔，以安大像，离都城数十里就已在望。[4]

为纪念太宗诞生，太平兴国六年（981），在其诞生地后晋的护圣营旧址建寺，历经六年，于雍熙二年（985）四月落成，名叫"启圣禅院"。修建这座寺，"所费钜数千万计"，十分浩大，共建房

1　《长编》卷27；《宋会要辑稿》道释一之一四，《佛祖统纪》。
2　《宋会要辑稿》道释一之一五；《太宗实录》卷77。
3　《长编》卷30；《皇朝事实类苑》卷43《仙释僧道》；《儒林公议》卷上。
4　《皇朝事实类苑》卷43《仙释僧道》；《儒林公议》卷上。

九百间，屋顶全用琉璃瓦，是一座十分豪华的建筑物。在这座寺中，安放有从江南运来的优㳺王㳺檀瑞像与宝志和尚的真身等。[1] 端拱二年（989），由内侍郑守均督率兵卒重建的普安禅院，有法华千佛、地藏不动尊佛阁六百三十八区。[2] 在地方上，有泗州普昭王寺僧伽大师塔的重建。这座塔，八角十三层，高十五六丈，每层皆用黄色瓦铺成，赐名"雍熙之塔"。[3] 在至道二年（996）以前建成的寺庙还有：宝相寺、天寿显静寺、显圣寺、天清寺等。[4] 建造如此众多而且规模宏大的佛寺，是后周以来所未曾有过的。

后周世宗曾下令清理整顿寺院，废毁无敕赐匾额的所谓无额寺院。宋太祖朝，仍然遵循这条原则。太宗朝，有所改变。太平兴国二年（977）三月，效仿唐代官寺制度，赐天下无名寺院"太平兴国"、"乾明"之类的敕额，赐额之数相当多，超过了一百个。[5] 这样，就大幅度地改变了周世宗的"废佛"政策。

对太宗如此盛大的崇佛政策，大臣中当然会有反对意见。端拱二年正月，王禹偁在其著名的《御戒十策》中说："望陛下少度僧尼，少崇寺观，劝风俗，务田农，则人力强，而边用实也。"八月，福胜塔院落成时，知制诰田锡上疏谏，其言切直，曰："众以为金碧荧煌，臣以为涂膏衅血。"太宗看后，也不发怒。[6]

设译经院，重视佛经的翻译工作，是太宗崇佛事业的重要组成

1　《太宗实录》卷 33；《事物纪原》卷 7；《佛祖统纪》。
2　《宋会要辑稿》道释二之一二。
3　《参五台山记》卷 3。
4　《宋会要辑稿》礼十八之四。
5　《新安志》卷 5。
6　《长编》卷 30。

部分。

太平兴国七年（982）六月，在太平兴国寺建成译经院。太宗召见天竺僧人天息灾、施护、法天等人，让他们翻阅宋朝开国以来西域所献梵夹。太宗因见天息灾等人都通晓华语，遂有意于翻译佛经。译经院落成后，太宗即命天息灾等人各译一经献上，挑选了梵学僧常谨、清沼及河中梵学僧法进等同笔受缀文，光禄卿汤悦、兵部员外郎张洎参详润色，内侍刘素为都监。自此开始了太宗朝的译经事业。

当年七月，太宗到译经院，尽取禁中所藏梵夹，令天息灾等视藏录所未载者翻译之。

太平兴国八年（983）十月，太宗拿着新译佛经五卷给宰相们看，并对他们说："浮屠氏之教，有裨政治，达者自悟渊微，愚者妄生诬谤，朕于此道，微究深旨。凡为君治人，即是修行之地，行一好事，天下获利，即释氏所谓利他者也。……为君者抚育万类，皆如赤子，无偏无党，各得其所，岂非修行之道乎？虽方外之说，亦有可观者，卿等试读之。盖存其教，非溺于释氏也。"宰相赵普听后，吹捧说："陛下以尧、舜之道治世，以如来之心修行，圣智高远，动悟真理，固非臣下所及。"太宗的这一段话是意味深长的，表明他之崇佛，是为治理天下的政治目的服务的。他要求宰相读佛家经典，则是太祖朝未曾有过的积极利用佛教的态度。

太平兴国八年，译经院由太宗赐名为"传法院"。太宗又听从天息灾等人的建议，令两街选童子五十人，在传法院学习梵学、梵字。

雍熙二年（985）十月，因天息灾等人译经有功，特加升赏：以天息灾为三藏明教大师，施护为传教大师，并授朝散大夫，试鸿胪少卿，仍月给俸禄。[1]

《大中祥符法宝录》卷18，记载太宗的有关佛教的著作有：《莲华心轮回文偈颂》十一卷，《秘藏诠》二十卷，《同佛赋歌行》共一卷，《同幽隐律诗》四卷，《同感怀诗》四卷，《同怀感回文诗》一卷，《逍遥咏》十一卷，《缘识》五卷，《妙觉集》五卷，共六十二卷。内中的《逍遥咏》十一卷，其实是关于道教的著作，故实共五十一卷。可是，《长编》卷24，太平兴国八年（983）十一月记载，太宗撰《莲华心轮回文偈颂》十部二百五十卷，《回文图》十轴，并拿给群臣看。《长编》所载卷数，与《大中祥符法宝录》所载相去太远，不知何者为真？

要之，太宗的崇佛事业，在规模上没有任何一位宋代皇帝可以赶上他。但是，他不是溺佛，他要让佛教为其政治事业服务。

第四节　总　结

在太宗一朝，奉行了太祖朝未曾有过的积极崇奉道教的政策，使两朝的宗教政策呈现出明显差异。太宗在即位前即与道士交往，关心道教，又在继位时得到道士的有力支持，即位后又大事崇奉道教，因此可以说，太宗是道士们期待和支持的君主。太宗的崇奉道教，直接导致了真宗时期道教势力的高涨，从而发生了"天书封祀"闹剧，在宋代掀起了第一次道教崇拜的高潮。

太宗朝，佛教和道教一样受到崇奉，这虽然是继承了太祖朝的政

---

[1]　以上据《长编纪事本末》卷14《释老》；《长编》卷23、卷24；《皇朝事实类苑》卷43《仙释僧道》。

策，但其广度和深度都大大超越了太祖朝。后周时期曾推行过的"废佛令"，虽未明文废除，事实上已废止。

太宗的谥议中说：

> 释老之教，崇奉为先，名山大川，灵迹胜境，仁祠仙宇，经之营之，致恭之诚广也。[1]

这种赞词，是宋代其他皇帝所没有的，显示出太宗是宋代最为重视宗教的一位皇帝。

太宗对宗教的崇奉事业，归根结底，是治理政事的工具，是为统治人民的政治事业服务的，他打出的是"为民祈福"的旗号。真宗朝原封不动地继承了这种政策，使道教臻于极盛，佛教的僧尼和寺院的数量也创下了宋代最多的纪录。[2]

1　《太宗实录》卷 80；《宋大诏令集》卷 7。
2　"宗教政策"一章，主要据〔日〕竺沙雅章《宋初政治与宗教》一文写成。

第十二章

君臣之间：太宗与其宰相

在封建君主专制时代，皇帝与宰相的关系，往往是该时期政治史的重要内容，也是皇帝个人交往的重要内容。

第一节　太宗勤政

淳化四年（993）五月，太宗对宰相李昉等人说："朕孜孜听政，所望日致和平。"[1]此时距太宗之死仅四年，可说是太宗对自己当政的一个总评。

作为一名君主，太宗是勤于政事的。他每日上朝，处理公务。至道元年（995）十二月，即太宗末年时，他对侍臣说："朕自君临，未尝一日不鸡鸣而起，听四方之政。至于百司庶务，虽微细者亦与询访，所以周知利害，深究安危之理也。因无雍蔽陵替之事。"[2]太宗曾对翰林朱昂说："汉宣帝最好勤政，尚五日一视朝，万务宁无壅积耶？朕则不敢辄怠也。"朱昂遂说："臣闻尧、舜优游岩廊之上，亦万机允正；唐太宗天下太平，房乔请三日一视朝临政；高宗寰宇宁静，长孙无忌请隔日视事。悉从。自后，双日不坐，只日御视，五日一开延英，遂为通式。今庶政清简，百执犹宁居于私殿，惟陛下凝旒听览，翻无暂暇。宜三五日一临轩，养洪算，蹈太和，合动直静专之道，屏摄思虑，保御真气。"后来，中书得知此事，与台谏一道奏请："臣等切见朱昂之对，深协至治，仍乞徇所陈。"隔了很久，太宗才允群臣之请，三

1　《长编》卷34。
2　《长编纪事本末》卷14《圣德》；《长编》卷38。

日一坐朝。[1]

　　太宗为政，重视法律。雍熙二年（985）八月，他对宰相说："朕于狱犴之寄，夙夜焦劳，比分遣使臣按巡诸道，盖虑或有冤滞耳。因思新及第进士为司理参军，彼于法律固未精习，宜令诸州长吏，视其不胜任者，于判司、簿尉中两易之。"他还对宰臣说："思与卿等，谨守法制，务振纲纪，以致太平。"[2]太宗曾对侍臣说过："法律之书，甚资政理。人臣若不知法，举动是过，苟能读之，益人知识。比来法寺新案，多不识治体。"侍臣说："今天下所上案牍，狱情已定，法官止阅案定刑，事之虚实，不可改也。当在精择知州、通判，庶知清狱讼。若州县得良吏一二，其下必无冤人。"太宗甚以为是。[3]太宗重视法律，提倡读法律之书，要谨守法制，使太祖以来学法律、明吏道之风，继续延续，并予有宋后世以极大影响。[4]

　　太宗还采取了具体措施来督促官员学法。雍熙三年（986）九月，诏：自今京朝幕职州县官并须习读律令格式。秩满至京者，当试问。若全不通晓，则量加殿罚。端拱二年（989）九月，诏：京朝官有明于律令格式者，许上书自陈，当加试问，以补刑部、大理寺官属，三岁迁其秩。又赐近臣《刑统》各一部。申命百官奉公外，常读律令格式之文，用以检身断事。这些具体的罚、赏措施，对于官员们学习法律，应该是有促进作用的。

　　为实行法治，太宗留意听断，注意刑狱。太平兴国六年（981）三月，太宗下诏："诸州大狱，长吏不亲决，胥吏旁缘为奸，逮捕证

<hr />

1　《玉壶清话》卷 6。
2　《长编》卷 26；《太平治迹统类》卷 3《太宗圣政》。
3　《宋朝事实》卷 16。
4　详参拙文《试论宋太祖朝的用人》。

左，滋蔓逾年而狱未具。自今长吏每五日一虑囚，情得者即决之。"
为防止天下有滞狱现象，太宗于是建立了三限之制：大事四十日，中
事二十日，小事十日，不须追捕而易决者无过三日。

太平兴国六年（981）十二月，针对诸州锢送罪人上京而在路上
非理而死者十常六七的情况，江南西路转运副使、左拾遗张齐贤上言
说："罪人至京，请择清强官虑问，若显负沈屈，则量罚本州官吏。自
今令止遣正身，家属别俟朝旨。干系人非正犯者，具报转运使详酌情
理免锢送。"太宗同意，自是之后，江南送到京城的罪人，每年减少
了大半。张齐贤又说："刑狱繁简，乃治道弛张之本。于公阴德，子孙
即有兴者。况六合之广，能使狱无冤人，岂不福流万世！州县胥吏，
皆欲多禁系人，或以根穷为名，恣行追扰，租税逋欠至少，而禁系累日，
遂至破家。请自今外县罪人，令五日一具禁放数白州，州狱别置历，
委长吏检察，三五日一引问疏理，每月具奏，下刑部阅视。有禁人多者，
即奏遣朝官驰往决遣。若事涉冤诬，故为淹滞，则降黜其本州官吏。
或终岁狱无冤滞，则刑部给牒，得替日，较其课旌赏之。"对于这种
严防州县随便禁锢人的建议，太宗也同意照办。

太平兴国七年（982）八月，实行张齐贤建议后，又出现了另一
种怪现象：系囚满狱而长吏隐瞒不言，却妄言狱空，以免朝廷责问其
淹滞。两浙运司报告这种情况后，太宗下诏："自今诸州有妄奏狱空及
隐落囚数者，必加深谴。募告者赏之。"当年闰十二月，又下诏："诸
州犯徒流罪人等，并配所在牢城，勿复转送阙下。仍不得辄以案牍闻
奏稽留刑狱，违者罪之。"

雍熙元年（984）三月，太宗令诸州，十日一具囚帐及所犯罪、
系禁日数以闻，刑部专意纠举。五月，太宗看到诸州十日一奏的狱状

上，有的州禁系的人达三百人之多，于是下诏："自今门留寄禁取保在外并邸店养疾者，并准禁囚例，件析以闻。其鞫养违限、可断不断、事小而禁系者，有司驳奏之。"六月，将诸州五日一虑囚的办法改为十日一虑囚。七月，太宗对宰相说："御史台、阁门之前，四方纲准之地，颇闻台中鞫狱，御史多不躬亲，垂帘雍容，以自遵大，鞫案之任，委在胥吏。求民之不冤法之不滥，岂可得也？"于是下诏："自今决狱，御史必须躬亲，毋得专任胥吏。"八月，太宗对宰相说："每阅大理奏案，或节目小有未备，必移文案覆。封疆遥远，动涉数千里外，禁系淹久，甚可怜也。自今卿等详酌，如非人命所系，即与量罪区分，勿须再鞫。"于是，下令给诸州："笞杖罪不须证逮者，长吏即决之，勿复付所司。群臣受诏鞫狱，狱既具，骑置来上，有司断讫，复骑置下之。诸州所上疑狱，有司详复而无可疑之状，官吏并同违制之坐。其当奏疑案，亦骑置以闻。"雍熙三年（986）正月，令诸镇系囚不得过十日，长吏察举之。四月，"令诸州讯囚不须众官共视，但申长吏，得判而后讯之"。十月，"令诸州决狱违限，准律官文书稽程论其罪，逾四十日者言上，听裁事，须证逮致程稽缓者，所在以其事闻"。端拱元年（988）正月，"诏诸道州府，不得以司理参军兼莅它职"。淳化元年（990）五月，令刑部置详复官六员，专阅天下所上案牍，不再派遣鞫狱史。"置御史台推勘官二十人，并以京朝官充，若诸州有大狱，则乘传就鞫。"辞日，太宗必然临朝，派人谕旨曰："无滋蔓，无留滞。"并且全部赐以装钱。鞫狱归来，必定召见，"问以所推事状，著为彝制。凡满三岁，考其殿最而黜陟之"。

淳化二年（991）二月，诏大理寺"杖罪以下，并须经刑部详复"。不久，又诏"大理寺所驳天下案牍未具者，亦令刑部详复以闻"。四月，判刑部李昌龄上言："自来大理详断，刑部详复，并连署以闻。此设两司为之钤键，贵于议谳克正，刑章既列奏以佥同，乃职分之无别。案制，大理定刑讫，送省部详复官，入法状，主判官下断语，然后具状闻奏。至开宝六年（973），阙法直官，致两司共断定复词。今若悉备旧规，虑成滞狱，望令大理所断案牍，令寺官书判印，书讫，送省部详复；如其允当，即刑部官吏印书，送寺共奏；或刑名未允，即驳疏以闻。"太宗诏从其请。五月，开始在诸路转运司设置"提点刑狱公事"官，规定："管内州府，十日一具囚帐供报，有疑狱未决，即驰传往视之。州县敢稽留人狱，久而不决，及以偏辞案谳、情不得实、官吏循情者，悉以闻！佐史小吏以下，许便宜案劾从事。"首批任命司马员外郎董循等十人分充诸路提点刑狱公事。八月，太宗钦恤庶狱，担心大理、刑部吏舞文巧诋，为示重谨，"置审刑院于禁中，以枢密直学士李昌龄知院事，兼置详议官六员。凡狱具上奏者，先申审刑院，印讫，以付大理寺、刑部，断复以闻，乃下审刑院详议，中复裁决讫，以付中书。当者即下之，其未允者，宰相复以闻，始命论决"。

淳化三年（992）五月，"诏御史台，鞫徒以上罪，狱具，令尚书、丞郎、两省给舍以上一人，亲往虑问"。因为久愆时雨，太宗于是派遣常参官 17 人分诣诸路，案决刑狱。当夜即下雨。

淳化四年（993）六月，诏"御史台应合行故事，并条奏以闻，狱无大小，自中丞以下，皆临鞫问，不得专责所司"。十月，自端拱以来，诸州的司理参军都是太宗亲自选择的，民众有诣阙称冤者，立遣台使，乘传案鞫，数年之间，刑罚清省。因为诸路提点刑狱司未尝有所平反，徒增烦扰，罔助哀矜，于是诏悉罢之，归其事于转运司。

至道二年（996）七月，太宗听说，诸州所断大辟，情有可疑者，但害怕为有司所驳，不敢上其狱，人命斯系，或致冤滥，于是下诏，"自今所断死罪有可疑者，具狱申转运司，择部内之详练格律者，令决之，须奏者乃奏"。又诏诸吏民，诣鼓司、登闻院诉事者，须经本属州县转运司，不为理，有司乃受。令大理司所决案牍，大事限二十五日，中事二十日，小事十日；审刑院详复，大事十五日，中事十日，小事五日。

太宗多次下令，要各地长官留心刑狱，要转运司加强督察，并且经常派遣使者到各地按问刑狱，对于澄清地方吏治，减少冤狱，应该是有所帮助的。在中央，他强调大理断案，刑部详复，又设立审刑院，使大案要案经多次的反复审查，既不致滥刑，又不致使罪有应得者不受惩罚。太宗还常常亲自虑囚，直接过问案件。

太平兴国六年（981）四月，太宗"亲躬听断，京城诸司狱有疑者多临决之"。当年，从春天到夏初，一直不下雨，太宗怀疑狱讼有冤滥。正巧，归德节度使推官李承信买葱时发现有烂的，遂痛打园户致伤，几日后死去，太宗遂下令：承信弃市！

雍熙二年（985）十月，太宗录京城诸司系囚，多所原减，决事遂至天晚。近臣中有人说太宗"劳苦过甚"，太宗说："不然，傥惠及无告，使狱讼平允，不致枉挠，朕意深以为适，何劳之有！"于是对宰相说："中外臣僚，若皆留心政务，天下安有不治者？古人宰一邑，守一郡，使飞蝗避境，猛虎度江。况人君能惠养黎庶，申理冤滞，岂不感召和气乎？朕每自勤不怠，此志必无改易。或云百司细故，帝王不当亲决。朕意则异乎此，若以尊极自居，则下情不得上达矣。"

端拱二年（989），自三月至五月都不下雨，太宗遂于五月亲录京城诸司系狱囚，多所原减。同时，命起居舍人宋维翰等42人分诣诸道，案决刑狱。当晚即下起了大雨。

淳化元年（990）四月，由于天旱，太宗又亲录京城系囚，多所原减。同时，令尚食进素膳，派遣常参官分诣诸道决狱，令中使到五岳祈雨。

淳化三年（992）六月，太宗御崇政殿，亲录京城诸司系囚，流罪以下，多所原减。[1]

太宗亲自录囚，多因为连月大旱，有祈请上苍、招致和气的意思。另一方面，太宗亲自过问这些有司之事，又含有大权独揽、表现高明的心理因素。太宗的这些行动，对于有司官吏，无疑是一种有力的鞭策。

太宗是比较重视官吏的选择和监察的。他即位不久，即于开宝九年（976）十一月，诏诸道转运使察官吏能否，第为三等，岁终以闻。太平兴国二年（977）三月，始立试衔官选限。太平兴国六年（981）三月，又诏令诸路转运使察官吏贤否以闻。太平兴国八年（983）四月，颁《外官戒谕辞》。雍熙四年（987）三月，诏申严考绩："天下知州、通判，先给御前印纸，令书课绩，自今并条其事迹：凡决大狱几何；凡政有不便于时，改而更张，人获其利者几何；及公事不治曾经殿罚，皆具书其状，令同僚共署，无得隐漏。罢官日，上中书考较。"在派遣使者赴各州按问刑狱之时，常令使者同时察官吏勤惰以闻。雍熙四年十一月，诏以实数给百官俸，以使官吏尽职，且可责廉。[2]

太宗尤其重视内外制之任，每命一词臣，必咨访宰相，求才实兼美者，先召与语，观其器识，然后授之。雍熙三年（986）十月，太

1　以上均见《长编纪事本末》卷14《听断》。
2　《宋史·太宗记》；《长编》卷27、卷28。

宗曾对左右之人说:"词臣之选,古今所重。朕早闻人言,朝廷命一知制诰,六姻相贺,以谓一佛出世,岂容易哉!"淳化四年(993)五月,太宗又对近臣说:"学士之职,清切贵重,非他官可比,朕常恨不得为之。"[1] 因此,在挑选和任用翰林学士与知制诰的人选时,太宗很注意德才并重。而作为升官的捷径,自翰林学士入为执政者甚多。

太宗继承了太祖的政策,继续打击贪赃官吏。太平兴国三年(978)六月,太宗下令,在他即位后,诸职官以赃致罪者,虽会赦不得叙,永为定制。[2] 据《宋史·太宗本纪》和《长编》的记载统计,太宗时期诛杀的贪赃不法官员,共有36人之多,超过了太祖时期的28人。这多少使各级官吏有所畏惧。

太宗朝因赃被杀官员表

序号	姓名	官职	罪名及处置	时间	史源
1	王继勋	右监门卫率府副率	坐强市民家子女,小不如意,即杀而食之。斩于市	太平兴国二年(977)二月	《长编》卷18
2—9	张遇等8人	永丰仓持量者	受赇为奸,斩之	太平兴国二年七月	《长编》卷18
10	周楚	金坛尉	坐赃,弃市	太平兴国二年七月	《长编》卷18
11	王守忠	内品	坐监法酒库,盗官酒三百瓶。弃市	太平兴国二年九月	《长编》卷18
12	霍琼	殿直	坐募兵劫民财,腰斩于都市	太平兴国三年(978)正月	《长编》卷19,《宋史·太宗本纪》

1 《长编》卷27、卷34。
2 《宋史》卷4《太宗一》。

（续上表）

序号	姓名	官职	罪名及处置	时间	史源
13	徐璧[1]	泗州录事参军	坐监仓受贿出虚券，弃市	太平兴国三年二月	《长编》卷19，《宋史·太宗本纪》
14	习元吉	中书令史	矫发近臣书，于两浙邸院取绢彩百七十匹。杖杀之	太平兴国三年三月	《长编》卷19
15	武裕	监海门戍、殿直	坐奸赃，弃市	太平兴国三年三月	《宋史·太宗本纪》，《长编》卷19
16—23	赵承嗣并吏七人	侍御史	坐监市征隐官钱，弃市	太平兴国三年四月	《宋史·太宗本纪》，《长编》卷19
24	李知古	中书令史	坐受赇擅改刑部所定法，杖杀之	太平兴国三年七月	《宋史·太宗本纪》，《长编》卷19
25	卢佩	著作佐郎	坐监升州酒奸赃，弃市	太平兴国三年八月	《长编》卷19
26	徐选[2]	詹事	坐赃，杖杀之	太平兴国三年八月	《宋史·太宗本纪》，《长编》卷19
27	冯彦琛	宦官	从部修军垒擅没入官瓦木，市取其直。斩之	太平兴国五年（980）闰三月	《长编》卷21
28	张希永	阳武县令	盗取羡余官钱二百三十四贯入己，杖杀	太平兴国五年十月	《长编》卷21

1　《长编》作"壁"。
2　《长编》作"逾迁"。

（续上表）

序号	姓名	官职	罪名及处置	时间	史源
29	赵赞	阳武县主权酤吏	盗取羡余官钱二百三十四贯入己，杖杀	太平兴国五年十月	《长编》卷21
30	张白	监察御史	坐知蔡州日假官钱籴粜，弃市	太平兴国六年（981）十一月	《宋史·太宗本纪》，《长编》卷22
31	张俊	长道县尉	坐部下受赇，犯赃钱五百七十贯。杖杀	太平兴国七年（982）二月	《长编》卷23
32	卜元干	忠州录事参军	坐受赇枉法，杖杀之	雍熙元年（984）十月	《宋史·太宗本纪》
33	王著	殿前承旨	坐监资州兵为奸赃，弃市	雍熙二年（985）四月	《宋史·太宗本纪》
34	汴河主粮胥吏	汴河主粮胥吏	坐夺漕军口粮，断腕徇于河畔三日。斩之	雍熙二年十月	《宋史·太宗本纪》
35	侯莫陈利用	郑州团练使	坐不法，赐死	端拱元年（988）三月	《宋史·太宗本纪》，《长编》卷29
36	祖吉	监察御史	坐知晋州日为奸赃，弃市	淳化二年（991）二月	《宋史·太宗本纪》

淳化五年（994），太宗对侍臣说："听断天下事，直须耐烦，方尽臣下之情。"这说明他十分懂得，如何才能让大臣们言无不尽。史载，他即位后，"多详延故老，问以前代兴废之由，铭之于心，以为鉴戒"。[1]据记载，"太宗推敦台宪，动畏弹奏"。他在春宴时，为使群臣放怀尽怀，

---

[1] 《杨文公谈苑》。

特地向御史中丞求情。[1] 这些言语，虽不无自夸的成分；上述记载，也或有溢美之处，但是太宗勤于政事，却是事实。

太宗时期，继续鼓励开垦荒地，发展生产，他下诏说："所垦田即为永业，官不取其租。"至道元年（995），又下诏说："州县旷土，许民请佃为永业，蠲三年租，三岁外，输二分之一。"太宗时期，一度在各州设置农师，负责农业发展工作。在垦荒劝农方面做出成绩的，要议赏，"官吏劝民垦田，悉书于印纸，以俟旌赏"。[2] 太宗时期的垦田数，因此比太祖时期有所增加：太祖末年，垦田数是二百九十五万二千三百二十顷六十亩；太宗末年，增加到三百一十二万五千二百五十一顷二十五亩。[3] 数字虽不一定可靠，但可以反映出垦田增加的事实。

太宗时期，在农田水利方面，有三次大争论、大行动：何承矩水田之利、陈尧叟等建水利垦田之议、陈靖垦田之议。

何承矩水田之利 淳化四年（993）三月，何承矩在沧州（今河北沧州东南）建议，因河朔陂塘之势大兴屯田，种稻以足食；当时，沧州管下的临津（今河北东光东南）令黄懋也上书，建议在河北诸州兴作水田，并说自己是福建人，"本乡风土，惟种水田，缘山导泉，倍费功力。今河北州军陂塘甚多，引水溉田，省功易就，三五年内，公私必获大利"。太宗于是令何承矩到河北诸州案视，何承矩上奏，赞同黄懋建议。这样，太宗便在三月壬子（廿四日）任命何承矩为制置河北缘边屯田使，内供奉官阎承翰、殿直段从古同掌其事，黄懋为

1　《玉壶清话》卷8。
2　《宋史》卷173《食货上一》；《文献通考》卷4《田赋考四》。
3　《宋史》卷173《食货上一》。

大理寺丞，充判官，调发诸州镇兵万八千人从事屯田之事，在雄、莫、霸州、平戎、破虏、顺安军筑堰六百里，置斗门，引陂塘之水灌溉。当时反对何承矩建议者颇多，武臣们也以种田耕作为耻，正巧，种下的水稻又遭霜打不熟，一时间，议论蜂起，差点要停止其事。黄懋认为，江东霜降晚，稻子一般在九月成熟，而河北霜降早，又地气迟一个月，所以不能成熟结实；江东的早稻七月份就可以成熟，取其种至河北种之，当年八月，稻子成熟，何承矩装了几车稻穗，派吏部的人送到京城开封，议论才平息下去。自此之后，河北诸州，"苇蒲、蠃蛤之饶，民赖其利"。[1]

陈尧叟等建水利垦田之议　至道元年（995）正月，度支判官陈尧叟、梁鼎上言说："唐季以来，农政多废，民率弃本，不务力田，是以家鲜余粮，地有遗利。臣等每于农亩之业，精求利害之理，必在乎修垦田之制，建用水之法，讨论典籍，备穷本末。自汉、魏、晋、唐以来，于陈、许、邓、颍暨蔡、宿、亳至于寿春，用水利垦田，陈迹具在。望选稽古通方之士，分为诸州长吏，兼管农事，大开公田，以通水利，发江淮下军散卒及募民以充役。每千人，人给牛一头，治田五万亩，虽古制一夫百亩，今且垦其半，俟久而古制可复也。亩约收三斛，岁可得十五万斛。凡七州之间，置二十屯，岁可得三百万斛。因而益之，不知其极矣。行之二三年，必可致仓廪充实，省江淮漕运。其民田之未辟者，官为种植，公田之未垦者，募民垦之，岁登所取，其数如民间主客之例，此又敦本劝农之要道也。《傅子》曰：'命悬于天，人力虽修，苟水旱之不时，则一年之功弃矣。水田之制由人力，人力

苟修，则地利可尽也。'且虫灾之害又少于陆，水田既修，其利兼倍，与陆田不侔矣。"太宗看后称好，马上派遣大理寺丞皇甫选、光禄寺丞何亮驰传往诸州按视，经度其事。

至道二年（996）四月，皇甫选、何亮等上言说："先受诏往诸州兴水利。案郑渠元引泾水，自仲山西抵瓠口，并北山东注洛亥三百余里，溉田四万顷，收皆亩一钟三。白渠亦引泾水，首起谷口，尾入栎阳，注渭中亥二百余里，溉田四千五百顷。两渠共溉田四万四千五百顷，今之存者不及二千顷，乃二十二分之一也，皆由近代改修渠堰，浸隳旧防，失其水利，故灌溉之功，绝少于古。臣等先至郑渠相视，用功最大，并仲山东西，凿断岗阜，首尾三百余里连亘，岸壁隤坏，湮废已久。度其制置之始，泾河平浅，直入渠口。既年代遥远，泾河日深，水势渐下，与渠口相悬，水不能至，峻崖之处，渠岸摧毁，荒废岁久，实难致力。其三白渠溉泾阳、高陵、云阳、三原、富平六县田三千八百五十余顷，此渠衣食之原也，望令增筑堤堰，以固护之。旧有斗门一百六十七，以节制其水，皆毁坏，请悉缮治，令用水有准。渠口旧有大石门，谓之洪门，今亦隤圮，若再议兴制，则其功甚大，且欲就近度其岸势，别开渠口，以通水道。岁令渠官行视，岸之阙薄，水之淤损，即时缮修疏治之。禁豪民无令浚渠导水以擅其利。泾河中旧有石堰，修广皆百步，捍水雄壮，谓之将军䃺，废坏已久，基址具在。杜思曾献议，请兴此䃺，而功不克就。其后止造木堰，凡用材一千三百余，数岁出于松渠之民；涉夏，水潦荐至，渠暴涨，木堰遂坏，漂流散失；至秋，复率民以修茸之，数敛重困，无有止息。欲自今溉田毕，命工折堰木置于岸侧，可充三二岁修堰之用。所役沿渠之民，计田出丁，凡调万二千人，谓之水利夫。将军䃺可造堰，各有其利，固不惮劳，不烦岁役其人矣。择能吏专掌其事，置于泾阳县，以时行视，往复甚便。"又言："邓、许、陈、颍、蔡、宿、亳七州之地，其公私闲田凡三百五十一处，合二十二万余顷，盖民力不能尽耕。汉魏以来，杜预、召信臣、任峻、司马宣王、邓艾等立制，垦辟之地，由南阳界凿山开岭，疏导河水，散入唐、邓、襄三州以溉田。诸处陂塘坊埭，大者长三十里至五十里，阔二丈至八丈，高一丈五尺至二丈。其沟渠，大者长五十里至百里，阔三丈至五丈，深一丈至一丈五尺，可行小舟。臣等周行历览，若皆增筑陂堰，劳费甚烦，欲望于堤防未坏可兴水利者，先耕二万余顷，他处渐图建置。"

　　皇甫选、何亮等人，经过实地考察，提出的建议，比较切实可行。当时，著作佐郎孙冕总监三白渠，太宗下诏给孙冕，要他按皇甫选等人奏疏中的建议实施，募民耕垦七州之田，从邓州实行，开始皆免赋入。太宗又令选等举者一人，与邓州通判同掌其事，皇甫选与何亮则分路检查监督。[1]

　　陈靖垦田之议　至道二年（996）七月，太常博士、直史馆陈靖上言说："先王之欲厚生民而丰其食者，莫大于积谷而务农也。臣早任计司判官，每获进对，伏闻圣训，以为稼穑农耕政之本，苟能劝课田亩，康济黎元，则盐铁榷酤，斯为末事。谨案天下土田，除江浙、荆南、陇蜀、河东等处，其余地里夐远，虽加劝督，亦未能遽获其利。况古者强干弱枝之法，必先富实于内。今京畿周环二三州，幅员数千里，地之垦者十才二三，税之入者又十无五六，复有匿里舍而称逃亡，弃耕农而事游惰。逃亡既众，则赋额日减，而国用不充，敛收科率，无

1　《长编纪事本末》卷11《陈尧叟等建水利垦田之议》；《长编》卷37。

所不行矣；游惰既众，则地利岁削，而民食不足，寇盗杀伤，无所不至矣，又安能致人康俗阜，地平天成乎！望择大臣一人有深识远略者，兼领大司农事，典领于中；又于郎吏中选才智通明、能抚民役众者为副，执事于外。自京东西择其膏腴未耕之处，申以劝课。臣又尝奉使四方，深见民田之利害，汙莱极目，膏腴坐废，亦加询问，颇得其由。昔诏书屡下，许民复业，蠲其常租，宽以岁时。然乡县之间，扰之尤甚，每一户归业，则刺报所由。朝耕尺寸之田，暮入差役之籍，追胥责问，继踵而来，虽蒙蠲其常租，实无补于捐瘵。况民之流徙，始由贫困，或被私债，或逃公税。亦既亡遁，则乡里检其资财，至于室庐、什器、桑枣、材木，咸计其直，县官用以输税，或债主取以偿逋。生计荡然，还无所诣，以兹浮荡，绝意言归。奸心既萌，何所不至？如授臣斯任，则望借以闲旷之田，广募游惰之辈，诱之耕凿，未计赋租，许令别置版图，便宜从事。酌民力之丰寡，相农亩之硗肥，均配畀之，无烦督课，令其不倦。其逃民归业，丁口授田，烦碎之事，并取大司农裁决。耕桑之外，更课令益种杂木蔬果，孳畜羊犬鸡豚。给授桑土，潜拟于井田，营造室居，便立于保伍，逮于养生送死之具，庆吊问遗之资，咸俾经营，并立条制。俟至三五年间，生计成立，有家可恋，有土可怀，即计户定征，量田输税，以司农新附之名籍，合计府旧收之簿书，斯实敦本化人之宏略也。若民力有不足，官借缗钱，或以市饩粮，或以营耕具。凡此给受，委于司农，比及秋成，乃令偿直，依时价折估，纳之于仓，以其成数关白户部。"

太宗见到陈靖的奏疏，十分高兴，对宰相吕端说："朕思欲恢复古道，革其弊俗，驱民南亩，致于富庶。前后上书言农田利害多矣，或知其末而阙其本，有其说而无其用。靖此奏甚谙理，可举而行之，正是朕之本意。"太宗于是召见陈靖,奖谕他,并且命他条奏以闻。

陈靖受到鼓舞,又上言说:"逃民复业及浮客请田者,委农官勘验,以给授田土,收附版籍,州县未得议其差役。其乏种粮、耕牛者,令司农以官钱给借。民输税外,有荒田愿附司农之籍者,民有牛,岁责以租课,愿隶籍受田者,并听。其田制为三品:以膏沃而无水旱之患者为上品,虽沃壤而有水旱之虞、埆瘠而无水旱之患者为中品,既硗瘠复患于水旱者为下品。上田人授百亩,中田百五十亩,下田二百亩,并五年后收其租,亦只计百亩,十收其三。一家有三丁者请加授田,如丁数以给,五丁从三丁之制,七丁给五丁,十丁给七丁;至二十丁、三十丁者为限。若宽乡田多,即委农官裁度以赋之。其室庐、蔬韭及桑枣、榆柳种艺之地,每户及十丁者给百五十亩,七丁者百亩,五丁者七十亩,三丁者五十亩,二丁三十亩。除桑功五年后计其租,余悉蠲其课。令常参官于幕职、州县中各举所知一人堪任司农丞者,分授诸州通判,即领农田之务。又虑司农官属分下诸州,民顽已久,未能信服,更或张皇纷扰,其事难成。望许臣领三五官吏,于近甸宽乡设法招诱,俟规划既定,四方游民必尽麇至,乃可推而行之。"

在陈靖提出具体办法后,太宗又与宰相吕端商议。吕端不大同意,说:"靖所立田制,多改旧法,又大费资用,望以其状付有司详议。"太宗于是诏盐铁使陈恕等,于逐部选择通知农田利害的判官一人,与陈靖同议其事。陈恕与户部使张鉴、度支副使栾崇古、户部副使王仲华、盐铁判官谭尧叟[1]、度支判官李归一共议之后,上疏请求按陈靖奏疏中的办法办理。太宗于是在八月任命陈靖为劝农使,按行陈、许、蔡、

---

1   《长编纪事本末》卷 11 作"唐尧叟"。

颍、襄、邓、唐、汝等州，劝民垦田。又派前几年兴修水利有功的大理寺丞皇甫选、光禄寺丞何亮为陈靖的副手。皇甫选、何亮却上言，说其功难成，请求停止其事。太宗志在勉农，仍然命陈靖经度。不久，三司又提出，费官钱多，万一有水旱灾害，恐怕官钱就要收不回了。陈靖均田之议，便不再实行了。陈靖也调任知婺州。后来，在真宗时，陈靖又旧话重提，要求推行，仍然未获三司通过。[1]

太宗在农田水利方面的三次大行动，在河北兴水利、种稻田，在西北兴水利、溉农田，均获成功，这对于河北和西北农业的发展，是有利的促进。但是，陈靖建议在京城附近地区均田以发展农业，却因牵涉面较广而始终未能实行。这三件事，分别在淳化四年（993）、至道元年（995）、至道二年（996），那已是太宗末年了。据陈靖建议所言，此时在京城开封周围的地区，未开垦的荒田占到十分之七八，是相当惊人的比例。可见直到太宗末年，开荒垦田，发展农业，仍是摆在赵宋政权面前的重要任务，而如何吸引流民复业，可说是其中的核心问题。陈靖之议无法实行，赵宋统治者也拿不出什么更好、更有效的办法来。太宗时期开荒垦田的成绩，毕竟是有限的；对于如何恢复和发展农业，始终无良策可行。

第二节 太宗之用相

太宗勤政，事必躬亲，最主要的目的，还是因为不放心权力旁落，

---

[1] 《长编》卷40；《宋史》卷428《陈靖传》。

故而一力集中权力，把一切事务都尽可能置于自己的控制之下。日本学者认为，宋太宗是宋代第一位独裁君主，[1]可谓独具只眼。的确，与宋太祖截然不同，宋太宗是个工于心计、斤斤计较、汲汲于权位的君主。这一点，在他的用相方面表现得更为鲜明而突出。

太祖在位 17 年（960—976），所用宰相一共 6 人。开国五年，沿用后周旧相范质、王溥、魏仁浦三人；乾德二年（964）起，赵普独相 10 年；开宝六年（973）赵普罢相后，以薛居正、沈伦为相，直至逝世。总共用相 6 人而已。

太宗则不然。太宗在位 22 年（976—997），先后用相共 9 人，详见下表。

太宗朝宰相一览表 [2]

姓名	任职年月	年龄	罢职年月	年龄	任职时间
薛居正	开宝九年（976）十月	65	太平兴国六年（981）六月死	70	五年
沈伦	开宝九年十月	68	太平兴国七年（982）四月	74	六年
卢多逊	开宝九年十月	43	太平兴国七年四月	49	六年
赵普	太平兴国六年九月	60	太平兴国八年（983）十月	62	二年
宋琪	太平兴国八年十一月	67	雍熙二年（985）十二月	69	二年
李昉	太平兴国八年十一月	59	端拱元年（988）二月	64	四年多

1　〔日〕竺沙雅章：《宋朝的太祖和太宗》。
2　此系从太宗即位算起。

（续上表）

姓名	任职年月	年龄	罢职年月	年龄	任职时间
赵普	端拱元年二月	67	淳化元年（990）正月	69	二年
吕蒙正	端拱元年二月	45	淳化二年（991）九月	48	三年半
李昉	淳化二年九月	67	淳化四年（993）十月	69	二年
张齐贤	淳化二年九月	49	淳化四年六月	51	二年
吕蒙正	淳化四年十月	50	至道元年（995）四月	52	一年半
吕端	至道元年四月	61	至道三年（997）三月（太宗死）	63	二年

此表据《宋史》卷210《宰辅一》作。

从上表可知：太宗朝任相12人次，其中赵普、李昉、吕蒙正3人两次为相，实共9人。任相时间最长的，是沈伦、卢多逊两人，六年；最短的是吕蒙正第二次入相，仅一年半。为相时，年龄最大者是沈伦，68岁；最年轻的是卢多逊，43岁。为相时60岁以上的，7人次；50岁以上的，2人次；40岁以上的，3人次；除卢多逊外，两位40多岁为相者，都是太宗朝所取的进士，吕蒙正还是龙飞榜的状元。

太宗即位后的三位宰相，薛居正、沈伦已在太祖朝为相三年，卢多逊为太宗提拔的宰相。其时，太宗忙于巩固帝位，"居正、义伦，不过方重靖介自守之相耳"[1]，卢多逊则助太宗夺位有功，是以太宗任

1　《大事记进义》卷2《宰相》。

三相达六年之久。自赵普复出为相，卢多逊、沈伦因廷美而被罢免、贬谪，此后太宗用相，一般均在二年左右，仅李昉初入相达四年多、吕蒙正初入相达三年多而已。相不久任，成为太宗加强独裁专制的一项妙计。宰相的频繁更换，防止了宰相专权，从而加强了皇权。

除相不久任外，太宗还采取了两项加强专制的办法：一是削夺中书事权，二是添设互相牵制的官职。

为削夺中书事权，太宗在太平兴国七年（982）七月，曾令长子、次子分日赴中书视事。太平兴国八年（983）十一月，又令五子同日赴中书视事。此举不仅含有让其子熟悉政事之意，更有派儿子监督宰相之意。权知及通判、诸州军监临物务官，原来除授皆出中书，太宗特设差遣院掌之；中书刑房，析出为审刑院；中书有孔目房，又置理检司。针对中书劄子，太宗下令："自今大事须降敕命。合用劄子，亦可奏裁，方可施行。"[1]

太宗时期，三司屡分屡合，三司使或一员，或两员，或三员；又增设三司副使、三司推官、三司巡官、三司都磨勘官、三司主辖收支官、三司总计度使等，财政大权便不致集中于一人之手。吕中即指出，三司"分则出纳移用，政令互出，动相违戾"。诸道转运使，"本以总利权"，太宗即位伊始，即令转运使兼纠察官吏，以三科察举，岁终以闻；"厥后有判官，有副使，又有提点刑狱，皆所以纠察官吏"，在地方上广有耳目，[2]太宗周知动息了。在中央，设三班院，置审官、考课两院，置签署提点枢密院、宣徽院诸房公事，使事权分散重叠，

1　《宋史·太宗本纪》；《长编》卷22、卷23、卷24、卷40。
2　《大事记讲义》卷4《转运使》。

互相牵制，互不隶属，便于皇帝控制，君主权力得到加强。[1]

下面，具体考察一下太宗与其主要的几位宰相赵普、李昉、吕蒙正、吕端之间的关系。

第三节　太宗与赵普

赵普，是宋初著名的宰相。入宋以后，他生活了33年，太祖朝17年，太宗朝16年。虽然赵普在太祖朝与太宗朝生活的时间仅仅相差一年，但是境遇和作为却大不相同。在太祖朝，赵普以佐命元臣之身，在中枢执政长达14年，自枢密直学士、枢密副使而至枢密使，再进为宰相，且独相十年。太祖为人豁达，与赵普私交极深，非常宠信他，倚为左右手，称为社稷臣，并曾在与赵普的论事书上写道："朕与卿平祸乱以取天下，所创法度，子孙若能谨守，虽百世可也。"[2] 在太祖朝的重大政治事件中，如陈桥兵变、杯酒释兵权、削夺节镇之权、制定统一战略、建法立制、经营幽云等，赵普都发挥了巨大的作用，堪称宋初与太祖并列的最重要的政治家。[3]

在太祖朝前14年，太宗光义的权势不及赵普，朝会排班也在赵普之下。为谋准皇储之位，太宗以开封府为基地，聚集起一大批幕僚、军校，并且与赵普明争暗斗，几掀波澜。直到开宝六年（973），太

1　《宋史·太宗本纪》。

2　《中兴两朝圣政》卷12，绍兴二年（1132）十二月吕颐浩言。又见于《建炎以来系年要录》
　　卷61。

3　详见拙著《赵普评传》。

祖决意循五代惯例，以光义封王，确立为准皇储，光义才在争斗中大获全胜，奠定了三年之后登上皇位的基础。赵普则以使相出知河阳三城，离开了朝廷。

太宗即位后，对赵普终怀猜忌。他刚坐上皇位一个月，就罢去赵普领支郡之权；赵普到京城朝见，祝贺他登位，又罢其使相之职，授散官太子少保，留京奉朝请。太平兴国四年（979），赵普从平太原，但覃赏却不及。太宗即位后的五年间，"赵普奉朝请累年，卢多逊益毁之，郁郁不得志"，"从者皆去"，唯余王继英一人，仍忠实地追随着赵普。[1] 赵普的妹夫侯仁宝，也受牵累而死于征交趾之役。五年多时间里，太宗极尽冷漠压抑之事，卢多逊又以宰相身份从而打击之，赵普的境遇是很有些凄惨的。

但是，赵普毕竟是开国元勋，如太宗所说："开国勋旧，惟卿一人。"他威望高，影响大，尤其与开国宿将的关系密切，曾罢符彦卿典兵成命于已颁之后，救韩重赟于将戮之时，诸将畏服。即或在他备受压抑之时，开国功臣、太祖与太宗的妹夫高怀德还把女儿嫁给赵普长子承宗为继室。卢多逊的父亲卢亿，对卢多逊攻击赵普也十分忧心："彼（赵普）元勋也，而小子毁之；吾得早死，不见其败，幸也。"[2] 因此，太宗接连逼死太祖二子德昭、德芳，又将对弟弟廷美下手之际，为安抚人心，稳定局势，迫切需要赵普这样的元老重臣协助。而赵普在备受压抑，身家性命可危的情况下，也亟思重掌大权，于是有"金匮之盟"之献，赵普与太宗一拍即合，太宗重新任用赵普为首相，赵普则

1　《长编》卷22；《宋史》卷268《王继英传》。覃赏不及，《长编》注据赵普行状；而太宗作《赵普神道碑》云，平太原后迁太子太保，显系掩饰之词。

2　《东都事略》卷31《卢多逊传》；《长编》卷14。

帮助太宗完成了迫害廷美之举，使太宗得遂传子之愿。

　　赵普虽再度为相，但权势和地位已与太祖时大不相同。南宋吕中指出："赵普之再入相也，与乾德之初入相不同。盖太祖时规模广大，故普慨然以天下自任而敢于事；太宗规模烦密，故普不免远嫌疑，存形迹，而救过之不暇。"[1]因此，赵普二度入相，除起廷美之狱之外，并未做什么大事，但他以元老身份在朝为相，为稳定局势出力不少。太平兴国八年（983）四月，太宗不无自得地对宰相赵普说："朕顷在藩邸，颇闻朝臣有不修操检，以强词利舌，谤讟时事，陵替人物；或遣使远方，不存事体，但规财用，此甚辱国。今朝行宁复有此等耶！若人人自修，岂不尽善。"赵普则吹捧说："陛下敦崇风教，不严而治，轻薄之徒自然弭息矣。"[2]从太宗的话可以看出，太宗政权是稳定的，所以他敢于自诩风教超过太祖时期了。

　　政权既然稳固，赵普的作用也就不大了。而且，太宗的长子楚王元佐，对迫害廷美不满，进而也不喜助成其事的首要帮凶赵普。有储君之地位的元佐的态度，太宗是十分重视的。于是，赵普在太平兴国八年十月罢相，以武胜军节度使，出镇邓州（今河南邓州），加封检校太尉兼侍中。

　　赵普虽然罢相，但已不是太宗即位时的情形了。太宗也不能不在表面上表示格外尊崇，除以他为使相外，还于十一月亲自在长春殿设宴，为赵普饯行，并且作了诗赐给他。赵普捧诗而泣曰："陛下赐臣诗，当刻于石，与臣朽骨同葬泉下。"由此看来，太宗诗中，大约暗示了不再起用赵普之意，所以他说出生离死别的话来。太宗听后，不禁动

1　《大事记讲义》卷4《宰相》。
2　《长编》卷24。

容答之。第二天，太宗又特意对近臣说："赵普于国家有大勋劳，朕布
素时与之游从，齿发衰矣，不欲烦以机务，择善地俾之卧治，因诗导意。
普感极且泣，朕亦为之堕睫。"宰相宋琪说："普昨至中书，执御诗涕
泣，谓臣曰：'此生余年无阶上答，庶来世得效犬马之力。'臣既闻普
此言，今复闻宣谕，君臣始终之分，可谓尽善矣。"君臣两人的这番
表演，实际上是在向朝臣们表示君臣无间，其实，正好是"此地无银
三百两"，反而透露出他们两人之间互相提防的情形。右补阙、直史
馆胡旦看穿了这一点，这位太平兴国三年（978）的状元，以为是出
风头的机会到了，便在十二月献《河平颂》，序中说："贼臣多逊，阴
泄大政，与孽弟廷美，咒诅不道，衷构大难，赖天地社稷之福，圣皇
之灵，觉而黜之。时又强臣普，恃功贪天，违理背正，削废大典，构
豪杰之罪，饰帝王之非，榛贤士之路，使恩不大赉，泽不广洽。""是
天子前黜多逊，后遣臣普，防大患而遏大灾也。"颂中则有"逆逊远投，
奸普屏外"之语。因为戳穿了太宗君臣关系的伪装，太宗见后震怒，
胡旦投机不成，却被加上"指斥大臣""谤讟圣代""下流讪上"的罪
名，责为殿中丞、商州团练副使，支给半俸，不得签署州事。[1]

　　自太平兴国八年（983）到雍熙四年（987），赵普在邓州四年。
雍熙四年二月，赵普改任山南东道节度使，镇襄州（今湖北襄阳），
改封许国公。

　　在邓州和襄州期间，赵普"皆以严重肃下，政务自集，唯圣节日
即张乐，设宴则丰厚饮馔，凡一巡酒，则遍劝席中吃尽，尽与不尽，
但劝至三而止"。他小心谨慎，"家问中指挈审细，字画谨严"。每

1　《太宗实录》卷 27；《长编》卷 24。

年到太宗的诞辰——十月七日的乾明节（后改为寿宁节），都派妻子和氏到京城朝见祝贺。他的长子承宗，则一直在京师为侍卫官。[1]所有这些做法，都不外是向太宗表忠心，释太宗之疑，以能明哲保身，真可谓是煞费苦心。

在此期间，赵普的唯一重大举措，是在雍熙三年（986）五月从邓州奏上《班师疏》，并附以劄子，认为当时不宜北伐，建议赶快班师，加强边防，以备辽军南下。赵普在奏疏中还抄具了汉代主父偃、徐乐、严安所上书及唐代姚崇奏唐玄宗十事，认为："匡时救弊，无出于斯。"太宗见到赵普的奏疏时，宋军败于岐沟关的消息，已传到朝廷，太宗于是下诏褒奖赵普，并告诉他，边防事宜已安排妥当，不必忧虑。但是，宋军又接连败于陈家谷、君子馆，北部边防根本没有有效防御，辽军纵横驰骋于河北平原。而"姚崇十事"，太宗一件也未实行。不过，《班师疏》一出，天下传颂，"于时天下之人皆以为致太平之策，无出于此"。赵普声名大振，众望所归，一时间成了呼声最高的宰相人选。[2]

雍熙四年（987）九月，赵普上表，请求入觐，参加第二年正月的籍田之礼，"辞甚恳切"。太宗见表恻然，对宰相李昉说："普开国元臣，朕所尊礼，宜从其请。"十二月，赵普到京城朝见，太宗召升殿慰抚。赵普见到太宗，不禁感咽，太宗亦为之动容。

此时，讨厌赵普的太宗长子元佐已废黜，太宗次子陈王元僖任开封尹，正是准皇储之位。赵普回京后，元僖上疏太宗，称赞赵普是"开国旧老，得参帷幄，厚重有谋，忠诚言事，不苟求恩顾以全禄位，不

1　《丁晋公谈录》；《东观余论》卷下。

2　赵普奏疏和劄子，以《邵氏闻见录》卷 6 所载最全。主父偃、徐乐、严安所上书，见《史记》卷 112《平津侯主父列传》；"姚崇十事"，见《新唐书》卷 124《姚崇传》；《长编》卷 44。

私徇人情以邀名望，此真圣朝之良臣也"。并建议重新启用赵普，"复委之以政事"[1]。准皇储的推崇与要求，太宗是格外重视的。

端拱元年（988）二月，宰相李昉授右仆射罢政，赵普被任命为太保兼侍中，吕蒙正为中书侍郎兼户部尚书、同平章事。

赵普以67岁的高龄第三次入相，又受到准皇储元僖的支持，本可有所作为。但是，年龄不饶人，一年后赵普即因病休息，虽未罢相，已无法理中书之事了。所以，赵普第三次入相，虽在位两年，真正在中书判事，不过一年左右。

在这一年时间内，赵普办了三件大事：罢黜了太宗信任的枢密副使赵昌言，此事上元僖给予了直接帮助；杀掉太宗亲信侯莫陈利用；建议让李继捧重返夏州，让他去消灭起兵反宋的李继迁。

端拱二年（989）七月，由于赵普的极力推荐，太宗任命张齐贤为刑部侍郎、枢密副使。此月，天上出现彗星，有人上书，认为这是"合灭契丹之兆"，鼓动太宗出兵攻辽。赵普闻知消息，在八月上《彗星疏》，痛斥其说，使太宗打消了出兵攻辽的念头。十月七日太宗生辰节，赵普病情加剧，已无法前去祝贺了。

淳化元年（990）正月，因为病重，赵普四次上表，请求致仕（退休）。太宗遂罢其政事，以为守太保兼中书令，行河南尹，兼功德使，充西京（今河南洛阳）留守。淳化三年（992）二月，赵普又三次上表求致仕，太宗以他为太师，封魏国公。七月，赵普去世，终年71岁。太宗得到赵普死讯，十分悲哀，对近臣说："普事先帝与朕，最为故旧，能断大事。向与朕尝有不足，众人所知。朕君临以来，每待以殊礼，

1　《长编》卷28。

普亦倾竭自效，尽忠国家，社稷臣也。闻其丧逝，凄怆之怀，不能自已。"说着说着，太宗还流下了眼泪，"左右皆感动"。太宗下令，赠赵普尚书令，追封真定王，谥忠献；又派右谏议大夫范杲摄鸿胪卿，护丧事；还下令：葬日，设卤簿鼓吹如式。太宗又为赵普亲撰神道碑，亲自书写，赐给他家属。赵普死后，可谓备极哀荣。[1]

综观太宗与赵普的关系，在太宗即位初期，太宗敌视赵普，多方压抑。后来，赵普因献"金匮之盟"，帮助打击廷美，而与太宗稍释前嫌，第二次为相，但是太宗与他，总是互相提防，若即若离的，加上有准皇储之位的太宗长子元佐鄙薄赵普其人，所以赵普为相两年，在政治上并无多大建树。赵普第三次入相，有准皇储元僖的有力支持，有可能有所建树，而且也确实办了几件事，然而，病不饶人，赵普实际执政不过短短一年而已。况且，太宗喜欢大权独揽，不容有权高震主者，所以，赵普也绝不可能像在太祖时期那样策划、实施治国大计。总之，赵普和太祖，在很长一段时间内亲密无间，太祖放手让赵普实施治国大计；但是，赵普和太宗，则始终心有芥蒂，太宗直到赵普死后还不忘和他"向有不足"，赵普虽则两度入相，也只能深自收敛，小心翼翼，以保富贵，在政治上不可能也并无多少建树。

第四节 太宗与李昉

李昉字明远，深州饶阳（今河北饶阳）人。后汉乾祐年间（948—

1 以上详见拙著《赵普评传》。

950）中进士。后周世宗时期，李昉受到周世宗赏识，先为主客员外郎、知制诰、集贤殿直学士。后周显德四年（957），加史馆修撰、判馆事。显德五年（958）冬，跟随周世宗征淮南，被命为屯田郎中、翰林学士。赵匡胤发动陈桥兵变，夺取后周政权，朝臣皆去朝拜，深受世宗知遇之恩的李昉"独不朝"[1]。这显然为宋太祖赵匡胤所不满，建隆三年（962），罢为给事中。四年（963），更派李昉出知衡州（今湖南衡阳）。逾年代归，陶毂（时为翰林学士承旨）诬奏李昉为所亲求京畿令，虽然吏部尚书张昭力证"谷冈上"，太祖仍疑之不释，出李昉为彰武军行军司马，居延州（今陕西延安）为生业以养老。直到开宝二年（969）宰相赵普荐其可大用，太祖才召还李昉，任为中书舍人，不久，又直学士院。开宝三年（970）和五年（972），李昉两次知贡举，并重新当上了翰林学士。可是，因为他知贡举时有提拔乡人之嫌，被降为太常少卿，不久，判国子监。开宝六年（973）五月，再次出任中书舍人、翰林学士。当时，卢多逊正在攻击宰相赵普，太祖询问李昉，李昉回答："臣职司书诏，普之所为，非臣所知"，摆明了不欲置身其中。赵普罢相，卢多逊升任参知政事，李昉却仍任旧职，终太祖之世未动。

　整个太祖一朝，李昉因新朝初建时的不合作态度，仕途始终不顺，几经坎坷，几经沉浮，最终还和后周世宗朝相同，仍然是个翰林学士。但他拒不参与倒赵普之行动，埋下了一条伏线，使赵普感到他是知恩图报的。

　太宗即位后，李昉曾受诏参与修《太祖实录》。太平兴国四年（979），跟随太宗平定北汉后，李昉拜工部尚书，兼翰林学士承旨，

1　《后山谈丛》卷4。

后改文明殿学士。太平兴国八年（983）七月，李昉出任参知政事。此时宰相是赵普，太宗认为"宿旧无逾昉"，故提拔他，这应是与赵普的援引有关的。当年十月，赵普罢相。十一月，宋琪、李昉任宰相。此后两年，雍熙二年（985）十二月，宋琪罢相，李昉遂独相，至端拱元年（988）二月罢。总计李昉此次为相，四年有多，是太宗初年的三相之后，任职时间最长的宰相。

李昉与宋琪任相后，太宗对他们说："世之治乱，在赏罚当否，赏罚当其功罪，无不治，或为饰喜怒之具，即无不乱，与卿等戒之。"宋琪对答说："赏罚二柄，乃御世之衔勒。若马无衔勒，何以控御？治天下者，苟赏罚至公，未有不致太平也。"李昉则无语。[1] 宋琪乃太宗幕府之幕僚，虽因出入赵普之门而得罪太宗，但在太宗即位后已推诚悔过，并为太宗原谅，是以此次宋琪出任首相。但是，不久李昉即为太宗看重。原来，李昉虽未附和卢多逊攻击赵普，但与卢多逊关系很好，待之不疑。然而，卢多逊却常在太宗面前攻击李昉，有人告知李昉此事，李昉却说："卢与我厚，不当尔。"李昉为相后，当太宗谈起卢多逊之事时，李昉没有因为卢多逊刚治罪不久而攻击他，还多方为卢多逊辩护解释，太宗感到奇怪，对李昉说："多逊居常毁卿不直一钱。"李昉才明白人家告知他的情况是真的。太宗因此而知道李昉是忠厚长者，故而十分看重他。雍熙二年（985）十二月，太宗"以琪素好恢谐，无大臣体"，罢去宋琪的宰相职务，[2] 李昉仍留任，遂独相。针对宋琪包庇妻族王延范之事，太宗对李昉说："中书、枢密，朝廷政事所出，治乱根本系焉。且天下广大，卿等与朕共理，当各竭公忠，

1　《长编》卷24。
2　《长编纪事本末》卷10《贬斥奸邪》。

以副任用。人谁无姻故之情，苟才不足称，不若遗之财帛耳。朕亦有旧人，若果无取，未尝假以名器也。卿等其戒之。"[1]

李昉在初为宰相的两年间，因宋琪为首相，又系太宗早年幕僚，且与太宗亲信、枢密使柴禹锡相结，故李昉虽处相位而少见建言，更无建树可言。宋琪罢，李昉独相后，雍熙三年（986）又起北征幽州之议，太宗又独与亲信把持的枢密院计议，"一日至六召，中书不预闻"，李昉仍无法有所为。但是，李昉却在无法预闻的情况下，做出了他一生中第二次大胆的举动，上疏力谏，反对出兵攻幽蓟，并且大胆指责太宗："观陛下又欲事炀帝、秦汉之事"，将太宗比为隋炀帝。据说，李昉"居常奏论皆雍容和婉，未尝有逆鳞之节，此疏之上，士论骇伏"。[2]太宗虽因北征失败而未降罪李昉，但也听不进他的意见。雍熙四年（987）四月，李昉又上疏，反对太宗在黄河南北诸州募兵以便大发兵北征幽蓟；太宗之子、开封尹陈王元僖也上疏，要求停止征兵，太宗才纳其言。

端拱元年（988）正月，布衣翟马周，击登闻鼓上奏，说李昉身任元宰，属北戎入寇，不忧边思职，但赋诗饮酒并置女乐。太宗因正要举行籍田礼，"稍容忍之"。籍田礼一结束，太宗就在二月罢去了李昉的宰相职务，并且要草制的翰林学士贾黄中在罢相制中切责之，经贾黄中劝谏，才未加切责，罢为右仆射。李昉就这样结束了第一次宰相任期，做了太宗北征失败的替罪羊。

在李昉此次为相期间，编成了《文苑英华》一千卷、《神医普救方》一千卷。但是，李昉除了经常陪太宗饮酒赋诗外，的确并无什么作为。

1　《长编》卷26。
2　《玉壶清话》卷1；参见《长编》卷27。

前两年，疏不间亲，李昉插不上嘴；后两年，北征兵兴，太宗置李昉于不顾，视若不存，李昉亦无法置喙，虽冒死抗疏力谏，亦无济于事。太宗这次是因李昉资格老，忠厚，又有赵普援引，才任用李昉为相的。

李昉罢相，由赵普和吕蒙正继任宰相。两年后的淳化二年（991）九月，李昉又接任吕蒙正之位，第二度入相。

李昉第二次入相，是与张齐贤并命的。李昉自尚书右仆射兼中书侍郎，为同平章事，监修国史，是为首相；张齐贤则以吏部侍郎同平章事，为次相。在拜相制中，称赞李昉："学穷缃素，识茂经纶，久服大寮，尝居台席，奉行故事，蔚有贤相之风，师长庶寮，聿为外廷之表。""以昉画一之法，足以申昭旧章。"[1]

自吕蒙正与赵普并相开始，太宗即有意以一位老臣带一位他即位后录取的进士，共同为相。张齐贤是与吕蒙正同榜的进士，而且有老臣赵普的有力推荐，遂得以成为太宗朝进士中第二个位至宰相者。

淳化四年（993）五月，太宗对宰相李昉等人说："朕孜孜听政，所望日致和平。而在位之人，始未进用时，皆以管、乐自许，既得位，乃竟为循默，曾不为朕言事。朕日夕焦劳，略无宁暇。臣主之道，当如是耶？"太宗的这番牢骚话，明显是指责宰相李昉、张齐贤循默，不能为他分忧，没有尽到做臣子的责任。李昉等人听了，吓得拜伏在地。太宗见状，又转圜说："事有未至，与卿等言之，亦上下无隐尔。"[2]李昉、张齐贤的宰相之位，也坐到头了。

当年六月，张齐贤罢相，罢相制说他"力不逮心，名浮于实"，罢为尚书左丞。十月，李昉罢相，罢相制说他"岁时屡换，绩用阙然"，

1　《宋宰辅编年录》卷 2。
2　《长编》卷 34。

"自处机衡，曾无规画"。在罢相前的九月，太宗曾因连续三个月的大雨造成庄稼失收、百姓流移之事切责李昉及参知政事贾黄中、李沆说："卿等盈车受俸，岂知野有饿殍乎？"令李昉等人"惭惧拜伏"。翰林学士张洎在草罢相制前，曾说李昉"因循保位"，建议"宜加黜削，以儆具臣"，太宗未同意，罢李昉为尚书右仆射。后来，太宗又说："昉本以文章进用，及用作相，知才微任重，但忧愧而已。"[1]综观李昉二度为相，六年有多，确是无多大作为。

淳化五年（994），李昉70岁，以特进、司空致仕，太宗十分优待他，朝会宴享，令缀宰相班，岁时赐予，益加厚焉。至道元年（995）正月十五日灯节，太宗特召李昉到乾元楼观灯，李昉敷对明爽，精力康劲，太宗对侍臣说："李昉事朕，两入中书，未尝有伤人害物之事，宜其今日所享如此，可谓善人君子矣。"

李昉死于至道二年（996），享年72岁。赠司空，谥文正。[2]

第五节　太宗与吕蒙正

吕蒙正字圣功，河南（治今河南洛阳）人。太宗即位后的第一次贡举——太平兴国二年（977）贡举中，吕蒙正拔得头筹，高中状元，起家即授将作监丞，出任升川（今江苏南京）通判。因为是龙飞榜的状元，吕蒙正仕途极为顺利。太平兴国五年（980），已拜左补阙、

1　《宋宰辅编年录》卷2；《大事记讲义》卷4《宰相》；《长编》卷34。
2　有关李昉生平事迹，可见《宋史》卷265，《东都事略》卷32，《隆平集》卷4的《李昉传》；参见《玉壶清话》卷3，《太宗实录》卷76。

知制诰。没有多久，又升为翰林学士。太平兴国八年（983）十一月，中进士后仅仅七年，吕蒙正已高就参知政事之位，年仅40岁。端拱元年（988）二月，在做了四年多参知政事后，吕蒙正以中书侍郎兼户部尚书、监修国史，同中书门下平章事，为次相，与赵普一同入相。赵普以太保兼侍中、昭文馆大学士为首相，吕蒙正为次相，却马上加"监修国史"，入宋以来，尚属首次，实为殊荣。吕蒙正是宋代的第一位状元宰相，又是太宗朝进士中第一位当上宰相的人，太宗格外垂青，给予殊荣，是可以理解的。史称"蒙正质厚宽简，有重望，不结党与，遇事敢言，每论政，有未允者，必固称不可。上（太宗）嘉其无隐，故与普俱命，藉普旧德为之表率也"。[1] 所以，赵普与他同位，很推许他。

赵普这次是第三次入相，又得到准皇储开封尹元僖的有力支持，威望正隆，他虽尊礼、推许吕蒙正，吕蒙正也不敢自肆。因此，在拜相后的一年间，赵普贬赵昌言，诛侯莫陈利用，声威大振，吕蒙正却默默无闻。按近制，吕蒙正长子从简起家应授水部员外郎，加朝散阶，吕蒙正固让，止授九品京官，将作监丞，自是为例。[2]

端拱元年（988）的夏季特别炎热，七月，太宗要赵普"自今长春殿对罢，宜即归私第颐养，俟稍凉乃赴中书视事"。赵普少去中书，吕蒙正自然可以多管事了。此后直到端拱二年（989）八月，才稍见吕蒙正与太宗议事，当时赵普已因病不上朝了。九月，知制诰田锡因天旱而上疏，疏中有"燮调倒置"等语，太宗看后不高兴，吕蒙正也十分生气，田锡遂被罢知制诰，以户部郎中出知陈州，被赶出朝廷去了。吕蒙正初显手段，却是与太宗君臣联手，驱逐直言之臣。

1　《长编》卷29。
2　《宋宰辅编年录》卷2；《长编》卷29作"六品京官"，误。

淳化元年（990）正月，赵普罢相，吕蒙正独相，正是可以一展身手的时候了。但是，"吕蒙正以宽简居相位，（参知政事）辛仲甫从容其间，政事多决于（参知政事）王沔"。

淳化二年（991）九月，因吕蒙正妻族、度支判官宋沆等人上书请立许王元僖为皇太子，太宗大怒，于是罢吕蒙正相职，制词中责备吕蒙正"援引亲暱，窃禄偷安"，罢为吏部尚书。

淳化四年（993）十月，吕蒙正再度入相，并且是独相。很有意思的是，吕蒙正两次入相，都是接任李昉，而吕蒙正首次罢相，又是李昉接任。拜相制中说："爰资髦硕之贤，再践公台之位。"50岁的吕蒙正，已被称为"髦硕"了。

吕蒙正初次为相时，曾罢免了贪赃的知蔡州张绅，有人向太宗游说，认为是吕蒙正中进士前向张绅索钱不如意，才"文致其罪"的，太宗马上命张绅复官，吕蒙正也不自辩。后来，考课院查实张绅确实贪赃，又罢其官。吕蒙正第二次入相后，太宗对他说："张绅果实犯赃"，颇有认错之意，吕蒙正也不表示谢恩。这件事，不仅使太宗更加信任吕蒙正，而且更敬重他。

吕蒙正复相后，是独相，没有元老重臣在上面压着他，因此与太宗交谈增多。原来，吕蒙正与太宗都信奉黄老思想，交谈很投机，很合拍。吕蒙正而且以"清静致治"为由，劝谏太宗打消出兵攻辽的念头。这种思想上的共鸣，使太宗更加信任吕蒙正。因此，吕蒙正在第二次为相时，虽不到两年，但与第一次为相时大不相同，敢说敢为，颇有建树。

淳化五年（994）正月十五日上元灯节，太宗设宴，吕蒙正侍宴，太宗对他说："夫否极则泰来，物之常理。晋、汉兵乱，生灵凋丧殆尽。

周祖自邺南归，京城士庶，皆罹掠夺，下则火光，上则彗孛，观者恐栗，当时谓无复太平日矣。朕躬览庶政，万事粗理，每念上天之贶，致此繁盛，乃知理乱在人。"对于太宗的自吹，吕蒙正并未随声附和，而是避席说："乘舆所在，士庶走集，故繁盛如此。臣尝见都城外不数里，饥寒而死者甚众，未必尽然。愿陛下视近以及远，苍生之幸也。"太宗脸色大变，一言不发，吕蒙正仍侃然复位。

太宗曾打算派人出使西夏，要中书选才而可责以事者。吕蒙正退朝后，拟好名单呈上，太宗不同意。过了几天，太宗又问吕蒙正，他又将原来选定的人名呈上，太宗仍不同意。过了几天，太宗又追问吕蒙正，吕蒙正始终不肯换人。太宗发怒，将吕蒙正的手奏扔到地上，说："何太执耶？必为我易之！"蒙正慢慢地说："臣非执，盖陛下非谅尔。"因固称："其人可使，余不及。臣不欲用媚道，妄随人主意，以害国事。"执政大臣都吓得不敢动，吕蒙正弯腰拾起奏章，收入怀中退下。太宗退朝后，不禁感慨地对亲信说："是翁气量我不如。"最后还是用了吕蒙正选定的人，那人果然称职。于是，太宗"益知蒙正能任人，而嘉其有不可夺之志"。[1]吕蒙正这番作为，很像赵普在太祖时所为，大约他本人也很想成为太宗的"赵普"吧。

吕蒙正此次为相期间，四川有王小波、李顺起义，西北有李继迁起兵反宋，狼烟四起，战事方殷。吕蒙正作为一介书生，似乎在军事方面并无所长，对这两件大事，都提不出什么有效主张，附和太宗毁夏州城的主张，又遭到前线将领的猛烈批评。从种种迹象看，太宗攻打幽州时股上的箭疮，这些年更加严重，因此考虑后事多了。寇準因

1　《长编》卷35；《宋史》卷265《吕蒙正传》；《宋宰辅编年录》卷2。

时建言，为太宗听纳，最终立寿王元侃为皇太子，寇準也入为参知政事，光芒一时盖过了宰相吕蒙正。到太宗考虑托孤大臣的时候，吕蒙正就再不能安居其位，只有罢职一路了。

至道元年（995）四月，太宗以"均劳逸"为名，罢免吕蒙正为尚书右仆射，"磻溪钓鱼人"吕端继任宰相，一肩挑起了托孤重任。后来，在真宗咸平四年（1001）至六年（1003）间，吕蒙正曾第三度入相，平了赵普三度为相的纪录。[1]

吕蒙正是太宗一手提拔的士人，是太宗刻意培养的亲信大臣，故能在短短七年间，自状元而为宰相。为相后虽历坎坷，但也使太宗更为信任他，于是得以再度为相，且是独相，吕蒙正也慨然自任，准备一展身手，惜乎时不我与，太宗的余日无多，吕蒙正又非可以托孤者，太宗也只好罢免这位一手培养的宰相了。

第六节　太宗与吕端

吕端字易直，幽州安次（今河北安次西北）人。吕端因父亲吕琦在后晋时官至兵部侍郎，以荫补千牛备身，从此踏上仕途。入宋前，官至著作佐郎、直史馆。

吕端之兄吕胤，字余庆，因名犯太祖讳，遂以字称。吕余庆早年入赵匡胤幕府，是宋朝的开国功臣。入宋后，在赵普为相的十年间，任参知政事十年，位居副相高位。赵普罢相，余庆引疾辞职，离开了

1　有关吕蒙正生平事迹，详见《宋史》卷265、《东都事略》卷32、《隆平集》卷4的三个本传。

官场。余庆与太祖死于同年。虽然有这样一位显赫的兄长，但终太祖朝，吕端的官运并不甚显，仅作为副使，随西上阁门使郝崇信出使过辽国，还出任过知成都府，"为政清简，远人便之"。太宗即位，吕余庆辞世，吕端开始独自闯荡官场。

在太宗时期，吕端曾任开封府判官，出使过高丽；淳化四年（993）六月，59九岁的吕端出任参知政事；至道元年（995）四月，61岁的吕端出任宰相，成为太宗朝的最后一任宰相。

早在太平兴国五年（980），吕端被贬为商州司户参军时，被太宗称为"朕之魏郑公（徵）"的寇準，以及太宗左右的近臣，就纷纷向太宗推荐吕端。寇準说："吕某器识非常，人渐老矣，陛下早用之。"太宗却不以为然："朕知此人，是人家子弟，能吃大酒肉，余何所能！"[1]16年后的至道元年四月，太宗准备用吕端为相，有人说他"为人糊涂"，太宗却说："端小事糊涂，大事不糊涂"，还是坚决任命他为宰相。于是，在历史上流传下"吕端大事不糊涂"的佳话来。从酒囊饭袋到大事不糊涂，太宗对吕端的评价发生了如此巨大的变化，究其缘由，一是与吕端在这十多年间的表现有关，二是与太宗与吕端思想的共鸣有关。

在太宗朝，吕端在秦王廷美和许王元僖两人任开封尹时，均任开封府判官，结果也相同：受罚被贬，但他都镇定自若，处之泰然。

第一次被贬，在太平兴国五年，太宗赫怒，令有司枷项送商州（今陕西商州）安置。当时，开封府还有些旧公事要他签署，吕端怡然曰："但将来！但将来！著枷判事，自古有之。"临上路，太宗又传令，不

1　《丁晋公谈录》。

许骑马，只能步行。开封到商州，有一千三百里远。吕端身体肥大，又戴枷而行，其苦可知。宰相薛居正等派人安慰吕端，要他暂且认灾，吕端说："不是某灾，是长耳灾。"谈谐大笑，如同平日，略不介怀。[1]

第二次被贬，在淳化三年（992），太宗派御史武元颖、内侍王继恩就鞫于府。二人到开封府时，吕端方决事，徐起候之。二使曰："有诏推君。"吕端神色自若，对从者说："取帽来。"二使曰："何遽至此？"吕端回答说："天子有制问，即罪人矣，安可在堂上对制使？"即下堂，随问随答。三个月后，置考课院，群官有负谴置散秩者，引对时皆涕泣，以饥寒为请，独吕端自称"罪大幸深"，请求外贬，深得太宗欢心，说："朕自知卿。"不久便复了他的官。通过这两次贬官，太宗了解了吕端的气度和识量。从太平兴国五年（980）被贬后的十多年间，吕端仕途坎坷，但一直略不介意，"虽屡经摈退，未尝以得丧介怀，深为当世所服"。[2]

端拱元年（988）四月，吕端曾作为正使，与吕祐之出使高丽，假内库钱五十万，置办行装。自高丽返回时，遇到大风，波涛汹涌，摧樯折舵，同舟之人大为恐慌，吕祐之把所得货全部投入海中，船才得保全未沉。船上一片忙乱时，吕端却在舱中怡然读书，略无惧色，若在斋阁。太宗知道此事后，诏蠲其所贷。[3] 太宗由此了解了吕端的胆量。

吕端在为相前 40 多年的仕途中，先后做过知县、知州、知府等地方官，颇具吏治才干。他又先后在中央政府做过许多部门的官吏，

1　《丁晋公谈录》；《元丰九域志》卷 3 商州条。
2　《五朝名臣言行录》卷 2。
3　《玉壶清话》卷 5；《长编》卷 29。

历国子主簿、秘书郎，直弘文馆，换著作佐郎、直史馆，判太常寺事，为考功员外郎兼侍御史知杂事，判太常寺兼礼院，为大理少卿，任枢密直学士，熟知政务，明了大政。在 40 多年的仕宦生涯中，吕端的稳重、镇静、能断大事，日渐为人所知，也传入太宗耳中。通过两次自开封府贬官，太宗又有了亲身的接触和了解，益发认清了吕端的能力，再加上与他同具黄老思想，从而使太宗发出了"大事不糊涂"的赞叹，并坚决委以重任。

淳化四年（993）闰十月，吕端已升为参知政事，太宗对他说："清静致治，黄老之深旨也。夫万务自有为以至于无为，无为之道，朕当力行之。至如汲黯卧治淮阳，宓子贱弹琴治单父，此皆行黄老之道也。"吕端回答说："国家若行黄老之道，以致升平，其效甚速。"当时的宰相吕蒙正则说："老子称'治大国若烹小鲜'。夫鱼挠之则溃，民挠之则乱，今之上封事议制置者甚多，陛下渐行清静之化以镇之。"[1] 这一段君臣之间的谈话，既反映出当时黄老思想在政治上的指导地位，也反映出吕端、吕蒙正与太宗在思想认识上的一致。

至道元年（995）四月吕端拜相时，制词中称赞他："周知大体，多识旧章，用晦而明"，要求他"思尧舜以致君，无使其不及；体黄老而行化，用致乎无为"[2]。在《宋大诏令集》和《宋宰辅编年录》中保存的宋代的拜相制里，在吕端的制词中第一次明确出现黄老字样。在拜相制中要求按黄老之道去办，吕端在宋代要算是第一人了。这反映出吕端的黄老思想，在当时是颇具代表性、表现很突出的。这使他与崇奉黄老思想的太宗，在思想认识上十分合拍。这也使太宗了解到

---

[1]　《长编》卷 34。
[2]　《宋大诏令集》卷 51。

他对大事是认得很清楚的。

史称："端历官仅四十年，至是骤被奖遇，上（太宗）常恨任用之晚。为相持重，识大体，以清静简易为务。奏事上前，同列多异议，端罕所建明。一日，内出手劄戒谕：'自今中书事必经吕端详酌，乃得闻奏。'端谦让不敢当。"[1] 太宗没有看错人，付以托孤之重的吕端，终于没有辜负他的殷切期望，完成了扶助太宗儿子即位的重任，从而名垂青史。[2]

第七节　总　结

太平兴国八年（983）十一月，太宗曾说："朕览前书，备见历代治乱。大抵君臣之际，先要情通，情通则道合，故事皆无隐，言必可用。朕厉精求治，卿等为朕股肱耳目，设有阙政，宜悉心言之，断在必行。采访外事，条白于朕，虽浮泛之说，亦以闻也。凡人在下位，见当世之务不合理者，则怏怏于心，既列高位，得以献可替否，尽展素所蕴蓄矣。或所言不中程度，亦当共议而更之，俾协于道。朕每行一事，偶有未当，久之寻绎，唯自咎责耳，固不以居尊自恃，使人不敢言也。"宰相宋琪则吹捧说："前代群臣上章论事，或比之'触龙鳞'。今陛下谕臣等以事无长短，并许敷奏。彼思贤若渴，从谏如流者，要未能比

1　《长编》卷 37；《宋史》卷 281 本传；《宋宰辅编年录》卷 2。

2　有关吕端的生平事迹，见《宋史》卷 281、《东都事略》卷 31、《隆平集》卷 4 三个本传，参见拙文《吕端与宋初的黄老思想》一文。

方圣德也。敢不竭诚，上副明诏。"[1]看起来，太宗是很懂得君臣之间必须情通无隐的，他也很愿意倾听不同意见，但实际却并非如此。宋初著名直臣田锡、王禹偁，在太宗时屡遭贬斥，均因上言。即或是宰相，也均小心翼翼，动辄"皇恐惧伏"，君臣之间，遑论"情通"，连沟通也很难做到。综观太宗一朝，没有一位宰相与太宗的关系，能够比得上赵普与太祖的关系。太祖宠信赵普如左右手，待之如家人，亲之如兄弟，故赵普倾竭自效，事无不言。太宗时期绝对找不出一个相似的例子。直到神宗与王安石，才略微仿佛。

太宗初期三相，两人是留用太祖旧相，即薛居正、沈伦二人；而卢多逊则是由参知政事升任。卢多逊因助太宗在太祖时攻倒赵普而与太宗相结，故而在太宗初期不免弄权，甚至群臣上章疏，都必须先交到中书，由卢多逊审阅后，才交给太宗看。[2]位居其上的薛居正、沈伦二相，居位自守而已。卢多逊专权过甚，"恣行不法，无所避忌"，已为喜爱猜忌的太宗所不满；他又重施太祖朝故技，与任开封尹的准皇储秦王廷美来往密切，预留后路，更招太宗嫉恨。终于，卢多逊与廷美一道被贬，流放于崖州（今海南三亚崖州），至死未返。

薛居正等三相之后，赵普复出为相，太宗终怀猜忌之心，在利用的同时严加防范。两人互相提防，焉能"情通"？

宋琪、李昉，以宿旧而第三批为相，但太宗"置之为具臣，而疑之若众人也"，出兵攻辽的军国大计，竟不能与闻。

吕蒙正以龙飞榜状元身份，与赵普一道，第四批任相，并曾独相两年多，很有条件发展与太宗的关系，成为太宗的宠相。然而，吕蒙

1　《长编》卷24。
2　《长编》卷22，太平兴国六年（981）九月壬寅注。

正徒以宽简居相位，让参知政事王沔弄权，终以"援引亲昵"而遭罢相。

李昉与张齐贤第五批为相。李昉是二度入相，张齐贤则是龙飞榜进士，赵普特别推荐者，也是太宗可以培养的家相。然而，不过两年均遭罢相，还遭斥责。

吕蒙正第二次入相，意图有所作为，成为名相，惜乎时不我与，两年之后即让位于吕端了。吕端则以"罕所建明"而深受赏识。

太宗与其宰相，始终没有能够建立起亲密无间的关系；也没有任何一位宰相，能够像太祖朝的赵普一样，以天下事为己任，建功立业。

第十三章

太宗之死：危局之遗留

太宗从太祖手中，接过的是一个大好的局面：统一将成，社会稳定。但太宗遗留给他儿子真宗的，却只是一个危机四伏的危局。

第一节　太宗晚年的危局

雍熙北征失败后，太宗还在位十年。在这十年中，太宗费尽心机，全力防范内部，企图安定局势，但心劳日拙，仍只能留下一个危局给儿子真宗。这种危局，表现在三个方面：边防形势的严峻，内部矛盾的尖锐，阶级矛盾的激化。

一、边防形势的严峻

雍熙北征失败后，辽军占据了优势地位，掌握了宋辽战场的主动权，自是频频南下，纵横驰骋于河北大地，宋朝首都开封时常告警。端拱元年（988）十月，辽兵南下，攻破涿州、长城口、满城、祁州、新乐等地，宋军屡败，不能作有效的抵挡。辽兵耀师至第二年正月，才满载而归。不久，辽兵再度南下，攻破宋城易州，刺史刘墀投降，辽迁易州民于燕京。当年六月，辽将耶律休哥又率兵在保州击破宋军。淳化五年（辽统和十二年，994）八月和九月，宋朝两次派遣使者至辽求和，被辽圣宗拒绝。但辽圣宗也因此而对边将加以约束，不令随意入宋境剽掠。至道元年（辽统和十三年，995）三月，辽国武清县百余人入宋境剽掠，辽圣宗命诛之，还其所掠人畜财物。[1] 自淳化元年

1　《辽史》卷 12《圣宗三》、卷 13《圣宗四》。

（990）以后，辽军再未大举南下，宋朝的北部边境，稍得休息，但双方仍处于战争状态，并未正式停战。

　　北部边事稍缓，但其时西北边事又急，李继迁崛起，发动了反宋战争。

　　太平兴国七年（982）五月，定难军留后李继捧到开封朝见太宗，愿留京师，遂献上银（今陕西横山东）、夏（今陕西靖边东北）、绥（今陕西子长东南）、宥（今陕西靖边西）、静（今宁夏银川南）五州之地。其弟李继迁与其党数十人，奔入夏州东北三百里的地斤泽，开始了反宋活动。李继迁虽在次年为宋军击败，其母亲和妻子均被宋军俘获，但他矢志不渝，从者日众，终于在雍熙二年（985）二月攻占了银州，又攻破会州（今甘肃靖远）。三年（986）二月，李继迁依附于辽国，辽封他为定难军节度使。四年（987），宋朝的知夏州安守忠以三万众与继迁战于王亭镇，李继迁击败宋军，追至城门而还。此后，李继迁与宋屡战屡和，或言归降，但不肯付诸实施，益发为患西北。端拱元年（988）五月，太宗重新任命李继捧为定难军节度使，仍管领银、夏等五州，而以李继迁为银州刺史。淳化二年（991）七月，宋朝授李继迁银州观察使之职，赐名赵保吉。至道元年（995）正月，李继迁的谋主张浦到京献物，太宗又封张浦为郑州团练使留京。宋廷虽然着意笼络李继迁，李继迁却脚踏两只船，在与宋廷往还的同时，又向辽国称臣。端拱二年（989），辽将义成公主嫁给继迁；淳化元年，辽册封继迁为夏国王。李继迁对宋的攻掠活动，也始终不曾停止。至道二年（996）三月，李继迁大败护送辎重去灵州（今宁夏银川）的宋军，夺取刍粟四十万。太宗闻讯震怒，派兵五路进讨李继迁，大小数十战，均不利，直至太宗去世，仍无胜绩。终太宗之世，李继迁崛起西北，宋廷使尽了软硬两手，既未能使其就范，反而眼睁睁看着李继迁坐大，西北之患，一直未能平息。[1]

北敌未平，西患又炽，宋朝的边防形势，是两面受敌，十分严峻。

二、内部矛盾的尖锐

太宗后期，朝廷的内部矛盾也相当尖锐。淳化二年（991）八月，太宗对近臣说："国家若无外忧，必有内患。外忧不过边事，皆可预防。惟奸邪无状，若为内患，深可惧也。帝王用心，常须谨此。"所谓"奸邪"、"内患"，以往多有人释之为农民起义，实则不然。这主要是指内部变乱，臣下为患，太宗以此为首要提防之事。[2]这表明，太宗已将臣下生变、变生肘腋的危险置于首位，收复幽云则暂时抛之脑后了。

太宗后期，朝廷大臣之间的矛盾，士大夫之间的争斗，也确实在不断困扰太宗，令他苦恼，忧虑，朝夕提防。

太宗时，其亲信把持的枢密院威权大盛。雍熙北征，太宗"独与枢密院计议，一日至六召，中书不预闻"。独任亲近，架空政府，中书宰臣不满，自在意中，一般士大夫也颇有异议，认为这样做不合法制。端拱二年（989）正月，右拾遗、直史馆王禹偁和知制诰田锡这两位宋初著名诤臣，在上疏中均提及中书不预闻北征之事，表示不满，指出："岂有议边陲，发师旅，而宰相不与闻！"希望太宗"一一与宰相谋议，事事与宰相商量，悔自前独断之明，行今后公共之理，则事

1　《辽史·圣宗纪》卷105《西夏传》；《太平治迹统类》卷2《太祖太宗经制西夏》；《宋史》卷485《西夏传》。

2　《长编》卷27、卷32；参见严文儒《宋太宗所称"内患"析》一文。

无不允当，下无不尽忠"。[1] 端拱元年（988）二月，太宗以元老重臣赵普为首相，其中不无安抚群臣、重振中书威权之意。赵普为相不久，即在三月严惩太宗亲信——枢密副使赵昌言、盐铁副使陈象舆、度支副使董俨、知制诰胡旦等人，又处死"士君子畏其党而不敢言"的太宗亲信佞臣侯莫陈利用，"闻者快之"，[2] 统治阶级内部的矛盾有所缓和。虽则如此，当年闰五月，右领军卫大将军、知平戎军（今河北文安西北）陈廷山等人与辽国潜通消息，打算卖国投敌，事发被诛杀，籍没其家。[3] 淳化三年（992）十一月，太宗"尤所钟爱"的儿子开封尹许王元僖暴死，牵涉到其妾张氏，太宗谥杀张氏，捕元僖左右亲吏系狱，悉决杖停免。至道元年（995）四月，太祖皇后宋氏死去，太宗不肯为她发丧，群臣不成服，这显然与礼制不合。翰林学士王禹偁有"后尝母天下，当遵用旧礼"之语，被贬知滁州。[4] 直到至道三年（997）正月，宋氏才陪葬太祖陵墓。

上述事实反映，太宗后期的内部矛盾不仅一直不断，而且颇为尖锐。作为这种情况的另一侧面反映，即是投辽的宋朝士大夫人数的增加与辽国对投辽的宋文武官员的优礼。

据《辽史·圣宗纪》记载，统和六年（宋端拱元年）十月，鸡壁砦守将郭荣率众降辽，辽以宋降军分置七指挥，号归圣军。七年（宋端拱二年，989）三月，宋进士 17 人挈家归辽。四月，吐浑还金、回鹘安进、吐蕃独朵等自宋归辽。八年（宋淳化元年，990）五月，以宋降卒分隶诸军。九年（宋淳化二年，991）正月，选宋降卒五百，

1　《长编》卷 27、卷 30。
2　《长编》卷 29。
3　《长编纪事本末》卷 10《贬斥奸邪》。
4　《宋史》卷 5《太宗二》；《长编》卷 33、卷 37。

置为宣力军。十二年（宋淳化五年，994）十一月，诏诸部所俘宋人有官吏儒生抱器能者，诸道军有勇健者，具以名闻。授予宋俘卫德升等六人官职。统观《辽史》本纪，在宋初三朝中，以太宗后期降辽的士人及军人为最多。这很可以反映当时宋朝内部矛盾的尖锐，迫使这些人走上一般宋人所极不情愿的降辽之路。

外有强敌环伺，内部又离心离德，因此，太宗虽然除去了德昭、德芳、廷美，但太祖的宋皇后还在，太宗仍然要打醒十二分精神，注意皇位及其递嬗。至道元年（995）四月，宋皇后去世，年仅44岁。宋皇后一死，太宗传位儿子的最后障碍也排除了，于是在八月立寿王恒为太子，兼判开封府。据说，这是中唐以来二百年不立太子后，第一次举行立太子之礼，影响很大，天下咸知。然而，当京师之人见太子，喜跃曰"真社稷之主"，太宗又因后官谗言而疑心大起，发出"四海心属太子，欲置我何地"的嘶叫，活画出一个汲汲于皇位的疑心狂的嘴脸。[1]

三、阶级矛盾的激化

太宗晚年，水旱蝗灾也接踵而来，考之《宋史》卷5《太宗二》，几乎无年无之。至于民间，亦不稳定，阶级矛盾尖锐。雍熙三年（986）八月，剑州一带民饥，"盗贼四起"。四年（987）九月，饶州一带，"群盗"横行。淳化二年（991）二月，夔州卒谢荣等数百人"作乱"；闰二月，雄州军校谋变；太宗下诏，令内外诸军除木枪、弓弩矢外，不得蓄其他兵器。淳化五年八月，贝州有骁捷卒劫库为乱；十月，西

1　《长编》卷38。

川行营指挥使张嶙杀其将王文寿以"叛"。至道二年（996）十一月，许州"群盗"劫掠郾城，斗死巡检。更有甚者，淳化四年（993）二月，西川王小波聚众起义，其后李顺、张余等人相继而起，一直战斗到至道元年（995）二月，才被宋军扑灭。[1]

从以上三个方面的情况来看，说太宗晚年是一个危局，并不为过。他没有收拾好这个危局，只能把它留给儿子真宗去应付了。

第二节　箭疾的困扰

太宗晚年，政治上弄成危局，只得遗留给儿子来处理。他个人的身体，也长期遭受疾病的折磨，因此而去世。他个人的性格、心理，都受到疾病的很大影响。

南宋初年人王铚，在《默记》卷中记载：

> 神宗初即位，慨然有取山后之志。滕章敏（元发）首被擢用，所以东坡诗云："先帝知公早，虚怀第一人"，盖欲委滕公以天下之事也。一日，语及北虏事，曰："太宗自燕京城下军溃，北虏追之，仅得脱。凡行在服御宝器，尽为所夺，从人宫嫔尽陷没。股上中两箭，岁岁必发，其弃天下，竟以箭疮发云。盖北虏乃不共戴天之仇，反捐金缯数十万以事之为叔父，为人子孙，当如是乎！"已而泣下久之，盖已有取北虏大志。其后永

1　以上见《宋史》卷5《太宗二》与《长编》。

乐、灵州之败，故郁郁不乐者尤甚，怆圣志之不就也。章敏公
为先子言。

王铚的这段记载，明确说明，太宗是在太平兴国四年（979）的
高粱河之战中受箭伤的，并且因此而去世。对于王铚的记载，论及其
可靠性的不多，据此而讨论太宗晚年疾病的更少，不免令人遗憾。

太宗在高粱河之战中受伤，除《默记》的记载外，宋代史籍均未
记述。然据《辽史》卷 9《景宗纪下》和卷 84《耶律沙传》记载，在
高粱河之战中，太宗连夜逃至涿州，微服乘驴车，间道而走，才逃脱
了辽军的追击。太宗为什么在逃至涿州后要改乘驴车呢？结合王铚的
记载就很清楚了，原来是太宗大腿中了两箭，无法继续乘马逃走，只
好改乘驴车，更换服装，从小路奔逃，侥幸摆脱了辽军的追击。《辽
史》卷 83《耶律休哥传》记载，休哥在高粱河之战中，"被三创"，"以
创不能骑，轻车追（宋军）至涿州，不及而还"。这不仅证实了受伤
后不能骑马而必须改乘车的事实，而且说明，辽军主将受伤不能骑马，
所以辽军追击速度不能太快，于是太宗得以逃脱了。

太宗受伤后，曾经多方求医。

太平兴国六年（981）至七年（982）间，太宗的箭疾曾发作，病
情较重，所以身处储位的廷美，难免不觊觎帝位，便有联络太宗近臣
之举，又在与卢多逊的传言中共同提到希望太宗早死。恰好，太宗的
亲信、枢密承旨陈从信访到以卖药为生的侯莫陈利用，侯莫陈利用运
用民间非正规的医术，使太宗的箭伤得到控制。太宗身体稍好，便与
赵普勾结，兴起大狱，将廷美、卢多逊一伙贬的贬，杀的杀，完全清
除出朝，扫清了传位儿子的障碍。

　　侯莫陈利用，是来自西蜀的卖药郎中。太平兴国初，他来到京师，"多变幻之术，眩惑闾里"，很有些名气。太宗中箭受伤，复发求医时，陈从信便引荐给太宗，"试其术颇验，即授殿直，骤加恩遇，累迁至郑州团练使"。[1]所谓"变幻之术"，应是不正规而又能专医奇难杂症的医术，故被士大夫目为"左道"，指为"巫术"。侯莫陈利用这样一个卖药郎中，破天荒地从九品的殿直，"骤加恩遇"，很快升至正五品的团练使，当时百战功高的名将杨延昭（杨业之子）也不过升为此职。细究其由，侯莫陈利用必有其特殊之勋劳。卖药郎中的"殊勋"，不正好是治疗箭伤吗？

　　侯莫陈利用因"前后赐与，宠泽莫二，遂恣横，无复畏惮"，"士君子畏其党而不敢言"。当三度入相的赵普要处治他时，太宗竟说："岂有万乘之主不能庇一人乎？"赵普回答说："此巨蠹犯死罪十数。陛下不诛，则乱天下法。法可惜，此一竖子，何足惜哉！"太宗才无奈地命人赐死侯莫陈利用。但马上又后悔了，派使者"驰传贷其死"，因未赶上，侯莫陈利用才被杀掉。这是端拱元年（988）三月的事。[2]

　　侯莫陈利用死后，太宗失掉了一位偏方疗疾的大师。淳化五年（994），太宗箭疾再度发作，当年八月，太宗为立储之事，从青州（今山东青州）召还寇準时，曾对寇準掀开自己的衣裤，让寇準看"创甚"的腿，并埋怨说："卿来何缓！"[3]结果依寇準之议，以襄王元侃为开封尹，成为准皇储。

　　在淳化五年九月，太宗箭疾发作十分厉害的时候，峨眉山僧茂贞，

1　《长编》卷 29。
2　《长编》卷 29。
3　《长编》卷 38；《宋史》卷 281《寇準传》。

"以术得幸"；河南王得一，"以方技进"，"尝入对禁中，或至夜分"。两人都得到太宗的无比宠幸，竟可以在太宗面前议论军国大事，王得一甚至"请立襄王为皇太子"，可见与太宗关系之密切。细思之下，这一僧一道，便是为太宗治疗箭疾者，因而才获宠信。

　　其后，至道元年（995），又有诗人兼卖药郎中的潘阆，因宦官王继恩的推荐而为太宗疗疾。潘阆是杭州人，号逍遥子，颇有诗名，交游甚广，与宋初著名文学家王禹偁私交很深。王禹偁曾说："天生潘阆，以诗为名，卖药泽国，吟潮海城。"[1]潘阆跑到京师，"混迹于讲堂巷，开药肆。刘少逸、鲍少孤二人者为药童，唐巾韦带，气貌爽秀"。[2]其实，潘阆的药，是卖给当时箭疮严重的太宗了，北宋刘攽的《贡父诗话》即记载："太宗晚年，烧炼丹药，潘阆尝献方书。"《宋会要辑稿》选举九之一也记载，潘阆卖药京师，好交结贵近，有人对太宗说其能诗，因而在至道元年四月召见，赐进士及第，试国子四门助教。太宗在淳化五年（994）九月后，因足疮严重，已无法如以前一样亲理政务了，因此他不会有闲情逸致去会见一个小诗人，倒很愿意会见一个尚无名气而被人称道的医林高手，寻找治病良方。而潘阆一经太宗召见，便也顿时身价百倍，且不安守本分，插手皇位传承的根本大事了。

　　在治疗箭疮方面，太宗的御医多不济事，只得求助于江湖郎中。雍熙四年（987）五月，太宗曾诏诸道荐善医者送阙，充任翰林医学。到至道二年（996）正月，太宗仍"念翰林无良医，因遍令索京城善医者，得百余人，悉令试以方脉；又诏诸道州府，令访能医者，乘传

1　《小畜集·外集》卷10《潘阆咏潮图赞并序》。
2　《湘山野录》卷下。

置阙下，俾近臣各得荐所知以隶太医署"。[1] 可见直到太宗去世前，御
医中仍无良医可言。于是侯莫陈利用得宠于前。侯莫陈利用被杀后，
又召僧茂贞、道士王得一之徒，入治太宗箭疾。迨后，诗人兼卖药郎
中的潘阆，卖药给太宗，使太宗在箭疮攻击下又支撑了两年多才去世。
潘阆治疗箭疮有秘书，而且有成效，故而大受宠信，横行不法。

　　端拱二年（989）五月，太宗在与臣下谈话时，提及他自己"晨
夕下落，常以盐汤代酒"。[2]《虎钤经》卷 10，记载治疗金疮的药，"每
用，先以盐水洗疮，后用药敷之。日一换之"。这不啻是上述太宗之
语的注脚，说明太宗每天早晚都要用盐汤来治理疮伤。这样做，也只
是暂时抑制住了箭伤，一旦复发，那就只好求助于旁门左道的民间奇
士、奇物了。

　　太宗除了遍访名医治病外，还曾大力搜求和刻印医术、医方。《神
医普救方》一千卷、《太平圣惠方》一百卷，就是太宗时期编成的两
部大医书。值得注意的是，这两部大医书的编修工作，都是从太平兴
国中开始的，也即是说，是从太宗在高梁河中箭受伤后开始的，这肯
定与太宗受伤求医的工作有关。太宗搜罗药方，是有治疗之需要，也
以备不时之需；他广购良方，汇编成书，刻印传播，嘉惠黎民百姓，
也含有造福消灾、广积善缘之意。

　　由于太宗是患箭疾，他对金疮治疗学必然十分留意，从而推动了
金疮医学的发展。兵书《虎钤经》中，即有治疗金疮的记载。在太宗
的大力推动下，当时的金疮医术，水平相当可观。苏耆《次续翰林志》
曾记载太宗为其父苏易简治伤的故事，即可反映出太宗的医术水平：

1　《太宗实录》卷 41、卷 76。
2　《长编》卷 30；《宋朝事实》卷 16。

公（指苏易简）尝早朝省觐其母于堂上，烛灭，误为门扉伤其额。及引对，上（太宗）再三顾嘱曰："岂非因酒乎？"公再拜，具以实对。上曰："待归院，续有药去。"及移时，中使至，于金合内有药一刀圭许，其色微碧，及生猪肉一脔。中人遽请偃，息傅药于上，以肉贴之。不食，许时揭去，其肉痂随而起，宛如无伤，盖神异之方也。

久病成良医，太宗长期受箭疾折磨，每年都发作，痛苦不堪，多方治疗，渐渐也成疗伤高手了。治疗苏易简的额头创伤，仅仅是牛刀小试而已。

太宗时期，崇奉道佛，大建宫观寺庙，也含有祈禳消灾之意。顽疾久治不愈，转而乞求神灵佑护，去病消灾，是很自然的事。所以，太宗死后，王禹偁在至道三年（997）五月上疏中即说："先朝（指太宗）不豫，舍施又多，佛若有灵，岂不蒙福？"[1]可知太宗确是为了求福消灾而广建寺观的。

由于太宗中箭受伤，箭伤又每年发作，经常威胁到他的生命，所以，他在心理上产生了严重的障碍。仔细考察太宗平生的行为，可以发现，太宗有两点心理方面的变态：一是忧惧多疑，特别不愿听人谈起身后之事；二是迷信心理加剧，常有天理昭昭、报应不爽之感。太宗一生的许多怪行，与这种异常心态是有关的。

太宗在高粱河之战后，敏感多疑，轻信谤言，结果弄出很多悲剧。

德昭、廷美，在战后首遭太宗猜忌，必迫死而后心安。追究其因，

1　《长编》卷42。

与太宗箭疾频发，自以为死期不远的忧惧感有很大关系，他必须先发制人，才能够确保皇位独属其家。

以谦谨避权著称的枢密使曹彬，接着成为太宗猜忌的对象。仅因弭德超的诬词，就罢去曹彬之职，而且不听参知政事郭贽的劝解，同时又擢升弭德超为枢密副使。从此，大开告密攻讦之风。若非弭德超获罪，太宗还不会觉悟是错疑了曹彬。

太宗一手提拔的状元宰相吕蒙正，以小心安分著称，也遭太宗猜忌而被罢相。猜忌之由，牵涉到宋沆请立太子，正关系太宗身后之事。

太宗晚年最为赏识和信任寇準，称为"朕之魏郑公（徵）"，只不过因为冯拯告他弄权，他不忿而抗争，即被罢去参知政事之职。寇準敢作敢为，喜欢弄权，太宗不免为儿子担心，不知儿子能否控制他，故而谤言一入，立遭罢黜。

太宗甚至连他亲自选立为太子的真宗也猜忌，发出"欲置我何地"的呼声。

太宗的上述行为，固然同严酷的政治斗争有关，但也与太宗因箭疾频发而造成的心理变态大有关系。

太宗迫死弟、侄，全是为了传位于子。孰知长子元佐诈疯被废，次子元僖暴死，使太宗伤透了心，他怎能不认为这是一种因果报应呢？赵普临死，有神降语，说他"久被病，亦冤累尔"。[1]这不免使太宗想到，自己的箭疾久不愈，也是冤累和报应。广造寺观，即是消禳之法。

太宗本极好色，但晚年曾告诫许王元僖，说他自己"即位以来，十三年矣。朕持俭素，外绝游田之乐，内却声色之娱"，后又自夸说：

---

1   《长编》卷33。

"朕以济世为心，视妻妾似脱屣尔。"[1] 太宗如此节制，以远女色，完全是为箭疾所困，保命要紧，不得不这样做罢了。[2]

然而，太宗虽然多方求医，不断服药，并且重养生，远女色，起居有度，更广建寺观以求福消灾，箭疾却始终未能痊愈，而且越发作越厉害。终于，在勉强支撑了 20 年后，太宗还是被箭疾夺去了生命。而能够支撑这么长时间，的确已经很不容易了。

第三节　托孤吕端

淳化五年（994）底，太宗病重，急召寇準入阙，问以定储大计。这对于忌讳谈及身后的太宗来说，实属不寻常之举动，由此可以推知，太宗的病情，已令深通医术的太宗自己也感到无法救治了，其严重程度可想而知。寇準到来，太宗又自掀衣，让寇準看他的腿伤，可知箭疮之重，已很难隐瞒了。

在这种情况下，太宗便开始选择托孤之臣，为儿子的继位，寻找有力的保障者。所以，他在召入寇準，听了寇準的建言后，虽任用寇準为参知政事，但并未如寇準所言，正式立太子。

至道元年（995）四月七日，太宗毅然罢去他一手拔擢的状元宰相吕蒙正，任用"磻溪钓鱼人"吕端独相。从太宗称吕端为"磻溪钓鱼人"，即可知太宗是把吕端看作是自己的"姜太公吕尚"，付以托孤重任的。这位为相持重、识大体、罕所建明而立场坚定的宰相，是

1　《宋朝事实》卷 3；《长编》卷 29、卷 34。
2　本节主要依据何冠环《宋太宗箭疾新考》一文撰写。

太宗经多年考察后才认清他"大事不糊涂"的真面目的。后来的事实证明，太宗没有看错人，也没有选错人。

有了可靠的托孤大臣，太宗才算稍微放心一些，又开始考虑治疗箭疮的事了。经宦官王继恩引荐，太宗于四月十四日召见卖药郎中潘阆，为自己疗伤。潘阆似乎很有些本事，经他治疗后，太宗病情居然得到了控制，又支撑了两年多才死。

太宗病情好转后，遂于当年八月，正式立寿王元侃为皇太子，改名恒。史称："自唐天祐（904—907）以来，中国多故，不遑立储贰，斯礼之废，将及百年，上（太宗）始举而行之，中外胥悦。"[1]

立了太子，有了托孤宰相，太宗又想法让他们亲近、熟识。《后山谈丛》卷3记载："太宗数私谓正惠公（即吕端）曰：'与太子问起居。'既崩，奉太子至福宁庭中，而先登御榻，解衣视之，而降揖太子以登，遂即位。"看来，太宗生前似乎也预料到身后会出现麻烦的，所以有意识地要吕端先熟悉太子，以防将来被掉包。

至道二年（996）六月，为郊祀升官之事，参知政事寇準指责"自来中书不与朝廷执纪纲"，矛头直指宰相吕端。七月，广州左通判冯拯，状告寇準弄权，太宗罢寇準参知政事之职，不久，又派他出知邓州，将这位定策立储者赶出了朝廷。八月，太宗为肃清中外，临轩亲择官吏，如有续用而无私累者，必加奖擢。赶出了"魏郑公"，又不放心中书，太宗只得亲自选择官吏了。[2]

至道三年（997）正月，因半年来西北边境多事，吕端又罕所建明，太宗打算罢免吕端，任用温仲舒（时任参知政事）为相。但是，时不

1　《长编》卷38。
2　《长编》卷40。

我待，太宗很快病发，只得放弃了罢相之意。

二月辛丑（六日），太宗病情加剧，无法上殿，只得改在便殿决事。戊午（廿三日），皇太子、诸王、文武群臣因太宗病重，都到佛寺，修斋祈福。太宗诏文武百官并于崇政殿起居，自皇太子、亲王及诸军校分为七班。[1]

三月壬辰（廿八日），太宗病重，已不能视朝。癸巳（廿九日），太宗死于万岁殿，终年 59 岁。群臣上尊谥曰神功圣德文武皇帝，庙号太宗。十月己酉（十八日），葬于永熙陵。真宗大中祥符元年（1008），加上尊谥曰：至仁应运神功圣德文武大明广孝皇帝。五年（1012），再加上尊谥曰：至仁应运神功圣德文武睿烈大明广孝皇帝。[2]

经过了 18 年箭疾的折磨，太宗终于撒手人寰，极不情愿地离开他不放心的世界。他把苦心经营了 22 年的天下，留给了已立为太子的赵恒，而辅佐重任，则托付给了吕端。

吕端不负太宗重托，果然"大事不糊涂"，以迅雷不及掩耳的有力手段，保证了赵恒继位，开始了真宗 26 年的统治。

1　《长编》卷 41；《长编纪事本末》卷 9《立太子》。

2　《长编》卷 41；《东都事略》卷 3《太宗本纪》；《宋史》卷 5《太宗二》。

第十四章

千秋功罪：留与后人评说

自至道三年（997）太宗去世，迄今已有一千年了。经过了千年岁月的磨洗，再来评价宋太宗其人，感情的色彩没有了，冷静的思考得以施展，评价或许会更加恰如其分。

　前人评论

太宗去世后，中国的封建王朝，历经宋元明清四代。评论宋太宗者，代不乏人。本节所谓前人，乃是从这四代中，选择有代表性或是有影响的评论，予以介绍，以使人们大略了解封建时代对宋太宗的评价。

一、宋人的评论

宋人论及宋初，每喜以"祖宗"称之，概指太祖、太宗二人也。因是赵宋之天下，宋人论及赵氏帝王，自不敢及其弊端，而以盛赞为主。王禹偁仅因对宋皇后丧不成礼发了几句牢骚，即被贬官。如果议及帝王，则更须为尊者讳，只论功业，不及其他了。王称的评论，即是显证。

《东都事略》卷 3《太宗本纪》的末章载：

> 臣称曰：太宗以英睿之姿，佐太祖定天下，开子孙帝王万世之业，故太祖勤勤于传袭，非特以昭宪顾命而已。太宗以明继圣，而能广文之声，卒其成功，乃大一统于时，北自常碣，南极岭表，东际海岱，西接洮陇，宋之威德，斯为盛矣。

　　王称极力称赞的，是太宗完成统一的功业。他认为，太祖之所以传位太宗，不仅是因为有母亲杜太后的"昭宪顾命"，更主要是因为太宗曾辅佐太祖定天下、开基业。

二、元人评论

　　元人因身处异代，评论宋代帝王，不再犯忌讳，故而其言论比之宋人，就激烈多了，而且还敢抨击太宗之不足处。编修官方正史《宋史》的史臣所撰"论赞"，可以视作是元人有代表性的评论。

　　《宋史》卷5《太宗二》末章载：

　　　　赞曰：帝沈谋英断，慨然有削平天下之志。既即大位，陈洪进、钱俶相继纳土。未几，取太原，伐契丹，继有交州、西夏之役。干戈不息，天灾方行，俘馘日至，而民不知兵；水旱螟蝗，殆遍天下，而民不思乱。其故何也？帝以慈俭为宝，服浣濯之衣，毁奇巧之器，却女乐之献，悟畋游之非。绝远物，抑符瑞，阅农事，考治功。讲学以求多闻，不罪狂悖以劝谏士，哀矜恻怛，勤以自励，日晏忘食。至于欲自焚以答天谴，欲尽除天下之赋以纾民力，卒有五兵不试，禾稼荐登之效。是以青、齐耆耋之叟，愿率子弟治道请登禅者，接踵而至。君子曰："得乎丘民而为天子"，帝之谓乎。故帝之功德，炳焕史牒，号称贤君。若夫太祖之崩不逾年而改元，涪陵县公之贬死，武功王之自杀，宋后之不成丧，则后世不能无议焉。

　　元代史臣认为，宋太宗是位得人心的贤君，其统治达到了"五兵不试，禾稼荐登"的境界。宋太宗的主要功绩，除削平天下之大功外，还有如下几条，为元代史臣称颂：一是节俭，二是重视农事，三是勤学纳谏，四是以民为念。对宋太宗的失德的指责，则集中于人伦之礼方面。

三、明人的评论

在赵宋皇朝灭亡90多年后，建立了明朝，又恢复了"汉家衣冠"。总的来说，明人对宋朝统治是十分推崇的，因此对宋太宗的评价也颇高。

明代史学家张溥的评论是较有代表性的。《宋史论》卷1《太宗致治》写道：

> 艺祖受禅虽不正，幸兄弟友爱，贤圣序及，人伦极盛。而涪陵贬死，武功自杀，开宝宋后，崩不成丧，议者不能为晋王恕也。史称帝服浣濯之衣，毁奇巧之器，却女乐，戒畋游，绝远物，抑符瑞，闵农考绩，讲学劝谏，彬彬至治，成康文景，亦曷尚兹。独天显内亏，贻几大德。……又怪帝好直言，鲠士满朝，若田锡、王禹偁者流，铺陈治道，何以独缺五伦？秦王之狱，赵普进而卢多逊窜，帝所伤心，路人知之，群工左右，宜默默也。天下大物，与子大经，德昭终存，岂容再误？惜不得其死耳。若青齐父老，咏歌神圣，愿率子弟清路，封禅泰山，设武功南面，又安能致此一统？

张溥认为，太宗人伦有缺，天显有亏，但太祖传位太宗则是正确的，太宗一统之功业，为德昭所不能致。张溥述及太宗德业，"史称"云云，实引自《宋史》论赞。而论太宗一统功业为德昭所不能致，则为张溥所发明。

明人黄荣祖，号称"松窗居士"，有咏宋朝十八帝诗各一首，其咏太宗诗云：

> 虎步龙行亢厥宗，指挥一定下河东。
> 武功自杀涪陵贬，多逊流崖赵普功。
> 海宇虽然沾德泽，彝伦可惜欠淳风。
> 岭南冯拯缘何斥？有愧遗言自热中。[1]

明末清初的大思想家王夫之，著《宋论》十五卷，卷2为《太宗》。《太宗》一卷内，列有十三个议题：一、钱俶归宋；二、赵普之奸；三、卢多逊与赵普；四、使曹彬、潘美争幽州；五、张齐贤不忘幽燕；六、太宗以降臣分任纂述；七、陈兢九世同居；八、废楚王元佐为庶人；九、太宗无嗜好惟喜读书；十、太宗屡易宰相；十一、宋初之榷税；十二、李继捧之降；十三、陈靖请募民耕作荒地逃产。这十三题，论述了太宗时期诸政，但很少集中论述太宗本人。

王夫之痛恨宋初宰相赵普，斥为鄙夫，攻之不遗余力，甚至指赵普有篡夺皇权之野心。在痛斥中，联系及太宗，认为是太宗有效地制止了赵普的阴谋，防止了赵宋皇朝的劫难。在论赵普之奸时，他说："太宗觉之矣，酬赏虽隆，而终寄腹心于崛起之李昉、吕端，罢普以使

1　陈全之：《蓬窗日录》卷7《诗谈一》。

死于牖下，故宗社以安。"在论卢多逊与赵普时，他说："唐亡以后，鄙夫以成奸之习气，熏灼天下而不可浣。普以幕客之雄，沈溺尤至，而机械愈深，虽见疑于英察之主，而终受王封，与冯道等。向非太宗亟进儒臣以荡涤其痼疾，宋且与五季同其速亡。"

王夫之称赞太宗用各割据政权的降臣编书，是善取材："唯彼江东、西蜀者，保国数十年，画疆自守，兵革不兴，水涘山椒，縢缄无损，故人士得以其从容之岁月，咀文苑之英华。则欲求博雅之儒，以采群言之胜，舍此二方之士，无有能任者。太宗可谓善取材矣。"

对于太宗赐粟给江州九世同居的陈兢家，王夫之则不以为然："当唐末以后之丧乱，江州为吴、楚交争之冲。陈氏所居，僻远于兵火，因相保以全其家，分数差明，而无讼狱仇杀之衅。陈氏遂栩栩然以自矜，有司乃栩栩然以夸异，太宗且栩栩然以饰为时雍之化，相率为伪，而犬亦被以荣名。史氏传其不足信者，而世信之；妄人售，而为父兄者恤虚名以渎伦纪；君子所以为世道忧也。"

对楚王元佐，王夫之评价甚高，誉为三代而下仅足见称者："元佐，太宗之元子也。太宗遂其传子之志，则天下者，元佐之天下也。""太宗挟传子之私，忌秦王而致之死，岂忧己位之不固哉？""于是而元佐憬然发其天性之恻悱，以质鬼神，以对天下，必欲曲全叔父，以免君父于不仁。愤太宗之不听也，激烈佯狂，纵火焚宫，示不可以君天下。进则有九五之尊，退则膺庶人之罚，万一父怒不测而死及之，亦且甘之如饴。呜呼！是岂三代以下教衰俗圯之得再见者哉？""太宗怒，欲安置之于均州，百官谏而止者，知其志之正而理之伸也。""乃于是而见宋之无人也。德昭之死，廷美之窜，大乱之道，太宗之巨慝也。立其廷者，以刚直称，则窦偁、姚坦；以昌言称，则田锡、张齐贤；

以方正称，则李昉、吕端；皆所谓贤臣也。而頫首结舌，听其安忍戕性以行私，无敢一念开国之先皇者。"

王夫之又有称赞太宗之语："人君当淡然无欲，勿使嗜好形见于外"，"殆乎知道者之言也夫！"又称颂太宗"朕无他好，惟喜读书"之语是镇服流俗之言，"太宗之择术善矣"。

在评论"太宗屡易宰相"之事时，王夫之说："宋自雍熙以后，为平章、为参知、为密院、总百揆掌六师者，乍登乍降，如拙棋之置子，颠倒而屡迁。夷考其人，若宋琪、李昉、李穆、张齐贤、李至、王沔、陈恕、张士逊、寇準、吕端、柴禹锡、苏易简、向敏中、张洎、李昌龄者，虽其间不乏侥幸之士，而可尽所长以图治安者，亦多有之。十余年间，进之退之，席不暇暖，而复摇荡其且前且却之心，志未伸，行未果，谋未定，而位已离矣。则求国有定命之讦谟，人有适从之法守，其可得欤？与以此立法，子孙奉为成宪，人士视为故事。其容容者，既以传舍视黄扉，浮沈于一日之荣宠；欲有为者，亦操不能久待之心，志气愤盈，乘时以求胜。乃至一陟一迁，举朝视为黜陟之期，天子为改纪元之号；绪日以纷，论日以起，嚣讼盈廷，而国随以弊。垂法不臧，非旦夕之故矣。夫宋之所以生受其弊者，无他，忌大臣之持权，而颠倒在握，行不测之威福，以图固天位耳。""太宗颠倒其大臣之权术，又奚能取必于闇主？徒以掣体国之才臣，使不能毕效其所长。呜呼！是不可为永鉴也欤！"

在"宋初之榷税"中，王夫之写道："税不一，而莫先于酒，其次茶也，又其次盐也。三者之轻重，准诸道而可得其平。唯农器之税，至景德六年而后罢，太宗于此疏矣。"

要之，王夫之称颂宋太宗者，制赵普，用降臣撰述，读书无欲，此数事而已，核心是进用儒臣一举；贬斥太宗者，人伦或缺，屡易宰相，不罢农器税，褒奖九世同居者，为人伦与为政两方面也。

四、清代的评论

李氏朝鲜的正祖李祘，在东宫为太子时即命人修改《宋史》，到正祖十五年（清朝乾隆五十六年，1791）最后定稿颁行，是为《宋史筌》一百五十卷。《宋史筌·太宗本纪》有论赞，乃根据最初参与编修《宋史筌》的学者黄景源所撰论赞，参照脱脱《宋史》的论赞，加以改写而成。黄景源与《宋史筌》中的评论宋太宗的文字，是朝鲜人对宋太宗的评价，值得重视。因其写作时代，恰当清乾隆时，故列入"清代评论"中。

黄景源《江汉集》卷 12《宋太宗论》曰：

> 太宗躬俭，罢女工，毁左藏库金银器，始以赭垩易官殿所饰彩绘，辍内外力役土功，亲耕籍田，置农师，作稼穑诗以赐近臣，止羽猎，放道士，斥巫师，幸国子监，命孙奭讲《尚书》，李觉讲《周易》，赐以束帛。诏有司求大射仪，敕诸州无得献珍禽奇兽。然史称淳化二年三月大旱蝗，赐参知政事吕蒙正诏曰："朕将自焚，以答天谴。"何其过也。自古人君遇天谴，恐惧修德而已矣，未闻有自投水火而死之者。……太宗贤圣，上不及于帝尧，下不及于宣王，而欲自焚以答天谴，亦见其要誉之过也。且太宗祷雨不应，而未几幸金明池，御龙舟，而为之娱燕群臣于琼林苑，则其心岂肯自焚哉！徒为诏书赐蒙正，以欺群臣。呜呼！群臣虽可欺也，而上天岂可欺邪？故书曰："罔

违道以干百姓之誉。"太宗矫情以干誉，其违于道也亦明矣。
如是而上答天谴者，未之有也。

黄景源痛斥太宗者，乃其要誉之举，这是中国论者所未曾及者。
这是对太宗品德的批评，尚未涉及大政方针。而称淳化二年（991）时
吕蒙正为"参知政事"，是错误的。据《宋史》卷210《宰辅一》，吕
蒙正自端拱元年（988）二月至淳化二年九月之间，是当宰相。吕蒙正
任参知政事，早在太平兴国八年（983）十一月至端拱元年二月间。

《宋史筌·太宗本纪》赞曰：

> 世称太宗之治不让太祖，由今见之，不若远甚矣。太宗沈
> 谋英断，慈俭勤励，服浣濯之衣，毁奇巧之器，悟畋游之非。
> 委任贤相，劝课农桑蠲免之，使项背相望。创院购书，敦尚儒术，
> 皆知君道之大者也。然搆衅契丹，崇信道教，凡真、神、徽三
> 帝之失，皆太宗启之。夫太祖之微事，亦慎惧有流弊者，岂太
> 宗所可及哉！至若太祖之崩之逾年而改元，涪陵县公之贬死，
> 武功王之自杀，宋后之不成丧，后世不能无议焉。[1]

赞文最末一段，自"至若太祖"以下文字，录自脱脱《宋史》之
论赞。而批评宋太宗"搆衅契丹，崇信道教"，乃《宋史筌》独得之语，
且涉及太宗时的大政方针。显然，《宋史筌》之赞文，高出黄景源之论。
清代著名史学家赵翼，撰名著《廿二史札记》，卷23至卷26共

---

[1] 《宋史筌》与《江汉集》之记载，均转引自宋晞《李氏朝鲜黄景源之北宋五帝论》一文，
该文收入宋晞《宋史研究论丛》第4辑。

四卷，专论宋事。但是专门论及宋太宗者甚少。卷 24《宋初降王子弟布满中外》中，称颂宋太祖、太宗"并包天下之大度，震服一世之神威，非诈力从事者所可及也。后之论者，往往谓宋开国之初，即失于弱，岂知不恃诈力以为强者，其强更甚也哉！"

卷 24《宋初严惩赃吏》中，历举太祖朝、太宗朝诛杀、严惩之赃吏后，指出："是太宗法令犹未弛。然寇準谓祖吉、王淮皆侮法受赃，吉赃少乃伏诛，淮以参政王沔之弟，盗主守财至千万止杖，岂非不平耶？则是时已有舞法曲纵者。"

卷 25《宋军律之弛》中，指出："宋太祖以忠厚开国，未尝戮一大将。然正当兴王之运，所至成功，固无事诛杀。乃太宗、真宗以后，遂相沿为固然，不复有驭将纪律。如太宗雍熙四年（987），刘廷让与契丹战于君子馆，廷让先约李继隆为援；及战，而继隆不发一兵，退保乐寿，致廷让一军尽没，廷让仅以数骑脱归。是继隆之罪，必宜以军法从事，而太宗反下诏自悔，而释继隆不问。"

赵翼十分欣赏宋太祖与太宗以德服人，而对太宗时驭将不严十分不满，并且指出太宗时开始有枉法的现象出现。赵翼并非专论太宗，即已看出，太宗时，执法、驭将均不及太祖时。

要之，宋、元、明、清评论宋太宗者，大致如上。越到后来，对太宗统治的非议就越多，殆因时过境迁，忌讳少了。

第二节　太宗功过评说

太宗之功业，首推完成统一大业。这一点，在封建时代曾被大力肯定，时至今日，仍然应当予以褒扬。

中原王朝的统一大业，开始于周世宗时期。赵宋皇朝建立以后，宋太祖继续进行周世宗未竟之大业，翦灭了大部分割据政权。而将除燕云十六州以外广大地区，全部置于赵宋皇朝的统治之下，则是在宋太宗时期完成的。具体说，统一是在太平兴国四年（979）完成的。此后的太宗统治时期，河东、河北还常遭到辽军攻击，陕西面对李继迁的崛起，西川则不断发生民变、兵变，使朝廷有西顾之忧，但是，赵宋皇朝的大部分疆土，处在统一、和平的状态下，为生产的发展，生产力水平的提高，创造了基础条件。封建时代着眼于"大一统"的成就，而今天则着眼于"一统"局面下生产的发展和社会的繁荣，其共同的结果便是肯定统一的功绩。

在统一、和平的状态下，太宗继续执行太祖时期鼓励垦荒的政策，下令："所垦田即为永业，官不收其租。"至道元年（995），太宗又下诏："州县旷土，并许民请佃为永业，仍蠲三年租，三岁外输二分之一。"与太祖时期一样，"州县官吏劝民垦田之数，悉书于印纸，以俟旌赏"。太宗还一度在诸州设置农师。在垦荒政策的鼓励下，太宗时期的垦田数比太祖时期有所增加：太祖末年是二百九十五万二千三百二十顷六十亩，太宗末年达到三百一十二万五千二百五十一顷二十五亩。[1]数字虽不一定准确、可靠，但却可以反映出垦田数增加的事实。农业在自给自足的自然经济时代，是最重要的生产部门。农业生产的发展，又与垦田数密切相关。垦田数的增加，标志着农业生产的发展，也意味着社会经济的发展。这是

1　《宋史》卷 173《食货上一》；《文献通考》卷 4《田赋四》。

与统一、和平局面分不开的，是统一大业完成所带来的经济效果。

太宗时期文化事业的成就，是很突出的。太宗新建了崇文院，置昭文馆、史馆、集贤馆三馆于其中，又新建了秘阁，大大改善了国家藏书条件。太宗又立下赏格，广泛派人，搜集、购募图书，以充实三馆、秘阁，大大充实了国家藏书。在国家图书大备的基础上，太宗命人编辑了四大类书：《太平御览》一千卷，《文苑英华》一千卷，《神医普救方》一千卷，《太平广记》五百卷。除《神医普救方》外，其余三大类书留传至今，保存了大量宋代以前的史料、文章，成为一笔不可多得的财富。

改变武人当政，确立文官统治，是太宗的另一项重大功绩。

唐末五代以来，军事势力决定一切，遂导致武人当政，朝政紊乱，军士横行，武将不可一世。宋朝建立以后，在太祖时期，收宿将兵权，实行"削夺其权，制其钱谷，收其精兵"的三大政策，整顿和改革兵制，骄兵悍将之患已除。但是，太祖朝之内外臣僚，大多是五代遗留的旧班底，这一批在武将积威下成长进用的文官，不免多少尚存惧武之情结，对新朝也并非全心全意效力。到太宗时期，通过扩大取士，在20年间，几乎完全用新进人才占据了县以上的官职。这一批科举录取的人才，是新朝培养提拔的，在重文轻武氛围中成长起来的，又有"天子门生"之称，于是"重武轻文"之风彻底扭转，文官统治完全确立，文官阶层从气势、心理、地位上全面压倒了武官，从根本上改变了唐末五代以来的风气。两宋三百年文官统治的基础，可以说，是在太宗时期奠定的，在社会心理上的影响尤其深远，终于出现了"好铁不打钉，好男不当兵"的说法。太宗一朝在扭转社会风气方面的功绩，厥功至伟，而为人们所少提，是故不能不大书一笔。两宋三百年文人得势，至有士大夫与皇帝"共治天下"之说，其滥觞于太宗时期。

太宗时期，虽则在经济文化方面取得了很大成就，而且确立了文官统治，但是，太宗在内外政策方面都有重大失误，致使"积贫积弱"局面开始形成，并在此后数十年间，成为困扰赵宋统治者的头号难题。

在军事方面，太宗的决策失误，指挥失误，直接导致宋军在太平兴国四年（979）至雍熙三年（986）间，两次大规模北征失败，先后有高梁河、莫州、岐沟关、陈家谷、君子馆五大败仗，丧师不下三十万众。至此，自周世宗以来，休养生聚 20 多年，养精蓄锐而培养起来的精兵强将，损失殆尽，在宋辽战场上好不容易才确立的微弱优势，丧失无遗，宋朝在军事上的积弱之势，开始形成。[1] 由辽军造成的北部边防压力，直接威胁到北宋首都开封。

其后，太宗处置灵夏事宜失当，导致李继捧降而复叛，李继迁屡败屡起，雄踞西北，威胁到北宋的西北边防。汉唐时期的首都长安一带，成为西北防御的前线地区。

太宗时期，西、北边患均已形成，宋军疲于奔命，应接不暇。太宗的边防政策和对待边将的政策，又进一步加剧了边患。

太宗时期，一改太祖朝谨慎持重、不轻易生事的边防政策，纵容边将"生事致寇"，引起辽军的入侵报复。两次大规模攻辽，都是太宗少数亲信的怂恿，而为大多数臣僚所不赞成，然而，太宗贸然开启战端，一发而不可收拾，于是河朔无宁岁，太宗也终因辽军之箭而夭亡。

太宗在对待边防将领方面，也改变了太祖朝的政策。他即位伊始，

1　详见拙文《从高梁河之败到雍熙北征》，收入《宋初政治探研》一书中。

即收回了边防将领的"回图贸易"权，取消了太祖给予边将的这项特殊政策。以往论者将此作为太宗加强中央集权的政策而加以褒扬。实则不然。太祖时期，西北边防比较安定，实与太祖对边将的特殊政策分不开。这种特殊政策，核心是两条：一是有经济特权，即"回图贸易"；二是尊崇边将，以使其有权威。太宗收回"回图贸易"权，是取消了第一项特殊政策，因此使边将无财力自置斥候，远探消息，又无财力重赏士卒，使其尽力而战，边防宋军的战斗力，能不削弱吗？太宗又摧辱边将，处分杖死犯法小校的边帅张永德，实际上又取消了边将的第二项特殊政策，因此使边将无权威，士卒敢横行而不听命，边防宋军的战斗力又进一步削弱，边将战战兢兢，自保而唯恐不及，孰敢出奇以制胜？

　　精兵强将被歼殆尽，边防将帅又自保不及，宋朝的边患不日益加重才怪呢。这是太宗的一项重大过失。尤为严重的是，太平兴国四年（979）至雍熙四年（987）间的五大败仗，对宋军士卒以至对宋朝士大夫的心理产生的重大影响，使他们怀有严重的"恐辽症"，不敢与辽军作战。这种影响，一直延续到北宋末年，辽国衰亡之时，宋军仍有严重的"恐辽症"。

　　太宗急于建威立功，与压在他头上的沉重的继位包袱直接有关。而边防处置的失宜，军事方面的重大失利，又加剧了太宗统治的危机。太宗是清楚这一切的，所以他把外忧摆在第二位，把防范内患，防止朝廷内乱，作为头等大事，奉行"攘外必先安内"的政策。再加上时时发作的箭伤给他心理上带来的打击和压力，使他始终忧心忡忡，猜忌心盛，因此，文过饰非，喜欢自夸，谀言易入，直言难听，矫情要誉之举屡屡出现，自以为可欺群臣，瞒天下，流芳百世，殊不知适得其反！最终，也只能留下一个危局，给他儿子去收拾。而宋代的"积贫积弱"之局，即由太宗朝肇其端。

要之，太宗一生，可说是功过参半。功在国家、社会、后世，过亦在国家、社会、后世。

第三节　太宗之历史地位

在唐宋变革中，宋太宗时期可说是一个总结性的时期。

自中唐"安史之乱"开始分崩离析的中原皇朝，到五代十国时期彻底分裂。迨赵宋皇朝建立，到宋太宗时期，又重新实现了大一统，除燕云十六州以外，大河上下，大江南北，在统一的中原皇朝治理之下，恢复了统一局面。纵观中国古代历史，这次统一是划时代的。在此之前，自秦统一中国后，先后出现过魏蜀吴三国鼎立、南北朝、五代十国几个大分裂时期，大江南北分属不同政权统治。自太宗时期统一后，江、河南北，未曾再出现过分裂局面。宋金两国的对立，是关外少数民族南下造成的，而不再是中原皇朝分裂形成。因此可以说，自太宗时期恢复统一后，中国统一的趋势加强，内部的藩镇割据分裂已成为不可能。

自中唐开始，宦官势力日盛，阉宦专权，直可生死君主，随意废立，而大臣不敢问。到五代，宦官遭诛杀，武人得势，军士可拥立帝王。赵宋皇朝建立，才完全扭转局面，到宋太宗时期，更铲除武人势力，确立了文官统治，形成了宋代"皇帝与士大夫共治天下"的独特局面。从宦官专权、武人当政，恢复为文官统治，最终是在太宗时期完成的。

仅仅上述两方面，就足以使宋太宗成为中国历史上一位杰出的帝王，留下他深深的足迹。宋太宗顺应历史发展的潮流，为中国历史的发展，做出了重大的贡献，是应该予以称道的。

然而，宋太宗在历史上又是有重大过失的君主。在周世宗、宋太祖所奠定的基础上，宋太宗本可更进一步，完成统一大业，恢复和强化文官统治，更可完善法制，收复燕云十六州，拒强敌于长城以外，开赵宋兴旺之基业，展中原繁荣发展之宏图，对历史的发展做出更大贡献。但是，宋太宗处心积虑，经营十多年，才靠阴谋夺取了帝位。皇位继承之谜，造成他统治的危机，引起朝野的猜测，一直像阴影笼罩在太宗头上。于是，太宗孜孜于要誉，急于建威树望，塑造起高大的光辉形象，为此而迫漳泉陈洪进、吴越钱俶纳土，出兵攻取太原，继而又两次发动北征，结果是两次攻辽大败，伤动宋朝元气，威望终未能立，反罹箭疮之疾，折磨后半生；内患不已，德昭、廷美等人，必迫死而后心安，孰料长子心疾佯狂，次子暴卒，身后几乎发生宫廷政变。是以太宗时期，政治大计，竟未遑多顾，多循太祖之政而已，经济、文化虽大有发展，但困扰有宋后世的"积贫积弱"之势，业已形成，终未能臻于治世，且给后世带来莫大危害。宋太宗时期，既是中唐以来乱世的结束期，又是宋代"积贫积弱"的开始期。宋太宗其人，对于历史发展带来的不利影响，是无论如何也无法否认的。

附

录

宋太宗大事年表

后晋天福四年（939），1 岁
十月七日，生于开封府浚义县崇德坊护圣营的官舍。
是年，其兄匡胤 13 岁。

后晋开运三年（946），8 岁
十二月，契丹兵南下灭后晋，俘虏后晋出帝，洛阳大乱，开封遭劫。

后汉天福十二年（947），9 岁
二月，契丹改国号为大辽。
刘知远在太原称帝，是为后汉高祖。
三月，辽太宗北返，四月，死于途中。
六月，刘知远引兵入洛阳，复以开封为首都。后汉政权确立。
是年，匡美生。

后周广顺元年（951），13 岁
正月，郭威即皇帝之位，建立后周王朝，是为后周太祖。后汉王朝灭亡。
是年，赵匡胤生子德昭。匡美 5 岁。
是年，赵匡胤 25 岁，得补为东西班行首，进入禁军之殿前军。

后周广顺三年（953），15 岁
二月，后周太祖郭威召养子柴荣入京，封晋王，任命为开封尹。赵匡胤出任开封府马直军使。

是年，匡胤 27 岁，匡美 7 岁，德昭 3 岁。

后周显德元年（954），16 岁

正月，后周太祖郭威去世，终年 51 岁。晋王柴荣即帝位，年 34 岁，是为世宗。赵匡胤返回禁军，重掌卫兵。

三月，北汉与辽联军来攻后周，周世宗亲自督军迎战，在高平击败北汉军，辽兵引退。战后，赵匡胤因功升为殿前散员都虞候。

十月，周世宗下令整军，赵匡胤具体负责挑选精兵工作，充实殿前军，殿前司遂得独立。赵匡胤又升为殿前都虞候，永州防御使。其父弘殷，时任侍卫亲军龙捷右厢都指挥使，领岳州防御使。

后周显德三年（956），18 岁

二月，周世宗攻打南唐，进军淮南，赵匡胤随同出征，赵弘殷亦在军中。

七月，赵弘殷去世在返回开封途中。

十月，赵匡胤因淮南战功，升为匡国军节度使兼殿前都指挥使。匡胤表赵普为节度推官，收入幕府中。

是年，匡胤 30 岁，匡美 10 岁，德昭 6 岁，赵普 35 岁。

后周显德六年（959），21 岁

二月，周世宗心腹谋臣王朴去世，终年 45 岁。周世宗十分悲痛。

六月，周世宗率军北上攻辽，夺得关南地，因病班师。

殿前都点检张永德被罢职，赵匡胤升为检校太傅、殿前都点检。

六月十九日，周世宗去世，享年 39 岁。子柴宗训继位，年方 7 岁。范质、王溥、魏仁浦并相，执掌朝政。

七月，赵匡胤领宋州归德军节度使，仍兼殿前都点检。

是年，匡胤 33 岁，匡美 13 岁，德昭 9 岁。

宋建隆元年（960），22 岁

正月，赵匡胤发动陈桥兵变，"黄袍加身"，建立宋朝，是为太祖。匡义改名光义，出任殿前都虞候，领睦州防御使。匡美改名光美。

五月，太祖率军进讨潞州李筠，光义被命为大内都点检，留守京城开封。

八月，光义领泰宁军节度使。

十月，太祖南征扬州李重进，光义为大内都部署，留守京城开封。

十一月，太祖平定扬州。宋朝之统治，至此完全确立。

是年冬天，光义陪太祖雪夜造访枢密副使赵普家，在饮酒之间，太祖接受了赵普建议，确定了"先南后北"的统一战略。

建隆二年（961），23 岁

六月，太祖与光义之母杜太后去世。

七月，光义为开封尹、同平章事。光美行兴元尹。

八月，南唐主李璟死，子煜继立，遣使请求追尊李璟帝号，太祖同意。

十月，葬杜太后于安陵，谥明宪。

十一月，太后祔庙。

建隆三年（962），24 岁

四月，太祖赠兄光济为邕王，弟光赞为夔王。太祖追册夫人贺氏为皇后。

是年，周郑王柴宗训出居房州，年 10 岁。

乾德元年（963），25 岁

二月，宋军平定荆南。太祖欲用宿将、光义岳父符彦卿典禁兵，因枢密使赵普极力反对而作罢。

三月，宋军平定湖南。

十一月，大赦，改元乾德。

十二月，开封尹光义、兴元尹光美，各益食邑，赐功臣号。宰相范质、王溥、魏仁浦、枢密使赵普及文武臣僚各进阶、勋、爵、邑。

太祖皇后王氏去世。

乾德二年（964），26岁

正月，范质、王溥、魏仁浦三相罢，赵普为宰相。时中书无相，光义以开封尹、同平章事身份副署任相敕命。李崇矩为枢密使，年41岁。

三月，太祖遣摄太尉光义奉册宝上明宪皇太后杜氏谥曰昭宪，皇后贺氏谥曰孝惠，王氏谥曰孝明。

四月，葬昭宪皇太后、孝明皇后于巩县安陵。

始置参知政事，以薛居正、吕余庆为之。

六月，以光义为中书令，光美同中书门下平章事，太祖之子德昭为贵州防御使。

十一月，太祖命忠武军节度使王全斌等人将兵五万，攻打后蜀。

乾德三年（965），27岁

正月，后蜀主孟昶投降，宋军攻灭后蜀。

二月，命参知政事吕余庆权知成都府，不罢政事。

五月，孟昶及其家属到达开封。乙酉（十五日）太祖派光义在玉津园设宴慰劳孟昶一族。六月庚戌（十一日），孟昶死。

九月，革五代敝陋，令中书门下、枢密院及台、省、寺、监、开封尹、兴元尹，皆别铸新印，比旧制增大。

乾德四年（966），28岁

八月，知梓州冯瓒等人因贿赂开封尹光义，被流放沙门岛。或言冯瓒等人为宰相赵普所陷害。

闰八月，淄州刺史李处耘卒，年 47 岁。太祖特为辍朝一日，赠处耘宣德节度使，遣中使护丧事，赐葬地于洛阳偏桥。后来，太祖追念李处耘，遂为光义聘其次女为妃，即太宗的李皇后。太祖到开封府北园，遂与光义射于后苑。

乾德五年（967），29 岁

二月，参知政事薛居正、吕余庆并加吏部侍郎。吕余庆此时以参知政事知成都府。

沈义伦因随军伐蜀时清节过人，太祖擢为户部侍郎，充枢密副使。原枢密副使王仁赡则因伐蜀黩货，于正月罢为右卫大将军。

三月，宰相赵普加左仆射，充昭文馆大学士。枢密使李崇矩加检校太傅。

四月，禁民赛神、为竞渡戏及作祭青天白衣会，吏谨捕之。

十二月庚午（十六日），宰相赵普丁母忧。丙子（廿二日），赵普起复。

开宝元年（968），30 岁

正月，参知政事吕余庆自成都召回。吕余庆以参知政事知成都府三年，实为宋初仅见。以兵部侍郎刘熙古为端明殿学士，权知成都府。

二月，太祖纳皇后宋氏，忠武节度使宋延渥之长女，时年 17 岁。宋延渥不久改名宋偓。

十月，屯田员外郎雷德骧直诣讲武殿，向太祖控告宰相赵普强市人第宅，聚敛财贿。太祖大怒，叱之曰："鼎铛犹有耳，汝不闻赵普吾之社稷臣乎！"引柱斧击折其上腭二齿，命左右曳出，诏宰相处以极刑。既而太祖怒解，止以阑之入罪，黜德骧为商州司户参军。由此事可见赵普此时深受太祖宠信。

十一月，合祭天地于南郊，大赦，改元开宝。蠲乾德五年（967）以前逋租。

十二月，因行庆，光义与光美、宰相赵普、枢密使李崇矩及诸道蕃侯，并加勋爵有差。

开宝二年（969），31岁

二月，太祖督军攻打北汉。以开封尹光义为东京留守，枢密副使沈义伦为大内部署，留守开封。宰相赵普以下文武大臣，随太祖出征。

闰五月，宋军攻围太原数月而不克，大军顿甘草地中，又值暑雨，军中多破腹病，辽兵又出动来援北汉，太常博士李光赞建议班师，太祖览奏甚喜，宰相赵普也赞同，遂决定班师。班师前，用薛化光之策，迁徙太原民万余家于山东、河南，发禁军护送之。宋军仓猝退军，太原城中北汉军出动追击，宋军殿后部队大败，北汉夺得大批宋军军储，内中有粟三十万，茶、绢各数万，北汉军赖此少济，军势复振。

六月，太祖回到开封。

十月，太祖罢前朝宿将及节度使武行德、郭从义、王彦超、白重赞、杨廷璋等人为散职。

开宝三年（970），32岁

正月，镇宁节度使张令铎卒。张令铎罢军职时，太祖命光义娶其女为夫人。然现存史籍中，并未留下这位夫人的记载。

三月，太祖至宰相赵普家，探望卧病的赵普，赐银器五千两，绢五千匹。又赐其妻和氏银五十两，衣著三千匹。赵普落起复。

九月，太祖命潭州防御使潘美、朗州团练使尹崇珂等将领兵攻打南汉。

开宝四年（971），33岁

二月，潘美率军攻入广州，俘南汉主刘铱。南汉灭亡。

三月，前左监门卫大将军赵玭攻赵普"贩木规利"，太祖大怒，促阁门集百官，准备下制，逐宰相赵普。太子太师王溥等奏云："玭诬罔大臣。"

太祖意顿解，反诘责赵玭。

四月，赵玭责为汝州牙校。这反映太祖与赵普已有间。

五月，军器库使楚昭辅升为左骁卫大将军，权判三司。楚昭辅乃光义交结者。

六月，初置市舶司于广州，以知州潘美、尹崇珂并兼使，通判谢玭兼判官。

七月，太祖赐开封尹光义门戟十四支。

八月，改铸中书门下之印。

十一月，吴越王钱俶送给宰相赵普瓜子金十瓶，为太祖发现。赵普谢罪，太祖笑曰："无害。彼谓国家事皆由汝书生耳。"因命赵普谢而受之。

原为光义幕僚的姚恕，与赵普有憾，赵普以姚恕为澶州通判，光义留之弗得。本月，因黄河在澶州决口，姚恕坐不即上闻，弃市，投尸于河。人谓恕罪不至此，普实报私怨耳。

合祭天地于南郊，大赦，蠲开宝元年（968）以前逋租。禁军民男女结义社。

十二月，兵部员外郎、知制诰卢多逊以本官充翰林学士。卢多逊乃赵普死对头，与光义则交好。

开宝五年（972），34 岁

正月，太祖担心民间多毁农器以徼福，故下令，禁民铸铁为佛像、浮屠及人物之无用者。

二月，令僧尼各不相统摄，当受戒者，各于本寺置坛。

禁黄河私渡，民素具舟济行人者，籍其数毁之。

闰二月，太祖的第二个女儿封延庆公主，嫁给开国功臣石守信之子石保吉。

禁道士寄褐及私度人为道士。

五月至六月，霖雨不止，黄河多次决口，黄河南北诸州皆大水。发诸州兵士及丁夫凡五万人塞决河。

七月,太祖第三女封永庆公主,嫁给宋初宰相魏仁浦之子咸信。

三司仓储月给止及明年二月,太祖大怒,召权判三司楚昭辅切责之。昭辅惶恐,计不知所出,向光义泣告求救。光义幕僚右知客押衙陈从信为光义划策,光义具告太祖,太祖悉从其言,楚昭辅遂免责。由此楚昭辅为光义收用。

八月,始置岭南转运判官,以太子中允许九言为之。

九月,枢密使李崇矩与宰相赵普厚相交结,以其女嫁与赵普长子承宗。太祖闻知,不喜。原来枢密使、宰相候对长春殿,同止庐中,太祖始令分异之。李崇矩门客郑伸诬告崇矩,太祖罢李崇矩之职,出为镇国节度使。

禁玄像器物、天文、图谶、七曜历、太一雷公、六壬遁甲等,不得藏于私家,有者并送官。

十月,诏功德使与左街道录刘若拙,集京师道士试验,其学业未至而不修饰者,皆斥之。

诏诸州场院官、粮料使、镇将,并以三周年为任。

十一月,禁释道私习天文、地理。

十二月,太祖到近郊打猎后,去开封尹府第探视光义之病。光义病情好转后,太祖奖赏为其治病者,以翰林医官、鸿胪寺丞刘翰为殿中省尚药奉御,又赐道士玄秘大师马志通议大夫阶,仍各赐器币及鞍马。

赵普推荐辛仲甫"儒臣有武干",太祖召见,面试射,于是任仲甫为西川兵马都监。

是岁大饥。

开宝六年(973),35 岁

正月,太祖赐光义袭衣、犀带、罗绮五百匹、玉鞍勒马,因其病情好转。

三月一日,房州言周郑王去世。太祖素服发哀,辍视朝十日,命还葬于周世宗陵墓庆陵之侧，名曰顺陵，谥曰恭帝。恭帝死时，年仅 21 岁。

太祖覆试进士于讲武殿。这是宋代殿试的开始。

镇国节度使李崇矩责授左卫大将军。史称"不知坐何事"，恐与赵普有关。

四月，限诸州度僧额：僧帐及百人者，每岁度一人，仍度有经业者。太祖召光义、天平节度使石守信等人，宴射苑中。

禁灌顶水陆道场。

赵普的妹夫侯仁宝，被命为知邕州。

五月，诏：中书吏擅权多奸赃，兼用流内州县官。

六月，雷有邻告宰相赵普包庇堂吏胡赞等不法之事，胡赞等人并杖、籍没。

诏参知政事薛居正、吕余庆与宰相赵普轮流知印押班奏事，以分赵普之权。

八月，宰相赵普罢为河阳三城节度使、同平章事。

赵普出镇后，据说曾上书自诉说："外人谓臣轻议皇弟开封尹，皇弟忠孝全德，岂有间然？矧昭宪皇太后大渐之际，臣实预闻顾命。知臣者君，愿赐昭鉴。"太祖手封其书，藏之金匮。

九月，太祖罢赵普时，"左右争倾之"，独有参知政事吕余庆为赵普明辩。赵普罢相后，吕余庆以病求解职，于是罢为尚书左丞。

皇弟开封尹光义封晋王，山南西道节度使光美为永兴节度使、兼侍中，皇子德昭为山南西道节度使、同平章事。

薛居正、沈义伦为宰相，卢多逊为参知政事。诏晋王光义班宰相之上。楚昭辅为枢密副使。宿将石守信、高怀德、王审琦并加官。

十月，葬周恭帝，不视朝。

特赦中书、枢密院、三司及诸司吏自前隐欺未觉等罪，使之自新。

是年，太祖 47 岁，光美 27 岁，德昭 23 岁，德芳 15 岁。薛居正 62 岁，沈义伦 65 岁，卢多逊 40 岁，楚昭辅 60 岁，赵普 52 岁。

开宝七年（974），36 岁

四月，追赠昭宪皇太后曾祖、祖、父三代及姓官爵。

九月，命宣徽南院使曹彬、山南东道节度使潘美等人领兵攻打江南。

十月，曹彬等引兵出征。太祖登汴堤观战舰东下。

闰十月，监修国史薛居正等奏上新修《五代史》一百五十卷。此即《旧五代史》。

开宝八年（975），37 岁

六月，前凤翔节度使、太师、兼中书令、魏王符彦卿卒，年 78 岁。太祖辍三日朝，官给葬事。符彦卿乃周世宗与光义的岳父。

九月，太祖到近郊打猎，追逐兔子时，马蹶而坠，太祖遂拔出佩刀刺所乘马。不久，太祖就后悔，说："吾为天下主而轻事畋游，非马之过也。"从此不再出外打猎。这一年，太祖 49 岁。

宋惟忠私习天文，妖言利害，其弟惟吉告发了他，宋惟忠弃市。

十月，太祖自染院至晋王光义的北园，赐从臣饮酒，尽欢而罢。

十一月，曹彬率军攻克金陵，俘江南国主李煜。江南灭亡。

十二月，光义之妻、越国夫人符氏卒，年 34 岁。符氏乃符彦卿之女，与其父同年卒。太祖为光义聘李处耘之女，当在此后。

开宝九年（976），38 岁

正月癸巳（廿六日），晋王光义率文武群臣奉表，请太祖加尊号曰"一统太平"，太祖不允。二月己亥（二日），光义率群臣再上表；癸卯（六日）光义率群臣三上表，太祖曰："燕、晋未复，遽可谓一统太平乎？"不许。群臣请易以"立极居尊"，太祖不得已，许之。

二月辛亥（十四日），太祖闻吴越王钱俶将到开封来朝见，派皇子兴元尹德昭至宋州（今河南商丘）迎劳之。己未（廿二日），吴越国王钱俶偕子惟浚等在崇德殿朝见太祖，进银绢以万计。钱俶一行居于礼贤宅。太祖召钱俶等宴射苑中，又到礼贤宅探望他。甲子（廿七日），太祖召晋王光义、京兆尹光美与吴越国王并其子等宴射于苑中，太祖令钱俶与光义、光美叙兄弟之礼，钱俶伏地叩头固辞，乃止。

三月庚午（三日），太祖命吴越国王钱俶剑履上殿，诏书不名。辛未（四日），封钱俶之妻孙氏为吴越国王妃。钱俶听说太祖将去洛阳，恳请扈从，太祖不许，留其子惟浚随同西行，遣钱俶归国。

癸酉（六日），以皇子德芳为检校太保、贵州防御使。以宰相沈义伦为东京留守、兼大内都部署，左卫大将军王仁赡判留司三司、兼知开封府。

丙子（九日），太祖率晋王以下群臣，离开京师开封，向西进发。

庚辰（十三日），太祖一行在巩县拜谒其父之墓安陵，号恸陨绝，左右皆泣。

辛巳（十四日），太祖一行到达洛阳。太祖见洛阳宫室壮丽，很高兴，召知河南府、右武卫上将军焦继勋面奖之，加彰德节度使。焦继勋之女是德芳的夫人，他得授节度使，也是因为德芳的关系。

丁亥（二十日），太祖召沈义伦赴西京洛阳，命王仁赡兼大内都部署，开封府推官、左赞善大夫贾琰权知开封府事。

四月，太祖在洛阳南郊合祭天地。

太祖生于洛阳，乐其土风，此时有迁都之意。晋王光义叩头切谏，太祖不答，始下诏东归，并于本月回到东京开封。诏益晋王食邑，光美、德昭并加开府仪同三司，德芳益食邑；宰相薛居正以下内外文武臣僚均进阶封。

六月，太祖以晋王光义所居地势高仰，水不能及，遂自左掖门步行至光义府第，遣工为大轮，激金水河注第中，且数次临视，促成其役。太祖的这次举动，很有些厌胜之意。

七月戊辰（三日），太祖到晋王府第，看金水河水流入新池的情形。

丙子（十一日），太祖到京兆尹光美府第探病。戊寅（十三日），太祖又去光美家。庚寅（廿五日），太祖再次到光美家。

八月，太祖屡屡出巡，先后到新龙兴寺、等觉院、东染院，又到控鹤营看骑士射箭，到开宝寺观经藏。

派侍卫马军都指挥使党进等人率兵，五道进攻北汉。

以枢密副使楚昭辅、右卫大将军判三司王仁赡分领宣徽南北院事。自此以后，宣徽使出缺，即命枢密副使兼领院事。

九月，开封府言京城诸官司狱皆空，无系囚。

太祖至晋王光义家。

十月己亥（六日），太祖到西教场，观飞山军士发机石。

癸丑（二十日），清晨四鼓时分，太祖猝然去世，享年50岁。宋皇后遣宦官王继恩召贵州防御使德芳，王继恩却去开封府召晋王光义。王继恩带光义一行至寝殿，宋皇后见晋王，愕然，遽呼"官家"，说："吾母子之命，皆托于官家。"光义哭着说："共保富贵，勿忧也。"

甲寅（廿一日），晋王光义即帝位，是为太宗，群臣在万岁殿东楹谒见。

乙卯（廿二日），大赦天下，常赦所不原者咸除之。下令要遵承先皇帝旧规，不敢逾越。

丁巳（廿四日），太宗移御长春殿，开始听政。太宗对宰相薛居正等人说："边防事大，万机至重，当悉依先帝旧规，无得改易。"

以开封府判官程羽为给事中，权知开封府；开封府推官贾琰为左正谏大夫、枢密直学士，门人郭贽为著作佐郎。

太宗将太祖遗留物，分赐近臣有差。

光美改名廷美，沈义伦改名沈伦，谏议大夫改为正谏大夫。避太宗光义之讳。

庚申（廿七日），太宗以弟廷美为开封尹，兼中书令，封齐王；德昭为永兴节度使，兼侍中，封武功郡王；德芳为山南西道节度使、兴元尹、同平章事。太宗下令，德昭、德芳兄弟及太祖的三个女儿，依旧称皇子、皇女，不改变称呼。

　　宰相薛居正加左仆射，沈伦加右仆射，参知政事卢多逊为中书侍郎、同平章事，枢密使曹彬加同平章事，枢密副使楚昭辅升为枢密使，潘美为宣徽南院使。内外官进秩有差。

　　壬戌（廿九日），封太祖三女：昭庆公主为郑国公主，延庆公主为许国公主，永庆公主为虢国公主。

　　官阶、州县名带"义"者，皆改之。

　　十一月，太宗追册已故之妻子：尹氏为淑德皇后，符氏为懿德皇后。诏齐王廷美、武功郡王德昭位在宰相之上。

　　宰相薛居正拟定太祖陵墓名为"永昌"。

　　分遣使者，以太祖遗留物赐外诸侯。令诸州大索明知天文术数者传送阙下，敢藏匿者弃市，募告者赏钱三十万。

　　刘鋹封卫国公，李煜去违命侯之号，封陇西郡公。

　　十二月一日，翰林学士李昉上赵匡胤谥曰英武圣文神德，庙号太祖。

　　甲寅（廿二日），太宗御乾元殿受朝。大赦，改元太平兴国。

　　命太祖子与齐王廷美子并称皇子，女并称皇女。

　　丁巳（廿五日），置三司副使，以枢密直学士、左正谏大夫贾琰为之。

　　庚申（廿八日），节度使赵普、向拱、张永德、高怀德、冯继业、张美、刘廷让到京城朝见。

　　是年，廷美30岁，德昭26岁，德芳18岁，赵普55岁。

太平兴国二年（977），39岁

　　正月，禁居官出使者行商贾之事。又申禁藩镇补亲吏为镇将。

　　太宗御讲武殿，亲试礼部举人，取进士、诸科等共五百人。

　　二月，太宗改名为炅。除已改州县、职官及人名外，"光义"二字不须回避。

　　宰臣薛居正、沈伦、卢多逊，枢密使曹彬、楚昭辅，各赐钱五百万、银三百斤。宣徽南院使潘美、北院使王仁镐，各赐钱三百五十万、银二百斤。

赐齐王廷美绢万匹、钱五百万，武功郡王德昭绢五千匹、钱五百万，兴元尹德芳绢三千匹、钱三百万。

赐殿前都指挥使杨信、马军都指挥使党进银各六百斤，殿前都虞候李重勋、马军都虞候李汉琼、步军都虞候刘遇、神卫左右厢都指挥使杨美银各三百斤。

三月，河阳节度使赵普授太子少保，留京师。

命翰林学士李昉等编类书为一千卷，此即《太平御览》；编小说为五百卷，此即《太平广记》。

四月乙卯（廿五日），葬太祖于永昌陵。

五月，向拱、张永德、张美、刘庭让皆罢节度使，为诸卫上将军。

平海节度使陈洪进上言，说已离本道入朝。

七月，诏封梦中告光义亲信"晋王已即位"的要册湫神普济王为显圣王，增饰祠宇，春秋奉祠，仍立碑纪其事。

李处耘之女始入宫。

闰七月，派翰林使程德玄到宿州迎劳陈洪进。

布衣孙守彬之女入宫，以守彬为右领卫将军致仕。

八月，诏各州并直属京师，节镇无复领支郡。

十月，命左卫大将军李崇矩为邕、贵、浔、横、钦、宾等州都巡检。未几，徙琼、崖、儋、万。在岭表及海上凡四五年。

诏禁天文卜相等书，私习者斩。

十二月，试诸州所送天文术士，隶司天台，无取者黥面流海岛。

太平兴国三年（978），40岁

正月，命修《太祖实录》。

二月，太宗至太祖长女郑国公主家。

以三馆新修书院为崇文院。

诏凿金明池，引金水河注之。

三月，吴越国王钱俶在崇德殿朝见太宗。

四月，召华山道士丁少微至阙，留数月，遣还。

初置诸道转运判官。平海节度使陈洪进上表献所管漳、泉二州。以陈洪进为武宁节度使、同平章事。洪进时年65岁。

钱俶上表求还，不许。

五月，钱俶上表献两浙十三州一军。封钱俶为淮海国王。钱俶时年50岁。

秦州节度判官李若愚之子飞雄矫制乘驿至清水县，缚都巡检等人，将劫守卒，据城反叛，被刘文裕等人识破擒住，诏夷飞雄三族。以李飞雄事布告天下，申戒中外臣僚。

六月，诏：自今乘驿者皆给银牌。这是因李飞雄之事而采取的措施。

七月，原江南国主、右千牛卫上将军李煜卒，年42岁。赠太师，追封吴王。

八月，诏两浙发淮海王钱俶缌麻以上亲及管内官吏赴阙。

群臣奉表上尊号曰：应运统天圣明文武，表凡三上，太宗许之。

诏令秋季举行科举考试。

九月，太宗御讲武殿，亲试礼部举人，得进士七十四人，诸科七十人。这是太宗朝唯一一次秋季举行的科举考试。

十月，太宗先后到武功郡王德昭、齐王廷美府邸，赐齐王廷美银万两、绢万匹，德昭、德芳各有差。

免除兖州曲阜县袭封文宣公家的租税。

十一月，太宗亲享太庙，合祭天地于南郊，大赦，御御元殿受尊号。太宗至齐王廷美府邸。

以郊祀，中外文武加恩。

太平兴国四年（979），41岁

正月，遣官分督诸州军储输太原行营。

　　以宣徽南院使潘美为北路都招讨制置使，率诸将进攻太原。以云州观察使郭进为太原石岭关都部署，防御援救北汉的辽兵。

　　命左屯卫上将军张铎为京城内外都巡检。

　　二月，以齐王廷美的长子德恭为贵州防御使。

　　命宰相沈伦为东京留守兼判开封府事，宣徽北院使王仁赡为大内都部署，枢密承旨陈从信副之。太宗原拟留廷美掌留守事务，廷美听从开封府判官吕端之言，遂请随行。

　　甲子（十五日），太宗一行离开京师北上，亲征北汉。

　　三月，太宗一行驻镇州。

　　郭进在石岭关南击败来援辽兵数万，于是北汉援绝。

　　诏泉州发兵护送陈洪进亲属赴阙，所过州县续食。

　　四月庚申（十二日），以石熙载为给事中、枢密副使。石熙载时年52岁。这是太宗早年幕僚亲信出任枢密院长官的开端。

　　庚午（廿二日），太宗一行，到达太原城下，驻扎于汾水之东。

　　五月甲申（六日），北汉主刘继元投降，太宗进入太原城。北汉灭亡。

　　戊子（十日），毁太原旧城，改为平晋县，以榆次县为新并州。尽括太原旧城的僧道，隶西京洛阳寺观；官吏及高赀户授田河南。

　　己丑（十一日），以刘继元为右卫上将军、彭城郡公。

　　辛卯（十三日），刘继元献官妓百余人，太宗分赐立功将校。

　　乙未（十七日），送刘继元缌麻以上亲赴阙。

　　丙申（十八日），太宗到太原城北，派使者迁徙城中居民至新并州，尽焚其庐舍，民老幼趋城门不及，焚死者甚众。

　　丁酉（十九日），以行营为平晋寺，太宗作《平晋记》，刻石立寺中。

　　庚子（廿二日），太宗一行离开太原，丁未（廿九日），到达镇州。

　　太宗打算乘胜攻取幽州。当时，宋军攻围太原累月，馈饷且尽，军士疲乏，刘继元投降后，人人都希望得到奖赏。太宗未赏将士，却欲北上攻辽，诸将皆不愿行，但无人敢言。殿前都虞候崔翰独奏曰："此一事不容再举，乘此破竹之势，取之甚易，时不可失也。"太宗听后十分高兴，遂决意北征，命枢密使曹彬议调发屯兵。

六月申寅（七日），太宗遣使发京东、河北诸州军储赴北面行营。

庚申（十三日），太宗督军，自镇州北上攻辽。刚一出发，扈从六军即有不即时至者，太宗大怒，欲置于法。经马步军都军头赵延溥劝解方罢。

丁卯（二十日），太宗躬擐甲胄，率兵抵达岐沟关。守关辽将以州降。

庚午（廿三日），太宗一行于黎明到达幽州城南，驻于宝光寺。太宗亲自领兵击走城北的辽兵万余人。

壬申（廿五日），太宗指挥诸将，四面围攻幽州城。宋军造炮具八百，太宗亲自按试，甚悦。

癸酉（廿六日）、丁丑（三十日），太宗至城下，督诸将攻打幽州。

七月辛巳（四日）、癸未（六日），太宗再至城下督战。

癸未（六日），辽军与宋军在高梁河发生激战。在幽州城内外辽军的夹击下，宋军大乱。甲申（七日）黎明，太宗在激战中股中两箭，只身南逃；宋军失去指挥，大败溃散，辽军追杀三十余里。乙酉（八日），太宗逃至涿州，换乘驴车南奔；辽将耶律休哥身受三处伤，乘驴车追至涿州而返。戊子（十一日），太宗逃到定州，闻知辽军北返，才算有喘气之机。庚寅（十三日），太宗一行离开定州。乙巳（廿六日），太宗一行回到京城开封。

八月壬子（五日）、甲寅（七日），太宗责降从征将领石守信、刘遇、史珪等人。

癸亥（十六日），命潘美为河东三交口都部署，领兵防御辽军。

甲戌（廿七日），德昭被逼自杀，年方29岁，追封魏王，谥曰懿。太宗抱尸大哭，作悲痛状。

九月，宋将刘延翰率军与辽兵战于遂城西面，大败辽军。

十月庚午（廿四日），捷报至京，太宗手诏奖之。

乙亥（廿九日），太宗赏平北汉之功，齐王廷美进封秦王，宰相薛居正以下文武官预平太原者，皆迁秩有差。

十一月，命郑州防御使杨业为知代州兼三交驻泊兵马部署，在潘美指挥下抵御辽兵。

是年，编纂宋初以来敕条为《太平兴国编敕》十五卷，行于世。

太平兴国五年（980），42岁

正月，太宗平北汉、攻幽州，得马四万二千余匹，乃诏于景阳门外新建四厩，名曰天驷监，左右各二，以左右飞龙使为左右天厩使，闲厩使为崇仪使。

三月，太宗会亲王、宰相、淮海国王钱俶及从臣，在大明殿蹴鞠。

前南汉国主、左监门卫上将军刘𫓧卒，年39岁。赠太师，追封南越王。

辽军攻雁门，被杨业领兵击败。

闰三月，太宗亲试礼部举人，得进士一百一十九人，诸科五百三十三人。

四月，因廷美进谗言，殿前都虞候、武泰节度使崔翰罢为感德节度使。

壅汾河晋祠水灌太原，隳其故城。

以礼贤宅赐钱俶，钱俶献白金三百斤为谢。

六月，赵普妹夫侯仁宝，知邕州，九年不得代。仁宝恐因循死岭外，乃上疏请求面陈讨交趾之策，企图借此返京。宰相卢多逊沮之，请令侯仁宝进讨交趾，太宗同意。

七月，命侯仁宝、孙全兴等人水陆并进，讨伐交趾。孙全兴刚在五月因“畏懦不称职”，自雄州团练使责授兰州团练使。

八月，太宗至钱俶府第探病，赐钱俶银万两、绢万匹、钱百万、金器千两，又赐其子惟浚、惟治银各万两。

九月，史馆上《太祖实录》五十卷。此部实录后来称为旧实录。

十月，大发兵屯关南及镇、定二州。又修京师至雄州的道路。又命侍卫马军都指挥使米信护定州屯兵。

十一月，以秦王廷美为东京留守，宣徽北院使王仁赡为大内都部署，枢密承旨陈从信副之。太宗离开京城，督军北上攻辽，驻于大名府。

诸军与辽军大战于莫州，宋军大败。

十二月，太宗返回开封。

太平兴国六年（981），43岁

正月，命疏浚河北河道，以通漕运，抵御辽兵。

三月，兴元尹德芳暴卒，年23岁。赠中书令，追封岐王，谥康惠。

侯仁宝战死白藤江口，赠工部侍郎，官其二子。讨交趾的宋军因此班师。后宋将孙全兴等人下狱，全兴被诛。

四月，是年，自春至夏不下雨，太宗亲自审理京城诸司狱，处死笞死园户的归德军节度推官李承信。

禁东、西川诸州白衣巫师。

六月，首相薛居正卒，年70岁。赠太尉、中书令，谥文惠。

九月，赵普长子承宗知潭州，受诏归阙，与太祖之妹燕国长公主和高怀德之女成婚，未逾月，宰相卢多逊报告太宗后，遣承宗归任。正为妹夫侯仁宝战死而忧伤的赵普，由是愤怒，急谋再起。

如京使柴禹锡等告秦王廷美骄恣，将有阴谋窃发。太宗召见赵普，赵普说："臣愿备枢轴，以察奸变。"退朝后，赵普以密奏形式，言及"金匮之盟"，太宗大喜，遂留承宗在京师，并任命赵普为司徒兼侍中，昭文馆大学士，顶替已死的薛居正为首相。同时任命石熙载为枢密使。翌日，廷美听闻赵普出任首相，乞班赵普之下，太宗同意。

绵州"妖贼"王禧等十人以妖法惑众，图为不轨，斩于市。

十月，群臣三上表，加上尊号：应运统天睿文英武大圣至明广孝，太宗欣然接受。

命驾部员外郎、知制诰贾黄中与诸医工杂取历代医方，同加研校，每一科毕，即以进御，仍令中黄门一人专掌其事。自此，太宗分外留意医书。

十一月，太宗亲享太庙，合祭天地于圜丘，大赦，御乾元殿受册尊号。

追究讨交趾失败的责任，交州行营部署孙全兴弃市。赵普终于为其妹夫报了仇。

十二月，购求医书。

太平兴国七年（982），44 岁

二月，宣徽北院使、判三司王仁赡罢为右卫大将军。以其勋旧，改任唐州防御使，月给俸钱三十万。数日后，王仁赡卒，年 66 岁。其后，太宗因言及三司财赋，对宰相赵普等说："仁赡纵吏为奸，诸州场院皆隐没官钱以千万计。朕初即位，悉令罢去，分命使臣掌其事。仁赡再三言其不便，朕语仁赡此自朕意，若岁课致亏，不以责卿。既一岁，旧千缗者为一二万缗，万缗者为六七万缗，为利入数倍，用度皆足，傥遇水旱，即可以免百姓租税。仁赡自知其非，心颇惭悸，朕亦优容之耳。"

封燕国长公主女高氏为高平县主，次女为真宁县主。高平县主即赵普长子承宗之妻。

徙并州于三交寨，以潘美为并州都部署。

三月，金明池水心殿成，太宗将泛舟往游。有人告发廷美打算乘太宗泛舟时作乱，太宗遂罢廷美开封尹，授西京留守。

命右正谏大夫李符权知开封府。

赐秦王廷美袭衣、通犀带、钱十万、绢彩各万匹、银万两、西京甲第一区。又赐留守判官阎矩、河南判官王遹钱各百万。

四月壬戌朔，太宗命枢密使曹彬在琼林苑设宴，欢送廷美去洛阳。

甲子（三日），以左正谏大夫、枢密直学士窦偁，中书舍人郭贽，并守本官、参知政事。

因告发廷美有功，如京使柴禹锡为宣徽北院使、兼枢密副使，翰林副使杨守一为东上阁门使，充枢密都承旨。

乙丑（四日），因交通秦王廷美及受其私馈，左卫将军、枢密承旨陈

从信罢为左卫将军，皇城使刘知信为右卫将军，弓箭库使惠延真为商州长史，禁军列校皇甫继明责为汝州马步军都指挥使，范廷召责为唐州马步军都指挥使，王荣责为濮州教练使。王荣尚未上路，又有人告发他与廷美亲吏狂言："我不久当得节帅"，遂削籍流海岛。由此看出，廷美在开封府六年，确实已积聚了一定力量。

丙寅（五日），开始在京府设置通判，由兵部员外郎宋琪任开封府通判。

戊辰（七日），宰相赵普得时任宰相的卢多逊与秦王廷美交通之事，报告太宗，太宗大怒，责授卢多逊兵部尚书，下御史狱；又逮捕中书守当官赵白、秦府孔目官阎密、小吏王继勋、樊德明、赵怀禄、阎怀忠等人，使翰林学士承旨李昉、学士扈蒙、卫尉卿崔仁冀、膳部郎中知杂事滕中正杂治之。卢多逊以下皆伏罪。

丙子（十五日），诏文武常参官集议朝堂。太子太师王溥等七十四人奏：多逊及廷美顾望呪诅，大逆不道，宜行诛灭，以正刑章；赵白等请处斩。

丁丑（十六日），诏削夺卢多逊官爵，并家属流崖州；廷美勒归私第；赵白、阎密、王继勋、樊德明、赵怀禄、阎怀忠皆斩于都门外，籍入其家财。

己卯（十八日），诏秦王廷美男女等宜正名呼，复其子德恭、德隆名皇侄；女韩氏妇去皇女、云阳公主之号，其夫右监门将军韩崇业降为右千牛卫率府率，分司西京，仍去驸马都尉之号；廷美子女均发遣往西京，就廷美安泊。

庚辰（十九日），以与多逊同列、不能觉知多逊包藏逆节为由，宰相沈伦责授工部尚书。

壬午（廿一日），中书舍人李穆，因与卢多逊雅相亲厚，秦王廷美出任西京留守时又为廷美起草朝辞筠记，被言事者劾奏之，责授司封员外郎。

己丑（廿八日），赵白之兄著作佐郎赵和、光禄寺丞赵知微与亲属配隶沙门岛禁锢。

五月癸巳（二日），贬西京留守判官阎矩为涪州司户参军，前开封府推官孙屿为融州司户参军。二人均是秦王廷美的官属，以"辅导无状"的罪名被贬。

五月，定难军留后李继捧到京朝见，献所管五州八县。知开封府李符上言："廷美不悔过怨望，乞徙远郡，以防他变。"降封廷美为涪陵县公，房州安置。命崇仪副使阎彦进知房州，监察御史袁廓通判州事，各赐白金三百两。

六月，遣使发李继捧缌麻以上亲赴阙，其弟李继迁逃往地斤泽，从此开始反宋活动，最终形成割据势力，为西夏的建立奠定了基础。

七月，太宗封其长子德崇卫王，次子德明广平郡王，并同平章事，分日赴中书视事。德崇时年22岁，德明17岁。由此，太宗开始为其子经营储位。

赵普的儿女亲家、燕国长公主之夫、武胜节度使、兼侍中高怀德卒，年57岁。赠中书令，追封渤海郡王，谥武穆，辍视朝三日。

沈伦以左仆射致仕。

八月，太子太师王溥卒，年61岁。赠侍中，谥文献。

九月，辽穆宗耶律璟死。圣宗继位，母承天后萧氏专权。

十月，参知政事窦偁卒，年58岁。太宗临哭，并为之罢宴。

十二月，诏立王治为高丽国王，命监察御史李巨源、著作佐郎直史馆单贶庆出使册封。

右骁卫上将军楚昭辅卒，年69岁。赠侍中，谥景襄。

太平兴国八年（983），45岁

正月，太宗乳母陈国夫人耿氏卒。太宗后来说耿氏才是廷美亲生母亲。

镇州驻泊都监、酒坊使弭德超，乘间上急变，巧诬枢密使曹彬收买军心。参知政事郭贽救解，太宗不听，曹彬罢为天平节度使兼侍中。

以东上阁门使王显为宣徽南院使，弭德超为宣徽北院使，并兼枢密副使。

三月，以宋琪为参知政事。

始分三司为三部，各置使。

太宗御讲武殿，亲试礼部举人，取进士一百七十五人，诸科五百一十六人。

四月，太宗对宰相赵普自夸道："朕顷在藩邸，颇闻朝臣有不修操检，以强词利舌，谤讟时事，陵替人物；或遣使远方，不存事体，但规财用，此甚辱国。今朝行宁复有此等耶！若人人自修，岂不尽善。"太宗这是自夸他的吏治状况已胜过太祖之时。宰相赵普便吹捧说："陛下敦崇风教，不严而治，轻薄之徒自然弭息矣。"太宗于是颁《外官戒谕辞》。

赵普在太宗面前为曹彬辩解，弭德超又谩骂枢密副使王显、柴禹锡，被王显报告太宗，太宗大怒，遂将枢密副使弭德超除名，并亲属流放琼州。

太宗到枢密使石熙载家探病。

五月，黄河在滑州决口，东南流入淮河。

六月，以王显为枢密使，柴禹锡为宣徽南院使兼枢密副使。

太宗对宰相赵普谈及择人："国家选才，最为切务……朕孜孜访问，止要求人，庶得良才以充任使也。"赵普回答说："帝王进用良善，实助太平之理，然于采择，要在得所。盖君子、小人，各有党类。先圣谓'观过各于其党'，不可不慎也。"太宗甚以为然。

兖州泰山父老诣阙请封禅，太宗未允。

七月，郭贽因饮酒过量，罢参知政事，责授秘书少监，出知荆南府。工部尚书李昉守本官参知政事。

八月，枢密使石熙载罢为右仆射。

九月，初置水陆路发运于京师。

十月，太宗将其子的世次由"德"改为"元"，以区别于太祖与廷美之子：卫王德崇改名元佐，广平郡王德明改名元佑，第三子德昌改名元休，第四子德严改名元僎，第五子德和改名元杰。元佐进封楚王，元佑进封陈王，元休封韩王，元偁封冀王，元杰封益王，并同平章事。

司徒兼侍中赵普罢为武胜节度使兼侍中。

十一月，宋琪、李昉任宰相，李穆、吕蒙正、李至并参知政事，张齐贤、王沔并同签署枢密院事。

诏自今宰相序立宜在亲王之上。

太宗令楚王元佐等五王同日赴中书视事，内第五子元杰才13岁。

太宗在长春殿设宴，送别赵普，并赐赵普诗。宰相宋琪吹捧说："君臣始终之分，可谓尽善矣。"

十二月，右仆射、直史馆胡旦献《河平颂》，内有"逆逊投荒，奸普屏外"等语，太宗看后震怒，以"指斥大臣，谤讟圣代，下流讪上"的罪名，责为殿中丞、商州团练副使。

是年，赵普62岁。

雍熙元年（984），46岁

正月，涪陵县公廷美死于房州，赐谥曰悼，追封涪王，为发哀成服。

廷美死后，太宗对宰相说，廷美是他的乳母耿氏所生，并称他对廷美"盖无负矣"。

参知政事李穆卒，年57岁。

二月，太宗在崇政殿亲阅诸军将校，自都指挥使以下至百夫长，皆按名籍参考劳绩而升黜之，凡逾月而毕。自是，率循其制。

三月，以廷美子德恭、德隆为刺史，婿韩崇业为静难军司马。

四月，泰山父老诣阙请封禅，群臣三上表请封禅，太宗诏以今年十一月有事于泰山。

以宰相宋琪为封禅大礼使，翰林学士宋白为卤簿使，贾黄中为仪仗使。

太宗至金明池观习水战。

五月，罢诸州农师。

以京官充堂后官。

六月，镇安军节度使、守中书令石守信死，年57岁。赠尚书令，追封威武郡王，谥武烈，辍视朝三日。

始令诸州长吏十日一虑囚。

诏罢封泰山。

九月，知夏州尹宪掩击李继迁，获其母、妻，俘千四百帐，继迁仅以身免。

十月，赐华山隐士陈抟号希夷先生。

十一月，太宗亲享太庙，祀天地于南郊，大赦，改元。

十二月，立德妃李氏为皇后。李氏乃李处耘之女，太平兴国二年（977）七月入宫，至是立为皇后。

雍熙二年（985），47岁

正月，始令试官亲戚别试。

以廷美之子德恭为左卫大将军判济州，封定安侯；德隆为右武卫大将军判沂州，封长宁侯。而以右补阙刘蒙叟通判济州，起居舍人韩俭通判沂州。赐德恭、德隆常俸外支钱三百万。

二月，夏州李继迁诱杀汝州团练使曹光实。

三月，太宗亲试礼部举人，得进士一百七十九人，诸科三百一十八人。及第始唱名。

四月，召宰相、参知政事、枢密、三司使，翰林、枢密直学士，尚书省四品、两省五品以上，三馆学士，宴于后苑，赏花钓鱼，张乐赐饮，命群臣赋诗、习射。自是每岁皆然。赏花钓鱼曲宴，始于是也。

五月，以左拾遗毕士安等四人为诸王府记室参军。

六月，卢多逊卒于崖州，年53岁。

九月，重阳，召诸王宴射苑中，楚王元佐以疾不与，遂纵火焚宫。太宗废楚王元佐为庶人，送均州安置。元佐行至黄山，因百官三上表乞留元佐京师，太宗召还元佐，置于南宫，使者监护，不通外事。元佐时年25岁。

十二月，宰相宋琪、枢密副使柴禹锡罢。

雍熙三年（986），48 岁

正月，廷美次子右武卫大将军、长宁侯德隆卒，以其弟德彝嗣侯，仍判沂州。德彝时年 19 岁。

知雄州贺令图与其父岳州刺史怀浦及文思使薛继昭、军器库使刘文裕、崇仪副使侯莫陈利用等相继上言，请伐辽国，取燕蓟故地。太宗以为然，遂有意北伐。

太宗命曹彬、米信和田重进分别领兵，两路北征，直指幽州。

参知政事李至上言反对，罢为礼部侍郎。

二月，太宗又命潘美、杨业领兵出雁门，攻取山后诸州。

三月，武宁节度使、同平章事、岐国公陈洪进死，年 71 岁，赠中书令，谥忠顺。

始用士人为司理判官。

五月，曹彬、米信两军与辽军战于岐沟关，宋军大败溃逃，曹彬收众夜渡拒马河，退屯易州。辽将耶律休哥收宋军尸体以为京观。

六月，太宗担心辽兵南下，起用宿将守边：命左卫上将军张永德知沧州，右卫上将军宋偓知霸州，右骁卫上将军刘廷让知雄州，蔚州观察使赵延溥知贝州。

以御史中丞辛仲甫为参知政事。

七月，因岐沟关之败，责降曹彬等将领。

签署枢密院事张齐贤因请自出守边，授给事中、知代州，与都部署潘美同领缘边兵马。

辽将耶律斜轸将兵十万，击败潘美所部宋军，夺回山后诸州，并在朔州陈家谷生擒宋军勇将杨业。杨业不食三日而死。

太宗又为其子改名：陈王元佑为元僖，韩王元休为元侃，冀王元儁为元份。

八月，太宗闻知杨业战死，十分痛惜，处罚宋西路军统帅潘美以下诸将：削潘美三任，监军王侁、军器库使刘文裕除名，王侁配金州，刘文裕配登州。赠杨业太尉、大同节度使，赐其家布帛千匹，粟千硕，录其子供奉官延朗等五人。

十月，以陈王元僖为开封尹、兼侍中。

诏祠部，凡僧尼籍有名者，悉牒度之。又诏：自今须经业精熟、阅试及三百者乃许系籍。

十一月，辽军大举南侵。

十二月，宋白等上《文苑英华》一千卷。

辽将耶律休哥败宋刘廷让军于君子馆，刘廷让全军覆没，仅以身免。

张齐贤败辽军于代州城下。

李继迁娶辽国义成公主。

辽军攻陷邢州、深州，所至长驱，其势益振。

雍熙四年（987），49 岁

正月，辽军纵横河朔，宋边将但能婴城自守，魏博以北，均遭辽军抢掠。辽军辇金帛北还，辽主回到南京幽州。

三月，宋将安守忠领兵与李继迁战于王亭，宋军被击败。

四月，以御史中丞赵昌言为枢密副使。

并水陆路发运为一司。

五月，诏诸州送医术人校业太医署。

太宗出自制的《平戎万全阵图》，赐并州都部署潘美、定州都部署田重进等人，亲授以进退攻击之略，并书《将有五才十过》之说赐之。

六月，以右骁卫上将军刘廷让为雄州都部署，彰国节度使、驸马都尉王承衍为贝、冀都部署，定国节度使崔翰复为高阳关兵马都部署。

七月，置三班院。

八月，令诸路转运使及州郡长吏，自今并不得擅举人充部内官，其有阙员，即时具奏。

九月，校医术人，优者为翰林学生。

诏以来年正月有事于东郊，亲耕籍田。

山南东道节度使赵普表求入觐，辞甚恳切，太宗允之。

十月，翰林学士贾黄中等上《神医普救方》一千卷，诏颁行之，赐黄中等器币有差。

雄州都部署刘廷让流放商州。

左仆射沈伦死，年79岁，赠侍中，谥恭惠。

十一月，诏以实数给百官俸。

十二月，赵普自襄州来朝，太宗召升殿慰抚，君臣相见感咽。开封尹陈王元僖因上疏，极力称颂赵普，请再用为相。太宗览疏，嘉纳之。赵普时年66岁。

端拱元年（988），50岁

正月，太宗在东郊亲享先农，遂耕籍田。大赦，改元。

二月，以籍田，中外官吏皆加恩。

李昉罢相。赵普守太保兼侍中，为首相；吕蒙正为次相；王沔为参知政事，张宏为枢密副使。太宗戒谕赵普，要他"谨赏罚，举贤能，弭爱憎"。

开封尹、陈王元僖进封许王，元侃进封襄王，元份进封越王。益王元杰为剑南、东西两川节度使。太宗第六子元偓为左卫上将军，封徐国公；第七子元偁为右卫上将军、泾国公。

赵普奏责枢密副使赵昌言为崇信军节度行军司马。赵普使人廉得郑州团练使侯莫陈利用专杀人及它不法事，在太宗前力发之，太宗只好将侯莫陈利用除名，流放商州，仍籍其家。赵普力请诛杀侯莫陈利用，终磔于市。

废水陆发运司。

五月，置秘阁于崇文院。

感德军节度使李继捧赐姓赵氏，名保忠，复委为定难军节度使，令图李继迁。此乃赵普之谋。

闰五月，太宗试礼部进士，得进士二十八人，诸科一百人；又复试下第举人，得进士、诸科共七百人。

御史中丞劾奏开封尹许王元僖，元僖不平，诉于太宗，太宗曰："此朝廷仪制，孰敢违之！"论罚如式。

六月，右领军卫大将军陈廷山谋反伏诛。

太宗亲试下第举人，又得进士三十一人，诸科八十九人。

七月，因天热，太宗要宰相赵普"归私第颐养，俟稍凉乃赴中书视事"。

八月，太师，尚书令兼中书令、邓王钱俶死，年60岁。太宗辍视朝七日，追封秦国王，谥忠懿，葬洛阳。

十月，特置马步军龙神卫四厢都指挥使、殿前捧日天武四厢都指挥使。始置都转运使，以右谏议大夫樊知古为河北东、西路都转运使。

十一月，辽兵大举南侵，攻拔满城、祁州、新乐等城。李继隆率军在唐河北荆击败辽军。

十二月，辽初置贡举，放高第一人。

定难军节度使赵保忠言李继迁归降，以继迁为银州刺史，充洛苑使。

端拱二年（989），51岁

正月，辽军攻破易州，数败宋军，宋军穷于招架。太宗诏群臣各陈备边之策。右拾遗、直史馆王禹偁上《御戎十策》奏议，提出变法主张，深为宰相赵普赞赏。赵普由此器重王禹偁，遂成忘年至交。知制诰田锡上疏，称颂赵普，请求太宗"以军旅之事，机密之谋，悉与筹量，尽其规画"。右正言、直史馆温仲舒与户部郎中张洎亦上疏言边事。

二月，辽军收兵北返，庆贺南征胜利。

太宗以国子监为国子学。

三月，太宗亲试礼部举人，得进士一百八十六人，诸科五百二十三人。

四月，太宗至宰相赵普家探病。

五月，自三月起一直不下雨，戊戌（十九日）夕大雨。

六月，直史馆句中正等撰成《雍熙广韵》一百卷。

七月，直史馆寇準极言北边利害，太宗擢为虞部郎中、枢密直学士。寇準时年29岁。

因赵普两次推荐，太宗以知代州张齐贤为枢密副使，张逊为宣徽北院使、签署枢密院事。张齐贤时年47岁。

有彗星出东井，凡三十日，太宗避正殿，减常膳。

辽军邀击送粮宋军，遭宋将崇仪使、北面缘边都巡检尹继伦率部突击，辽兵奔溃。

八月，宰相赵普上《彗星疏》，请求罢其职以应彗星之变。太宗大赦。彗星不见。

十月，赵普被疾请告，知制诰田锡上疏言事，太宗不悦，宰相吕蒙正亦怒，罢田锡知制诰，以户部郎中出知陈州。

十一月，镇州都部署郭守文卒。守文守边数年，得军心，家无余财，太宗赐其家钱五百万，仍录其子为五品正员官。其后，太宗追念守文旧勋，纳守文次女为襄王元侃夫人，时在淳化四年（993）。此即真宗的郭皇后。

十二月，置三司都磨勘司。

淳化元年（990），52岁

正月，改元，内外文武官并加勋阶爵邑。御乾元殿受册尊号"法天崇道"。

太宗生日，原为乾明节，至是改为寿宁节。

宰相赵普因病四上表请致仕，以赵普为西京留守、兼中书令。赵普时年69岁。

正月至二月，赵普四上表辞西京留守，太宗不许，手诏答曰："开国旧勋，惟卿一人，不同他等，无烦固辞。俟首途有日，当就与卿别。"

三月，赵普力疾请对，颇言及国家事。

赵普将赴西京，太宗至其第送别，派其长子承宗送至西京，次子承煦带职侍行。

夏州败李继迁。

四月，赵普既罢相，中书政事多决于参知政事王沔。沔遂弄权。

五月，给致仕官半俸。刑部置详覆官六员，置御史台推勘官二十人，并以京朝官充。

改铸"淳化元宝"钱，太宗以真、草、行三体书其文。自后，每改元必更铸钱，以年号元宝为文。

十二月，辽封李继迁为夏国王。

诏从谢泌建议，自今群臣章奏，凡政事送中书，机事送枢密院，财货送三司，覆奏而后行。着为定制。中外所上书疏亦如之。

淳化二年（991），53 岁

正月，遣商州团练使翟守素帅兵支援夏州，攻讨李继迁。

闰二月，诏内外诸军，除木枪、弓弩矢外不得蓄他兵器。

秘书监李至进新校太宗之书三百八十卷。

学士始领外司。命翰林学士贾黄中、苏易简干当左遣院，李沆同判吏部流内铨。

三月，枢密直学士寇凖，揭发参知政事王沔用刑不公，包庇母弟王淮，太宗见王沔切责之。

参知政事辛仲甫罢知陈州。

翰林学士宋白等上新定《淳化编敕》三十卷。

四月，张齐贤、陈恕为参知政事，张逊、温仲舒、寇凖为枢密副使。枢密副使张宏罢为吏部侍郎。

五月，置诸路提点刑狱司。

六月，忠武节度使、同平章事潘美卒，年 67 岁。赠中书令，谥武惠。

命张永德为并、代都部署。

七月，李继迁闻翟守素将兵来讨，奉表归顺，授继迁银州观察使，赐姓赵，名曰保吉。

八月，置审刑院于禁中。本中书刑房，宰相所领之职，至是析出。以枢密直学士李昌龄知审刑院事，兼置详议官六员。

九月，参知政事王沔、陈恕皆罢守本官。

宰相吕蒙正罢为吏部尚书。以李昉、张齐贤并相，贾黄中、李沆并为参知政事。

枢密使王显罢为崇信军节度使。张逊知枢密院事，温仲舒、寇凖同知院事，三人并带副使。知院之名自此始。

当时，李昉 67 岁，张齐贤 49 岁，贾黄中 51 岁，李沆 45 岁，温仲舒 48 岁，寇凖 31 岁。

十月，李继捧降辽，辽封为西平王。

十二月，辽闻李继迁附宋，遣韩德威往谕之。

保康军节度使刘继元卒，年纪未见记载。赠中书令，追封彭城郡王。

淳化三年（992），54 岁

二月，西京留守赵普三上表乞致仕。

辽招讨使韩德威奏，李继迁称故不出，至灵州俘掠以还。

三月，赵普以太师、魏国公致仕，太宗命给宰相俸料令养疾，俟愈日赴阙。太宗特派赵普之弟安易持诏赐之。

太宗亲试礼部举人，得进士三百五十三人，诸科九百六十四人，合共一千三百十七人。从本次殿试起，开始糊名考校合格进士。

五月，以医官奉太宗命所集《太平圣惠方》一百卷的印本颁天下，每州择明医术者一人补医博士，令掌之，听吏民传写。

复唐制，置理检院，命右正言、知制诰钱若水领之。

始命增修秘阁。

六月，以殿前都虞候王昭远为并、代兵马都部署，以代张永德。

在京城四门置常平仓，命常参官领之。

七月，太师、魏国公赵普死于西京洛阳，年71岁。赠尚书令，追封真定王，谥忠献，辍视朝五日。太宗亲撰《神道碑》，书以赐赵普家。赐赵普家绢、布各五百匹，米、面各五百石。普妻和氏言，二女皆笄，愿使为尼，太宗赐其长女名志愿，号智果大师，次女名志英，号智圆大师。赵普长子承宗已于淳化二年（991）死，拜其次子承煦宫苑使，领恩州刺史。承煦时年29岁。

八月，太宗因新的秘阁修成，赐近臣宴，并以飞白书"秘阁"二字赐之。

九月，太宗至秘阁观书，赐从臣及直馆阁官饮。又召侍卫马步军都虞候傅潜、殿前都指挥使戴兴等武将，令观群书，欲武将知文儒之盛也。

十月，始置京朝、幕职、州县官考课，并校三班殿最。

十一月，太宗次子开封尹许王元僖死，年27岁，追赠太子，谥恭孝。未几，闻元僖劣迹，太宗大怒，诏罢册礼，止以一品卤簿葬之。真宗即位后，始诏中外称太子之号。

禁两浙诸州巫师。

十二月，以右谏议大夫魏庠知开封府。

辽攻高丽。

淳化四年（993），55岁

正月，亲享太庙，合祭天地于圜丘，大赦天下。

二月，置审官院、考课院。

王小波在永康军青城县发动起义。

三月，以何承矩为制置河北缘边屯田使，发诸州镇兵万八千人给其役。

诏权停贡举。自此迄太宗去世，再未行贡举。

五月，从苏易简之请，废京朝官差遣院，令审官院总之。凡常调选人，流内铨主之；奏举及历任有殿累者，考课院主之。

罢盐铁、户部、度支等使，置三司使。以盐铁使魏羽判三司。

六月，宰相张齐贤罢为尚书左丞。宣徽北院使、知枢密院事张逊贬右领军卫将军，右谏议大夫、同知枢密院事寇準罢守本官。以柴禹锡为宣徽北院使、知枢密院事，枢密直学士刘昌言为右谏议大夫、同知院事，右谏议大夫、枢密直学士吕端守本官、参知政事。

初复给事中封驳。

七月，复沿江务，置诸路茶盐制置使。

八月，诏以宣徽北院厅事为通进、银台司，以向敏中、张咏同知二司公事。

令银台司兼领发敕司。

九月，以给事中封驳隶通进、银台司。

十月，罢诸路提点刑狱司。

始分天下为十道，两京为左右计，各署判官领之，置三司使二员。

从翰林学士承旨苏易简之请，诏审官院，自今京朝官未历州县者，不得任知州、通判。

宰相李昉、参知政事贾黄中、李沆、同知枢密院事温仲舒并罢守本官。

以吕蒙正为相，苏易简为参知政事，赵镕、向敏中为同知枢密院事，又以赵昌言为参知政事。

以左谏议大夫寇準出知青州。此后，太宗时常念及寇準。

黄河在澶州决口，向西北流入御河。

闰十月，置三司总计度使。

十二月，西川都巡检使张玘率军与王小波所率起义军激战于江原县，张玘被打死，王小波也中流矢死，起义军推李顺为帅，继续战斗。

淳化五年（994），56岁

正月，李顺攻占成都，称"大蜀王"，改元"应运"。李顺入城后，遣兵四出攻掠，北抵剑阁，南距巫峡，皆为起义军攻占。

太宗以侍卫马军都指挥使李继隆为河西行营都部署，率兵攻讨李继迁。

太宗命昭宣使、河州团练使王继恩为西川招安使，率兵讨伐李顺起义军。王继恩乃宋代第一位出任统帅的宦官。

二月，太宗听到成都被李顺攻占的消息，派少府少监雷有终、监察御史裴庄并为峡路随军转运使，工部郎中刘锡、职方员外郎周渭为陕府西至西川随军转运使，又派马步军都军头王杲帅兵趋剑门，崇仪使尹元帅兵由峡路以进，并受王继恩指挥。

李顺分兵北上攻剑门，被宋将上官正击败。宋军从北部入川之路遂得畅通。

诏除剑南、东西川、峡路诸州主吏民卒淳化五年以前逋负。

三月，宋将李继隆率师入夏州，擒赵保忠，李继迁引众遁去。

四月，太宗以夏州深在沙漠，欲隳其城，迁其民于银、绥间，宰相吕蒙正赞同，遂下诏。李继隆反对，太宗不报。

五月，王继恩率军攻破成都，俘获李顺。

赵保忠至京，以保忠为右千牛卫上将军，封宥罪侯。

李顺在凤翔被杀。

王继恩虽入成都，但城门十里外即仍为起义军控制。李顺部下元帅张余率众复起，攻下嘉、戎、泸、渝、涪、忠、万、开八州。

七月，置江、淮、两浙发运使。

李继迁遣牙校以良马来献，且谢过，仍自称"赵保吉"。太宗诏答之，亦称"赵保吉"。

八月，赏王继恩之功，特置宣政使，以王继恩为之。

诏知益州张咏赴成都，得便宜从事。

左谏议大夫、知审刑院许骧等上重删定《淳化编敕》三十卷，诏颁行之。

参知政事赵昌言为太宗指画西川攻取之策，太宗甚喜，以昌言为川、峡两路都部署，自王继恩以下并受节度。

李继迁遣其弟奉表待罪。

九月，张咏离京赴成都，本月至成都。

峨眉山僧茂贞，向太宗建言，说赵昌言有反相，"不宜委以蜀事"，太宗遂令赵昌言驻凤翔，不得入蜀。

用寇准之言，以襄王元侃为开封尹，改封寿王。

以左谏议大夫寇准为参知政事。

以蜀部渐平，太宗下罪己诏。

知益州张咏因成都已有两年的军食，奏罢陕西运粮。太宗喜曰："乡者益州日以乏粮为请，咏至未久，遂有二岁之备。此人何事不能了！朕无虑矣。"

十月，为开封尹、寿王元侃配备僚属：以左谏议大夫杨徽之、右谏议大夫毕士安并为开封府判官，兵部郎中乔维岳、寿王府记室参军水部郎中杨砺、谘议司封员外郎夏侯峤并为开封府推官。杨徽之等人入谢，太宗诏升殿，赐坐，谕以辅导之旨。

十一月，遣使谕李继迁，赐以器币、茶药、衣服。

十二月，命枢密直学士张鉴、西京作坊副使冯守规安抚西川。张鉴至成都，遣随来廷臣部戍兵出境，王继恩麾下使臣亦多遣东还；又督王继恩出兵进攻起义军，西川局势才逐渐稳定。

以三司两京、十道复归三部，各置使一员，每部置判官、推官、都监，分勾院为三。

至道元年（995），57岁

正月一日，改元至道。

上清宫落成，总共有一千二百四十二区，太宗亲为书额，并在落成当日前往拜谒。

翰林学士钱若水为右谏议大夫、同知枢密院事。枢密副使刘昌言罢为给事中。参知政事赵昌言罢知凤翔府。

李继迁遣使以良马、橐驼来贡。

二月，嘉州函送西川农民起义军首领张余首级至西川行营。李顺余部的斗争失败。

四月，宰相吕蒙正罢为右仆射，吕端自参知政事升为宰相。吕端历官四十年，才位至宰相，太宗常恨任用之晚。吕端为相后，太宗又内出手札戒谕："自今中书事必经吕端详酌，乃得闻奏。"

参知政事苏易简罢为礼部侍郎，翰林学士张洎为参知政事。

知枢密院事柴禹锡罢为镇宁军节度使，同知枢密院事赵镕知枢密院事。

太宗遣使分决诸路刑狱。

太祖的皇后——"开宝皇后"宋氏卒，年44岁。太宗不为发表成礼，群臣不成服。

五月，翰林学士兼知审官院及通进、银台、封驳司王禹偁，在"开宝皇后"死后对宾友说："后尝母天下，当遵用旧礼。"太宗闻知不悦，王禹偁"坐轻肆"，罢为工部郎中、知滁州。

开封尹、寿王元侃言，太康县村民获一玄兔献上。太宗对宰相说："玄兔之来，国家之庆也。"

六月，诏重造州县二税版籍，颁其式于天下。

遣使谕李继迁，授以郇州节度使，继迁不奉诏。

八月，诏立寿王元侃为皇太子，改名恒，兼判开封府。大赦，文武常参官子为父后见任官者，赐勋一转。这是自唐天祐以来近百年间，第一次举行立储之礼。京师之人见太子，喜悦曰："真社稷之主也。"太宗闻知，心生妒忌，召来寇準，对他说："四海心属太子，欲置我何地？"寇準说："陛下择所以付神器者，顾得社稷之主，乃万世之福也。"太宗乃释然。

太宗此时特赏识寇準，对左右说："朕得寇準，犹唐太宗之得魏郑公也。"把寇準比作魏徵。

九月，太宗在朝元殿举行册立皇太子的典礼。

清远军言，李继迁入侵，率兵击走之。

十一月，诏参知政事张洎改撰京城内外坊名八十余。开封城由此分定布列，具有了首都的制度。

以峰州团练使上官正、右谏议大夫雷有终并为西川招安使，召王继恩归阙。

十二月，太宗对侍臣言，自诩为治无惭于前代，而过于周世宗时。于此具见太宗得意之态。

至道二年（996），58岁

正月，太宗亲享太庙，合祭天地于圜丘，大赦天下，加恩中外文武。

二月，太宗加封太子以外诸子：以越王元份为杭州大都督，兼领越州；吴王元杰为扬州大都督，兼领寿州；以徐国公元偓为洪州都督，镇南军节度使；泾国公元偶为鄂州都督、武清军节度使。这是太宗在立太子后，全面提高其子地位、声望的一条措施。

以御史中丞李昌龄为给事中、参知政事。太宗此时以李昌龄为副相，可知是十分赏识和器重他的。孰料太宗死后，李昌龄却与王继恩、李皇后等人勾结，企图撇开太子，另立他人为帝，这是太宗始料未及的。

定任子官制。

四月，命侍卫马军都指挥使李继隆为环、庆等州都部署，殿前都虞候范廷召副之，率兵讨伐李继迁。

五月，李继迁率万余众进攻灵州，围城半年多，终未能攻下灵州城。太宗起初打算放弃灵州，后又改变主意。

李顺余部王鸬鹚复聚众而起，自称邛南王。

七月，命殿前都指挥使王超为夏、绥、麟、府州都部署，率兵支援攻打李继迁的宋军。

太宗厌恶寇準除拜专恣，罢寇準参知政事，为给事中。

闰七月，太宗下诏：自今中书门下只令宰相押班、知印。其参知政事，殿廷别设砖位，次宰相之后，不得升都堂。祠祭、行香、署敕，并以开宝六年六月庚戌诏书从事。这是关于参知政事定制的一条重要诏令。

九月，太宗部分诸将攻讨李继迁，五路进兵：李继隆自环州，范廷召自延州，王超自夏州，步军都虞候丁罕自庆州，西京作坊使张守思自麟州，太宗亲自向五将分别授以方略，还赐以阵图，令分兵合击。结果，李继隆与丁罕合兵，行十数日不见敌，引军还；张守恩见敌不击，率兵归本部；只有王超、范廷召所部与李继迁交战，在乌、白池一带大小数十战，抵达李继迁的大本营，悉焚荡之。李继迁率残部逃走。

十月，并三司勾院为一，命工部员外郎刘式专领之。

至道三年（997），59岁

正月，以户部侍郎温仲舒、礼部侍郎王化基并为参知政事，给事中李惟清同知枢密院事。参知政事张洎罢为刑部侍郎。

太祖的皇后——孝章皇后宋氏陪葬永昌陵。

以侍卫马步军都虞候傅潜为延州路都部署，殿前都虞候王昭远为灵州路都部署。

二月，灵州行营破李继迁。

太宗病情恶化，开始在便殿决事。下令灵州，停止出兵攻打李继迁。

三月壬辰（廿八日），太宗因病不视朝。

癸巳（廿九日），太宗死于万岁殿，享年59岁，在帝位22年。

宰相吕端定议，参知政事温仲舒宣遗制，太子赵恒即帝位于枢前，是为真宗。

赵恒时年30岁，吕端时年63岁，温仲舒时年54岁。

四月乙未朔，尊李皇后为皇太后。大赦天下，常赦所不原者咸除之。宰相吕端上太宗的陵墓名曰永熙。

六月，真宗追复皇叔廷美西京留守、兼中书令、秦王，赠皇兄魏王德昭太傅，岐王德芳太保。

翰林学士承旨宋白上太宗谥曰："神功圣德文武"，庙号"太宗"。

十月，葬太宗于永熙陵。

附录二 **主要参考论著**

一、著作

1. 〔日〕竺沙雅章:《宋朝的太祖和太宗》,日本清水书院 1984 年版。

2. 邓广铭:《邓广铭学术论著自选集》,首都师范大学出版社 1994 年版。

3. 〔日〕宋史提要编纂协力委员会编:《宋代研究文献提要》,东洋文库刊,1974 年第二刷发行。

4. 徐规:《王禹偁事迹著作编年》,中国社会科学出版社 1982 年版。

5. 何冠环:《宋初朋党与太平兴国三年进士》,中华书局 1994 年版。

6. 何忠礼:《宋史选举志补正》,浙江古籍出版社 1992 年版。

7. 陈乐素:《求是集》,第一集,广东人民出版社 1986 年版;第二集,广东人民出版社 1984 年版。

8. 姚瀛艇主编:《宋代文化史》,河南大学出版社 1992 年版。

9. 程光裕:《宋太宗对辽战争考》,台湾商务印书馆 1972 年版。

10. 何冠环:《论宋太宗朝之赵普》,硕士论文,未刊稿本。

11. 张其凡:《赵普评传》,北京出版社 1991 年版。

12. 张其凡:《五代禁军初探》,暨南大学出版社 1993 年版。

13. 张其凡:《宋初政治探研》,暨南大学出版社 1995 年版。

14. 张家驹:《赵匡胤传》,江苏人民出版社 1959 年版。

15. 《中国历代战争史》第十一册,台湾黎明文化事业公司 1976 年修订版。

16. 刘子清:《中国历代人物评传》下册,台湾黎明文化事业公司 1976 年再版。

17. 陈述:《契丹社会经济史稿》,生活·读书·新知三联书店 1963 年版。

18. 张正明:《契丹史略》,中华书局 1979 年版。

19. 傅乐焕：《辽史丛考》，中华书局 1984 年版。

20. 舒焚：《辽史稿》，湖北人民出版社 1984 年版。

21. 杨树森：《辽史简编》，辽宁人民出版社 1984 年版。

22. 历史研究编辑部编：《辽金史论文集》，辽宁人民出版社 1985 年版。

23. 中国辽金史学会编：《辽金史论集》第四辑，书目文献出版社 1989 年版。

24. 韦庆远主编：《中国政治制度史》，中国人民大学出版社 1989 年版。

25. 白钢主编：《中国政治制度史》，天津人民出版社 1991 年版。

26. 郑学檬主编：《中国赋役制度史》，厦门大学出版社 1994 年版。

27. 高锐主编：《中国军事史略》，军事科学出版社 1992 年版。

28. 刘静贞：《北宋前期皇帝和他们的权力》，台北稻乡出版社 1996 年版。

29.〔日〕加藤繁：《中国经济史考证》第一、二卷，吴杰译，商务印书馆 1959 年版。

30. 李剑农：《宋元明经济史稿》，生活·读书·新知三联书店 1957 年版。

31. 葛金芳：《宋辽夏金经济研析》，武汉出版社 1991 年版。

32. 傅筑夫：《中国经济史论丛》，生活·读书·新知三联书店 1979 年版。

33. 胡如雷：《中国封建社会形态研究》，生活·读书·新知三联书店 1979 年版。

34. 石训、姚瀛艇等：《中国宋代哲学》，河南人民出版社 1992 年版。

35. 郭朋：《宋元佛教》，福建人民出版社 1981 年版。

36. 朱瑞熙：《宋代社会研究》，中州书画社 1983 年版。

37. 陈植锷：《北宋文化史述论》，中国社会科学出版社 1992 年版。

38. 葛剑雄、曹树基、吴松弟：《简明中国移民史》，福建人民出版社 1993 年版。

39. 张邦炜：《宋代皇亲与政治》，四川人民出版社 1993 年版。

40. 张邦炜：《婚姻与社会——宋代》，四川人民出版社 1989 年版。

41. 程千帆、吴新雷：《两宋文学史》，上海古籍出版社 1991 年版。

42. 赵雨乐：《唐宋变革期之军政制度》，台北文史哲出版社 1994 年版。

43. 邓小南：《宋代文官选任制度诸层面》，河北教育出版社 1993 年版。

44. 龚延明：《宋史职官志补正》，浙江古籍出版社 1991 年版。

45. 梁太济、包伟民：《宋史食货志补正》，杭州大学出版社 1994 年版。

46. 叶坦：《富国富民论——立足于宋代的考察》，北京出版社 1991 年版。

47. 袁征：《宋代教育——中国古代教育的历史性转折》，广东高等教育
出版社 1991 年版。

48. 程民生：《宋代地域经济》，河南大学出版社 1992 年版。

49. 北京师范大学编：《纪念陈垣校长诞生 110 周年学术论文集》，北京
师范大学出版社 1990 年版。

50. 常绍温主编：《陈乐素教授（九十）诞辰纪念文集》，广东人民出版
社 1992 年版。

51. 云南大学历史系编：《纪念李埏教授从事学术活动五十周年史学论文
集》，云南大学出版社 1992 年版。

52. 杨渭生主编：《徐规教授从事教学科研工作五十周年纪念文集》，杭
州大学出版社 1995 年版。

53. 孙国栋：《唐宋史论丛》，香港龙门书店有限公司 1980 年版。

54. 苏基朗：《唐宋法制史研究》，香港中文大学出版社 1996 年版。

55. 程应镠：《流金集》，上海古籍出版社 1995 年版。

56. 宋晞：《宋史研究论丛》第三辑，台北中国文化大学出版部 1988 年版。

57. 宋晞：《宋史研究论丛》第四辑，台北中国文化大学出版部 1992 年版。

58. 陈学霖：《宋史论集》，台北东大图书公司 1993 年版。

59. 林天蔚：《宋代史事质疑》，台湾商务印书馆 1987 年版。

60. 赵雅书主编：《宋史教学研讨会论文集》，台湾大学历史学系出版发行，
1993 年版。

61. 汪圣铎：《两宋财政史》，中华书局 1995 年版。

62. 〔美〕贾志扬：《宋代科举》，台北东大图书公司 1995 年版。

63. 王赓武:《历史的功能》，香港中华书局 1990 年版。

64. 〔美〕约翰·海格尔等:《宋史论文选集》，陶晋生等译，台北国立编译馆 1995 年版。

65. 聂崇岐:《宋史丛考》上、下册，中华书局 1980 年版。

66. 华山:《宋史论集》，齐鲁书社 1982 年版。

67. 邓广铭、郦家驹等主编:《宋史研究论文集》，河南人民出版社 1984 年版。

68. 邓广铭、徐规等主编:《宋史研究论文集》，浙江人民出版社 1987 年版。

69. 台北国立编译馆:《宋史研究集》第 3 辑，1966 年版。

70. 台北国立编译馆:《宋史研究集》第 7 辑，1974 年版。

71. 台北国立编译馆:《宋史研究集》第 8 辑，1976 年版。

72. 台北国立编译馆:《宋史研究集》第 10 辑，1977 年版。

73. 台北国立编译馆:《宋史研究集》第 15 辑，1984 年版。

74. 台北国立编译馆:《宋史研究集》第 20 辑，1990 年版。

75. 台北国立编译馆:《宋史研究集》第 22 辑，1992 年版。

76. 台北国立编译馆:《宋史研究集》第 23 辑，1995 年版。

77. 方豪:《宋史》，台北中国文化书院出版部 1979 年版。

78. 刘子健:《两宋史研究汇编》，台北联经出版公司 1987 年版。

79. 蒋复璁:《珍帚斋文集》卷 3《宋史新探》，台湾商务印书馆 1985 年版。

80. 陶晋生:《宋辽金元史新论》，香港中国史学社印行。

81. 苗书梅:《宋代官员选任和管理制度》，河南大学出版社 1996 年版。

二、论文

1. 张荫麟:《宋太宗继统考实》，《文史杂志》第 1 卷第 8 期，1941 年 7 月。

2. 吴天墀:《烛影斧声传疑》，《史学季刊》第 1 卷第 2 期，1941 年 3 月。

3. 谷霁光:《宋代继承问题商榷》，《清华学报》第 13 卷第 1 期，收入《史林漫拾》，福建人民出版社 1982 年版。

4. 邓广铭：《宋太祖太宗授受辨》，《真理杂志》第1卷第3期，1944年3月，收入《邓广铭论著自选集》。

5. 张其凡：《宋太宗论》，《历史研究》1987年第2期。

6. 王瑞来：《略论宋太宗》，《社会科学战线》1987年第4期。

7. 罗煌：《关于宋辽高梁河之战》，天津《益世报·读书周刊》第42期，1936年4月2日。

8. 蒋复璁：《宋太祖时太宗与赵普之政争》，台北《史学汇刊》第5期，1973年3月，收入《宋史研究集》第7辑。

9. 蒋复璁：《宋太宗晋邸幕府考》，台北《大陆杂志》第30卷第3期，1965年2月；收入《宋史研究集》第3辑。

10. 何冠环：《论宋太宗朝武将之党争》，香港中文大学《中国文化研究所学报》第4期，1995年。

11. 吴天墀：《王小波、李顺起义为什么在川西地区发生？》，《四川大学学报》1979年第3期。

12. 朱瑞熙：《北宋王小波、李顺起义的几个问题》，《南开大学学报》1979年第1期。

13. 张其凡：《从高梁河之败到雍熙北征》，《华南师范大学学报》1983年第3期，收入《宋初政治探研》。

14. 唐兆梅：《关于北宋"积弱"几个问题的探讨》，《湘潭大学学报》1984年第3期。

15. 顾全芳：《评北宋雍熙北伐》，《中州学刊》1984年第2期。

16. 葛金芳：《试论"不抑兼并"》，《武汉师院学报》1984年第2期。

17. 周宝珠：《金明池水戏与〈金明池争标图〉》，《中州学刊》1984年第1期。

18. 王瑞明：《"等贵贱，均贫富"试释》，《华中师院学报》1984年第1期。

19. 王瑞来：《论宋代相权》，《历史研究》1985年第2期。

20. 宋衍申：《是"重武"不是"轻武"——谈北宋的一项基本国策》，《光明日报》1985 年 9 月 4 日。

21. 史旺成：《宋初对官吏贪污受贿的惩处》，《中州学刊》1985 年第 2 期。

22. 程民生：《北宋河北塘泺的国防与经济作用》，《河北学刊》1985 年第 5 期。

23. 陈普生：《宋太宗后裔为何世居高淳赵家寨——赵效碑记考》，《南京史志》1985 年第 5 期。

24. 严文儒：《太宗所称"内患"析》，《华东师范大学学报》1985 年第 1 期。

25. 陆月：《宋太宗所称"内患"析》，《文史知识》1985 年第 5 期。

26. 顾吉辰：《北宋王小波李顺起义提出的"均贫富"口号是否存在》，《社会科学辑刊》1985 年第 2 期。

27. 陈振：《关于北宋前期的宰相制度》，《中州学刊》1985 年第 6 期。

28. 张其凡：《宋初中书事权初探》，《华南师范大学学报》1986 年第 2 期，收入《宋初政治探研》。

29. 唐兆梅：《读〈评北宋雍熙北伐〉以后》，《中州学刊》1986 年第 1 期。

30. 汪槐龄：《论宋太宗》，《学术月刊》1986 年第 3 期。

31. 王云海：《宋太宗的"右文"政策》，《河南大学学报》1986 年第 1 期。

32. 徐规：《宋太祖誓约辨析》，《历史研究》1986 年第 4 期。

33. 孙克道：《赵普与北宋王朝》，《历史教学问题》1986 年第 2 期。

34. 李锡厚、赵葆寓：《雍熙三年宋太宗对辽战争何以失败》，《中州学刊》1987 年第 1 期。

35. 高玉琳：《宋军幽州之战失败原因浅析》，《军事史林》1987 年第 2 期。

36. 杨志刚：《北宋的"重武轻文"与"重文轻武"》，《文史知识》1987 年第 8 期。

37. 唐兆梅：《试论北宋的"祖宗家法"》，《汕头大学学报》1987 年第 1 期。

38. 曹海科：《试论北宋初年的法制与吏治》，《兰州大学学报》1987 年第 4 期。

39. 张邦炜：《宋代对宗室的防范》，《北京师院学报》1988 年第 1 期。

40. 张邦炜：《论宋代"无内乱"》，《四川师大学报》1988 年第 1 期。

41. 杜建录：《从太宗幽燕之败到仁宗陕西之战：论北宋"积贫积弱"之势的形成与加剧》，《固原师专学报》1988 年第 1 期。

42. 唐兆梅：《析北宋的"不抑兼并"》，《中国史研究》1988 年第 1 期。

43. 雷家宏：《宋初社会风气建设浅识》，《河南大学学报》1988 年第 1 期。

44. 陈植锷：《论北宋知识分子的知识结构》，《社会科学与研究》1988 年第 1 期。

45. 李裕民：《揭开"斧声烛影"之谜》，《山西大学学报》1988 年第 3 期。

46. 张其凡：《雍熙北征到澶渊之盟》，《史学月刊》1988 年第 1 期，收入《宋初政治探研》。

47. 张义忱：《论宋辽高梁河之战》，《沈阳师院学报》1988 年第 3 期。

48. 孙建民：《燕云十六州与宋初宋辽的军事策略》，《河北学刊》1989 年第 4 期。

49. 金诤：《评宋代文官政治》，《文史知识》1990 年第 5 期。

50. 宋采义：《宋代惩治贪官的斗争》，《史学月刊》1990 年第 5 期。

51. 张其凡：《宋初经济政策刍议》，《华南师范大学学报》1989 年第 4 期，收入《宋初政治探研》。

52. 何忠礼：《科举制度与宋代文化》，《历史研究》1990 年第 5 期。

53. 宋强刚：《近年来宋代历史地位和宋初政策研究述评》，《中国史研究动态》1990 年第 3 期。

54. 张西安：《北宋统一南方得失说》，《武汉教育学院学报》1989 年第 1 期。

55. 刘洪涛：《从赵宋宗室的家族病释"烛影斧声"之谜》，《南开学报》1989 年第 6 期。

56. 姜锡东：《关于北宋前期宰相制度的几个问题》，《中州学刊》1990 年第 2 期。

57. 李经纬：《北宋皇帝与医学》，《中国科技史料》1989 年第 3 期。

58. 张其凡：《宋初兵制改革初探》，《暨南学报》1989 年第 4 期，收入《五代禁军初探》。

59. 季平:《论宋太宗的政治思想》,《社会科学研究》1990 年第 3 期。

60. 杜成安:《评宋太宗"雍熙北伐"的战略意图》,《抚顺师专学报》
1990 年第 2 期。

61. 刘子健:《宋太宗与宋初两次篡位》,《中国史研究》1990 年第 1 期。

62. 施秀娥:《宋太宗继统考略》,《齐鲁学刊》1989 年第 6 期。

63. 盛梦良:《试论北宋统一的战略及其后果》,《湖南师大学报》1991
年第 1 期。

64. 宋鸿:《宋代朋党思想及其对北宋政治的影响》,《河南大学学报》
1991 年第 3 期。

65. 王瑞来:《"烛影斧声"事件新解》,《中国史研究》1991 年第 2 期。

66. 杜成安:《雍熙北伐时宋军兵力部署探微》,《抚顺师专学报》1991
年第 2 期。

67. 毛元佑:《宋初文武臣僚处世态度之心理分析》,《中国史研究》
1991 年第 1 期。

68. 罗炳良:《宋代兵变性质刍议》,《河北师院学报》1991 年第 2 期。

69. 董健桥:《略论宋初学术思想的演变》,《西北大学学报》1991 年第 3 期。

70. 张仁玺、王鲁英:《略论宋太宗攻辽失败的原因》,《山东师大学报》
1991 年增刊。

71. 蔡罕:《太祖、太宗与宋初廉政》,《杭州大学学报》1991 年第 3 期。

72. 蒋复璁:《宋代一个国策的检讨》,台湾《大陆杂志》第 9 卷第 7 期,
1954 年 10 月。

73. 赵铁寒:《关于宋代"强干弱枝"国策的管见》,台湾《大陆杂志》
第 9 卷第 8 期,1954 年 10 月。

74. 李震:《论北宋国防及其国运的兴废》,台湾《宋史研究论集》第 4 辑。

75. 陈芳明:《宋初弭兵论的检讨》,台湾《宋史研究论集》第 9 辑。

76. 林天蔚:《北宋积弱的三种分析》,台湾师范大学《历史学报》1975

年第 3 期。

77. 吴晗：《阵图和宋辽战争》，《新建设》1959 年第 4 期，收入《灯下集》。

78. 启循：《北宋初期两次出兵收复长城一带的经过及战争经过怎样？两次出兵的失败对后来有何影响？》，《历史教学》1960 年第 3 期。

79. 王瑞来：《论宋代皇权》，《历史研究》1989 年第 1 期。

80. 顾吉辰：《"烛影斧声"辨析》，《黄淮学刊》1989 年第 1 期。

81. 史剑波：《评宋太宗对辽政策》，《华东师大研究生学报》1989 年第 4 期。

82. 毛元佑：《论宋太宗的性格特征及其影响》，《华中师范大学学报》1989 年第 5 期。

83. 陈江：《两宋惩贪教训述论》，《现代法学》1989 年第 6 期。

84. 漆侠：《宋太宗第一次伐辽：高梁河之战》，《河北大学学报》1991 年第 3 期。

85. 唐兆梅：《评〈杜太后与"金匮之盟"〉》，《学术月刊》1991 年第 7 期。

86. 于海根：《简论宋太宗淮盐政策的六次变更》，《上海师范大学学报》1992 年第 1 期。

87. 邓广铭：《试破宋太宗即位大赦诏书之谜》，《历史研究》1992 年第 1 期，收入《邓广铭学术论著自选集》。

88. 漆侠：《宋太宗雍熙北伐》，《河北学刊》1992 年第 2 期。

89. 侯扬方：《宋太宗继统考实》，《复旦学报》1992 年第 2 期。

90. 任崇岳：《关于赵匡胤死因的讨论综述》，《中国史研究动态》1992 年第 11 期。

91. 王育济：《"金匮之盟"真伪考——对一桩学术定案的重新甄别》，《山东大学学报》1993 年第 1 期。

92. 李华瑞：《论宋初的西北边疆政策》，《西北史地》1993 年第 1 期。

93. 张其凡：《试论宋代政治思想的发展》，《中国史研究》1993 年第 1 期。

94. 罗炳良：《宋代治军政策矛盾探析》，《河北学刊》1993 年第 2 期。

95. 朱玖昀：《宋代立储考》，《石油大学学报》1993 年第 2 期。

96. 何冠环:《"金匮之盟"真伪新考》,《暨南学报》1993 年第 3 期。

97. 郑强胜:《宋初的用人政策及影响》,《史学月刊》1993 年第 3 期。

98. 舒适:《浅谈"均贫富"口号提出的社会背景》,《内蒙古电大学刊》1993 年第 4 期。

99. 齐勇锋:《五代藩镇兵制和五代宋初的削藩措施》,《河北学刊》1993 年第 4 期。

100. 贺圣迪:《宋太祖太宗的文化建树》,《上海大学学报》1993 年第 5 期。

101. 蔡绍荣:《也析北宋的"不抑兼并"——兼与唐兆梅先生商榷》,《学术月刊》1993 年第 12 期。

102. 李明顺:《浅析赵匡胤之死》,《牡丹江师院学报》1990 年第 3 期。

103. 马兴东:《宋代"不立田制"问题试析》,《史学月刊》1990 年第 6 期。

104. 唐兆梅:《略论宋初的黄老思想》,《中州学刊》1991 年第 1 期。

105. 刘安志:《近年来"烛影斧声"与"金匮之盟"研究述评》,《史学月刊》1995 年第 1 期。

106. 邓广铭:《陈桥兵变黄袍加身故事考释》,《真理杂志》第 1 卷第 1 期,1944 年 1 月;收入《邓广铭学术论著自选集》。

107. 张其凡:《吕端与宋初的黄老思想》,《宋史研究论文集》,河南人民出版社 1984 年版;收入《宋初政治探研》。

108. 张孟伦:《宋代统治阶级在撰修国史上的斗争》,《兰州大学学报》1981 年第 4 期。

109. 王育济:《宋太祖传位遗诏的发现及其意义》,《文史哲》1994 年第 2 期。

110. 方健:《简论宋太祖遗诏的"发现"及其真伪》,《宋史研究通讯》1995 年第 1 期。

111. 陈乐素:《宋初三馆考》,《图书季刊》第 3 卷第 3 期,1936 年 9 月,收入《求是集》第二集。

112. 李华瑞:《宋初统治思想略论》,《西北师大学报》1995 年第 6 期。

113. 王煦华、金永高:《宋辽和战关系中的几个问题》,《文史》第 9 辑,
　　　1980 年 6 月。

114. 汪槐龄:《柴荣与宋初政治》,《学术月刊》1980 年第 7 期。

115. 杨树森:《承天后与辽圣宗的历史作用》,《东北师大社会科学丛书》
　　　第 3 辑《中国古代历史人物论集》,1980 年 9 月出版。

116. 张其凡:《均贫富口号勿庸置疑》,《历史研究》1989 年第 4 期。

117. 张其凡:《张咏:宋代治蜀第一人》,《历史文献与传统文化》第 1 集,
　　　广东人民出版社 1990 年版。

118. 何冠环:《宋太宗箭疾新考》,香港中文大学《中国文化研究所学报》
　　　第 20 卷,1989 年出版。

119.〔日〕竺沙雅章:《宋初政治与宗教》,译文载《历史文献与传统文化》
　　　第 3 集,广东人民出版社 1994 年版。

120. 张其凡:《试论宋太祖朝的用人》,《宋元文史研究》,广东人民出
　　　版社 1988 年版,收入《宋初政治探研》一书。

121. 姚从吾:《契丹汉化的分析》,台湾《大陆杂志》第 4 卷第 4 期,
　　　1952 年 2 月。

122. 尹克明:《契丹汉化略考》,《禹贡半月刊》第 6 卷 3、4 期合刊。

123. 侯仁之:《燕云十六州考》,《禹贡半月刊》第 6 卷 3、4 期合刊。

124. 岑家梧:《辽代契丹和汉族及其他民族的经济文化联系》,《历史研
　　　究》1981 年第 1 期。

125. 陈乐素:《宋徽宗谋复燕云之失败》,《辅仁学志》第 4 卷第 1 期,
　　　1933 年 12 月。

126. 姜广辉:《试论汉初黄老思想》,《中国哲学史集刊》,上海人民出
　　　版社 1982 年版。

127. 杨志玖:《试论唐代藩镇割据的社会基础》,《历史教学》1980 年
　　　第 6 期。

附录三 引用书目版本

（以在本书中出现先后为序）

1. 李焘*：《续资治通鉴长编》，中华书局点校本。
2. （清）钱大昕：《廿二史考异》，商务印书馆本。
3. （元）脱脱：《宋史》，中华书局点校本。
4. 李攸：《宋朝事实》，丛书集成初编排印本。
5. 释文莹：《玉壶清话》，中华书局点校本。
6. 陶穀：《清异录》，清康熙年间（1662—1722）陈氏漱六阁刻本。
7. 王铚：《默记》，中华书局点校本。
8. 洪迈：《容斋随笔》，上海古籍出版社点校本。
9. （明）沈应文等纂修：万历《顺天府志》，北京中国书店 1959 年影印本。
10. 《中兴两朝圣政》，宛委别藏影宋钞本。
11. 李心传：《建炎以来系年要录》，广雅书局本。
12. 夷门君玉：《国老谈苑》，百川学海本。
13. 朱弁：《曲洧旧闻》，知不足斋丛书本。
14. 潘汝士编：《丁晋公谈录》，百川学海本。
15. （清）王夫之：《宋论》，中华书局 1964 年版。
16. 黄伯思：《东观余论》，学津讨原本。
17. （元）城北遗民徐大焯：《烬余录》，国粹丛书第三集，光绪二十二年（1896）印行。
18. 司马光《涑水记闻》，中华书局点校本。
19. 吕中：《大事记讲义》，清道光年间（1821—1850）钞本，台北文海出版社影印。

---

* 作者未注明时代者，皆为宋人。

20. 曾巩：《元丰类稿》，四部丛刊本。

21. 蔡條：《铁围山丛谈》，中华书局点校本。

22. （元）马端临：《文献通考》，万有文库本。

23. （清）徐松辑：《宋会要辑稿》，中华书局影印本。

24. 张咏：《乖崖集》，续古逸丛书本。

25. 王偁：《东都事略》，扫叶山房本。

26. 王巩：《随手杂录》，知不足斋丛书本。

27. （明）沈德符：《万历野获编》，中华书局点校本。

28. （清）王士禛：《带经堂集》，程哲校编本。

29. 《太平宝训政事纪年》，台北文海出版社影印本，收入《宋史资料萃编》第四辑。

30. （元）陈世隆：《北轩笔记》，知不足斋丛书本。

31. 陆游：《渭南文集》，四部丛刊本。

32. 司马光：《资治通鉴》，中华书局点校本。

33. 邵伯温：《邵氏闻见录》，中华书局点校本。

34. 《隆平集》，清康熙四十年（1701）七业堂校本。

35. （元）袁桷：《清容居士集》，四部丛刊本。

36. 陈师道：《后山谈丛》，宝颜堂秘笈本。

37. 《太宗实录》（残本），四部丛刊三编本。

38. 叶梦得：《石林燕语》，中华书局点校本。

39. 罗从彦：《罗豫章集》，正谊堂全书本。

40. 释文莹：《湘山野录》，中华书局点校本。

41. （清）乾隆敕撰：《通鉴辑览》，上海商务印书馆排印本。

42. 魏泰：《东轩笔录》，中华书局点校本。

43. （元）杨维桢：《铁厓先生集》，清乾隆三十九年（1774）刻本，联桂堂藏板。

44. 张淏：《云谷杂记》，四库全书文渊阁本。

45. 王明清：《挥麈录》，中华书局点校本。

46. 周煇：《清波杂志》，知不足斋丛书本。

47. 《宋大诏令集》，中华书局 1962 年版。

48. 王禹偁：《小畜集》，四部丛刊本。

49. 吴处厚：《青箱杂记》，中华书局点校本。

50. （清）毕沅：《续资治通鉴》，中华书局点校本。

51. （清）恽敬：《大云山房文稿》，四部丛刊本。

52. 王应麟：《玉海》，浙江书局本。

53. 朱熹辑：《五朝名臣言行录》，四部丛刊本。

54. 李心传：《建炎以来朝野杂记》，台北文海出版社影印明钞校聚珍本。

55. 吴曾：《能改斋漫录》，上海古籍出版社点校本。

56. 江少虞辑：《皇朝事实类苑》，上海古籍出版社点校本。

57. 孙逢吉：《职官分纪》，中华书局影印四库全书文渊阁本。

58. 程俱：《麟台故事》，武英殿聚珍本。

59. 宋敏求：《春明退朝录》，学津讨原本。

60. （清）永瑢等：《四库全书总目》，中华书局缩印本。

61. 《太平御览》，中华书局影印本。

62. 王辟之：《渑水燕谈录》，中华书局点校本。

63. 《太平广记》，中华书局点校本。

64. 《文苑英华》，中华书局影印本。

65. 欧阳修：《欧阳文忠公全集》，四部备要本。

66. 晁公武：《郡斋读书志》，袁本，四部丛刊三编本；衢本，清光绪十
年（1884）长沙王氏刻本。

67. 陈振孙：《直斋书录解题》，武英殿聚珍本。

68. 杨仲良：《续资治通鉴长编纪事本末》，广雅书局本。

69. 黄鉴笔录、宋庠整理：《杨文公谈苑》，上海古籍出版社辑校本。

70. （元）脱脱等：《辽史》，中华书局点校本。

71. 乐史:《太平寰宇记》,四库全书文渊阁本。

72. 赵汝愚辑:《诸臣奏议》,台北文海出版社影印宋刻明印本。

73. 刘敞:《公是集》,武英殿聚珍本。

74. 张方平:《乐全集》,四库珍本。

75. 陈均:《皇朝编年纲目备要》,四库全书文渊阁本。

76. 章如愚:《群书考索》,明正德三年(1508)慎独斋校刻本。

77. 周煇:《清波别志》,知不足斋丛书本。

78. 陈傅良:《历代兵制》,清代庄肇麟刻本。

79. 叶适:《水心别集》,见《叶适集》,中华书局点校本。

80. 沈括:《梦溪笔谈》,文物出版社影印元刊本。

81. 陆游:《老学庵笔记》,中华书局点校本。

82. 彭百川:《太平治迹统类》,江苏广陵古籍刻印社影印本。

83. 佚名:《寇莱公遗事》,历代小史本。

84. 薛居正等:《旧五代史》,中华书局点校本。

85. 欧阳修:《新五代史》,中华书局点校本。

86. (清)潘永因等编:《宋稗类钞》,书目文献出版社点校本。

87.《翊圣保德传》,道藏正乙部。

88. 田况:《儒林公议》,商务印书馆排印本。

89. 孟元老:《东京梦华录》,中国商业出版社排印本。

90. 高承:《事物纪原》,四库全书文渊阁本。

91. 僧志磐:《佛祖统纪》,频伽精舍参仿日本弘教书院缩印本校印,民国二年(1913)铅印本。

92. 罗愿:《新安志》,四库全书文渊阁本。

93. (汉)司马迁:《史记》,中华书局点校本。

94. 欧阳修、宋祁:《新唐书》,中华书局点校本。

95. 徐自明:《宋宰辅编年录》,中华书局校补本。

96. 王存:《元丰九域志》,中华书局点校本。

97. 许洞：《虎钤经》，四库全书文渊阁本。

98. 苏耆：《次续翰林志》，知不足斋丛书本。

99. 王溥：《五代会要》，上海古籍出版社点校本。

100.（明）张溥：《宋史论》，清光绪十一年（1885）粤东文升阁刊本。

101.（清）王夫之：《宋论》，岳麓书社 1992 年版，收入《船山全书》第十一册。

102.（明）陈全之：《蓬窗日录》，上海书店影印明嘉靖年间（1522—1566）刊本。